Collection epsilon

Talend Open Studio

Le guide complet pour l'intégration de données

ISBN : 978-2-409-04048-1
Imprimé en France

Editions ENI
ZAC du Moulin Neuf
Rue Benjamin Franklin
44800 St HERBLAIN

Tél. 02.51.80.15.15
Fax 02.51.80.15.16

e-mail : editions@eni.fr
http://www.editions-eni.com

Auteur : Hani ZITOUT
Collection **Epsilon** dirigée par Émilie VILLETORTE

Avant-propos

Talend Open Studio - Le guide complet pour l'intégration de données est un guide exhaustif pour les personnes souhaitant acquérir une maîtrise de Talend Open Studio et de ses outils connexes. Ce livre s'adresse à un public large, comprenant des étudiants, des autodidactes, des curieux, des salariés du public et du privé, des stagiaires et des apprenants.

Avant de commencer ce livre, il est important d'avoir la motivation à apprendre et une certaine familiarité avec les concepts de base de la gestion de données. Le livre est conçu pour être clair et accessible, en commençant par les concepts les plus simples et en augmentant graduellement la difficulté au fur et à mesure de la lecture.

Les objectifs de ce livre sont de fournir aux lecteurs les connaissances et les compétences nécessaires pour devenir développeur, consultant ou analyste de données expérimenté en utilisant Talend Open Studio. Il couvre les technologies les plus couramment utilisées avec Talend, telles que les langages Java, SQL, PL/SQL et les commandes GIT, LINUX et PowerShell.

En suivant les étapes décrites dans ce livre, les lecteurs seront en mesure de créer des flux de données efficaces, de gérer les données de manière efficiente, de les intégrer dans différentes sources et de les utiliser pour prendre des décisions éclairées. Ce livre est un outil indispensable pour tous ceux qui cherchent à devenir des experts en utilisant Talend Open Studio.

Dans le premier chapitre, nous établissons une vue d'ensemble de l'installation de Talend et définissons certains termes clés. Le chapitre Talend par la pratique vous permet de découvrir Talend à travers plusieurs exemples concrets et expliqués de manière aussi détaillée que simplifiée. Le chapitre tMap et les fonctions Java dans Talend explore le composant `tMap`, qui est un composant indispensable dans Talend, et les fonctions Java, tandis que le chapitre Talend et les bases de données SQL se concentre sur l'intégration de Talend avec les bases de données SQL, à l'aide de plusieurs exemples pratiques expliqués et détaillés au maximum pour une meilleure compréhension. Le chapitre Examen pratique et correction vous propose un examen pratique pour vous aider à évaluer vos compétences en Talend ; il est ensuite corrigé et expliqué de façon très détaillée, afin que vous puissiez avoir un aperçu de situations réelles de la vie professionnelle. Le chapitre Entretien et certification Talend vous présente les 100 questions et surtout les réponses à connaître pour vous préparer efficacement aux entretiens professionnels et à la certification Talend. Le chapitre Travail collaboratif aborde le travail collaboratif avec Talend à travers les trois outils les plus importants et utilisés en production, tandis que le chapitre Les composants Talend détaille les composants dont dispose la version 8 de Talend. Le chapitre Bonnes pratiques vous indique les bonnes pratiques à suivre pour utiliser Talend de manière efficace, au moment où le chapitre Introduction à PL/SQL vous plonge dans l'univers captivant de PL/SQL avec une initiation pratique indispensable pour tout expert en Talend.

Introduction générale

Bienvenue dans le monde de Talend Open Studio ! Talend Open Studio est un puissant outil d'intégration de données open source qui permet aux entreprises d'extraire, de transformer et de charger des données provenant de diverses sources dans des systèmes cibles. Avec une interface intuitive par glisser-déposer et une riche bibliothèque de connecteurs et de composants, Talend Open Studio facilite la création, la maintenance et le déploiement de processus d'intégration de données à grande échelle.

Ce livre couvre les fonctionnalités et les capacités de Talend Open Studio, telles que la connexion à diverses sources de données, la réalisation de transformations de données, la gestion et le déploiement de projets d'intégration de données. Que vous soyez un débutant cherchant à se lancer dans l'intégration de données ou un développeur expérimenté cherchant à améliorer ses compétences, ce livre vous fournit les connaissances et les outils dont vous avez besoin pour réussir avec Talend Open Studio.

En plus des bases de Talend Open Studio, cet ouvrage aborde des métiers de plus en plus diversifiés et complexes, la préparation aux certifications Talend proposées par Talend lui-même, les examens pratiques et leurs modifications. Le but est de vous tester, de développer vos compétences, d'acquérir des connaissances et de vous préparer au monde professionnel.

Talend Open Studio

Le guide complet pour l'intégration de données

Découvrez comment utiliser Talend Open Studio pour :

- vous connecter à diverses sources et cibles de données, y compris des bases de données, des fichiers plats et un espace de stockage
- transformer et manipuler des données à l'aide de diverses fonctionnalités et techniques
- valider et nettoyer les données pour assurer la qualité et la cohérence
- créer et déployer des tâches et des processus d'intégration de données
- surveiller et dépanner les processus d'intégration de données pour assurer un bon fonctionnement

Tout au long de ce livre, vous trouverez des exemples et des bonnes pratiques pour vous aider à appliquer ce que vous apprenez dans des scénarios réels. Que vous travailliez avec de petits jeux de données ou de grandes quantités de données, Talend Open Studio a la puissance et la flexibilité nécessaires pour répondre à vos besoins.

Les éléments à télécharger sont disponibles à l'adresse suivante :
http://www.editions-eni.fr
Saisissez la référence ENI de l'ouvrage **EPTALEND** dans la zone de recherche et validez. Cliquez sur le titre du livre puis sur le bouton de téléchargement.

Avant-propos

Introduction générale

Chapitre 1
Présentation, installation et définitions

Chapitre 2
Talend par la pratique

Chapitre 3
tMap et les fonctions Java dans Talend

Chapitre 4
Talend et les bases de données SQL

Chapitre 5
Examen pratique et correction

Chapitre 6
Entretien et certification Talend

Chapitre 7
Travail collaboratif

Chapitre 8
Bonnes pratiques

Chapitre 9
Introduction à PL/SQL

Chapitre 10
Composants Talend et leurs utilisations

Chapitre 1
Présentation, installation et définitions

1. Introduction

L'une des caractéristiques de l'ère de l'information est que les données existent partout. Qu'il s'agisse d'estimations des dates de livraison de vos colis ou d'analyses sur le temps d'écran que vous passez sur vos téléphones, vous accédez aux données tous les jours pour éclairer vos décisions et définir des objectifs.

Les organisations exploitent les données de la même manière, mais à plus grande échelle. Ils disposent de données sur les clients, les employés, les produits et les services qui doivent toutes être normalisées et partagées entre différentes équipes et systèmes. Ces informations peuvent même être mises à la disposition de partenaires et de fournisseurs externes.

Pour parvenir à ce partage d'informations à grande échelle et éviter les silos de données, les entreprises se tournent vers la pratique ETL (extraction, transformation et chargement) pour le formatage, la transmission et le stockage des données entre les systèmes. Avec les grands volumes de données que les organisations traitent entre tous leurs processus métier, les outils ETL peuvent standardiser et faire évoluer leurs pipelines de données.

2. Que sont les outils ETL ?

Les outils ETL sont des logiciels conçus pour prendre en charge les processus ETL : extraction de données à partir de sources disparates, nettoyage des données pour en assurer la cohérence et la qualité, et consolidation de ces informations dans des entrepôts de données. S'ils sont correctement implémentés, les outils ETL simplifient les stratégies de gestion des données et améliorent la qualité des données en fournissant une approche standardisée de la réception, du partage et du stockage.

Les outils ETL prennent en charge les organisations et les plates-formes axées sur les données. Par exemple, l'avantage principal des plates-formes de gestion de la relation client (CRM - *Customer Relationship Management*) est que toutes les activités commerciales sont menées via la même interface. Cela permet aux données CRM d'être facilement partagées entre les équipes pour fournir une vue plus holistique des performances de l'entreprise et des progrès vers les objectifs.

3. Types d'outils ETL

Les outils ETL peuvent être regroupés en quatre catégories en fonction de leur infrastructure et de l'organisation ou du fournisseur de soutien.

3.1 Outils ETL des logiciels d'entreprise

Les outils ETL des logiciels d'entreprise sont développés et pris en charge par des organisations commerciales. Ces solutions ont tendance à être les plus robustes et les plus matures du marché, car ces entreprises ont été les premières à défendre les outils ETL. Cela inclut l'offre d'interfaces utilisateur graphiques (GUI) pour l'architecture des pipelines ETL, la prise en charge de la plupart des bases de données relationnelles et non relationnelles, ainsi qu'une documentation et des groupes d'utilisateurs complets.

Comme ils offrent plus de fonctionnalités, les outils ETL de logiciels d'entreprise auront généralement un prix plus élevé et nécessiteront davantage de formation des employés et de services d'intégration en raison de leur complexité.

3.2 Outils ETL open source

Avec la montée du mouvement open source, il n'est pas surprenant que les outils ETL open source soient entrés sur le marché. De nombreux outils ETL sont aujourd'hui gratuits et offrent des interfaces graphiques pour concevoir des processus de partage de données et surveiller le flux d'informations. Un avantage distinct des solutions open source est que les organisations peuvent accéder au code source pour étudier l'infrastructure de l'outil et étendre les capacités.

Cependant, les outils ETL open source peuvent varier en termes d'entretien, de documentation, de facilité d'utilisation et de fonctionnalités, car ils ne sont généralement pas pris en charge par les organisations commerciales.

3.3 Outils ETL basés sur le cloud

Suite à l'adoption généralisée des technologies cloud et de plate-forme d'intégration en tant que service, les fournisseurs de services cloud (CSP) proposent désormais des outils ETL basés sur leur infrastructure.

Un avantage spécifique des outils ETL basés sur le cloud est l'efficacité. La technologie cloud offre une latence, une disponibilité et une élasticité élevées afin que les ressources informatiques évoluent pour répondre aux demandes de traitement des données à ce moment-là. Si l'organisation stocke également ses données à l'aide du même CSP, le pipeline est encore optimisé car tous les processus se déroulent au sein d'une infrastructure partagée.

Les outils ETL basés sur le cloud ont un inconvénient : ils sont limités à l'environnement du fournisseur de services cloud (CSP). Ils ne permettent pas de traiter les données stockées dans d'autres clouds ou centres de données sur site, à moins de les transférer préalablement vers le stockage cloud du fournisseur.

3.4 Outils ETL personnalisés

Les entreprises disposant de ressources de développement peuvent produire des outils ETL propriétaires en utilisant des langages de programmation généraux. Le principal avantage de cette approche est la flexibilité de créer une solution personnalisée en fonction des priorités et des flux de travail de l'organisation. Les langages populaires pour la création d'outils ETL incluent SQL, Python et Java.

Le principal inconvénient de cette approche réside dans les ressources internes requises pour créer un outil ETL personnalisé, y compris les tests, la maintenance et les mises à jour. Une considération supplémentaire est la formation et la documentation pour intégrer de nouveaux utilisateurs et développeurs qui seront tous nouveaux sur la plate-forme.

Maintenant que vous comprenez ce que sont les outils ETL et les catégories d'outils disponibles, examinons comment évaluer ces solutions pour trouver l'ajustement idéal aux pratiques de données et aux cas d'utilisation de vos organisations.

4. Étude de marché ETL

Il existe plusieurs solutions ETL sur le marché, certaines gratuites et d'autres payantes. Il existe également des ETL Cloud ainsi que des solutions Entreprise ou open source, ou tout à la fois.

4.1 Integrate.io

Integrate.io est une solution cloud payante avec essai gratuit et des plans payants flexibles. Il s'agit d'une plate-forme d'intégration de données low-code avec une offre robuste (ETL, ELT, API Generation, Observability, Data Warehouse Insights) et des centaines de connecteurs pour créer et gérer des pipelines automatisés et sécurisés en quelques minutes. La plate-forme est hautement évolutive avec n'importe quel volume de données ou cas d'utilisation, tout en vous permettant d'agréger facilement les données dans des entrepôts, des bases de données, des magasins de données et des systèmes opérationnels.

4.2 IBM DataStage

IBM DataStage offre une solution comprenant une période d'essai gratuite et des options d'abonnement payantes, ainsi qu'une version disponible dans le cloud. IBM DataStage vise à ajouter de la commodité à votre processus de gestion des données grâce à sa plate-forme d'outils pratiques. IBM DataStage est conçu pour un déploiement sur site et est également disponible dans une version compatible cloud : DataStage for IBM Cloud Pak for Data.

4.3 Oracle Data Integrator

Oracle Data Integrator (ODI) est un logiciel payant qui permet de créer, gérer et maintenir des processus pour intégrer des données entre différentes organisations. ODI prend en charge différents types d'intégration de données, que ce soit des chargements de données en gros volumes ou des services de données pour des architectures orientées services. Il permet également d'exécuter plusieurs tâches en parallèle pour traiter les données plus rapidement.

De plus, ODI offre des fonctionnalités intégrées avec Oracle GoldenGate et Oracle Warehouse Builder. Pour une meilleure visibilité sur l'ensemble des outils, ODI et d'autres solutions Oracle peuvent être surveillées via Oracle Enterprise Manager.

4.4 Fivetran

Fivetran est une solution cloud avec des plans payants disponibles, qui vise à ajouter de la commodité à votre processus de gestion des données grâce à sa plate-forme d'outils pratiques. Le logiciel, facile à utiliser, suit les mises à jour de l'API et extrait les dernières données de votre base de données en quelques minutes. En plus des outils ETL, Fivetran propose des services de sécurité des données, de réplication de bases de données et une assistance 24 h/24, 7 j/7.

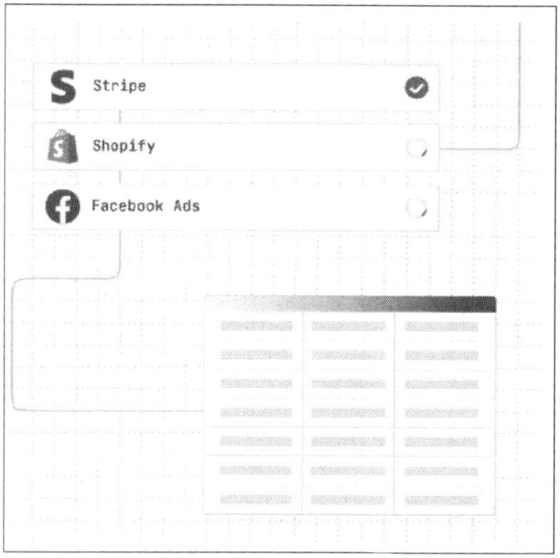

Interface Fivetran

4.5 SAS Data Management

SAS Data Management est une plate-forme d'intégration de données payante conçue pour se connecter à différents types de bases de données, y compris cloud et les lacs de données (un lac de données est une méthode de stockage de données volumineuses utilisée par le big data). Ces intégrations fournissent une vue globale des processus métier de l'organisation. L'outil optimise les flux de travail en réutilisant les règles de gestion des données et en permettant aux parties prenantes non informatiques d'extraire et d'analyser les informations au sein de la plate-forme.

SAS Data Management est également flexible et fonctionne dans une variété d'environnements informatiques et BDD (base de données). La plate-forme s'intègre également avec des outils de modélisation de données tiers pour produire des visualisations convaincantes.

4.6 Talend Open Studio

Talend Open Studio est un outil open source et gratuit conçu pour créer rapidement des jobs. Les composants peuvent être connectés pour exécuter des tâches via l'interface graphique de Talend à partir de fichiers plats, Dropbox, Oracle, Salesforce, Microsoft Dynamics et d'autres sources de données. Talend Open Studio dispose de connecteurs intégrés (ou téléchargeables sur Talend Exchange) pour extraire des informations d'environnements divers et variés, ce qui lui octroie une grande efficacité et une facilité d'utilisation. La solution Talend comprend plusieurs autres produits, parmi lesquels une solution efficace pour travailler sur le cloud.

4.7 Dataddo

Dataddo est une solution cloud avec essai gratuit et plans payants disponibles. Dataddo est une plate-forme ETL, sans code, basée sur le cloud, qui permet aux utilisateurs techniques et non techniques d'intégrer des données de manière flexible. Cet outil offre une large gamme de connecteurs, des métriques entièrement personnalisables, un système central pour la gestion simultanée de tous les pipelines de données et peut être intégré de manière transparente dans l'architecture technique existante.

Les utilisateurs peuvent déployer des pipelines quelques minutes après la création du compte et toutes les modifications d'API sont gérées par l'équipe Dataddo, de sorte que les pipelines ne nécessitent aucune maintenance.

4.8 AWS Glue

AWS Glue est une solution cloud avec essai gratuit et plans payants disponibles. AWS Glue est un service d'intégration de données basé sur le cloud pour les clients visuels et basé sur du code pour les utilisateurs professionnels techniques et non techniques. La plate-forme sans serveur offre plusieurs fonctionnalités pour fournir des fonctions supplémentaires, telles que le catalogue de données AWS Glue pour la recherche de données dans l'entreprise et AWS Glue Studio pour la conception, l'exécution et la maintenance visuelles des pipelines ETL.

AWS Glue prend également en charge les requêtes SQL personnalisées pour des interactions de données plus pratiques.

4.9 Azure Data Factory

Azure Data Factory est une solution cloud avec essai gratuit et plans payants disponibles. Azure Data Factory est un service d'intégration de données sans serveur basé sur un modèle de paiement à l'utilisation qui évolue pour répondre aux demandes informatiques. Le service propose à la fois des interfaces sans code et des interfaces basées sur du code, et peut extraire des données de plus de 90 connecteurs intégrés. En outre, Azure Data Factory s'intègre à Azure Synapse Analytics pour fournir une analyse et une visualisation avancées des données.

La plate-forme prend également en charge Git pour le contrôle de version et les flux de travail d'intégration/déploiement continu pour les équipes DevOps.

4.10 Google Cloud Dataflow

Google Cloud Dataflow est une solution cloud avec essai gratuit et plans payants disponibles. Google Cloud Dataflow est un service de traitement de données entièrement géré par Google, mises à jour, maintenance, espace de stockage, serveurs, etc., conçu pour optimiser la puissance de calcul et automatiser la gestion des ressources. Le service est axé sur la réduction des coûts de traitement grâce à une planification flexible et à une mise à l'échelle automatique des ressources afin de s'assurer que l'utilisation correspond aux besoins. Google Cloud Dataflow offre des capacités d'IA pour alimenter l'analyse prédictive et la détection des anomalies en temps réel lors de la transformation des données.

4.11 Stitch

Stitch est une solution cloud avec essai gratuit et plans payants disponibles. Stitch est un service d'intégration de données conçu pour obtenir des données à partir d'une centaine de plates-formes, services et applications. L'outil centralise ces informations dans un entrepôt de données. Stitch est open source, ce qui permet aux équipes de développement d'étendre l'outil pour prendre en charge des sources et des fonctionnalités supplémentaires. Stitch se concentre sur la conformité, fournissant la possibilité d'analyser et de gouverner les données pour répondre aux exigences des entreprises.

4.12 Informatica PowerCenter

Informatica PowerCenter est une solution d'entreprise incluant un essai gratuit et des plans payants. Informatica PowerCenter est une plate-forme basée sur les métadonnées et axée sur l'amélioration de la collaboration entre les équipes métier et informatique, ainsi que sur la rationalisation des pipelines de données. PowerCenter analyse les formats de données avancés, notamment les données machine JSON, XML, PDF et Internet des objets, et valide automatiquement les données transformées pour appliquer les normes définies.

La plate-forme dispose également de transformations prédéfinies pour faciliter l'utilisation, elle offre une haute disponibilité et des performances optimisées qui lui permettent d'évoluer pour y répondre.

4.13 Skyvia

Skyvia est une solution open source incluant une période d'essai et des abonnements allant de 15 à 399 dollars le mois. Skyvia crée une synchronisation des données entièrement personnalisable. Vous décidez exactement ce que vous voulez extraire, y compris les champs et objets personnalisés.

Skyvia permet également aux utilisateurs d'importer des données vers des applications et des bases de données cloud, de répliquer des données cloud et d'exporter des données au format CSV pour un accès partageable.

4.14 Hadoop

La bibliothèque logicielle Apache Hadoop libre et gratuite est un framework conçu pour prendre en charge le traitement de grands ensembles de données en répartissant la charge de calcul sur des clusters d'ordinateurs. La bibliothèque est conçue pour détecter et gérer les défaillances au niveau de la couche applicative par rapport à la couche matérielle, offrant une haute disponibilité tout en combinant la puissance de calcul de plusieurs machines. Grâce au module Hadoop YARN, l'infrastructure prend également en charge la planification des tâches et l'administration des ressources du cluster.

4.15 Singer

Singer est une technologie de script open source gratuite conçue pour améliorer le transfert de données entre les applications et le stockage d'une organisation. Singer définit la relation entre l'extraction de données et les scripts de chargement de données, permettant d'extraire des informations de n'importe quelle source et de les charger vers n'importe quelle destination. Les scripts utilisent JSON afin que les scripts soient accessibles dans n'importe quel langage de programmation. Ils prennent également en charge les types de données riches et appliquent des structures de données via le schéma JSON.

5. Présentation de Talend

Talend est une société française fondée en 2006, et le principal éditeur open source de **solutions d'intégration et de gestion de données**. Les solutions Talend sont aujourd'hui les plus utilisées et les plus déployées dans le monde avec plus de 20 millions de téléchargements.

Talend vous fournit un ensemble de Studios, certains open source, d'autres nécessitant une souscription, que vous pouvez utiliser pour créer vos projets et gérer des données de tous types et de toutes tailles.

Grâce à l'interface graphique d'utilisation et aux centaines de composants et connecteurs intégrés, vous pouvez créer vos jobs d'un simple glisser-déposer. Vous pouvez également tirer parti d'une génération de code natif.

Les fonctionnalités principales du Studio Talend sont accessibles depuis différentes perspectives. La disponibilité des perspectives dépend de votre licence (dans le cas d'un projet local) ou du type de projet (dans le cas d'un projet distant).

Talend Open Studio est un logiciel qui génère un code spécifique (en Java ou en Perl) pour chaque traitement d'intégration de données. Il est capable de travailler avec presque tous les types de fichiers (CSV, Excel, XML) et les principales bases de données.

Talend Open Studio permet également de créer un modèle métier afin de **modéliser les interactions entre les différents systèmes et bases de données**. De plus, la conception très visuelle des jobs permet de présenter des statistiques d'exécution en temps réel.

6. Les avantages de Talend

En plus de sa vaste bibliothèque de connecteurs et de composants, Talend Open Studio offre également un certain nombre de fonctionnalités et de capacités avancées qui en font une plate-forme d'intégration de données puissante et flexible.

Voici quelques-uns des principaux avantages de Talend Open Studio :

- **L'évolutivité** : Talend Open Studio peut gérer de grands volumes de données et supporter des processus d'intégration de données très performants, ce qui le rend adapté à une utilisation dans des environnements Big Data et Cloud.
- **Extensibilité** : Talend Open Studio peut être étendu et personnalisé avec du code Java, ce qui vous permet de construire des processus d'intégration de données complexe et de vous intégrer à d'autres outils et plates-formes.
- **Facilité d'utilisation** : Talend Open Studio dispose d'une interface conviviale et d'un design intuitif par glisser-déposer, ce qui permet aux développeurs de tous niveaux de compétence de créer et de maintenir facilement des processus d'intégration de données.

- **Prise en charge de plusieurs environnements** : Talend Open Studio peut être déployé sur site, dans le cloud ou dans des environnements hybrides, ce qui vous donne la possibilité de choisir le modèle de déploiement qui répond le mieux à vos besoins.
- **Une documentation et des ressources complètes** : Talend fournit une documentation complète, des supports de formation et un support communautaire pour vous aider à être opérationnel avec Talend Open Studio et à résoudre tous les problèmes que vous pouvez rencontrer en cours de route.

Dans ce livre, nous examinerons en détail ces fonctionnalités et d'autres fonctionnalités avancées de Talend Open Studio, afin de vous fournir les connaissances et les compétences dont vous avez besoin pour tirer pleinement parti de ce puissant outil d'intégration de données.

7. Les produits Talend

7.1 Data Integration

Talend Data Integration offre de puissantes fonctionnalités d'intégration de données (ETL), dans une architecture ouverte et évolutive, afin d'optimiser la valeur des données professionnelles pour les entreprises. La solution propose plus de 900 connecteurs permettant une connexion native à des bases de données, fichiers plats, applications basées Cloud et autres données. Elle offre également des outils de collaboration et de gestion.

7.2 Application Integration

Talend Application Integration fournit une plate-forme unifiée pour l'intégration d'applications et de données permettant de construire une architecture orientée services, et de connecter, d'arbitrer, et de gérer les services en temps réel.

7.3 Data Preparation

Talend Data Preparation est une application gratuite et open source de préparation des données qui peut être utilisée pour la découverte, la visualisation et l'enrichissement de données.

7.4 Big Data Integration

Talend Big Data Integration a été conçu pour simplifier le développement, l'intégration et la gestion des Big Data en éliminant la nécessité pour les utilisateurs d'affronter la complexité liée au développement et à la maintenance de code Hadoop25 ou Spark. Talend génère le code natif et optimisé pour charger, transformer, enrichir et nettoyer les données à l'intérieur d'Hadoop sans stockage supplémentaire ni frais liés au calcul.

7.5 Master Data Management

Talend Master Data Management a été créé pour aider les entreprises à consolider leurs données professionnelles, telles que les données issues des produits et des clients, afin de mettre à disposition les données « maître » aux applications et processus métier en temps réel.

7.6 Cloud Integration

Talend Cloud Integration est une plate-forme sécurisée d'iPaaS (*Integration Platform as a Service*) pour la connexion, le nettoyage et le partage des données dans le Cloud et sur site.

8. Pourquoi un ETL ?

Aujourd'hui le paysage des solutions IT est complexe avec une multitude d'outils et solutions logicielles tels que :

- les bases de données
- les logiciels de type ERP (*Enterprise Resource Planning*) comme SAP, Oracle, PeopleSoft, etc.
- les logiciels de type CRM (*Customer Relationship Management*) : Salesforce, etc.
- les solutions logicielles métier pour la Comptabilité-Finance, la Supply-Chain Management ou l'E-Business : CEGID, SAGE, Qualiac, Infor, etc.

L'intégration de données est l'ensemble des processus par lesquels les données provenant de différentes parties du système d'information sont déplacées, combinées et consolidées. Ces processus consistent habituellement à extraire des données de différentes sources (bases de données, fichiers, applications, services web, e-mails, etc.), à leur appliquer des transformations (jointures, lookups, déduplication, calculs, etc.), et à envoyer les données résultantes vers les systèmes cibles.

9. Pour quels besoins utilise-t-on Talend for Data Integration ?

Talend est une puissante plate-forme d'intégration de données qui aide les entreprises à extraire, transformer et charger des données provenant de diverses sources dans un système cible. Elle est utilisée pour construire, maintenir et déployer des processus d'intégration de données à grande échelle.

Voici quelques-uns des principaux cas d'utilisation de Talend :

- **L'extraction de données à partir de diverses sources** : Talend peut se connecter à un large éventail de sources de données, y compris les bases de données, les fichiers plats, le stockage en nuage et les API web, afin d'extraire les données pour les traiter et les analyser.

- **Transformer et manipuler les données** : Talend fournit une gamme de fonctions et de techniques pour transformer et manipuler les données, notamment le filtrage, le tri, la jonction et l'agrégation de données.
- **Chargement des données dans un système cible** : Talend peut charger des données dans une variété de systèmes cibles, y compris les bases de données, les entrepôts de données et le stockage en nuage.
- **Création et déploiement de jobs et de processus d'intégration de données** : l'interface intuitive par glisser-déposer de Talend et sa vaste bibliothèque de connecteurs et de composants facilitent la création et le déploiement des processus d'intégration de données.
- **Surveillance et dépannage des processus d'intégration de données** : Talend fournit des outils et des fonctionnalités pour le monitoring et le dépannage des processus d'intégration de données, aidant ainsi les organisations à assurer un fonctionnement fluide et à identifier et résoudre tout problème éventuel.

Dans l'ensemble, Talend est une plate-forme puissante et flexible permettant de gérer et d'intégrer les données au sein d'une organisation. Elle est utilisée par un large éventail d'organisations, y compris des entreprises, des agences gouvernementales et des PME, pour répondre à une variété de besoins en termes d'intégration de données.

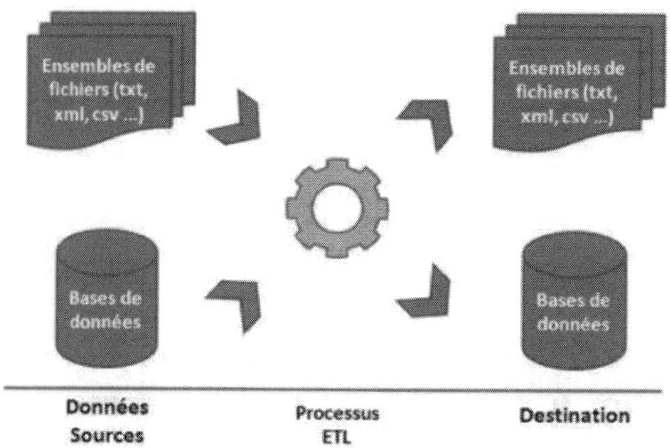

Processus ETL Talend

10. Téléchargement et installation de Talend Open Studio 8

Cette section vous fournit des informations simples relatives au téléchargement et à l'installation de Talend Open Studio 8.

Pour télécharger Talend Open Studio vous pouvez suivre la procédure suivante (d'autres méthodes sont également possibles) :

- Sur votre moteur de recherche préféré, tapez : **Talend Open Studio sourceforge**.
- Dézippez le fichier téléchargé à l'aide de 7-Zip par exemple (auquel cas vous devez télécharger 7-Zip).
- Exécutez le fichier de type application (généralement il s'agit de l'avant-dernier fichier du dossier dézippé).
- Suivez les instructions d'installation.

10.1 Installer Java

- Sélectionnez le téléchargement du JRE Java approprié pour votre système d'exploitation en tapant dans votre moteur de recherche préféré : **java jre latest version**.
- Suivez les instructions d'installation du JRE Java.
- Sélectionnez le téléchargement du JDK Java approprié pour votre système d'exploitation en tapant **java jdk latest version** dans votre moteur de recherche.
- Suivez les instructions d'installation du JDK Java.

10.2 Configuration de la variable d'environnement Java

Avant d'installer votre produit Talend, vous devez définir les variables d'environnement `JAVA_HOME` et les variables d'environnement.

- Allez dans le menu **Démarrer** de votre ordinateur, tapez **path**.
- Sélectionnez **Modifier les variables d'environnement système**.
- Dans la fenêtre **Propriétés du système**, cliquez sur **Variables d'environnement**.
- Sous **Variables système**, cliquez sur **Nouveau** pour créer une variable. Nommez la variable `JAVA_HOME`, entrez le chemin d'accès au JRE Java, puis cliquez sur **OK**.

  Exemple de chemin d'accès JRE par défaut :
  C:\Program Files\Java\jre_version_de_votre_jre
- Sous **Variables système**, cliquez sur **Nouveau** pour créer une variable. Nommez la variable `JDK_HOME`, entrez le chemin d'accès au JDK Java, puis cliquez sur **OK**.

  Exemple de chemin d'accès JRE par défaut : C:\Program Files\Java\jdk-18.0.1.1
- Sous **Variables système**, cliquez sur **Nouveau** pour créer une variable. Nommez la variable `CLASSPATH`, entrez le chemin d'accès au fichier jrt-fs.jar du JDK Java, puis cliquez sur **OK**.

  Exemple de chemin par défaut : C:\Program Files\Java\jdk-18.0.1.1\lib\jrt-fs.jar
- Sous **Variables système**, sélectionnez la variable `Path` et cliquez sur **Modifier** pour ajouter la variable `JAVA_HOME` définie précédemment à l'emplacement du chemin d'accès à la fin de la variable d'environnement `Path`, en la séparant par un point-virgule.

  Exemple : <PathVariable>;%JAVA_HOME%\bin

  Exemple de chemin par défaut :
  C:\Program Files\Java\jre1.8;%JAVA_HOME%\bin
- Si ce n'est pas encore le cas, sous **Variables utilisateur** (et non **Variables système**), sélectionnez la variable `Path` et cliquez sur **Modifier** puis sur **Nouveau** pour ajouter le chemin vers votre serveur JRE.

  Exemple de chemin par défaut : C:\Program Files\Java\jre1.8.0_333\bin\server

10.3 Démarrer Talend Open Studio

- Allez dans le répertoire où vous avez installé Talend Open Studio, exécutez l'application.

Une boîte d'erreur devrait s'afficher.

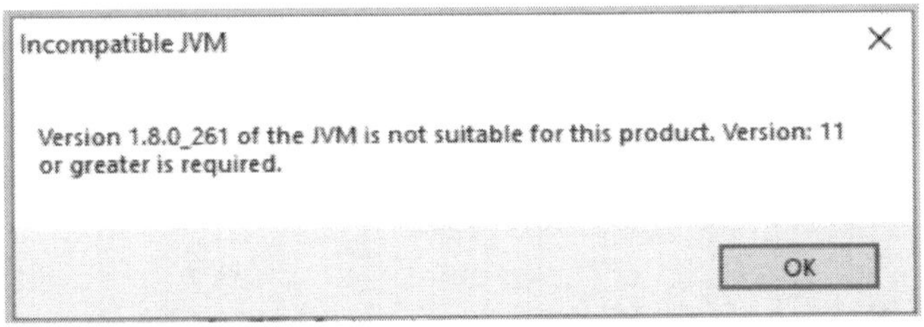

JVM Incompatible

- Allez dans le répertoire où vous avez installé Talend Open Studio, ouvrez le fichier .ini (généralement le dernier fichier du répertoire où vous avez installé Talend) avec votre éditeur de texte.
- Écrivez les deux lignes suivantes en début de fichier :

  -vm

  C:\Program Files\Java\jdk-18.0.1.1\bin\javaw.exe

- Enregistrez, refermez le fichier et relancez Talend Open Studio.

Remarque

Le chemin (C:\Program Files\Java\jdk-18.0.1.1\bin\javaw.exe) est le chemin vers mon fichier javaw.exe ; notez que le vôtre peut varier.

11. Définitions

Business Models : vue fonctionnelle des traitements à réaliser.

Composant (*component* en anglais) : connecteur préconfiguré exécutant une opération d'intégration de données spécifique, quel que soit le type de données que vous souhaitez intégrer (base de données, applications, fichiers plats, services web, etc.). Un composant permet d'éviter le plus possible le codage manuel nécessaire au traitement des données provenant de sources multiples et hétérogènes. Les composants sont regroupés dans des familles en fonction de leur utilisation et apparaissent dans la Palette de Talend.

Les jobs : traitements à réaliser. Ils sont constitués d'une suite de composants natifs ou non. Il existait plus de 580 composants natifs en mai 2011, ainsi que des composants proposés par la communauté.

Les sous-jobs : enchaînement de composants avec des liens de type ligne.

Les contextes : variables communes à tous les jobs et dont les valeurs peuvent être dépendantes des environnements d'exécution.

Les codes : routines comprenant des fonctions Java génériques.

Modèle SQL : sont des modèles SQL pour certains composants.

Les métadonnées dans Talend sont des informations contextuelles et des descriptions des structures de données utilisées pour faciliter le développement et la maintenance des jobs d'intégration de données.

Référentiel (*repository* en anglais) : Talend utilise un espace de stockage pour regrouper toutes les données associées aux éléments techniques utilisés dans la description des modèles métiers et la création des jobs, et il peut se connecter à plusieurs référentiels locaux selon les besoins.

Projet : un ensemble structuré d'éléments techniques et de leurs métadonnées associées. Cela signifie que tous les jobs et business models que vous créez sont organisés en projets. Vous pouvez créer autant de projets que vous le souhaitez dans un référentiel.

Répertoire workspace : répertoire dans lequel sont stockés tous les dossiers de vos projets. Vous devez avoir un répertoire workspace par connexion au référentiel. Talend vous permet de vous connecter à différents répertoires workspace, si vous ne souhaitez pas utiliser celui créé par défaut.

Éléments (*items* en anglais) : unités techniques constituant un projet. Ces éléments sont regroupés en fonction de leur type (job design, business model, context, code, metadata, etc.). Un élément peut comprendre plusieurs autres éléments. Ainsi, les business models et les jobs que vous créez sont des éléments; les métadonnées et les contextes que vous utilisez dans les jobs sont aussi des éléments.

12. Qu'est-ce qu'un Data Warehouse ?

Un *Data Warehouse* (DWH) ou entrepôt de données, est un dépôt central permettant de stocker et de gérer de grandes quantités de données. Il est conçu pour permettre l'interrogation et l'analyse efficaces des données, et est généralement utilisé à des fins de veille stratégique et de production de rapports. Les entrepôts de données sont conçus pour stocker des données provenant de sources multiples, telles que des bases de données transactionnelles, des fichiers journaux et d'autres sources, et pour fournir une vue unique et intégrée des données. Ils comprennent souvent des outils et des fonctions permettant d'extraire, de transformer et de charger des données provenant de diverses sources, ainsi que de gérer et d'interroger les données une fois qu'elles se trouvent dans l'entrepôt. Les entrepôts de données sont utilisés dans une variété d'industries et d'organisations pour soutenir la prise de décision et la compréhension des données.

La création d'un entrepôt de données se fait en plusieurs étapes :

- **Définir les besoins de l'entreprise** : identifier les besoins et les objectifs spécifiques de l'entreprise que l'entrepôt de données soutiendra. Cela peut impliquer de travailler avec les parties prenantes pour comprendre leurs exigences en matière de reporting et d'analyse, et de déterminer les types de données qui seront nécessaires pour répondre à ces besoins.

- **Concevoir l'entrepôt de données** : développer une conception détaillée de l'entrepôt de données, y compris la structure, le schéma et la disposition des données. Cela peut impliquer de créer des modèles de données, de définir des dimensions et des mesures, et de déterminer comment les données seront intégrées à partir de sources multiples.
- **Extraire, transformer et charger les données (ETL)** : développer des processus pour extraire les données de diverses sources, nettoyer et transformer les données pour répondre aux besoins de l'entrepôt de données, et charger les données dans l'entrepôt. Cela peut impliquer l'utilisation d'outils ETL ou l'écriture de scripts personnalisés pour automatiser le processus.
- **Tester et valider l'entrepôt de données** : tester l'entrepôt de données pour s'assurer qu'il fonctionne comme prévu, et valider les données pour s'assurer qu'elles sont exactes et complètes. Cela peut impliquer la création de cas de test, l'exécution de requêtes et d'autres types de tests.
- **Déployer et maintenir l'entrepôt de données** : déployer l'entrepôt de données dans un environnement de production et établir des processus de maintenance et de mise à jour de l'entrepôt de données au fil du temps. Cela peut impliquer la programmation de rafraîchissements réguliers des données, la sauvegarde des données et la surveillance des performances de l'entrepôt de données.

13. Qu'est-ce qu'un datamart ?

Un datamart est un sous-ensemble d'un entrepôt de données conçu pour répondre aux besoins en matière de rapports et d'analyse d'une unité commerciale, d'un département ou d'un domaine spécifique. Les datamarts sont généralement plus petits et plus ciblés que les entrepôts de données, et sont conçus pour mieux répondre aux besoins d'un groupe spécifique d'utilisateurs. Ils contiennent souvent un sous-ensemble des données stockées dans l'entrepôt de données et sont optimisés pour des requêtes et des rapports spécifiques.

Les datamarts peuvent être utiles dans les organisations qui disposent de grandes quantités de données et de plusieurs groupes d'utilisateurs ayant des besoins différents en matière de rapports et d'analyse.

Les datamarts peuvent être créés à l'aide de diverses méthodes, comme l'extraction de données de l'entrepôt de données, la création d'une copie distincte des données ou l'utilisation de vues et d'autres techniques pour accéder aux données de l'entrepôt. Ils peuvent également être créés en utilisant une combinaison de ces méthodes.

14. Qu'est-ce qu'un ERP ?

Un ERP (*Enterprise Resource Planning*) ou PGI (progiciel de gestion intégré) est un type de logiciel qui aide les organisations à gérer et à intégrer leurs processus opérationnels, notamment la gestion financière, la gestion de la chaîne d'approvisionnement et les ressources humaines et la gestion de la relation client. Les systèmes ERP comprennent généralement une série de modules qui prennent en charge différentes fonctions commerciales et sont conçus pour fournir une vue unique et intégrée des opérations d'une organisation.

Les systèmes ERP peuvent aider les organisations à rationaliser leurs processus opérationnels, à réduire les erreurs et les incohérences et à améliorer la prise de décision en fournissant des données et des analyses en temps réel. Ils peuvent également aider les organisations à automatiser et à optimiser leurs opérations, et à améliorer leur efficacité en éliminant la saisie manuelle des données ainsi que d'autres processus manuels.

Les systèmes ERP sont utilisés par un large éventail d'organisations (grandes entreprises, PME). Ils sont souvent mis en œuvre sous la forme d'une suite d'applications logicielles modulaires qui peuvent être personnalisées pour répondre aux besoins spécifiques d'une organisation.

15. Qu'est-ce que GIT ?

Git est un système de contrôle de version qui est utilisé pour suivre les modifications des fichiers et gérer les projets. Il est largement utilisé pour gérer le code source de projets logiciels, mais peut être utilisé pour tout type de fichier.

Avec Git, vous pouvez suivre les différentes versions de vos fichiers, visualiser un historique des modifications et collaborer avec d'autres personnes sur des projets. Lorsque vous apportez des modifications à un fichier, vous pouvez livrer ces modifications au dépôt Git, qui les enregistre et les stocke dans un historique. Vous pouvez également créer des branches, ce qui vous permet de travailler simultanément sur plusieurs versions d'un projet et de fusionner ultérieurement les modifications dans la branche principale.

Git est un système de contrôle de version distribué, ce qui signifie que chaque copie du dépôt contient l'historique complet du projet, y compris toutes les modifications et les branches. Cela facilite le travail hors ligne ou la collaboration avec d'autres personnes, car vous pouvez livrer et pousser des changements dans le dépôt même si vous n'avez pas de connexion au serveur central.

Git est un logiciel open source et est disponible gratuitement sur un large éventail de plates-formes, notamment Windows, macOS et Linux. Il est utilisé par des millions de développeurs et d'organisations dans le monde entier pour des projets de toutes tailles.

16. Qu'est-ce que SSH ?

SSH (*Secure Shell*) est un protocole réseau utilisé pour se connecter de manière sécurisée à un ordinateur distant. Il vous permet, entre autres, d'exécuter des commandes à distance, de transférer des fichiers et de gérer des réseaux.

SSH utilise le cryptage pour sécuriser la connexion entre deux appareils, et est souvent utilisé pour se connecter à des serveurs distants et travailler avec eux depuis une machine locale. Il est couramment utilisé par les développeurs et les administrateurs système pour gérer les serveurs et les réseaux, et constitue une alternative sécurisée aux anciens protocoles tels que Telnet, qui transmettent les données en texte clair et sont vulnérables à l'interception.

Pour utiliser SSH, vous avez besoin d'un client SSH, c'est-à-dire d'un logiciel qui vous permet de vous connecter à un serveur distant. Il existe de nombreux clients SSH différents, notamment des programmes de ligne de commande tels que **ssh** et **scp**, ainsi que des programmes graphiques tels que **PuTTY** et **WinSCP**.

En plus du client, vous aurez également besoin d'un serveur SSH, qui est un programme exécuté sur la machine distante et qui écoute les connexions entrantes des clients. Le serveur utilise une clé privée pour authentifier les connexions entrantes, et le client utilise une clé publique correspondante pour prouver son identité.

SSH est largement utilisé pour l'accès distant sécurisé et constitue un outil puissant et flexible pour la gestion des réseaux et des serveurs.

17. Comment générer une clé SSH pour GIT ?

Pour générer une clé pour Git, vous devrez utiliser la commande `ssh-keygen`. Cette commande est utilisée pour générer une nouvelle paire de clés SSH, qui consiste en une clé privée et une clé publique. La clé privée est conservée sur votre machine locale, tandis que la clé publique est ajoutée à votre compte Git.

Voici un exemple de la façon de générer une clé dans Git :

- Ouvrez une fenêtre de terminal.
- Exécutez la commande suivante :

```
ssh-keygen -t rsa -b 4096 -C "votre_email@exemple.com"
```

- Appuyez sur [Entrée] pour accepter l'emplacement par défaut du fichier de clé.
- Saisissez une phrase de passe pour la clé. Il s'agit d'une mesure de sécurité facultative qui peut aider à protéger votre clé si elle est volée.

La commande `ssh-keygen` génère une clé privée et une clé publique. La clé privée sera stockée dans un fichier avec une extension .pem, et la clé publique sera stockée dans un fichier avec une extension .pub.

▶ Pour afficher la clé publique, exécutez la commande suivante :

```
cat ~/.ssh/id_rsa.pub
```

▶ Copiez la sortie de cette commande, qui est la clé publique.

▶ Ajoutez la clé publique à votre compte Git. Pour ce faire, connectez-vous à votre compte Git et naviguez jusqu'à la page des paramètres des clés SSH. Ensuite, collez la clé publique dans le champ **Key** et donnez un nom à la clé.

Une fois que vous avez généré une clé et que vous l'avez ajoutée à votre compte Git, vous pouvez utiliser Git avec SSH pour vous authentifier auprès de votre serveur Git sans saisir de mot de passe. Vous pouvez également utiliser la clé privée pour vous authentifier auprès d'autres serveurs qui supportent l'authentification par clé SSH.

18. Qu'est-ce que FileZilla ?

FileZilla est un client FTP (*File Transfer Protocol*) libre, gratuit et populaire qui est utilisé pour transférer des fichiers entre un ordinateur local et un serveur distant sur Internet. Il peut être utilisé pour charger et télécharger des fichiers, créer et supprimer des répertoires, et effectuer d'autres tâches de gestion de fichiers.

Il y a plusieurs raisons pour lesquelles vous pouvez utiliser FileZilla :

- **Pour transférer des fichiers entre un ordinateur local et un serveur web** : FileZilla est souvent utilisé par les développeurs web pour transférer des fichiers entre leur environnement de développement local et un serveur web en direct.
- **Pour transférer des fichiers volumineux** : FileZilla est un moyen efficace de transférer des fichiers volumineux car il vous permet de mettre en pause et de reprendre les transferts, et il dispose d'une file d'attente de transfert de fichiers intégrée qui permet de gérer facilement plusieurs transferts en même temps.
- **Pour gérer des fichiers sur un serveur distant** : FileZilla offre une interface utilisateur graphique qui facilite la navigation et la gestion des fichiers sur un serveur distant, sans qu'il soit nécessaire d'utiliser des outils de ligne de commande.

- **Pour se connecter à un serveur à l'aide de FTP, SFTP ou FTPS** : FileZilla prend en charge plusieurs protocoles de transfert de fichiers, notamment FTP, SFTP (*SSH File Transfer Protocol*) et FTPS (FTP over SSL/TLS), ce qui en fait un outil polyvalent pour se connecter à divers serveurs.

Dans l'ensemble, FileZilla est un outil utile pour tous ceux qui ont besoin de transférer des fichiers entre un ordinateur local et un serveur distant, ou qui ont besoin de gérer des fichiers sur un serveur distant.

19. Métiers nécessitant la maîtrise de Talend

Si vous maîtrisez Talend, vous pouvez convenir à une série d'emplois qui impliquent l'intégration et la gestion de données. Voici quelques exemples de rôles qui pourraient convenir à une personne possédant de solides compétences en Talend :

- **Data Integration Developer** : dans ce rôle, vous êtes responsable de la conception, de la construction et de la maintenance des processus d'intégration de données à l'aide de Talend ou d'autres outils d'intégration de données. Vous travaillez avec diverses sources et cibles de données, et utilisez vos compétences techniques pour extraire, transformer et charger les données selon les besoins.
- **Data Engineer** : en tant qu'ingénieur de données, vous êtes responsable de la conception et de la construction de l'infrastructure pour stocker, traiter et analyser les données. Vous travaillez avec des outils tels que Talend pour extraire des données de diverses sources et utilisez vos compétences techniques pour concevoir et mettre en œuvre des pipelines de données et d'autres composants de l'infrastructure de données..
- **Big Data Engineer** : si vous avez de l'expérience dans l'utilisation de technologies de big data comme Hadoop et Spark, le poste d'ingénieur big data pourrait vous convenir. Dans ce rôle, vous travaillez avec des outils comme Talend pour extraire et traiter de grands volumes de données, et vous concevez et construisez des solutions de big data à des fins diverses.

- **Data Analyst** : en tant qu'analyste de données, vous utilisez vos compétences techniques pour extraire, transformer et charger des données provenant de diverses sources, puis vous utilisez ces données pour effectuer des analyses et générer des informations. Vous utilisez des outils tels que Talend pour préparer les données à analyser et utilisez vos compétences analytiques pour tirer des conclusions et formuler des recommandations sur la base des données.

Dans l'ensemble, si vous maîtrisez Talend, vous pourriez convenir à un large éventail de rôles impliquant de travailler avec des données et leur intégration.

Chapitre 2
Talend par la pratique

1. Introduction

Dans ce chapitre dédié exclusivement à la pratique de l'ETL Talend, nous allons explorer les composants les plus utilisés par les développeurs Talend, les Data Analysts, les Data Engineers et d'autres profils utilisant Talend Open Studio. Que vous soyez débutant et créiez vos premiers jobs ou expérimenté dans l'implémentation de jobs complexes, nous allons passer en revue ces composants pas à pas. Nous aborderons également l'orchestration de plusieurs jobs, y compris ceux que nous avons déjà étudiés ensemble. Nous aurons également l'occasion d'aborder, par la pratique, les notions décrites dans le chapitre Présentation, installation et définitions avec des explications détaillées pour un développement optimal des jobs Talend, ainsi que la détection et la résolution des erreurs aussi appelées débogage.

2. Premiers pas avec Talend Open Studio 8

Une fois Talend installé, nous devons nécessairement créer un projet, importer un projet démo ou importer un projet existant (figure ci-dessous).

Dans cette section, nous allons importer l'un des projets de démonstration fournis par Talend, en mettant en œuvre une présentation de tous les éléments qui le constituent, ainsi qu'une présentation de l'interface générale de l'ETL.

Pour rappel, un projet est un ensemble structuré d'éléments techniques et de leurs métadonnées associées ; ce qui veut dire que nous ne pouvons créer des jobs et effectuer des traitements sur des données, sans avoir créé ou importé un projet.

▶ Pour créer un projet dans Talend, cochez **Créer un projet** puis donnez un nom au projet. Cliquez ensuite sur **Créer** puis sur **Terminer**.

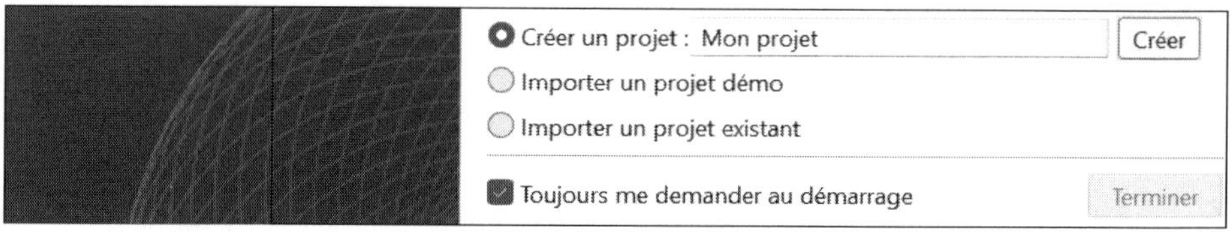

Création de projet

Il est possible de créer plusieurs workspaces (référentiels), notamment lorsque plusieurs utilisateurs accèdent au même Studio sur la même machine mais qu'ils ne souhaitent pas mélanger leurs projets.

▶ Pour cela, cliquez sur **Gérer les connexions**.

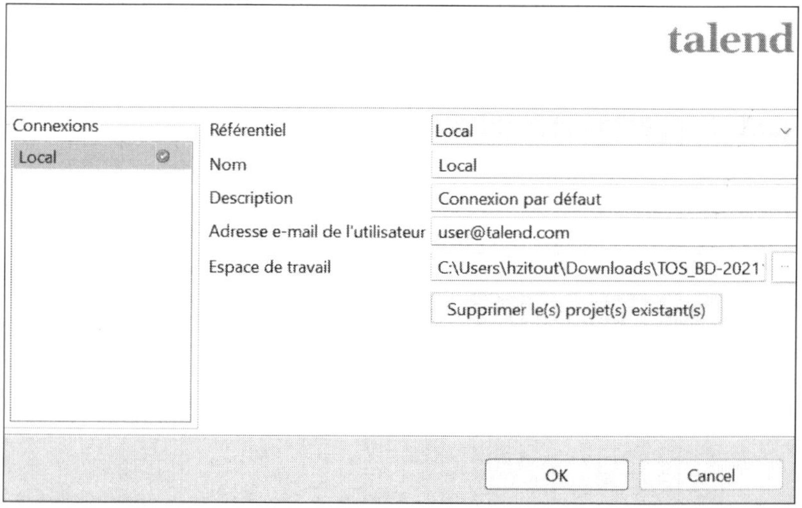

Gérer les connexions

- Pour supprimer un projet, cliquez sur **Supprimer le(s) projet(s) existant(s)**, sélectionnez le projet souhaité et cliquez sur **OK**.
- Pour importer un projet de démonstration fourni par Talend, sélectionnez **Importer un projet démo** puis cliquez sur **Sélectionner**.

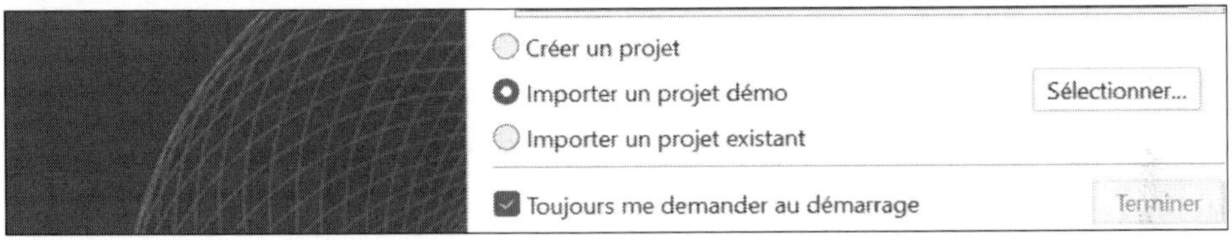

Importer un projet de démonstration

Talend ouvre la fenêtre ci-dessous, qui donne une brève description du projet démo sélectionné, soit **Démos Intégration de données**...

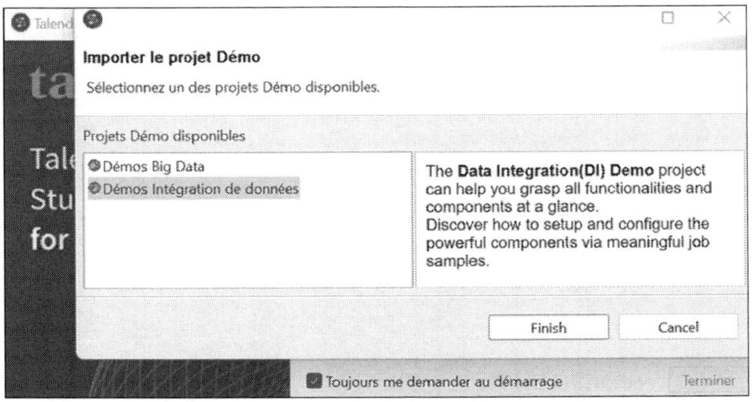

Description ***Démos Intégration de données***

... ou bien **Démos Big Data**, avec une brève description également.

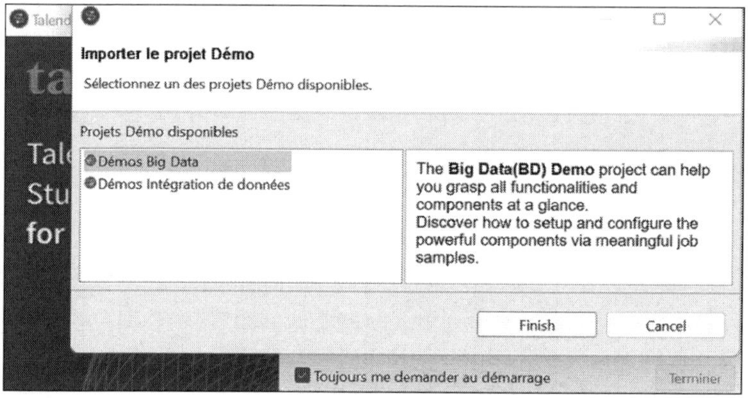

*Description **Démos Big Data***

En sélectionnant l'une des deux démonstrations et en cliquant sur **Finish**, une nouvelle fenêtre s'ouvre, permettant de nommer le projet de démonstration et de lui ajouter une description (facultative).

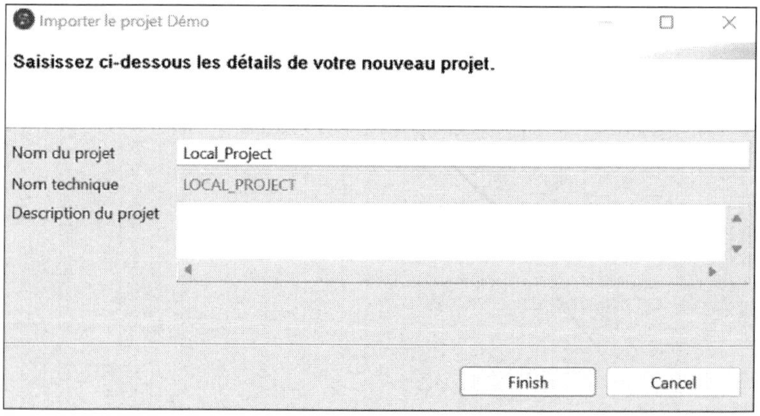

Fenêtre de saisie des détails du nouveau projet

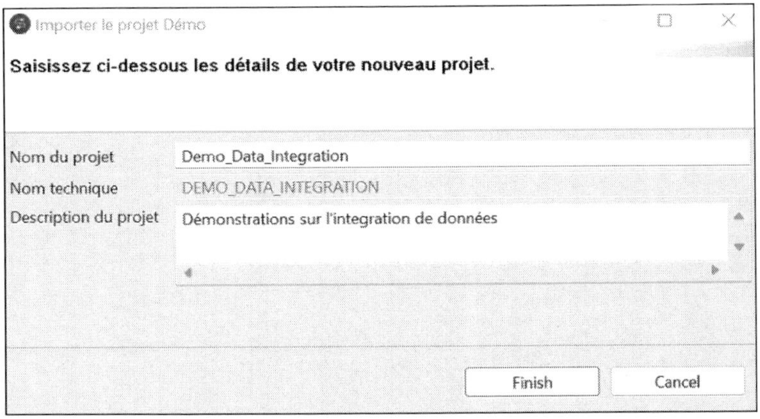

Exemple sur les détails du projet

En cliquant sur **Finish**, Talend importe tous les jobs de la démonstration choisie, dans ce cas **Démos Intégration de données**.

Cette interface va ensuite s'afficher avec tous les jobs de la démonstration choisie, rangés dans des dossiers, selon le thème de la démonstration.

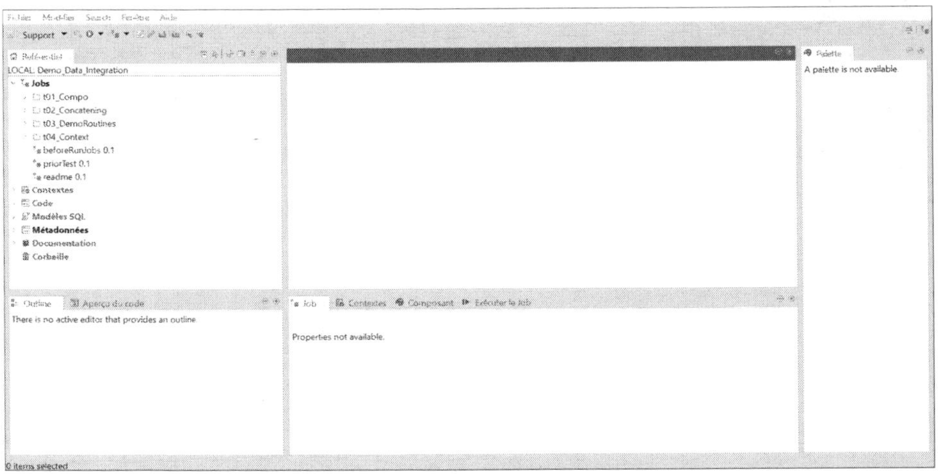

Jobs de la démonstration ***Démos Intégration de données***

Un contexte de démonstration est également disponible en déroulant l'élément **Contextes** comme indiqué dans la figure ci-dessous :

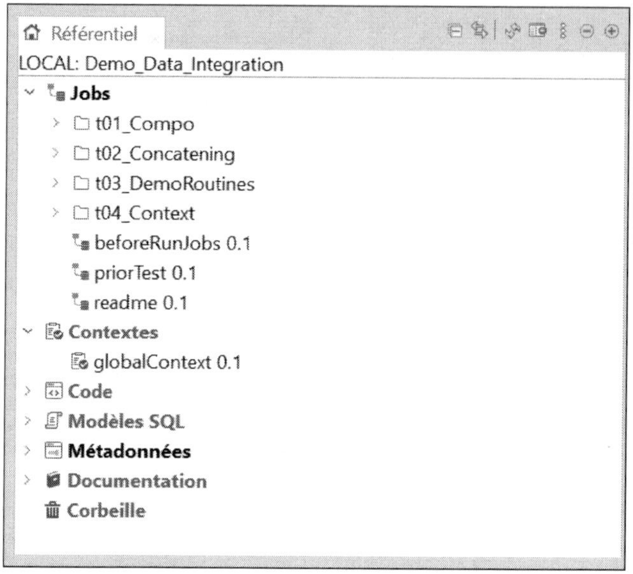

Contexte de démonstration

Outre les routines **system**, présentes à la création d'un projet qui n'est pas un projet de démonstration, il existe des routines de démonstration, accessibles en déroulant l'élément **Code** puis l'élément **Routines globales** comme illustré ci-dessous :

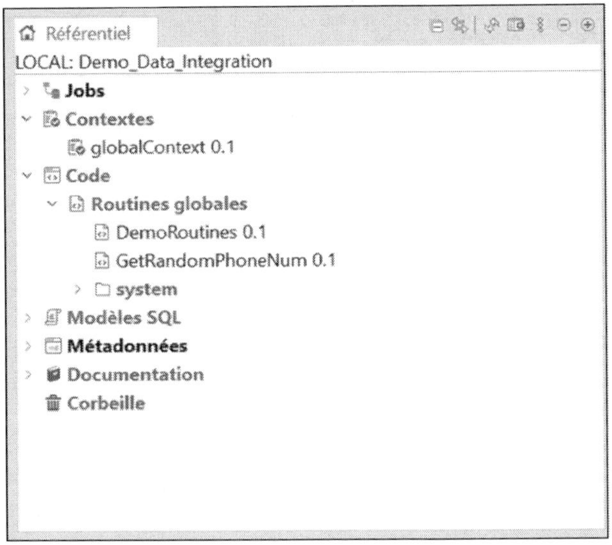

Routines de démonstration

En déroulant l'élément **Métadonnées** puis **Connexions de bases de données**, une démonstration de connexion à une base de données MySQL est disponible comme vous pouvez le voir dans la figure ci-dessous :

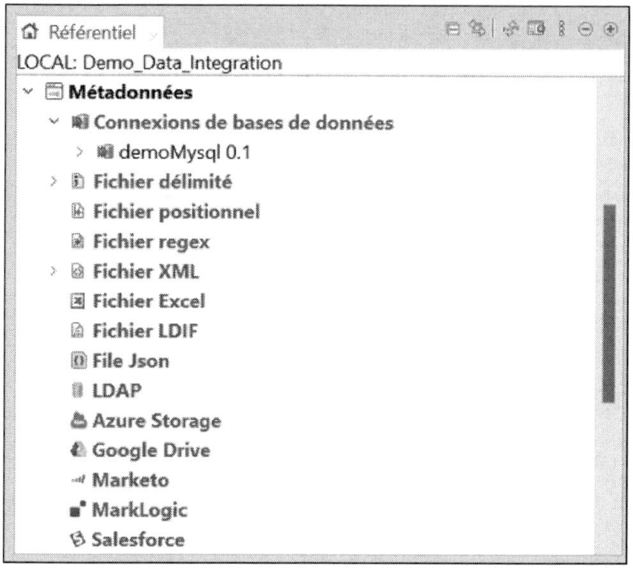

Démonstration de connexion à une base de données MySQL

Il faut ouvrir le dossier **Schémas des tables** pour accéder aux schémas des tables de la base de données de démonstration MySQL.

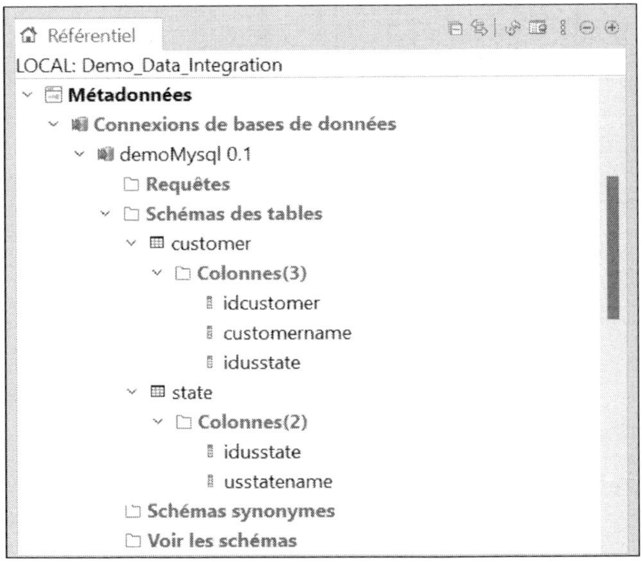

Schémas des tables de la base de données de démonstration MySQL

La démonstration intégration de données fournie par Talend, donne aussi accès à une démonstration sur la création de fichiers délimités, communément appelés fichiers CSV (*Comma-Separated Values*), qui sont des fichiers où les colonnes ainsi que leurs valeurs sont délimitées (séparées) par une virgule, un point-virgule, un espace ou une tabulation. Il est possible d'ouvrir ce type de fichiers avec Excel ou un éditeur de texte comme Notepad++ ou même avec Visual Studio Code.

Le but dans la création d'un fichier délimité dans Talend est de réutiliser facilement ce fichier en n'ayant pas à redéfinir son schéma à chaque fois qu'il doit être utilisé dans un job.

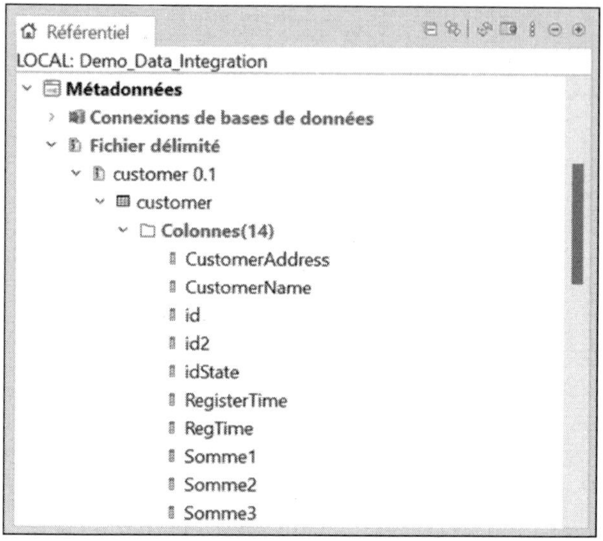

Démonstration d'un fichier délimité

En cliquant sur la flèche gauche de **customer 0.1**, nous pouvons accéder au schéma de ce dernier afin de le voir ou le modifier.

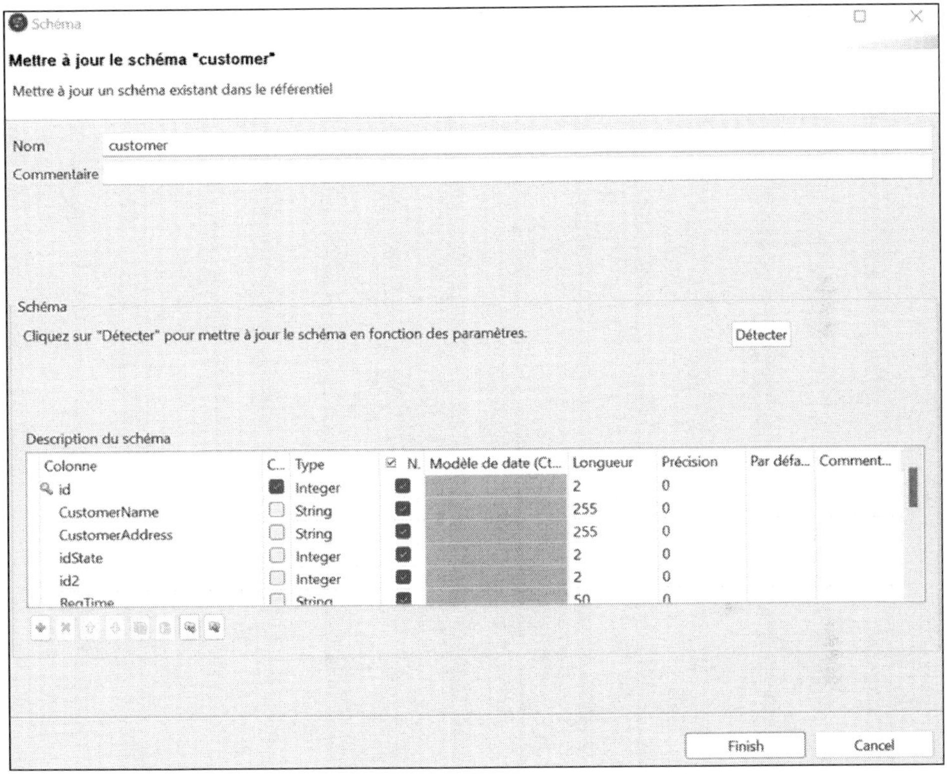

Schéma défini pour le fichier délimité de démonstration

customer 0.1

Il en va de même pour les fichiers XML (*eXtensible Markup Language*), fichiers dont le langage est souvent utilisé, notamment pour la conception des sites web et pour faciliter les échanges d'informations sur Internet.

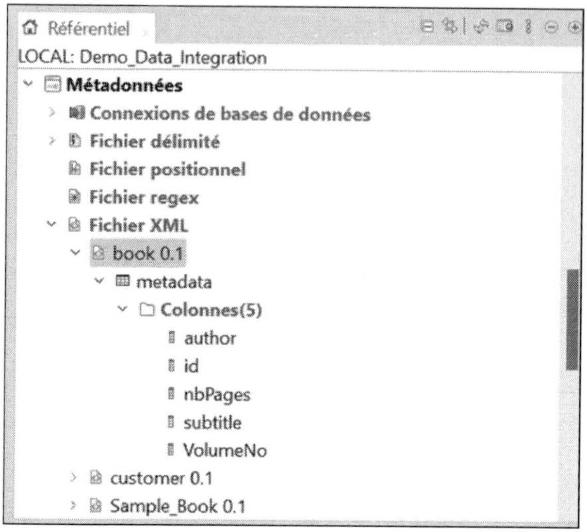

Démonstration d'un fichier XML

En déroulant l'élément **Documentation**, tous les fichiers sauvegardés dans Talend s'affichent.

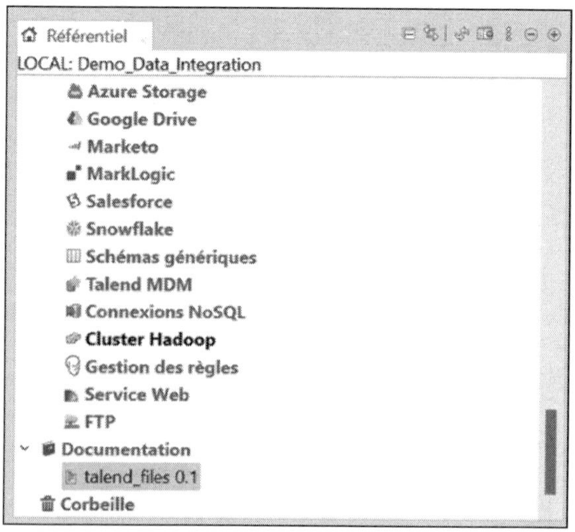

*Démonstration de **Documentation***

Parmi ces fichiers figure le fichier délimité (CSV) **customer 0.1**, vu précédemment, qui peut être lu et enregistré. Ainsi l'utilisateur peut l'utiliser et/ou avoir accès à ses données afin de savoir comment elles sont structurées et de mieux les comprendre.

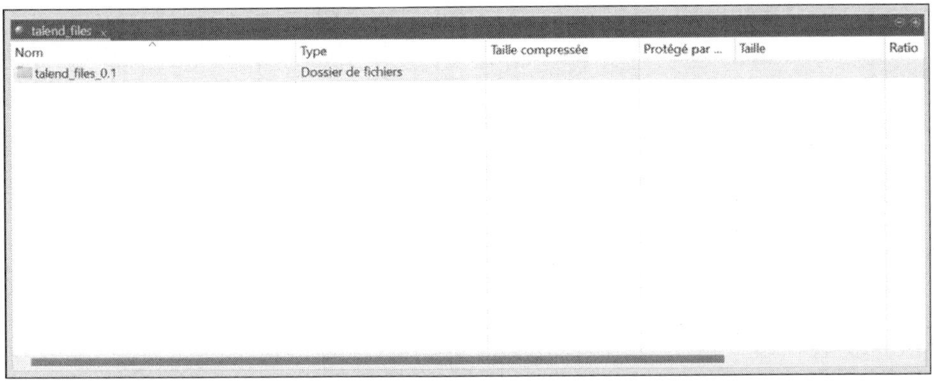

Interface ***talend_files***

▶ Pour y accéder, effectuez un double clic sur **talend_files 0.1**. L'interface ci-dessous apparaît :

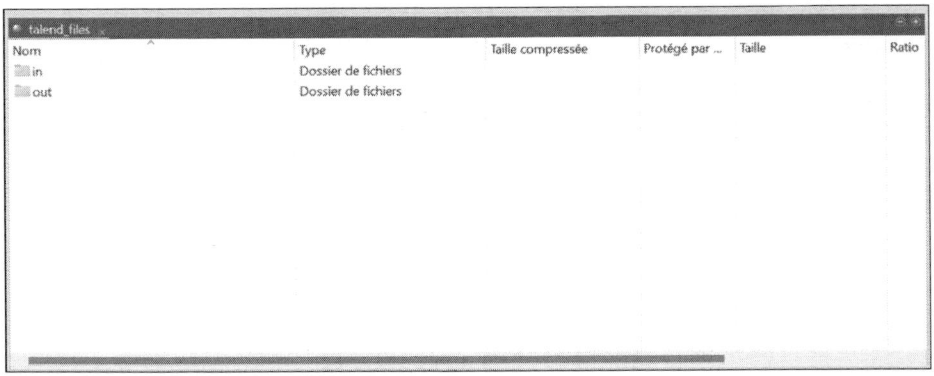

Dossiers de la démonstration talend_files 0.1

◘ Double cliquez sur **in** pour trouver les données utilisées en entrée, parmi lesquelles figure le fichier **customer.csv**.

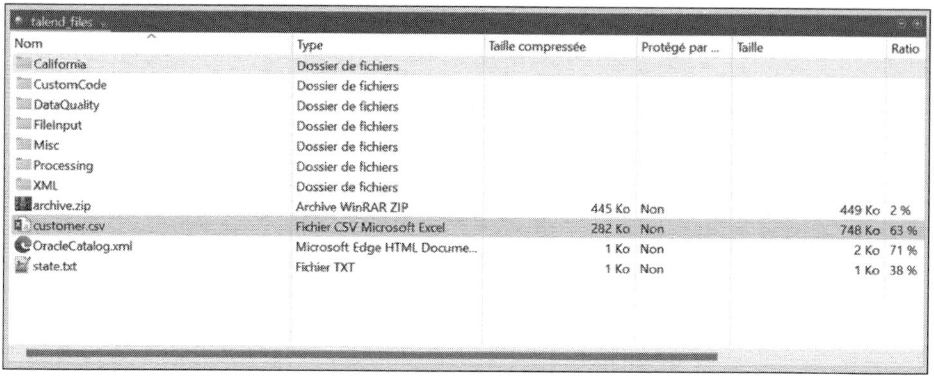

Nom	Type	Taille compressée	Protégé par ...	Taille	Ratio
California	Dossier de fichiers				
CustomCode	Dossier de fichiers				
DataQuality	Dossier de fichiers				
FileInput	Dossier de fichiers				
Misc	Dossier de fichiers				
Processing	Dossier de fichiers				
XML	Dossier de fichiers				
archive.zip	Archive WinRAR ZIP	445 Ko	Non	449 Ko	2 %
customer.csv	Fichier CSV Microsoft Excel	282 Ko	Non	748 Ko	63 %
OracleCatalog.xml	Microsoft Edge HTML Docume...	1 Ko	Non	2 Ko	71 %
state.txt	Fichier TXT	1 Ko	Non	1 Ko	38 %

Documents et dossiers dans le dossier ***in***

Le fichier peut être ouvert en effectuant un double clic dessus, et peut être enregistré directement sur ordinateur si besoin. Comme vous pouvez le constater, d'autres dossiers qui contiennent des fichiers CSV, XML, etc. sont également disponibles.

3. Job 0 : création d'un job

Dans cette section, nous allons illustrer la méthode la plus facile qui soit pour créer un nouveau job au sein d'un projet créé en amont.

◘ Effectuez un clic droit sur **Jobs** puis cliquez sur **Création d'un nouveau job**.

◘ Remplissez les informations relatives au job créé.

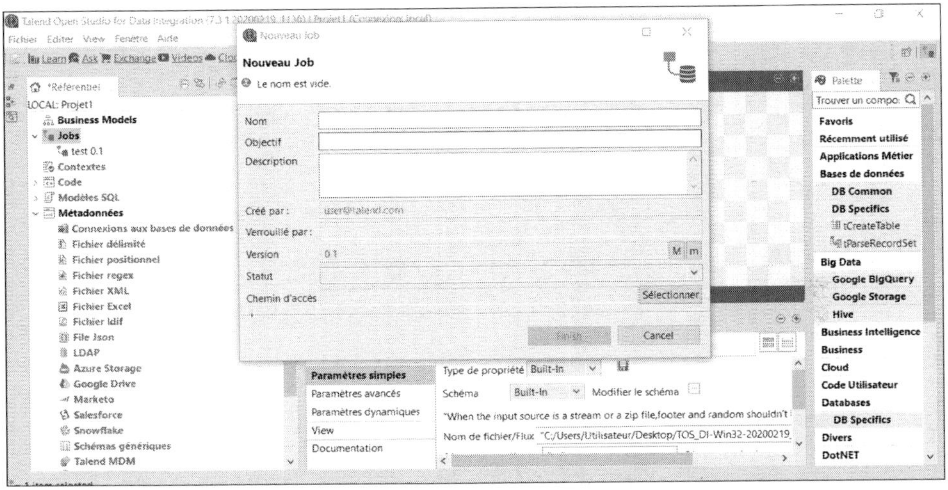

Création d'un job

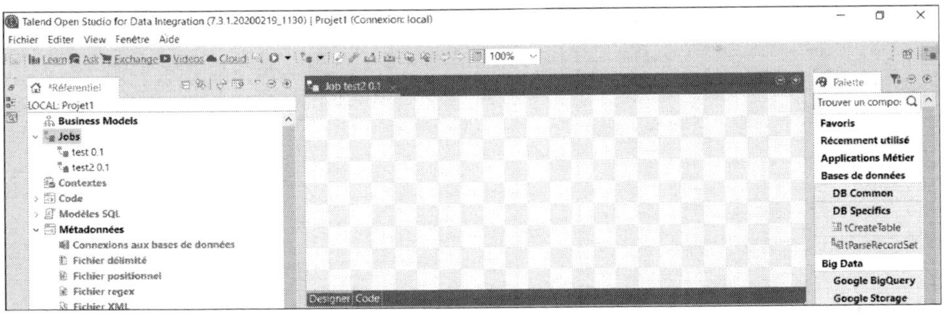

Fenêtre générée par la création du job

4. Job 1 : générer un fichier XML à partir d'un fichier CSV

Dans cette section, nous allons voir ensemble, pas à pas, comment implémenter un job qui permet de générer un fichier XML à partir d'un fichier CSV.

Un fichier délimité CSV dans Talend est représenté par le composant `tFileInputDelimited`.

Deux méthodes sont possibles pour appeler un composant en général et le composant `tFileInputDelimited` en particulier dans Talend.

La première consiste à écrire quelques lettres du nom du composant, par exemple en écrivant **tfile** dans la palette à gauche de l'interface Talend.

Recherche du composant `tFileInputDelimited` *dans la* ***Palette***

Une fois que vous avez trouvé le composant qui vous intéresse, vous pouvez le glisser dans l'interface du job.

La deuxième méthode consiste à écrire quelques lettres du nom du composant, par exemple **tfile** en effectuant un clic gauche dans l'interface du job créé.

Vous pouvez faire la même chose pour faire appel au composant `tFileOutputXML`.

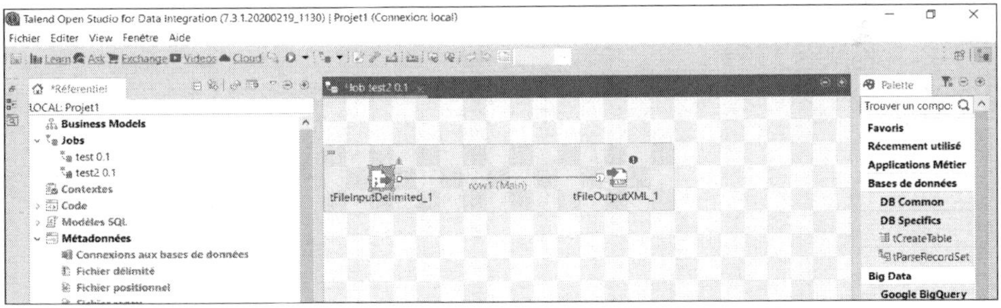

Création des composants d'entrée et de sortie + Connexion Row Main

5. Création d'un schéma de données

Les schémas définissent de quelle manière la donnée est transportée par le job. Tout composant qui gère un flux de données fournit un Editeur de schéma qui permet de visualiser et définir les schémas utilisés par le composant.

Dans la figure précédente, comme le composant `tFileOutputXML` n'est pas configuré, l'icône est en rouge, les paramètres de sortie devant avoir au moins une valeur.

- Dans ce cas, cliquez sur le composant de sortie puis sur **Modifier le schéma**, une fenêtre va s'ouvrir et vous pourrez créer un schéma.

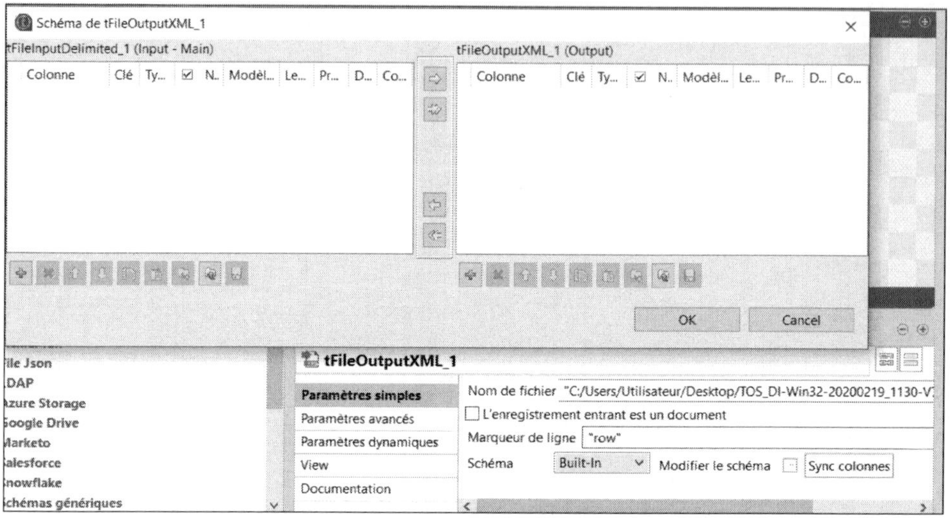

Figure générée pour modification du composant de sortie

▶ Pour générer un schéma, vous pouvez cliquer sur le symbole . Ensuite, ajoutez une colonne en entrée et attribuez-lui un nom explicite ainsi qu'un type approprié. Si vous souhaitez que cette colonne soit la clé de la table (avec des valeurs uniques qui ne se retrouvent dans aucune autre ligne), cochez la case **Clé**. Vous pouvez également utiliser cette clé pour effectuer des jointures, comme expliqué dans le chapitre Talend et les bases de données SQL.

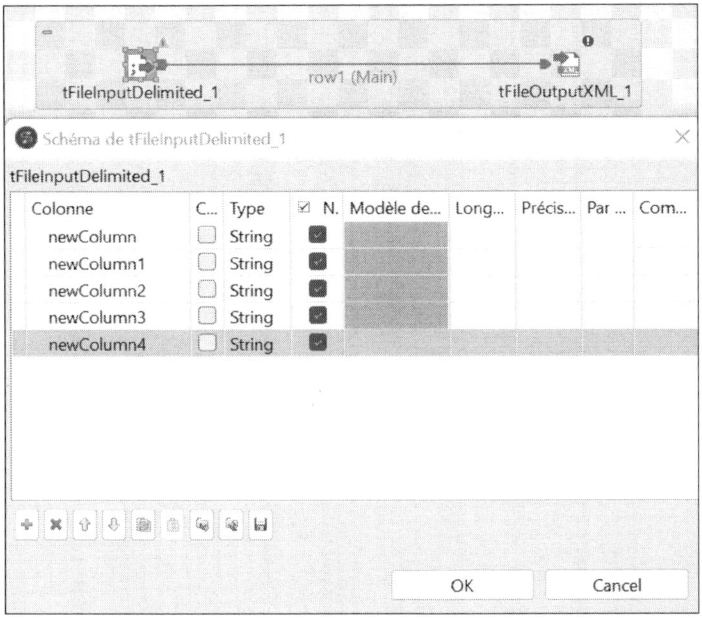

Création de schéma

Le schéma en entrée (à gauche) doit toujours correspondre au schéma de sortie (à droite) à défaut d'avoir des erreurs, pour cela, sélectionnez toutes les colonnes et cliquez sur les flèches jaunes afin de les déplacer à droite.

Vous pouvez également effectuer l'action précédente en cliquant sur le bouton **Sync colonnes** présent dans les paramètres du composant en sortie ; dans ce job, il s'agit de `tFileOutputXML`.

Vous pouvez ensuite enregistrer le schéma en cliquant sur la petite disquette en bas de la fenêtre afin qu'il soit stocké dans les schémas génériques et que vous puissiez le réutiliser dans d'autres composants.

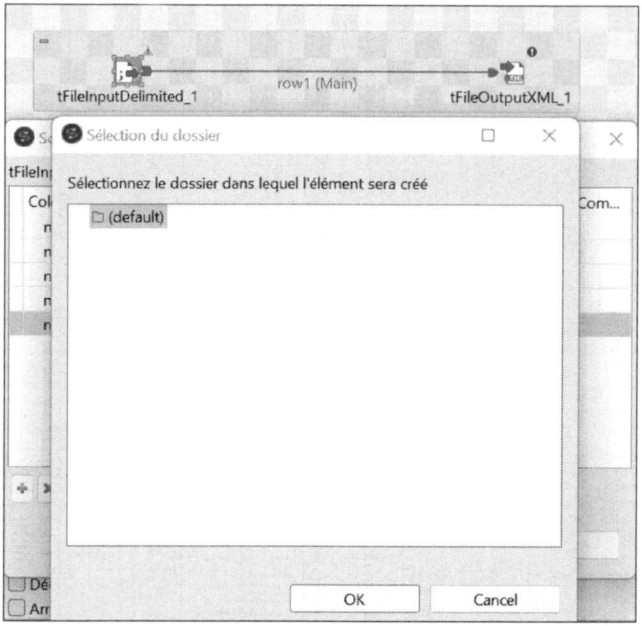

Enregistrer le schéma comme schéma générique

Paramètres du schéma générique

- Pour faire appel à un schéma enregistré (schéma générique) sur un composant, allez dans les paramètres du composant en question, puis sélectionnez **Schéma** et remplacez **Built-in** par **Référentiel**. Cliquez sur les trois points à côté de de la case **Référentiel**.

Vous pouvez ensuite sélectionner le schéma générique dans **Métadonnées** puis cliquer sur **Schémas génériques** comme dans les deux figures ci-dessous :

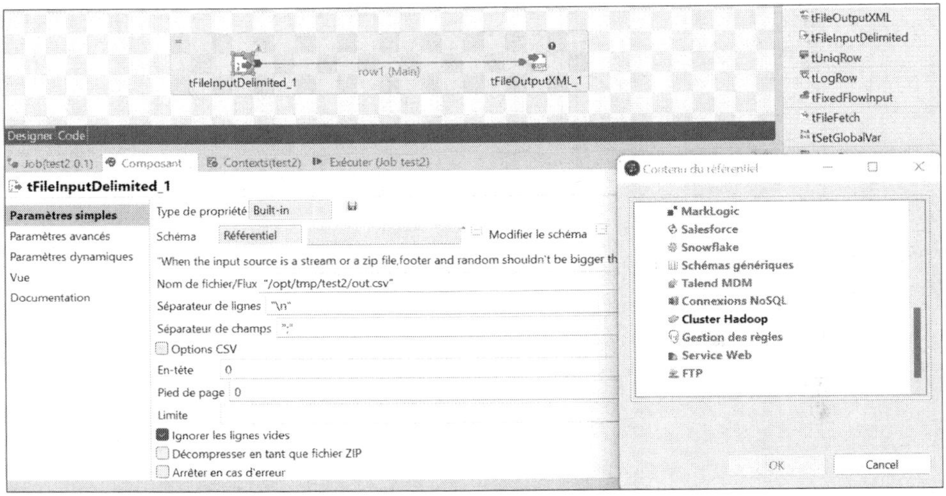

Paramétrage pour faire appel à un schéma générique

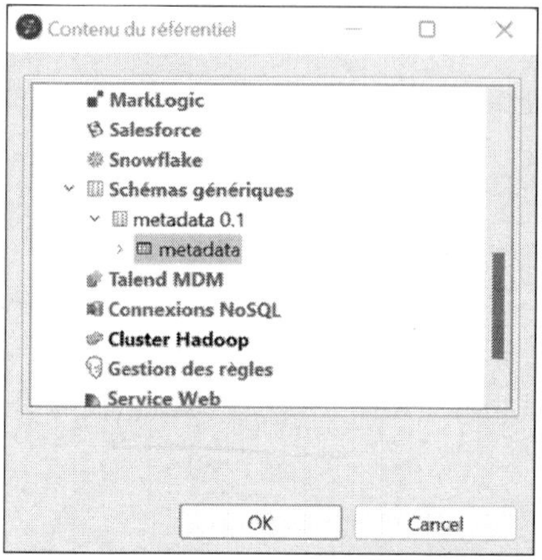

Appeler le schéma générique

Il faudra faire de même pour le composant en sortie comme illustré ci-dessous :

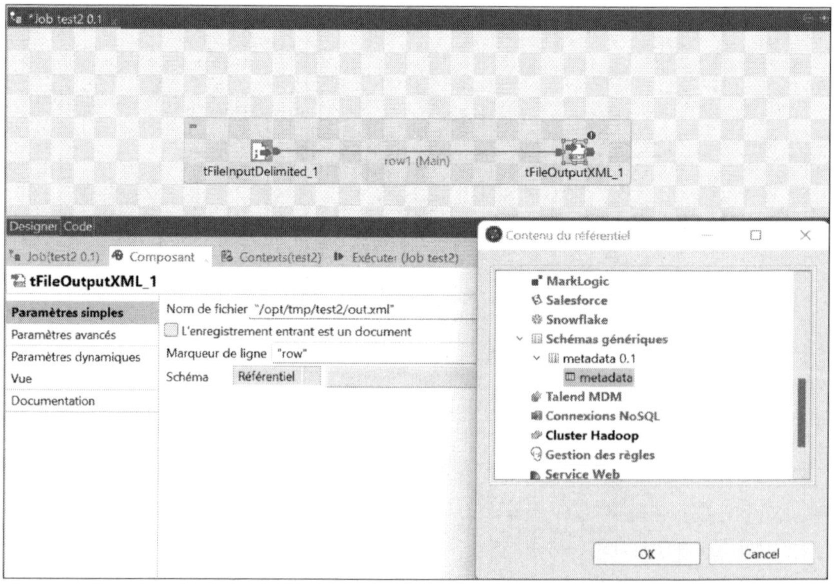

Paramétrage et appel du schéma générique sur le composant de sortie

6. Job 2 : utilisation des liens déclencheurs

Le lien déclencheur `if` sert à vérifier si une condition est satisfaite, par exemple pour vérifier si un fichier existe ou pas.

Méthode

- Créez un job et générez un composant `tFileExist` et deux composants `tJava`.

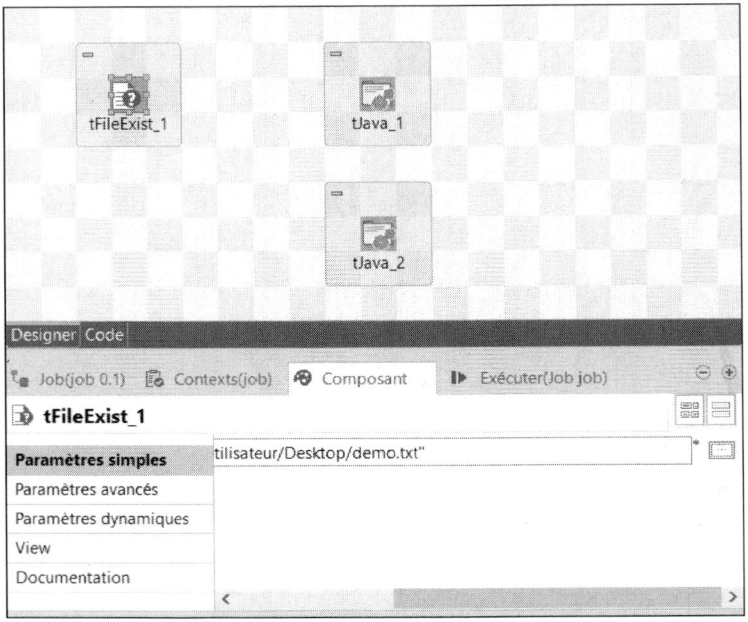

Création et indication du fichier à chercher

- Générez deux `tJava` qui renvoient respectivement du code Java « présent » et « absent ».

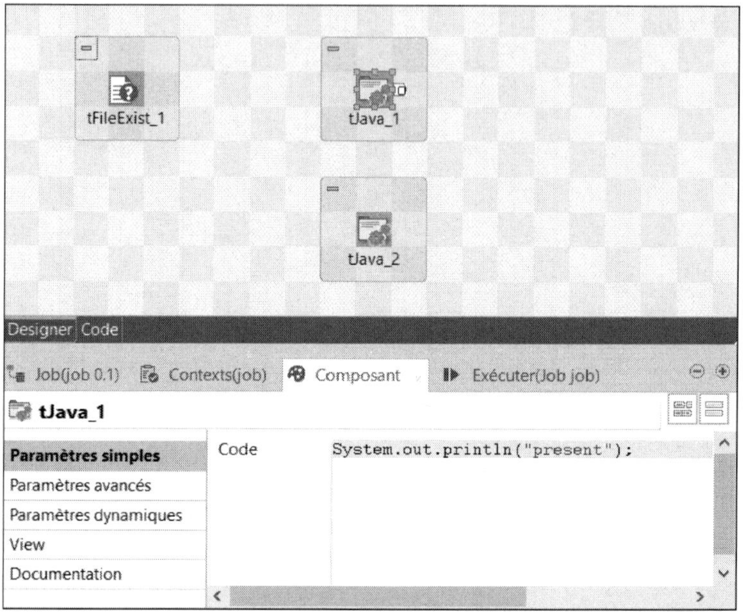

Affichage en cas de présence du fichier

- Faites un clic droit sur `tFileExists`.
- Cliquez sur **Déclencheur**.
- Mettez un déclencheur de type **Run if** entre `tfileExists` et les deux `tJava`.

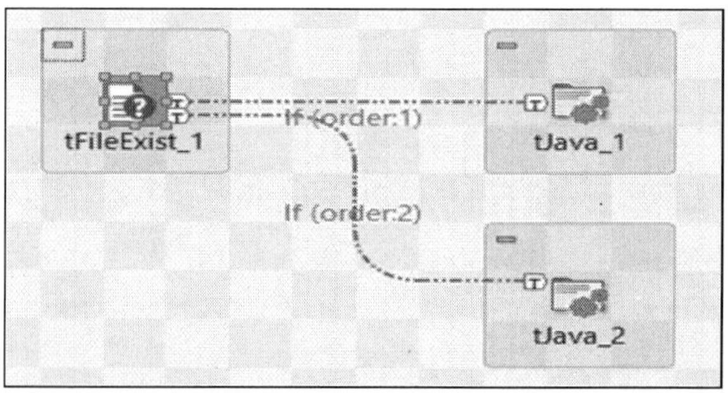

Condition `if` *schématisée*

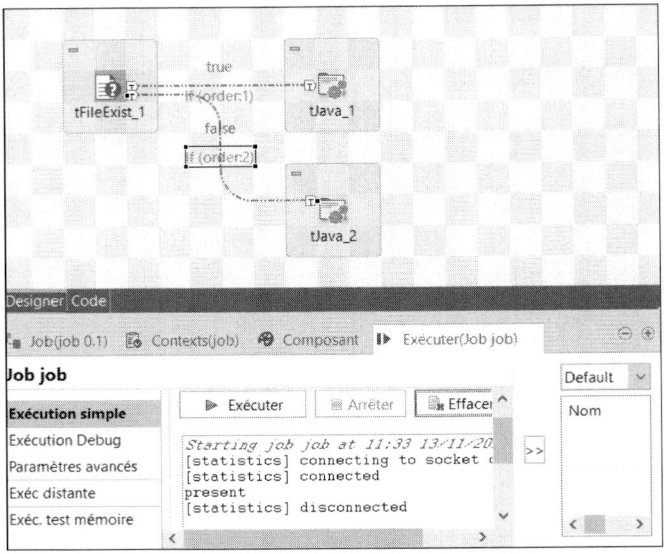

Affichage de « present » dans la log (console) (le fichier existe)

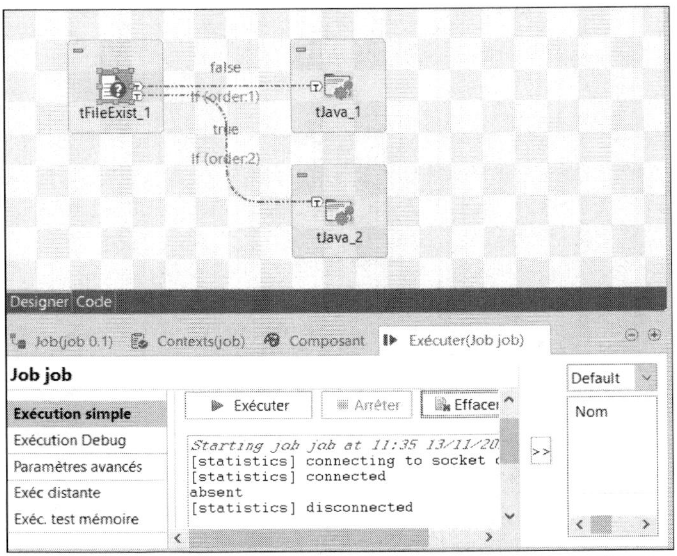

Résultat en modifiant le nom du fichier, le fichier est absent

Remarque

Dans Talend, le ELSE n'existe pas.

7. Création et utilisation des groupes et variables de contexte

Un contexte décrit les paramètres prédéfinis appliqués lors de l'exécution d'un job.

Un contexte est utile, entre autres, pour variabiliser le chemin afin d'exécuter les jobs dans différents environnements mais aussi pour des raisons de sécurité.

7.1 Pourquoi ?

En environnement de production, les clients expriment généralement des exigences de sécurité, ce qui rend problématique de fournir un accès direct au fichier de données, car cela constituerait une faille de sécurité du système. Par conséquent, il est nécessaire d'externaliser tous les accès aux données pour remédier à cette situation.

Les variables de contexte sont des valeurs qui peuvent changer selon le fait que le job est exploité dans un environnement de développement, de test, de production ou autre. Les valeurs peuvent également changer avec les changements d'environnements. Par exemple, pour les mots de passe, ces variables sont contenues dans des groupes appelés « groupes de contextes ».

7.2 Méthode

- Dans le référentiel, allez sur **Contextes**, puis sur **Créer un nouveau contexte**.
- Cliquez sur le bouton **+** pour ajouter une variable. Nommez-la `Path` et dans le champ **value**, renseignez le chemin où se trouve votre fichier.
- Allez dans le job puis dans **Contextes**.

- Glissez et déposez le concexte créé.
- Allez dans **composant** et effacez le chemin vers le fichier en écrivant seulement **context.[CTRL+Espace] + "/nomfichier.csv"**.
- Pour créer un groupe de contextes, allez dans **Référentiel** puis dans **Contextes**, effectuez un clic droit sur **Contextes** puis cliquez sur **Créer un groupe de contextes**.

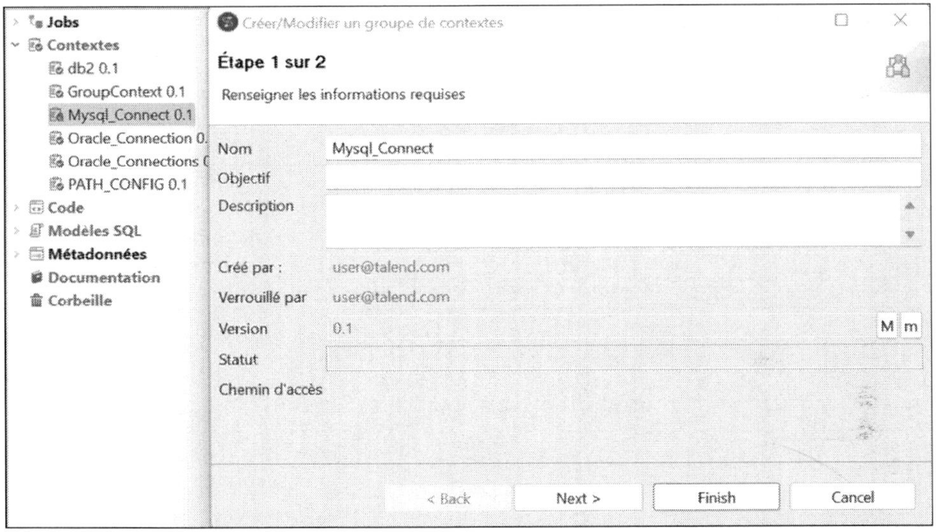

Créer un groupe de contextes

- Cliquez sur **Next** puis créez vos variables de contexte.

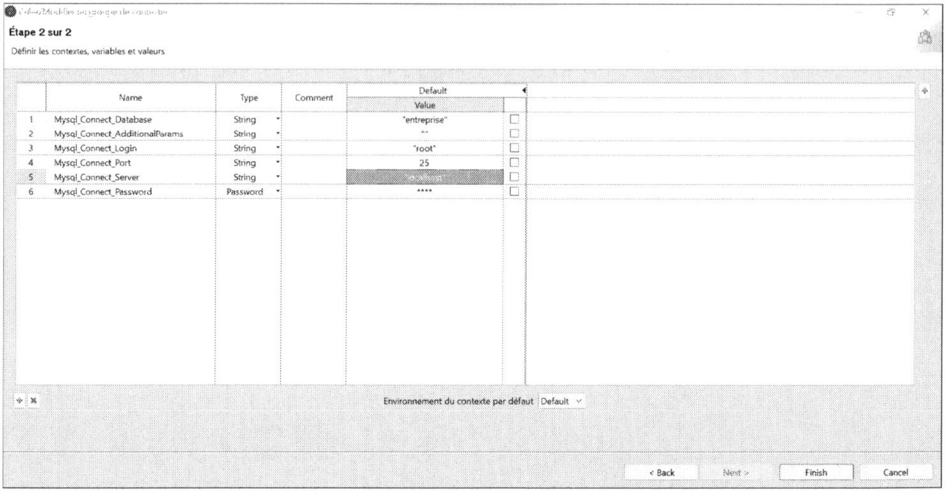

Exemple de création d'un groupe de contextes et de ses variables

▶ Pour créer un environnement de production (par exemple PROD) afin de pouvoir exécuter votre job Talend sur plusieurs environnements, cliquez sur le bouton vert + en haut à droite de la précédente figure.

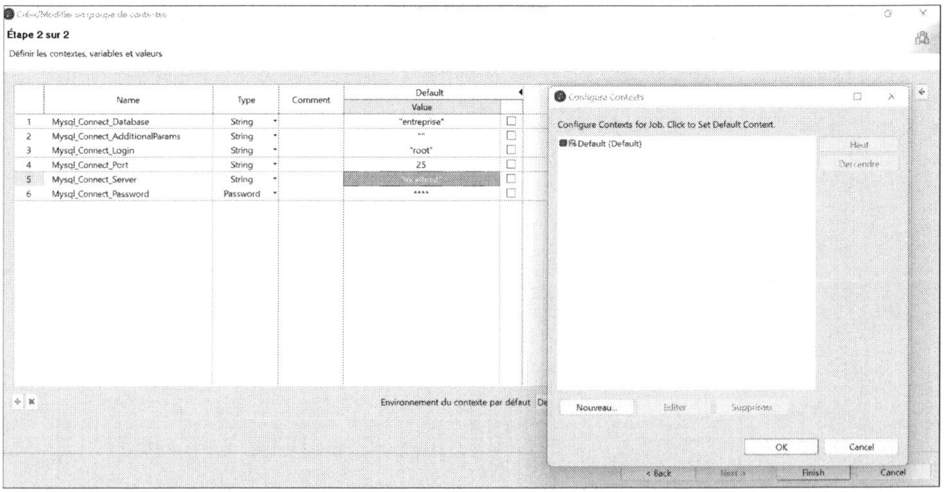

Ajout d'un environnement d'exécution pour notre job Talend

◘Cliquez ensuite sur **Nouveau** et donnez-lui un nom (**PROD** par exemple).

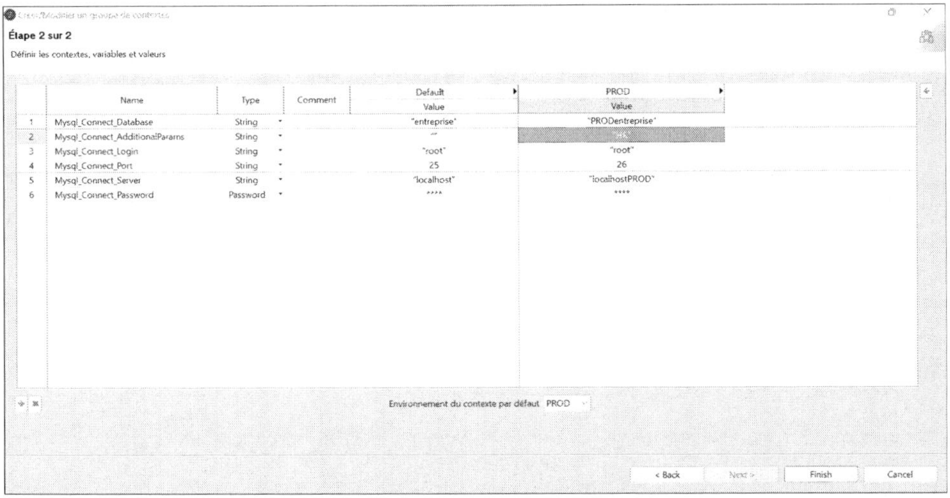

Exemple de création d'un environnement de production

◘Pour importer un groupe de contexte sur un job, allez sur le job en question et cliquez sur **Exécuter** afin de choisir **PROD** comme environnement d'exécution.

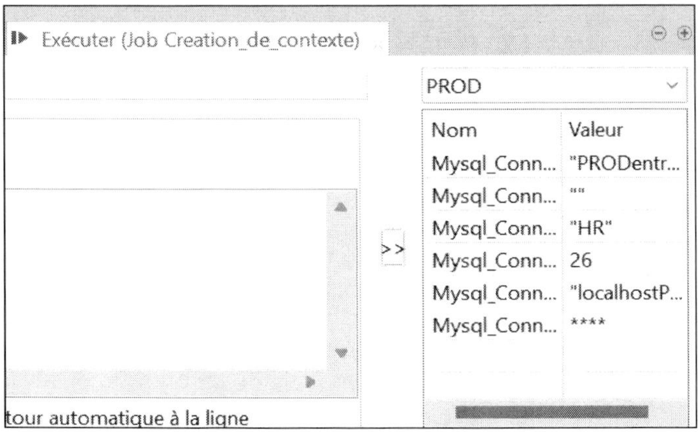

Changer l'environnement d'exécution d'un job Talend

8. Job 3 : utilisation du composant tConvertType

Le but de ce job Talend est de convertir le type de données des colonnes d'un fichier dans `tFileInputDelimited`. Il peut s'agir d'une conversion du type **Double** (nombre réel) vers Integer, Integer vers String, String vers Integer ou encore Date vers String. Pour cela, procédez comme suit :

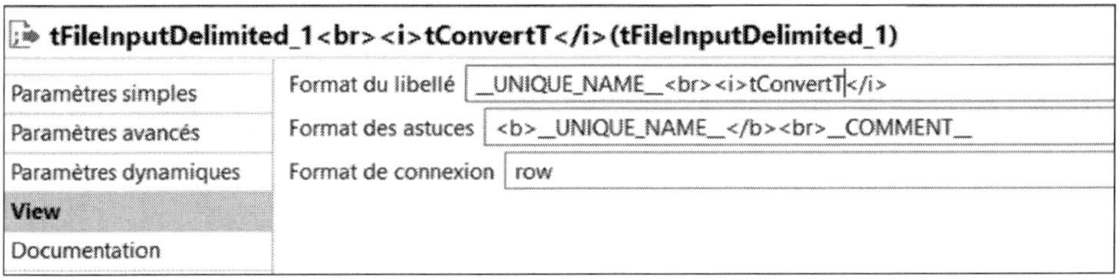

Création du `tFileInputDelimited` et mise à jour du format du libellé

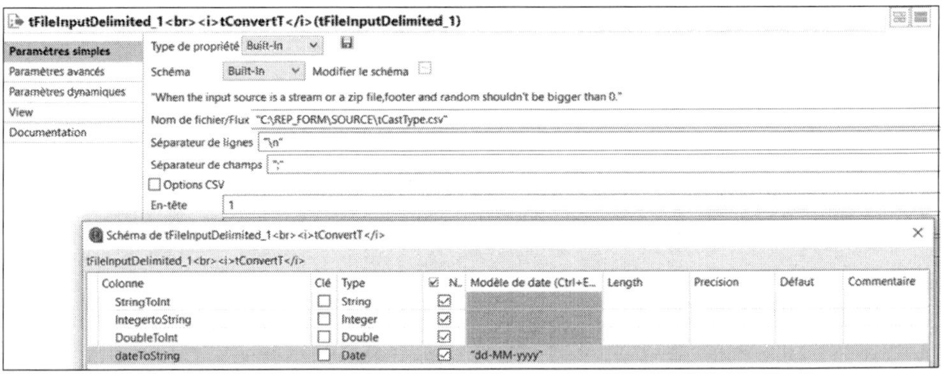

Paramétrage et importation du schéma du fichier source

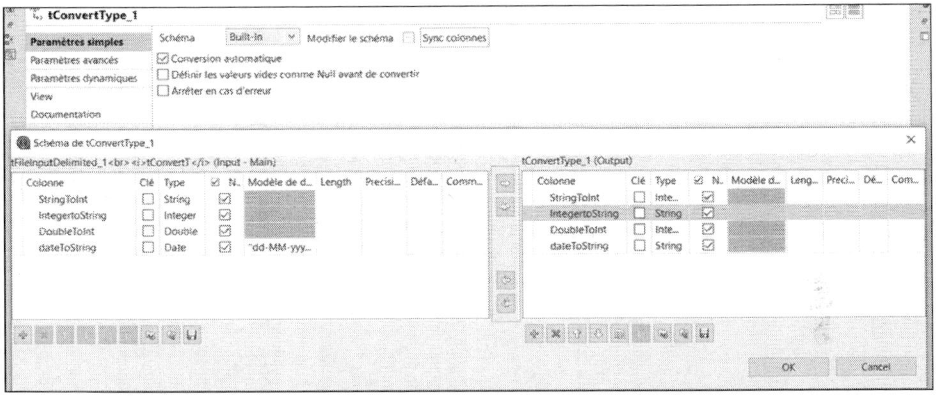

■Cochez la conversion automatique pour `tConvertType`, synchronisez le schéma et modifiez-le ensuite (modification du type de sorties).

```
.------------+---------------+-----------+------------.
|                       tLogRow_1                     |
|=-----------+---------------+-----------+-----------=|
|StringToInt|IntegertoString|DoubleToInt|dateToString|
|=-----------+---------------+-----------+-----------=|
|7          |55             |999        |15-11-2017  |
'------------+---------------+-----------+------------'
```

Résultat de conversion

Vous remarquerez que dans la transformation `DoubleToInt`, le système n'a pris en compte que la partie entière du chiffre (999 pour une valeur initiale de 999,9).

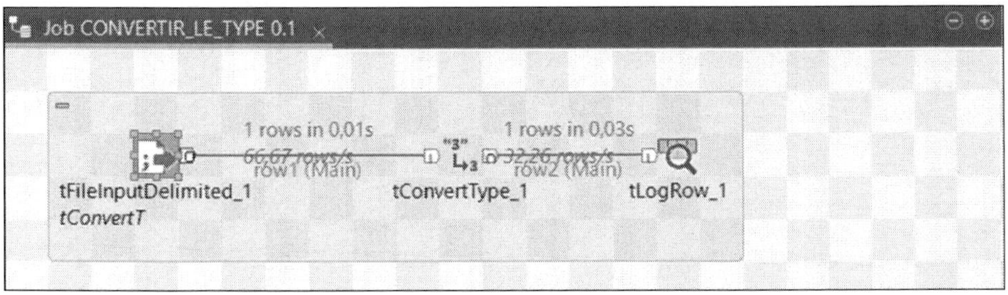

Les composants utilisés dans le job

9. Job 4 : échantillonnage de données

Le but de ce job **SAMPLE_DATA** est de prélever un échantillon de données à partir d'un fichier plat de type texte.

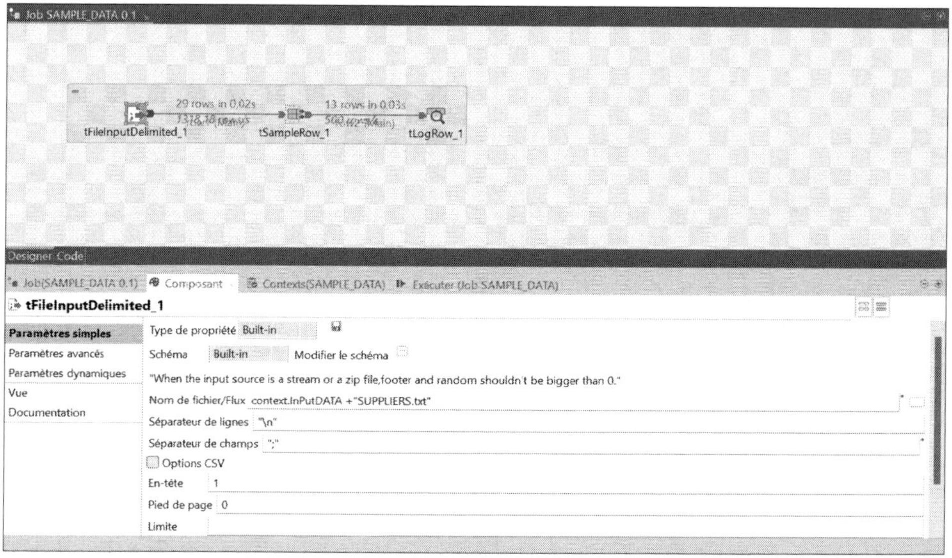

Composants utilisés et paramétrage du `tFileInputDelimited_1`

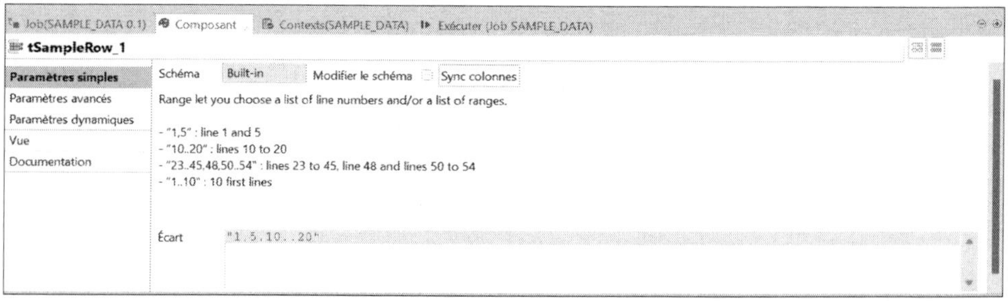

Paramétrage du `tSampleRow`

Dans ce job Talend, il est demandé au composant `tSampleRow` de prélever les données contenues dans les lignes 1 et 5, ainsi que les données contenues entre la ligne 10 et la ligne 20 du fichier SUPPLIERS.txt.

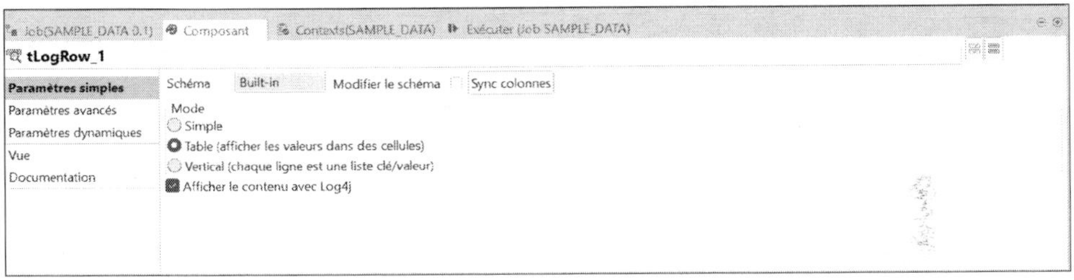

Paramétrage du `tLogRow` pour un affichage sous forme de tableau

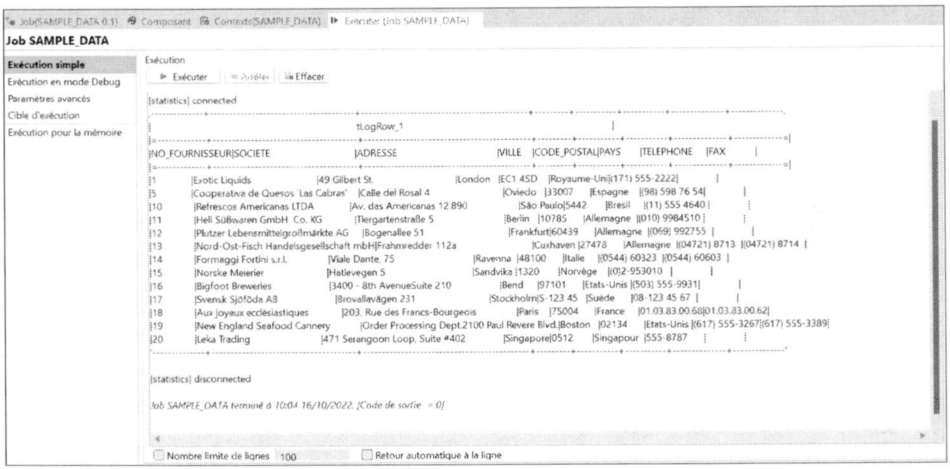

Résultat du job

10. Job 5 : agréger et trier des données

Le but de ce job Talend **tAGGREGATEROW** est d'agréger puis de trier les données du fichier AggregationInput.csv et d'insérer le résultat du job dans un autre fichier AggregationOutput.csv.

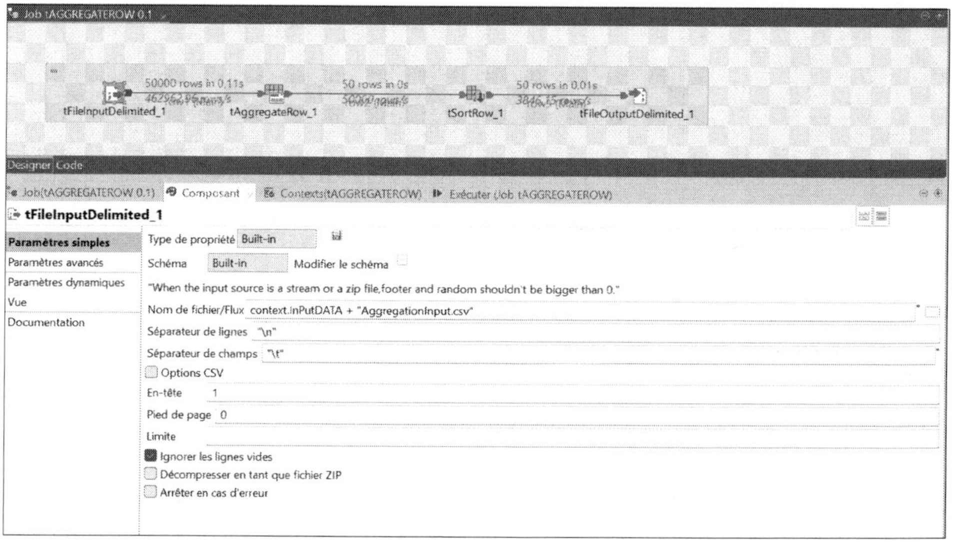

Job et paramétrage du `tFileInputDelimited_1`

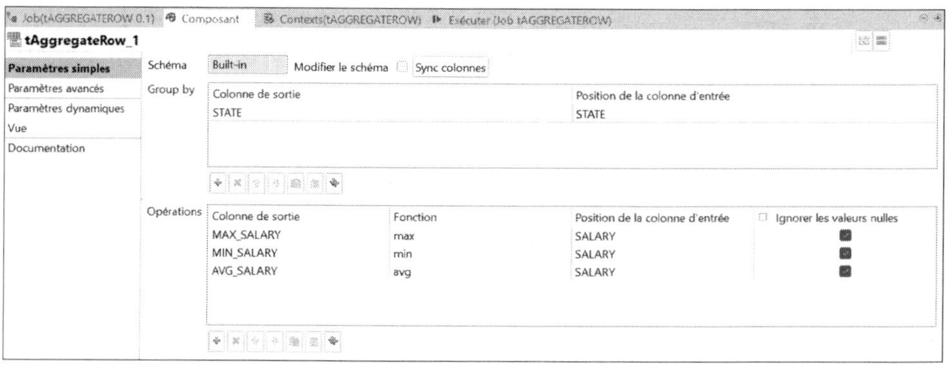

Paramétrage du composant `tAggregateRow`

Dans les paramètres du composant `tAggretaeRow`, **Group by** signifie que nous allons afficher les opérations contenues dans la partie **Opérations** par état (**STATE**), soit le salaire maximum (**MAX_SALARY**), le salaire minimum (**MIN_SALARY**), et le salaire moyen (**AVG_SALARY**) par état.

Le fichier en entrée traite les salaires aux États-Unis, c'est pour cela que nous parlons d'état et non de ville ou autre.

- Pour ajouter une opération, cliquez sur le **+** vert, et faites de même pour le **Group by**.

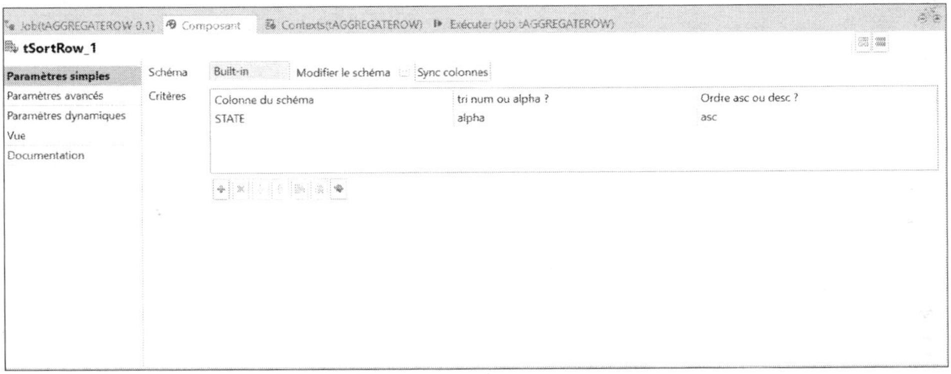

Paramétrage du `tSortRow`

Le critère, comme nous pouvons le voir, a été positionné sur **STATE** (la colonne concernée par le **Group by** précédemment), et le tri sur Alpha, ce qui signifie que le type de données de cette colonne est alphanumérique. Enfin, l'ordre du tri dans le fichier en sortie doit être alphanumérique ascendant (dans ce cas, par ordre alphabétique des noms des états, vu qu'aucun nom d'état ne commence par un nombre).

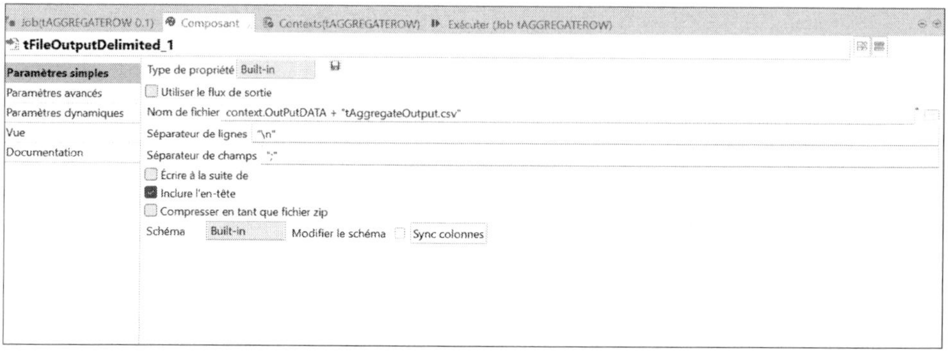

Paramétrage du `tFileOutputDelimited`

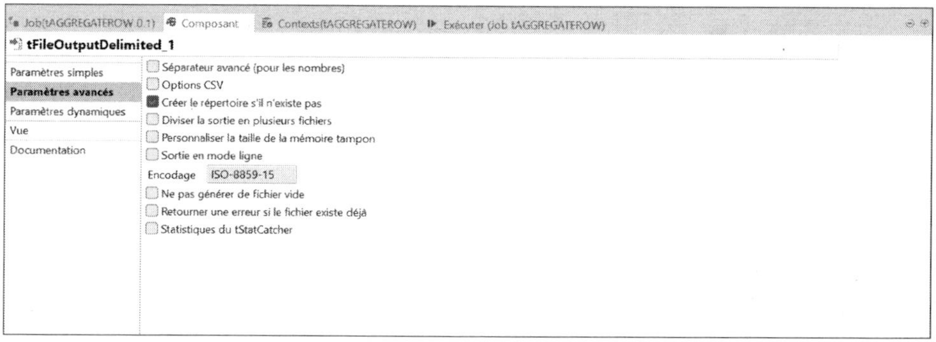

Paramètres avancés du `tFileOutputDelimited`

Il arrive souvent qu'une erreur soit retournée parce qu'un fichier en sortie porte le même nom que le fichier à générer. Pour éviter cette erreur, il faudra décocher la case **Retourner une erreur si le fichier existe déjà**.

Il arrive aussi qu'une erreur soit retournée parce que le fichier que nous voulons générer est ouvert dans la barre des tâches, il faudra alors veiller à ce qu'il soit fermé avant de générer un nouveau fichier portant le même nom.

Dans la même famille de composants, le composant `tAggregateSortedRow` est très intéressant : il reçoit un flux de données triées sur lequel il effectue une agrégation basée sur une ou plusieurs colonnes, c'est-à-dire qu'il doit être utilisé après le composant `tSortRow`. Si les données sont déjà triées, les performances n'en sont que plus optimisées.

11. Job 6 : filtrer les colonnes d'un fichier CSV

Le but de ce job Talend **tFILTERCOLUMNS** est de filtrer les colonnes d'un fichier CSV, c'est-à-dire de ne retourner en sortie que certaines colonnes du fichier d'entrée nommé FilterColumnsInput.csv.

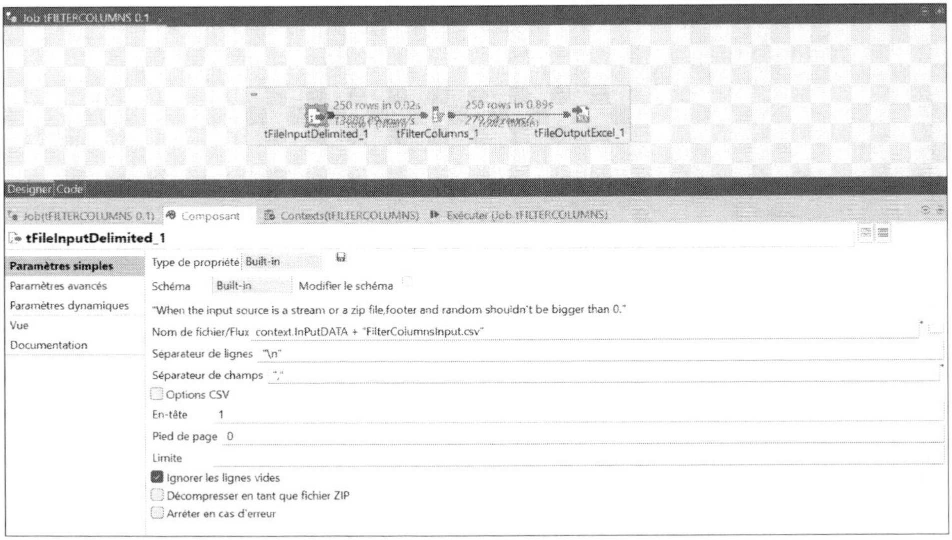

Job et paramétrage du composant `tFileInputDelimited`

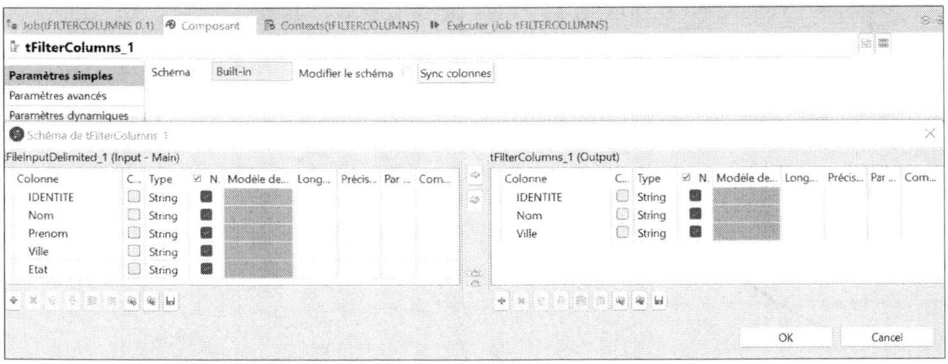

Paramétrage du composant `tFilterColumns`

Pour paramétrer le composant `tFilterColumns`, il suffit de modifier le schéma en entrée en sélectionnant seulement les colonnes à retourner en sortie.

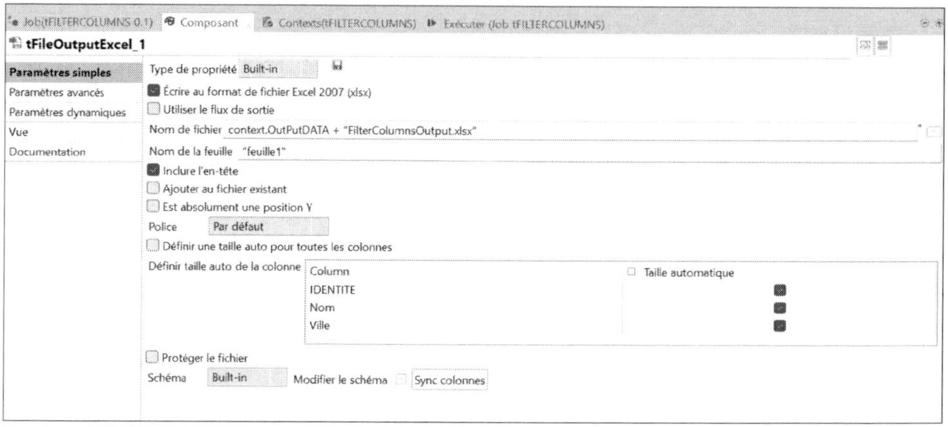

Paramétrage du composant `tFileOutputExcel`

12. Job 7 : filtrer les données des lignes d'un fichier

Dans ce job Talend **tFILTERROW**, nous allons apprendre à filtrer les données contenues dans les lignes d'un fichier .csv, et à retourner les lignes qui satisfont les conditions dans un composant `tFileOutputDelimited_1`, et les autres lignes dans le composant `tFileOutputDelimited_2` comme illustré ci-après.

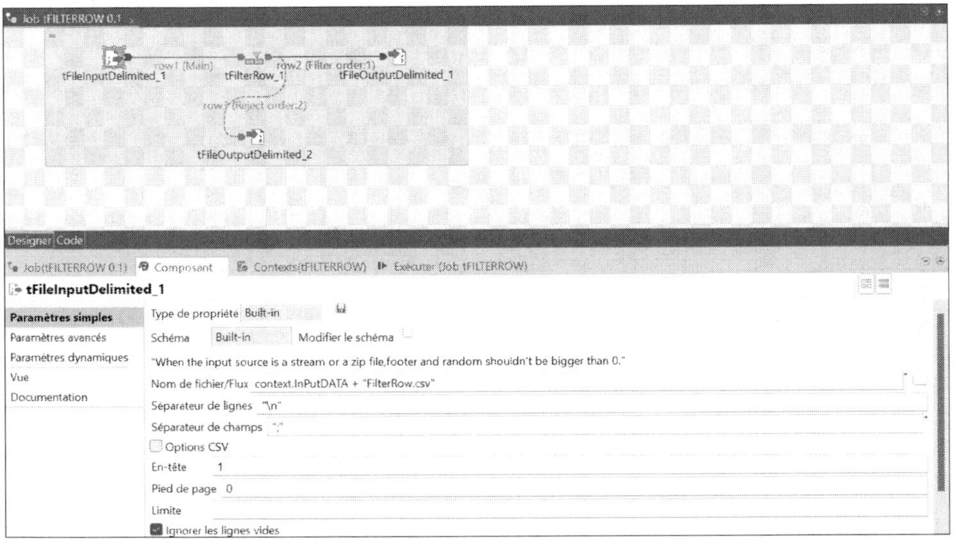

Job et paramétrage du composant `tFileInputDelimited`

Le composant `tFilterRow` dispose d'un lien de type **Reject** pour retourner les lignes qui ne remplissent pas les conditions dans un autre fichier.

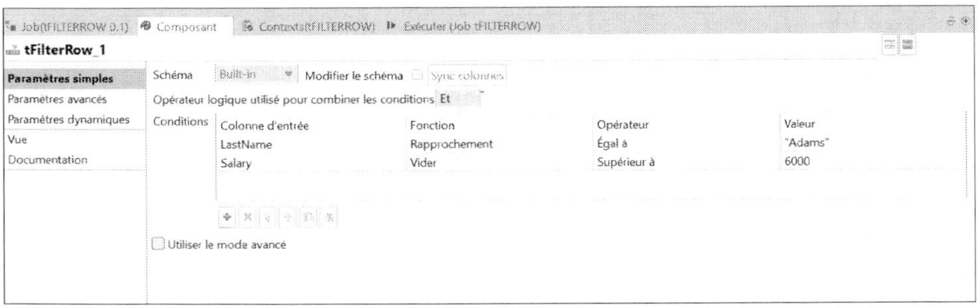

Paramétrage du composant `tFilterRow`

Dans ce composant, nous demandons à Talend de ne retourner en sortie que les lignes qui contiennent la valeur **Adams** pour le champ **LastName**.

Nous avons utilisé comme **Opérateur logique utilisé pour combiner les conditions**, l'opérateur **Et** pour ajouter la condition permettant de ne retourner que les personnes ayant un salaire (**Salary**) supérieur à **6000**.

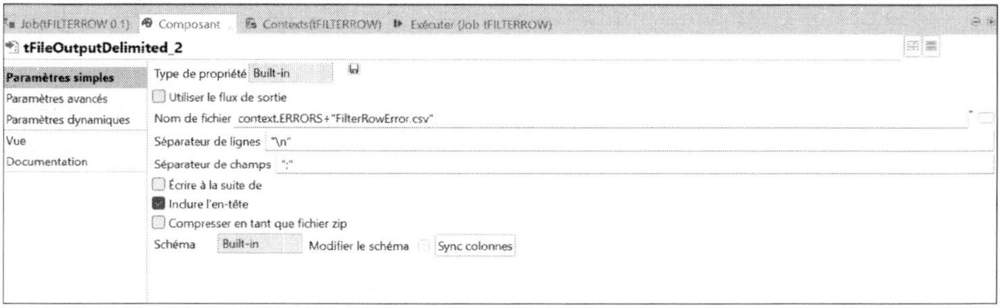

Paramétrage du composant `tFileOutputDelimited_2`

Le composant `tFileOutputDelimited_2` sert à capter les lignes ne remplissant pas les conditions, et à les mettre dans un fichier FilterRowError.csv.

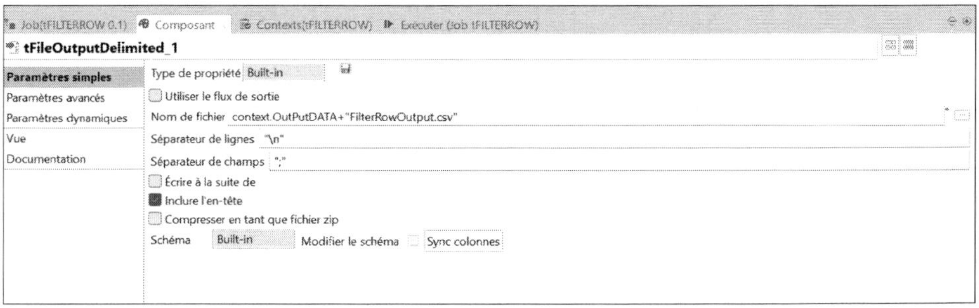

Paramétrage du composant `tFileOutputDelimited_1`

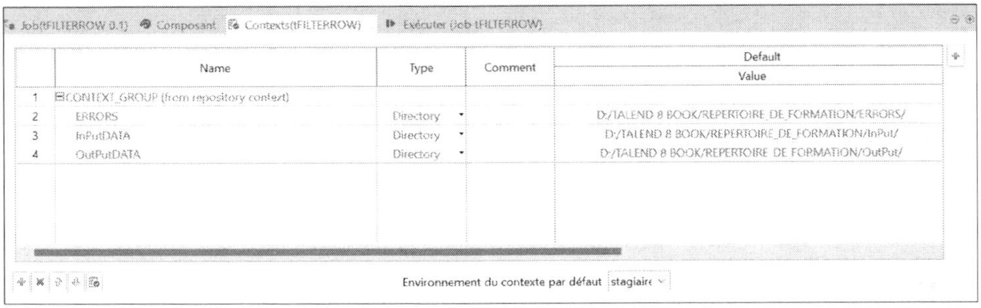

Les contextes utilisés pour ce job

13. Job 8 : les variables globales

Dans ce job Talend **GlobalVariables**, nous allons voir comment utiliser les variables globales et en quoi elles peuvent être utiles pour récupérer une valeur.

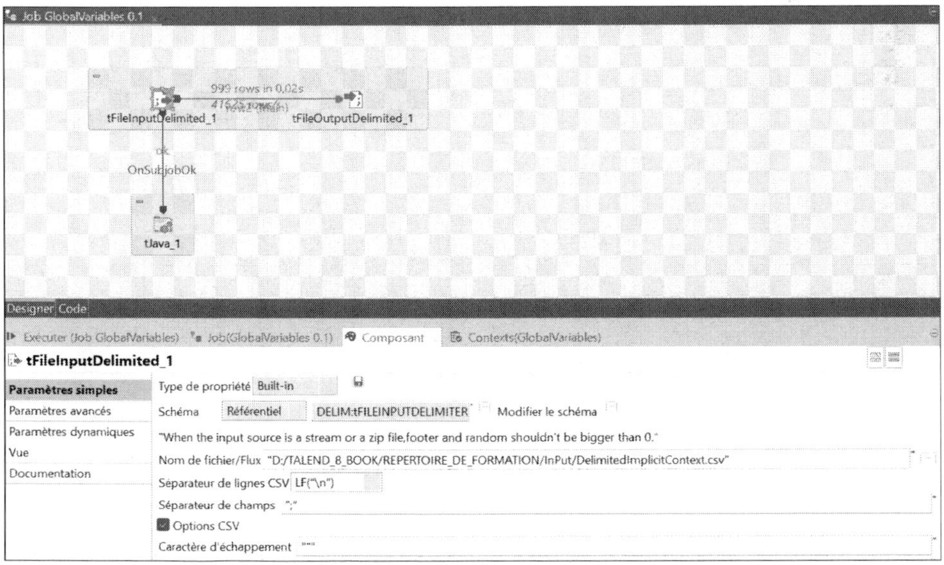

Job et paramétrages du `tFileInputDelimited`

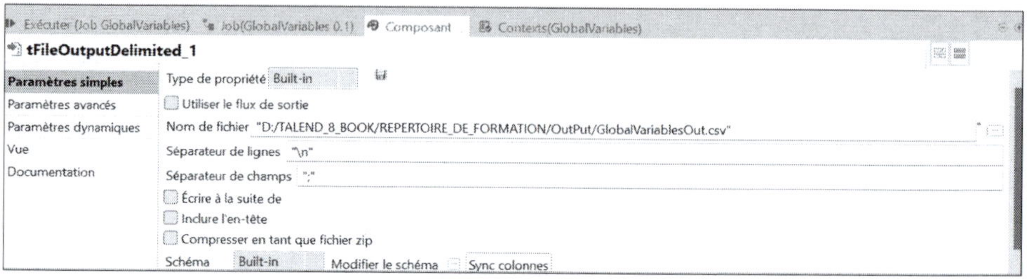

Paramétrages du `tFileOutputDelimited`

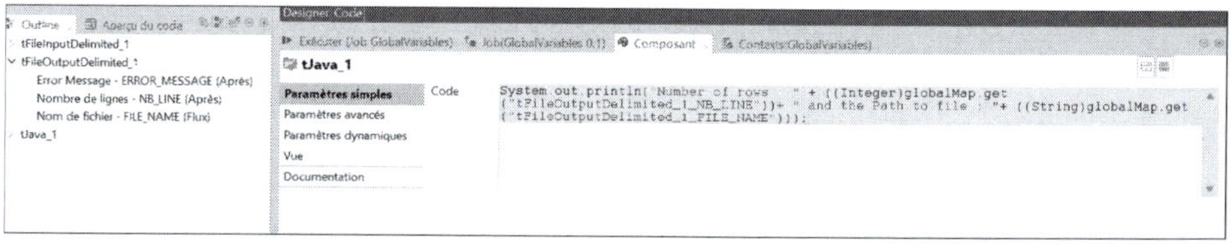

Variables globales utilisées et code Java Dans le composant `tJava`

Pour appeler et utiliser une variable globale dans un composant `tJava` par exemple, il suffit de la glisser et de la déposer dans la partie réservée au code.

Les variables globales se trouvent dans l'onglet **Outline** à gauche dans l'écran ci-dessus. Vous pouvez dérouler le nom du composant à partir duquel vous souhaitez extraire une information afin d'afficher toutes ses variables globales.

Le texte se trouvant entre deux guillemets, à savoir "**Number of rows :** " et "**and the Path to file :** ", correspond au texte devant être affiché en intégralité. Il faut définir le texte à afficher pour les variables retournées par les variables globales

Les signes **+** sont là pour concaténer le texte avec les variables globales.

System.out.println() correspond à du code Java qui indique au composant d'afficher le texte et le code qui se trouvent entre les parenthèses.

Enfin, le code dans le composant `tJava` doit toujours se terminer par un point-virgule et les parenthèses fermantes doivent être en nombre égal aux parenthèses ouvrantes.

Les variables globales peuvent, bien sûr, être utilisées en dehors du composant `tJava`, ce qui sera abordé dans les jobs suivants.

14. Job 9 : les variables globales avec tSetGlobalVar

Dans ce job Talend appelé **tSetGlobalVars**, nous allons voir comment créer et utiliser facilement une variable globale à l'aide du composant `tSetGlobalVar`.

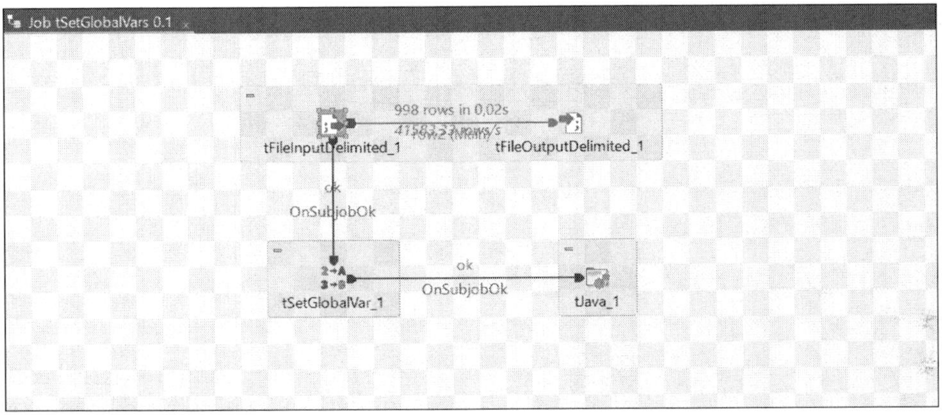

Aperçu du job tSetGlobalVars et des composants utilisés

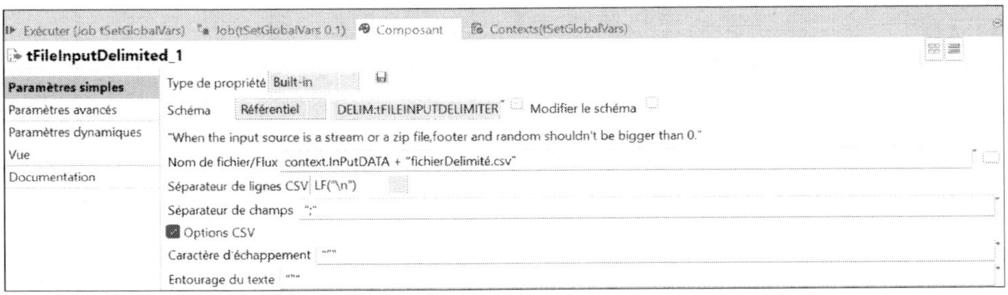

Paramétrages du composant `tFileInputDelimited`

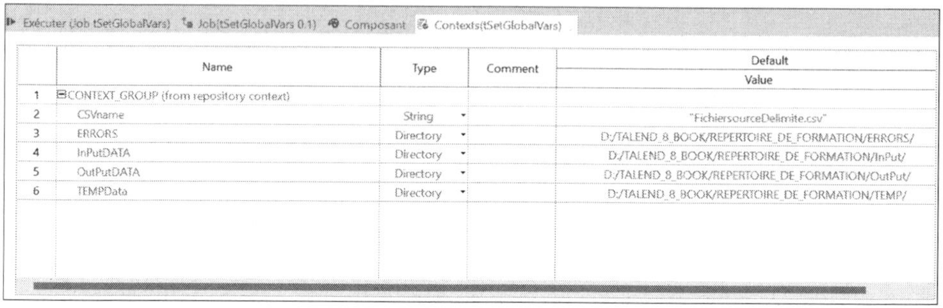

Le groupe et les variables de contexte utilisés

Dans ce job, seules les variables de contexte `InPutDATA` et `OutPutDATA` sont utilisées.

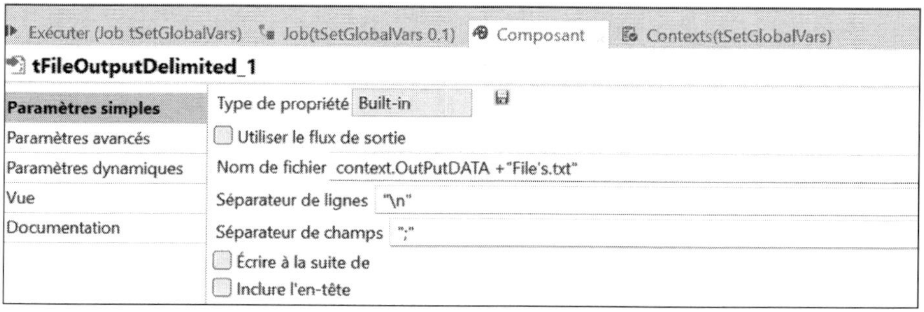

Paramétrages du composant `tFileOutputDelimited`

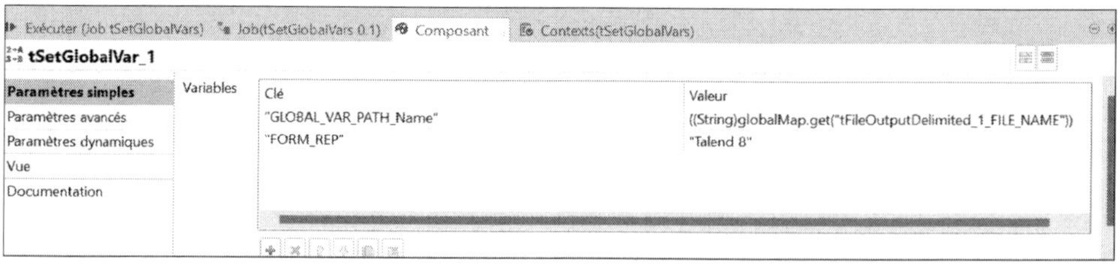

Création de variables globales avec le composant `tSetGlobalVar`

Dans le composant `tSetGlobalVar`, nous avons créé deux variables globales que nous pourrons appeler par leurs noms, que ce soit dans un composant `tJava` ou dans un autre composant qui le permet.

La première variable globale, nommée `GLOBAL_VAR_PATH_Name`, contient la valeur du nom de fichier de sortie correspondant au nom du fichier dans le composant `tFileOutputDelimited`, où il est désigné par "File's".

La deuxième variable globale, appelée `FORM_REP`, stocke en elle la valeur **Talend 8** en clair.

Pour appeler et afficher les variables, il suffit de créer un composant `tJava` et d'y ajouter les clés des variables globales insérées de la fonction `((String)globalMap.get())` comme dans la figure ci-dessous :

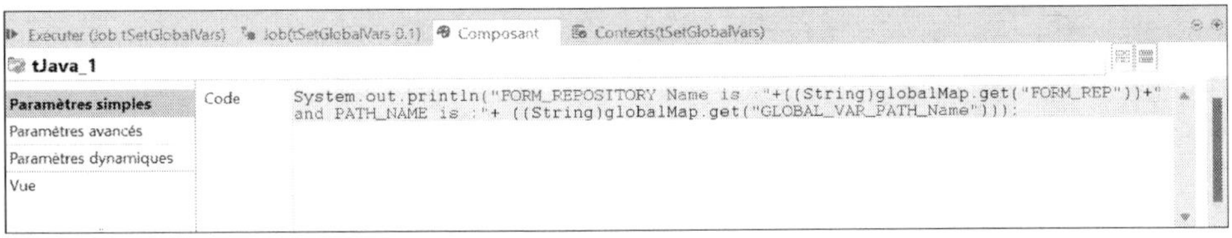

Appel des variables globales par leurs clés dans le composant `tJava`

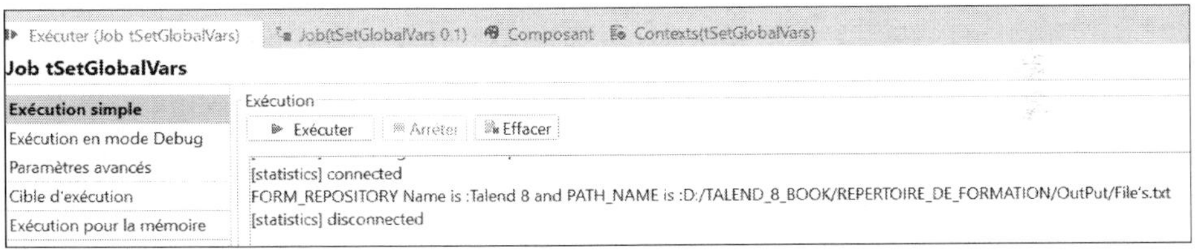

Résultat du job `tSetGlobalVars`

15. Job 10 : manipulation de dossiers et copie de fichiers

Ce job Talend **IF_CONDITION** permet de copier un ou plusieurs fichiers d'un dossier à un autre et d'afficher un message d'erreur si la copie ne s'effectue pas correctement.

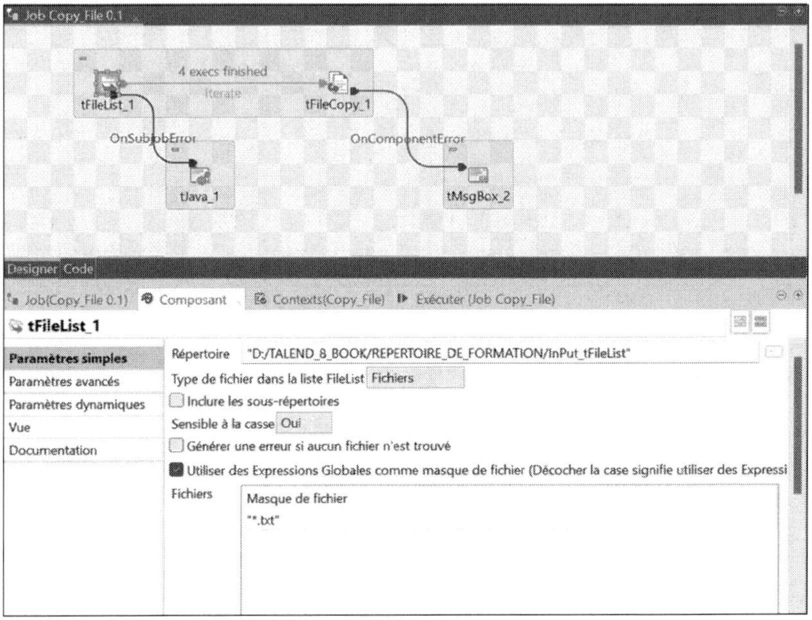

Job et paramétrage du composant `tFileList`

Dans l'exemple ci-dessus, le composant `tFileList` permet de lister tous les fichiers portant l'extension .txt et qui se trouvent dans le répertoire spécifié précédemment.

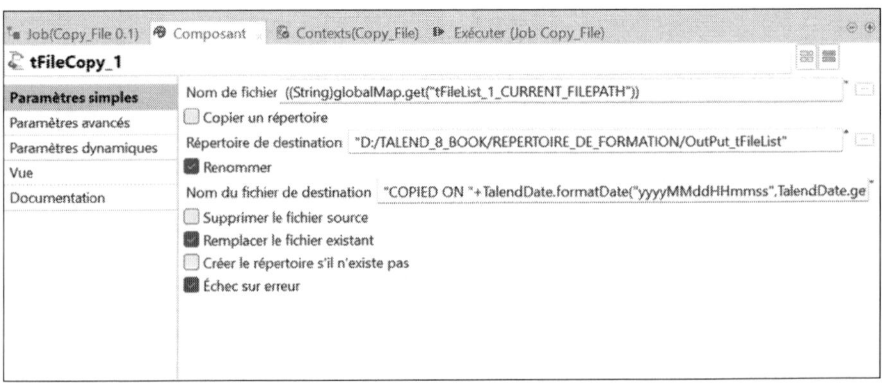

Paramétrages du composant `tFileCopy`

Le composant `tFileCopy` permet de copier les fichiers listés avec le composant `tFileList`.

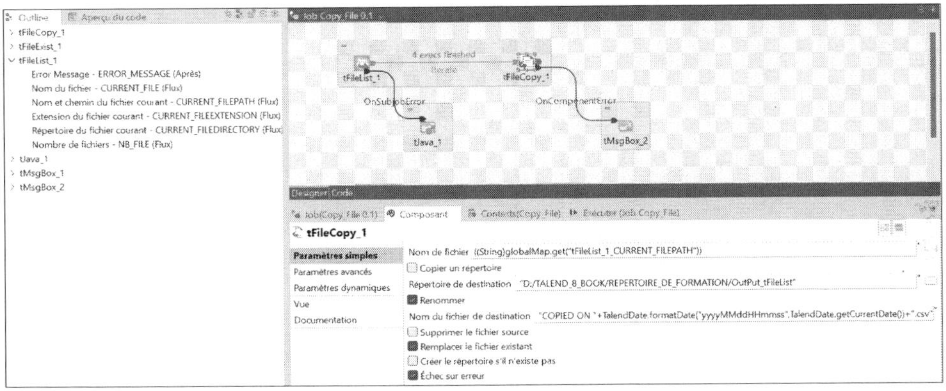

Paramètres du composant `tFileCopy` et variables globales de `tFileList` (à gauche)

Dans les paramètres du composant `tFileList`, le champ **Nom de fichier** renvoie à la variable globale qui permet de retourner le chemin des fichiers .txt précédemment déclarés.

Les variables globales sont associées au composant et sont automatiquement générées en fonction du type de composant. Elles sont accessibles uniquement dans le job en cours et leur portée est limitée à ce job.

Les variables globales permettent d'accéder à l'état des composants, comme par exemple le nom de fichier, le nombre d'itérations en cours, le message d'erreur.

La syntaxe d'appel de variable peut s'écrire de deux manières. La première sert à déclarer (`put`) la variable globale.

```
(Type)globalMap.put("nom de variable", "variable");
```

La deuxième sert à récupérer (`get`) la variable globale.

```
(String)System.out.println(((String)globalMap.get("nom variable")));
```

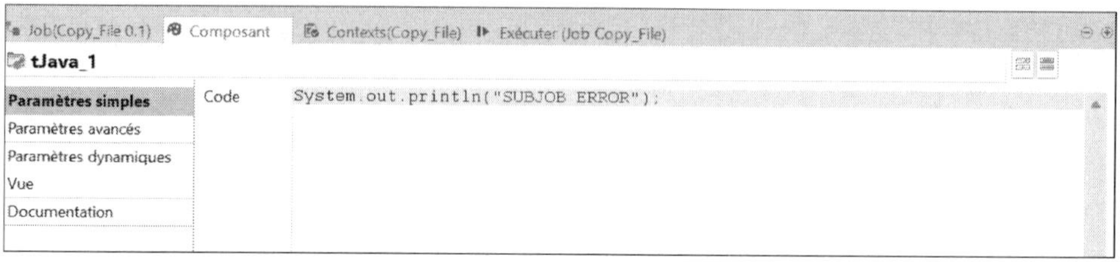

Code Java dans le composant `tJava`

Dans la figure ci-dessus, nous demandons au composant `tJava` de retourner dans la **log** le message **SUBJOB ERROR** si et seulement si une erreur se produit dans les composants `tFileList` et/ou `tFileCopy`.

Dans ce job Talend, le subjob correspond aux deux composants `tFileList` et `tFileCopy`, c'est pour cela que nous utilisons le déclencheur `OnSubjobError`.

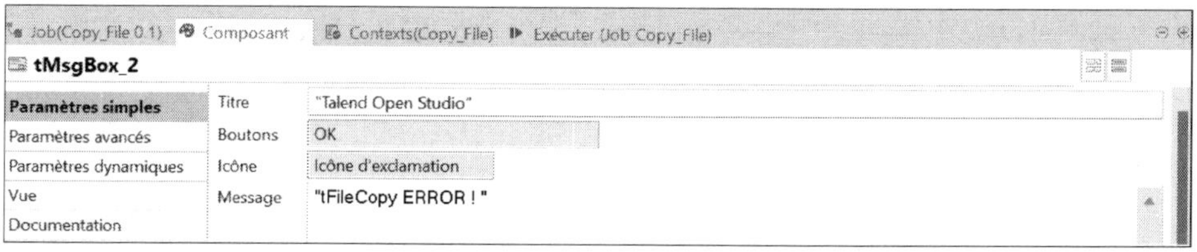

Paramétrage du composant `tMsgBox`

Dans la fenêtre ci-dessus, il est demandé au composant `tMsgBox` d'afficher une boîte de dialogue contenant une icône d'exclamation et le message **tFileCopy ERROR !**, si et seulement si l'erreur provient du composant `tFileCopy`, grâce au déclencheur `OnComponentError`.

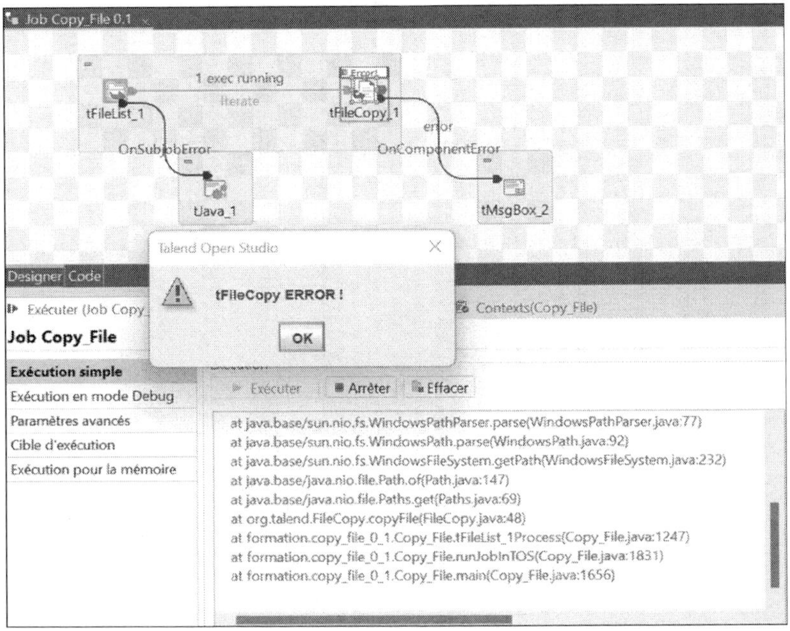

Exemple de rendu en cas d'erreur sur le composant `tFileCopy`

Cette erreur a été provoquée par l'ajout de deux points dans l'intitulé des fichiers copiés (voir ci-dessous) :

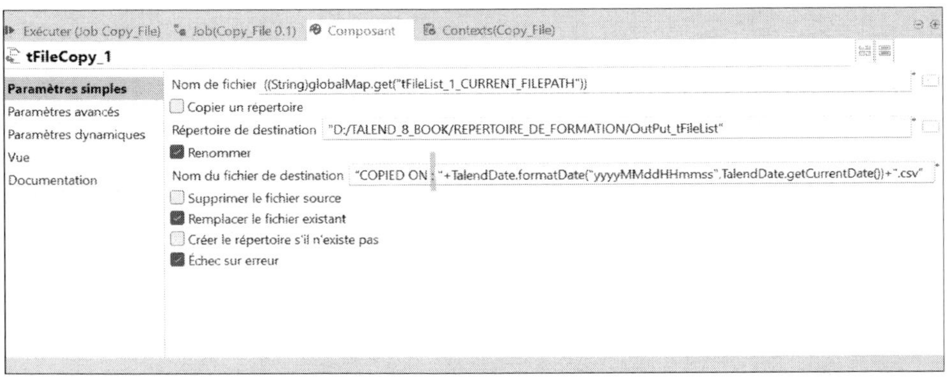

Erreur provoquée par le composant `tFileCopy`

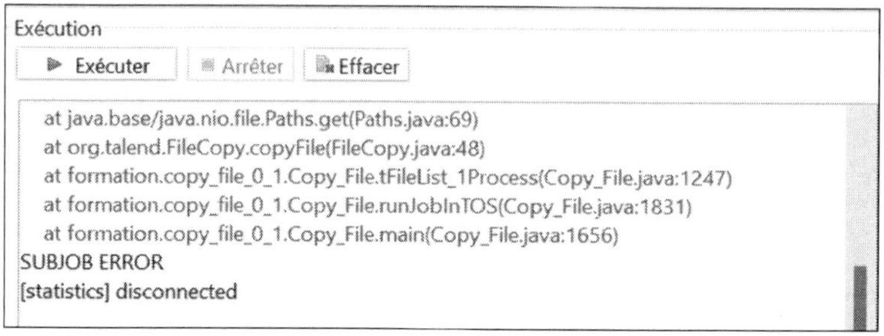

Message d'erreur suite à une erreur dans le subjob

Dans le même job, un autre job a été créé tout en désactivant les composants que nous avons vus plus haut. Pour désactiver des composants, il suffit de les sélectionner, de cliquer sur le bouton droit de la souris et enfin de cliquer sur **Désactiver**.

Le nouveau job permet d'ouvrir une boîte de dialogue (**tMsgBox_1**) avec une icône d'information comportant le message **FILE EXISTS** si le fichier spécifié dans le composant `tFileExist` existe vraiment, ou une boîte de dialogue (**tMsgBox_3**) comportant une icône stop, avec le message **FILE DOESN'T EXIST** si le fichier spécifié dans le composant `tFileExist` n'existe pas.

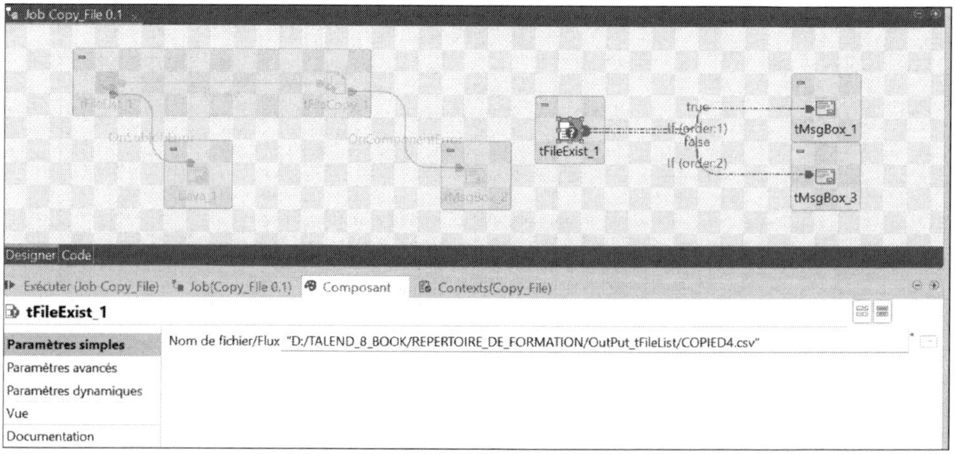

Job et paramétrage du composant `tFileExist`

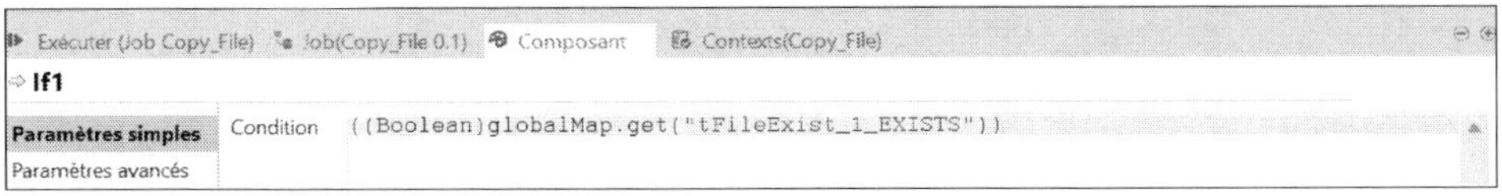

Condition dans le déclencheur `If1` relié au `tMsgBox_1`

La condition dans le déclencheur `If1` relié au `tMsgBox_1` contient une variable globale du composant `tFileExist`.

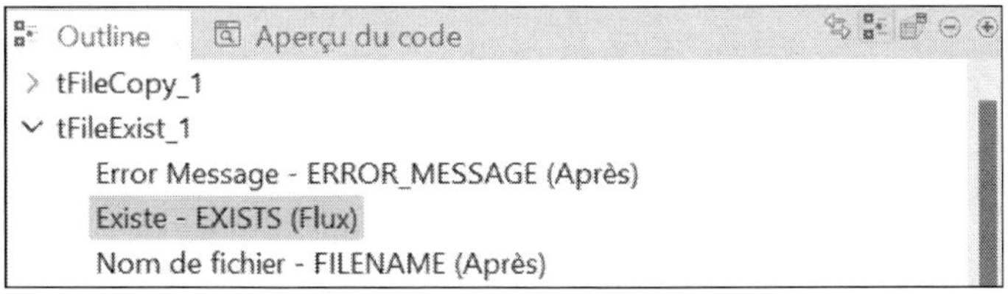

Variable globale utilisée dans la figure précédente

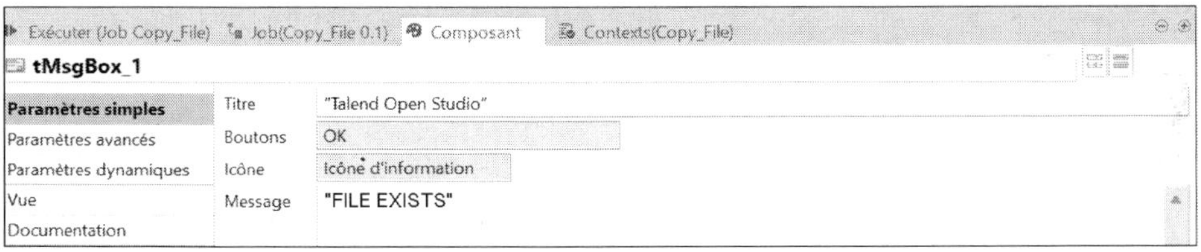

Paramétrage du `tMsgBox_1`

Boîte de dialogue comportant le message ***FILE EXISTS***

Il est à noter que le déclencheur `If1` est positionné sur `true`.

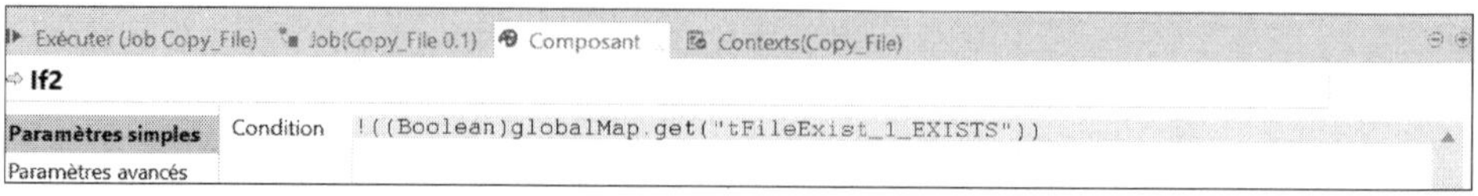

La condition dans le déclencheur `If2`

La variable globale utilisée dans `If2` est la même que dans `If1`. Un point d'exclamation positionné au début de la condition marque la négation, ce qui signifie que la boîte de dialogue **tMsgBox_3** s'exécute si le fichier n'existe pas.

Boîte de dialogue comportant le message ***FILE DOESN'T EXIST***

Remarque

Notez que `If2` est sur `true` alors que `If1` est sur `false`.

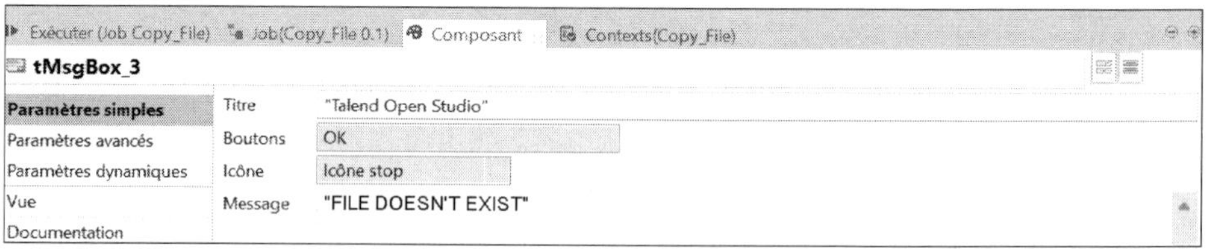

Paramétrage du `tMsgBox_3`

Dans le composant `tMsgBox`, il est possible de changer le titre de la boîte de dialogue, ainsi que les boutons qu'elle contient (**OK**, **Ok et annuler**, **Abandonner**, **Réessayer et Ignorer**, **Oui**, **Non et Annuler**, **Oui et Non**, **Réessayer et Annuler**, **Question**).

Dans le composant tMsgBox, il est également possible de changer l'icône : vous pouvez choisir entre icône stop, icône de question, icône d'exclamation, icône d'information.

16. Contexte implicite

Pour chaque job ou projet, il est possible de créer un contexte implicite, ce qui signifie que les valeurs des variables de contexte et/ou les chemins vers des fichiers peuvent être stockés et appelés directement à partir d'un fichier, sans avoir à créer un contexte dans Talend.

- Pour ce faire, positionnez votre souris sur le job dans lequel vous voulez créer un contexte implicite, puis, dans la vue générale de Talend, allez dans **Fichier** et cliquez sur **Modifier les propriétés du projet**.

Une fenêtre appelée **Paramètres du projet** s'ouvre.

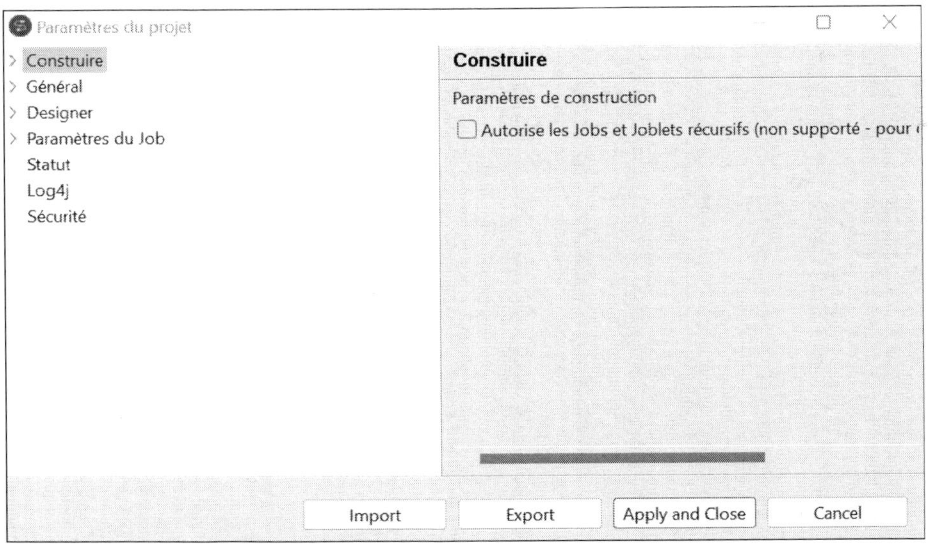

*Fenêtre **Paramètres du projet***

◘Dans cette fenêtre, déroulez **Paramètres du Job** puis allez dans **Chargement implicite d'un contexte**.

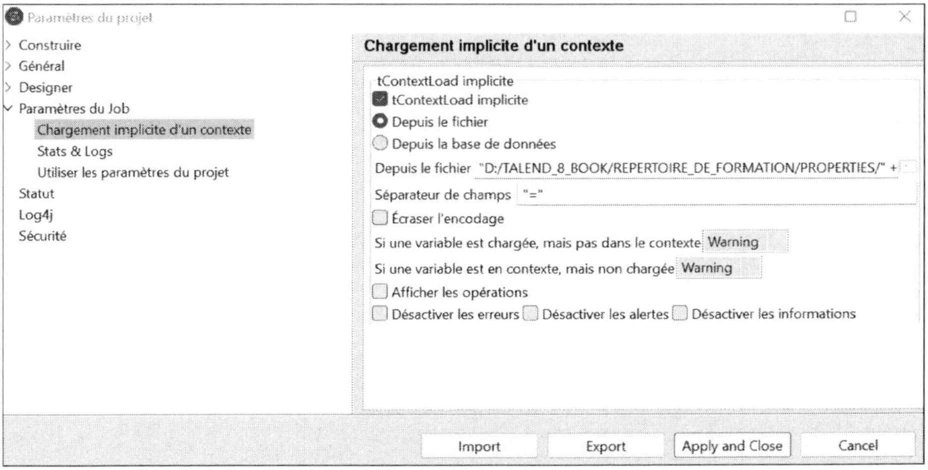

*Vue du **Chargement implicite d'un contexte***

◘Dans cette fenêtre, cochez **tContextLoad implicite** et sélectionnez **Depuis le fichier**. Ensuite, indiquez le chemin vers le fichier contenant les contextes et cliquez sur **Apply and Close**.

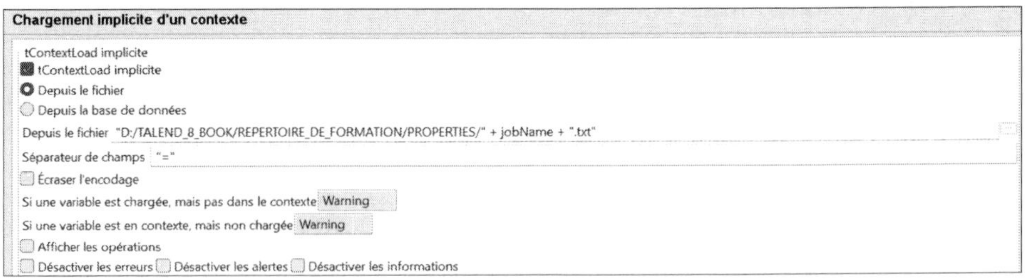

Chemin du fichier de contexte

Le fichier de contexte se trouve dans le répertoire PROPERTIES et il porte le nom du job sur lequel vous vous êtes positionnés. Son extension est .txt.

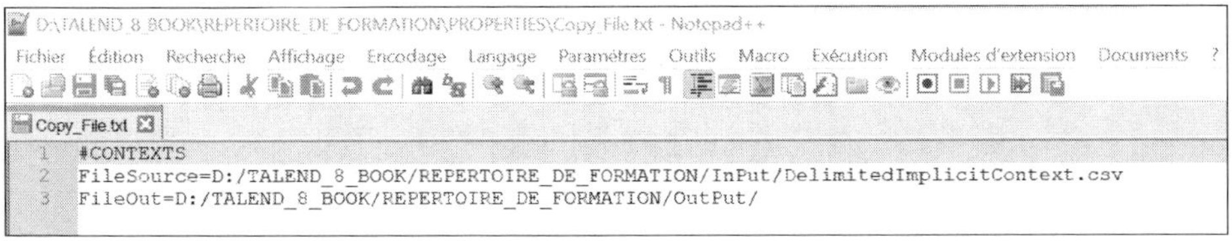

Liste des contextes dans le fichier

Si vous voulez utiliser le contexte **FileSource**, par exemple, il suffit de créer une variable de contexte dans le job, de l'appeler **FileSource** et de spécifier le chemin du fichier Copy-File.txt.

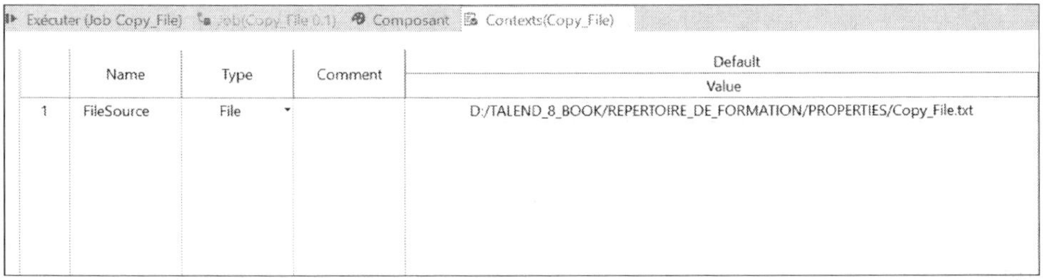

Variable de contexte `FileSource`

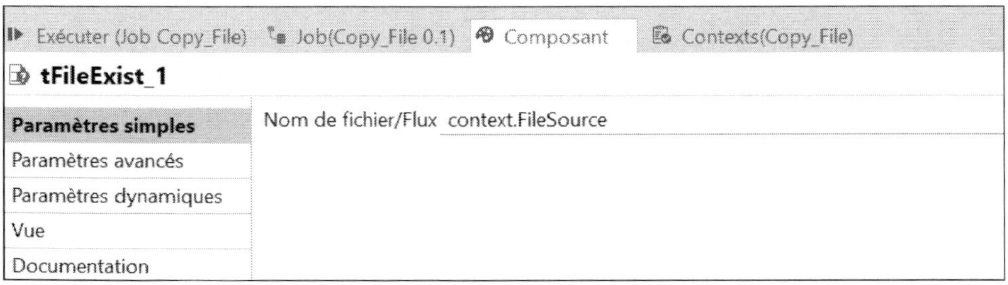

Appel du contexte dans le composant `tFileExist`

```
[statistics] connecting to socket on port 3607
[statistics] connected
Warning: Parameter "FileOut" is a new parameter of Implicit_Context_Context
[statistics] disconnected
```

Résultat du job

Dans la figure précédente un **Warning** a été affiché dans la **log** (la console) car le contexte `FileOut` a été déclaré dans le fichier de contexte implicite (**Copy_File.txt**) et n'a pas été utilisé. Le contexte `FileSource`, quant à lui, a bien été utilisé, on n'a donc pas de warning dans la **log**.

17. Job 11 : génération de lignes avec tRowGenerator

Dans ce job Talend appelé **LINKS**, nous allons générer des lignes constituées de lettres aléatoirement générées par le composant `tRowGenerator`, nous allons afficher ces lignes dans la log à l'aide du composant `tLogRow`, puis nous allons apprendre à déboguer les erreurs affichées dans la console de log, et enfin, nous allons afficher un message qui contient la date d'exécution du job à l'aide du composant `tMsgBox`.

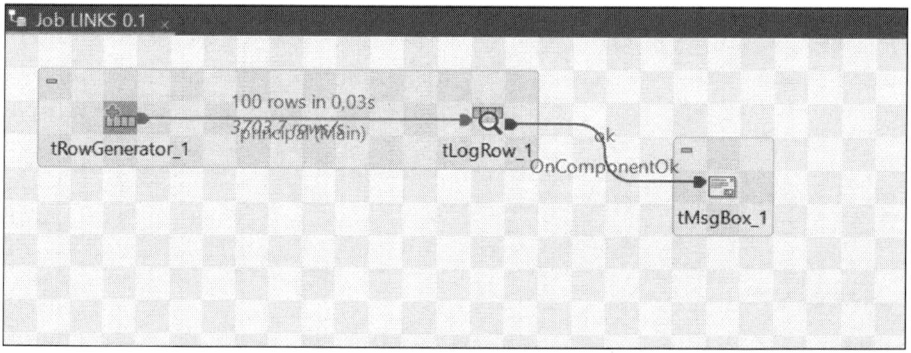

Le job Talend Links

Le composant `tRowGenerator` permet de générer des données aléatoires ou de générer un ID unique pour des données.

Dans ce job, un schéma contenant deux colonnes, **ID** et **Colonne1**, a été créé. Il a ensuite été demandé au composant `tRowGenerator` de générer 100 lignes qui contiennent des données avec une longueur égale à six caractères pour les deux colonnes **ID** et **Colonne1**, grâce à la fonction prédéfinie :

```
TalendString.getAsciiRandomString(int)
```

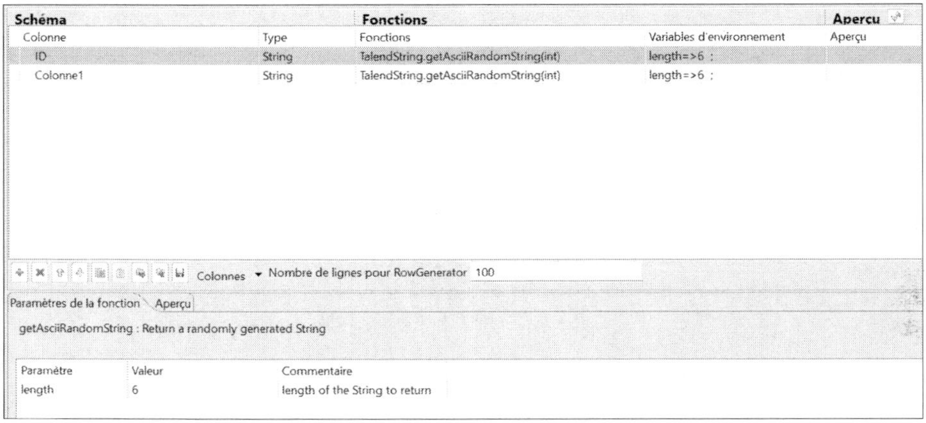

Paramétrages du composant `tRowGenerator`

▶ Cliquez sur **Aperçu** dans les paramètres du `tRowGenerator` pour afficher un aperçu des données qui vont être générées par le composant.

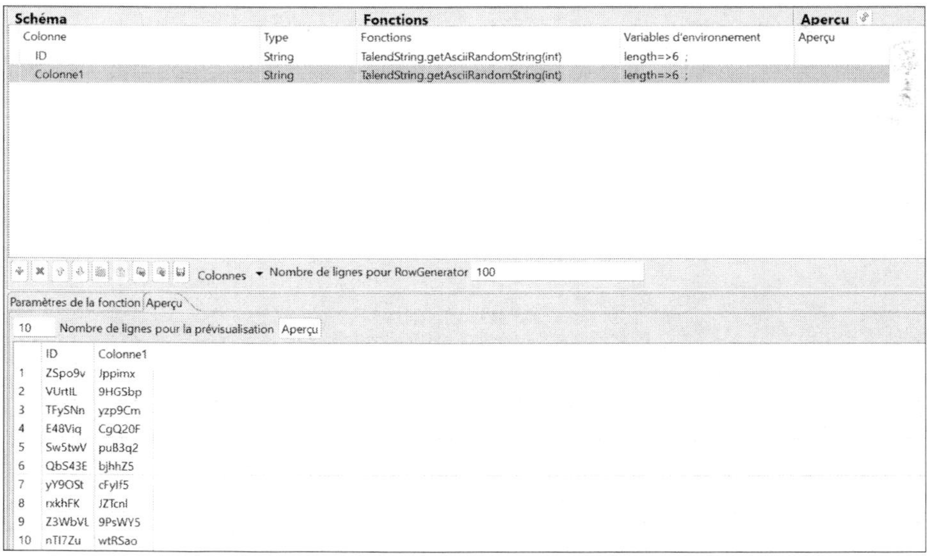

Aperçu des données générées par le composant `tRowGenerator`

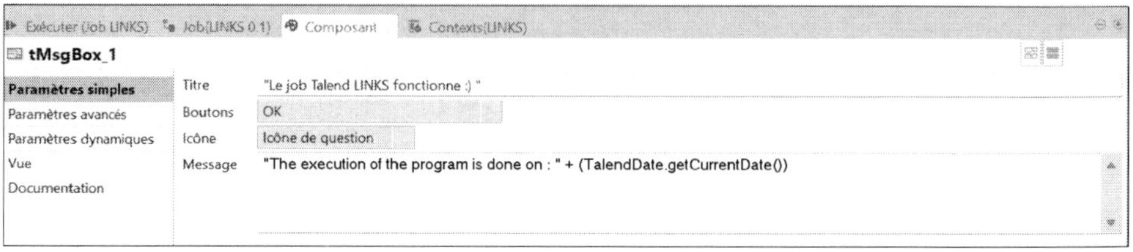

Paramétrage du composant `tMsgBox`

Si le subjob Talend composé de `tRowGenerator` et `tLogRow` fonctionne, la boîte de dialogue affichée aura pour titre **Le job Talend LINKS fonctionne**. Pour le bouton ce sera un bouton **OK** et ce sera une **Icône de question** cette fois-ci pour changer, le message affiché sera **The execution of the program is done** suivi de la date en heures, minutes et secondes de la fin d'exécution du job.

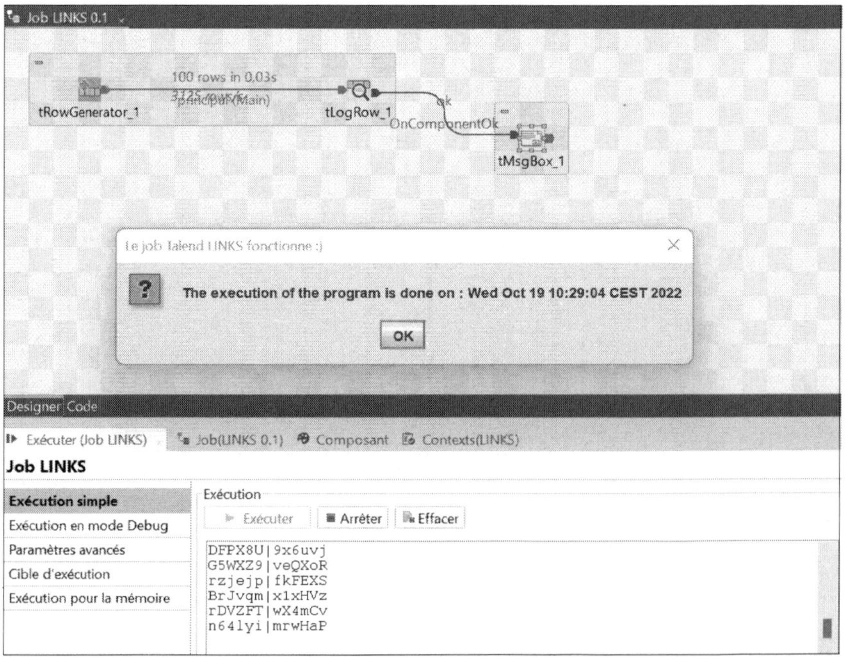

Exécution du job LINKS et boîte de dialogue

```
[statistics] connected
Exception in component Implicit_Context_Regex (LINKS)
java.io.FileNotFoundException: D:\TALEND_8_BOOK\REPERTOIRE_DE_FORMATION\PROPERTIES\LINKS.txt (Le fichier spécifié est introuv
    at java.base/java.io.FileInputStream.open0(Native Method)
    at java.base/java.io.FileInputStream.open(FileInputStream.java:216)
    at java.base/java.io.FileInputStream.<init>(FileInputStream.java:157)
    at java.base/java.io.FileInputStream.<init>(FileInputStream.java:111)
    at org.talend.fileprocess.TOSDelimitedReader.<init>(TOSDelimitedReader.java:68)
    at formation.links_0_1.LINKS.Implicit_Context_RegexProcess(LINKS.java:639)
    at formation.links_0_1.LINKS.runJobInTOS(LINKS.java:1829)
    at formation.links_0_1.LINKS.main(LINKS.java:1671)
```

Erreur liée à la désactivation du contexte implicite

Afin de résoudre cette erreur il suffit de désactiver le contexte implicite sur le job **LINKS**.

- Pour ce faire, allez dans **Fichier** puis dans **Modifier les propriétés du projet** et enfin dans **Paramètres du Job** suivi de **Utiliser les paramètres du projet** et cliquez sur **Apply and Close**.

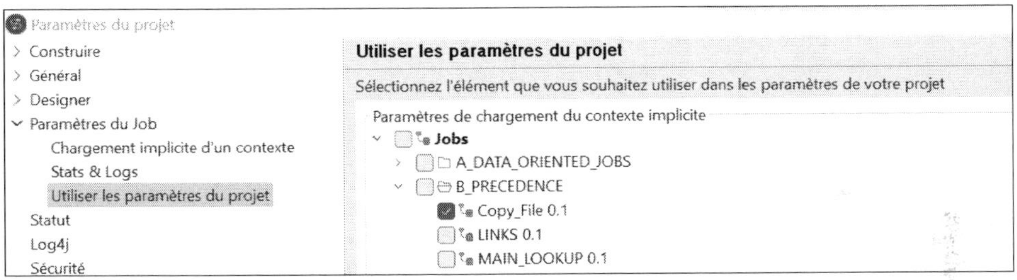

Désactivation du contexte implicite sur tous les jobs sauf Copy_File

La deuxième méthode pour désactiver le contexte implicite consiste à aller dans **Chargement implicite d'un contexte** et à décocher **tContextLoad implicite**.

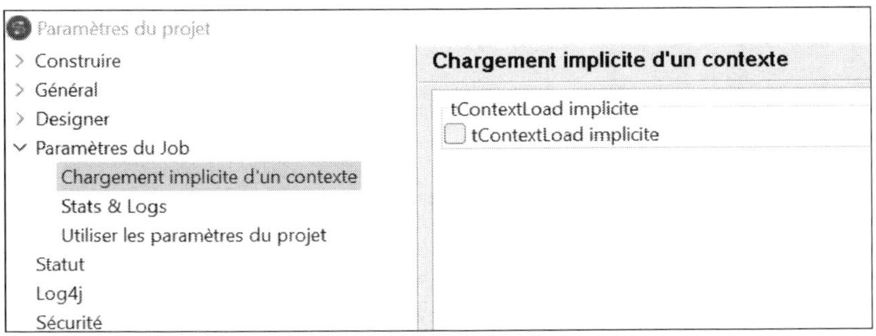

Désactivation du contexte implicite

Vous pouvez également décocher **Utiliser les paramètres du projet à la création d'un nouveau Job** dans **Chargement implicite d'un contexte** ou dans **Stats & Logs** si vous souhaitez désactiver le contexte implicite pour tous les jobs que vous allez créer ultérieurement.

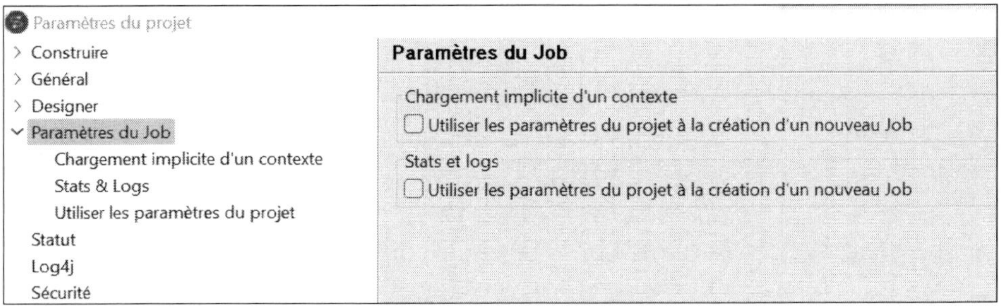

Désactivation du contexte implicite pour les nouveaux jobs

18. Job 12 : le contexte implicite avec tContextLoad

Dans ce job Talend **CONTEXTLOAD** nous allons voir comment utiliser un contexte implicite à l'aide du composant `tContextLoad`.

▶ Pour cela, transmettez au composant `tContextLoad` le fichier où se trouvent les contextes à utiliser en donnant le chemin du fichier au composant `tFileInputDelimited_2`.

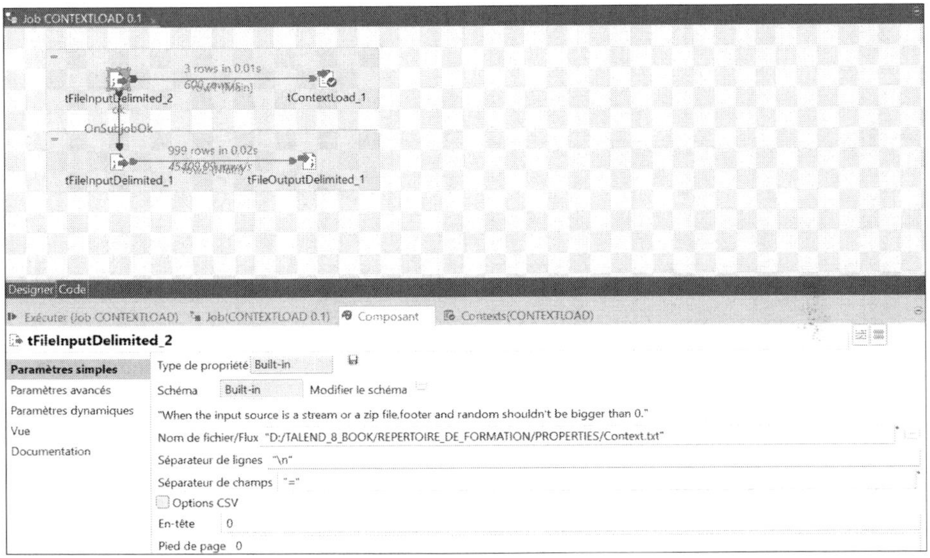

Job et paramétrages du composant `tFileInputDelimited_2`

◘Toujours dans le composant `tFileInputDelimited_2`, créez deux variables de contexte portant le même nom que celles se trouvant dans le fichier à utiliser, à savoir Context.txt.

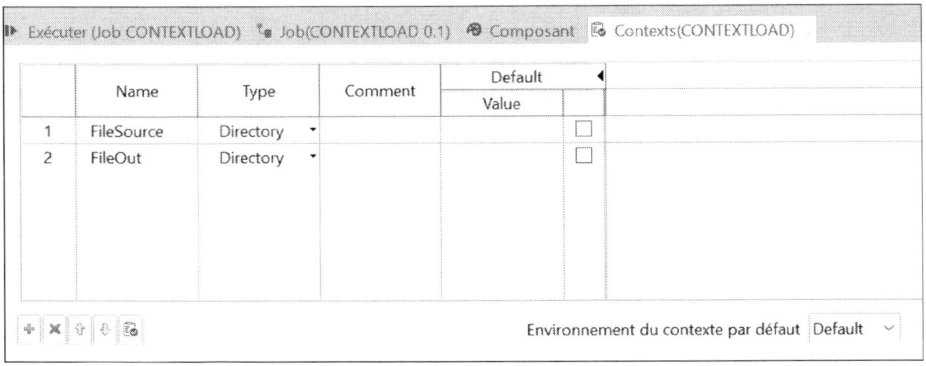

Création des variables de contexte

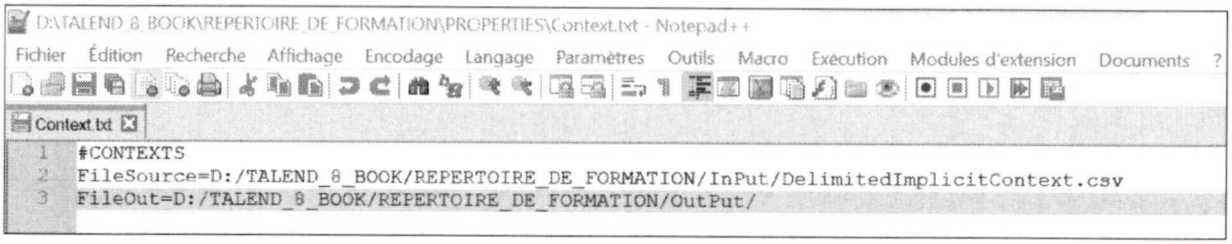

Données dans le fichier de contexte

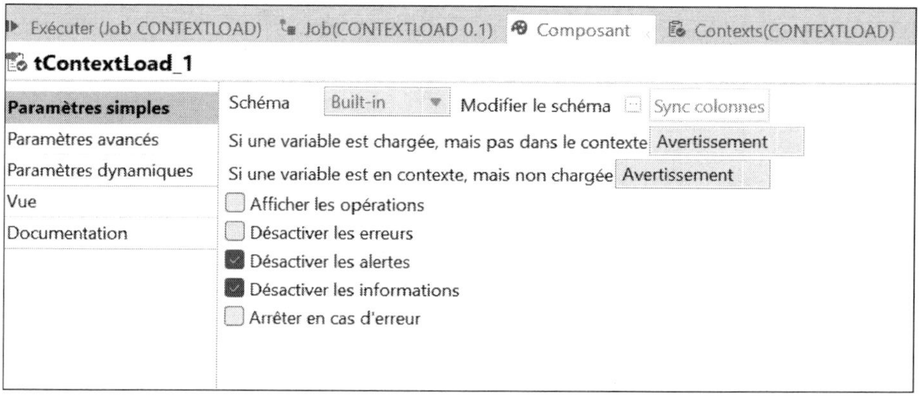

Paramètres du `tContextLoad`

Le composant `tContextLoad` doit avoir les mêmes variables de contexte que le composant `tFileInputDelimited_2`. Les variables de contexte doivent être les mêmes également dans le fichier Context.txt.

Dans la deuxième partie du job, nous allons directement mettre les noms des contextes suivi du nom du fichier généré en sortie, que ce soit pour le composant `tFileInputDelimited_1` ou pour `tFileOutputDelimited_1`.

Paramétrage du `tFileInputDelimited_1`

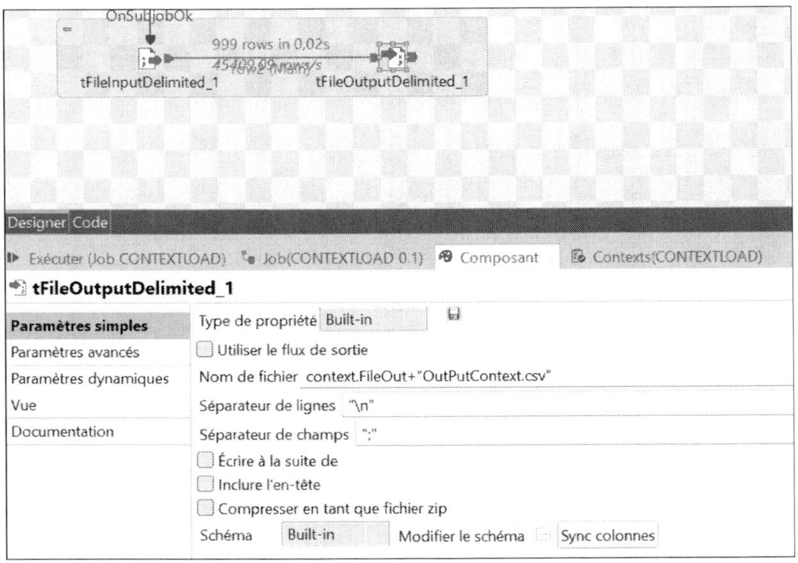

Paramétrage du `tFileOutputDelimited_1`

19. Job 13 : générer des avertissements et capturer les erreurs

Dans ce job Talend Errors_and_Logs, les composants `tWarn`, `tLoop`, `tDie` et `tLogCatcher` (entre autres) vont être utilisés afin de générer des avertissements et capturer les éventuelles erreurs survenues lors de l'exécution du job.

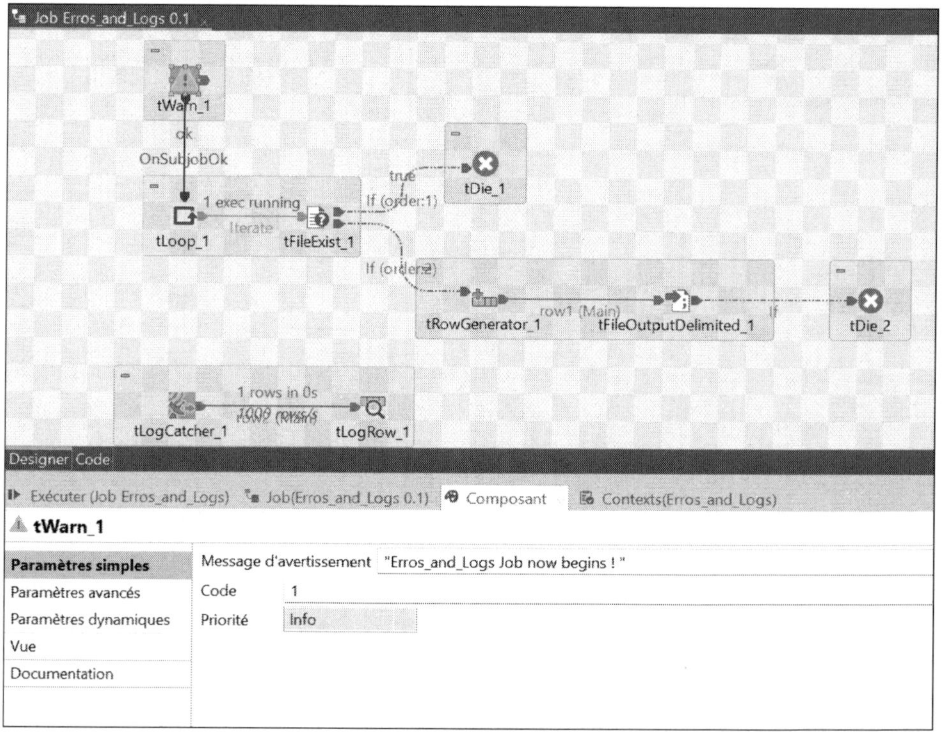

Job et paramètres du composant `tWarn`

`tWarn` est un composant qui déclenche un avertissement souvent détecté par le composant `tLogCatcher` pour un journal exhaustif.

`tLoop` est un composant qui exécute une tâche automatiquement, en fonction d'une boucle (peut-être d'une manière infinie, `tInifiniteLoop`).

`tFileExist` est un composant qui permet de vérifier si un fichier existe.

tDie est un composant qui permet, s'il y a une erreur, de mettre fin au job, il déclenche le composant tLogCatcher pour un journal exhaustif avant de supprimer le job.

tRowGenerator est un composant qui permet, si un fichier existe, de continuer le job. Il permet également de générer des données aléatoires ou de générer un identifiant unique pour des données.

tLogCatcher est un composant qui rassemble les métadonnées de traitement de la tâche au niveau de la tâche et au niveau du composant, et transfère les données au composant suivant pour affichage ou stockage.

Dans ce job, un tWarn effectue un avertissement connecté à un tLoop par un OnSubjobOk qui boucle dix fois.

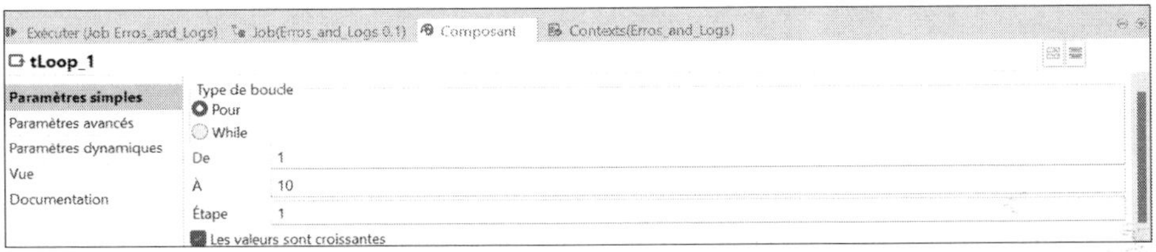

Paramétrage du composant tLoop

Le composant tLoop est, lui, connecté à un composant tFileExist par un lien **iterate** permettant de tester si le fichier existe.

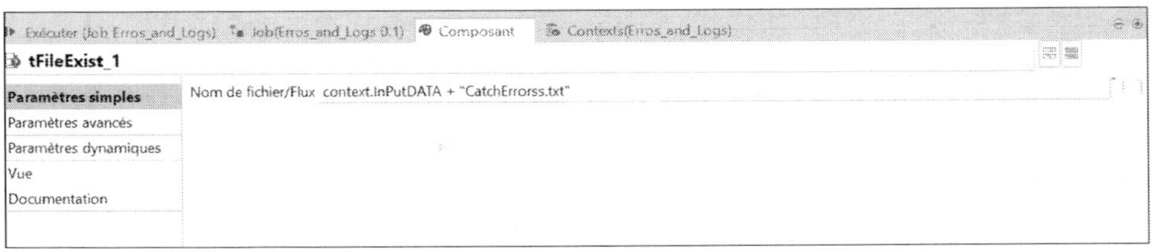

Paramétrage du composant tFileExist

Le composant tFileExist est, quant à lui, connecté à un composant tDie_1 par un déclencheur if, de sorte que, si le fichier n'existe pas, le job s'arrête automatiquement.

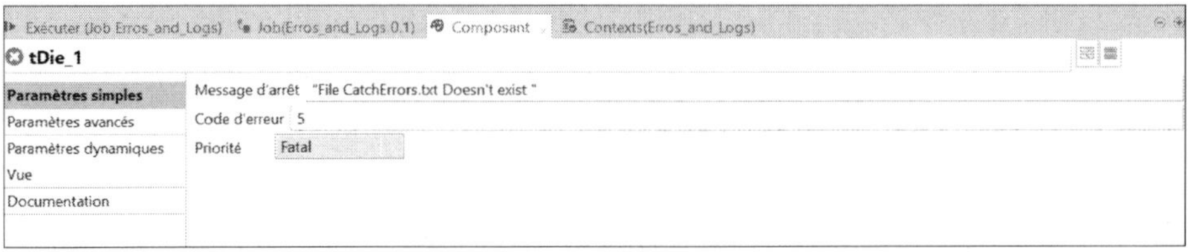

Paramétrage du composant `tDie_1`

▶ Dans le déclencheur `If1`, insérez la condition correspondant à la variable globale `Exist` du composant `tFileExist`.

```
!((Boolean)globalMap.get("tFileExist_1_EXISTS"))
```

Cette condition demande que le job soit arrêté (c'est-à-dire que le composant `tDie_1` soit exécuté) si et seulement si le fichier appelé dans le composant `tFileExist` n'existe pas.

Si cette condition est vérifiée, le composant `tDie_1` est activé et ses informations sont récupérées par le composant `tLogCatcher`. Les informations en question sont le message **Le fichier CatchErrors.txt n'existe pas**. Le composant `tLogCatcher` envoie ensuite ce message au composant `tLogRow` qui l'affiche dans la log (console).

Si le fichier existe, le composant `tFileExist` est redirigé vers le composant `tRowGenerator` par une condition `if` contenant la condition :

```
((Boolean)globalMap.get("tFileExist_1_EXISTS"))
```

En appelant la variable globale `Exist` du composant `tFileExist`.

Cette deuxième condition est la négation de la condition précédente (la négation dans Talend est représentée par un point d'exclamation).

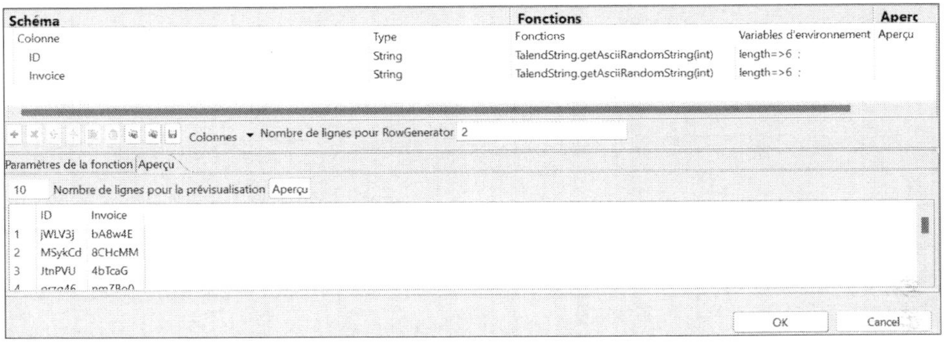

Paramétrage du composant `tLogRow`

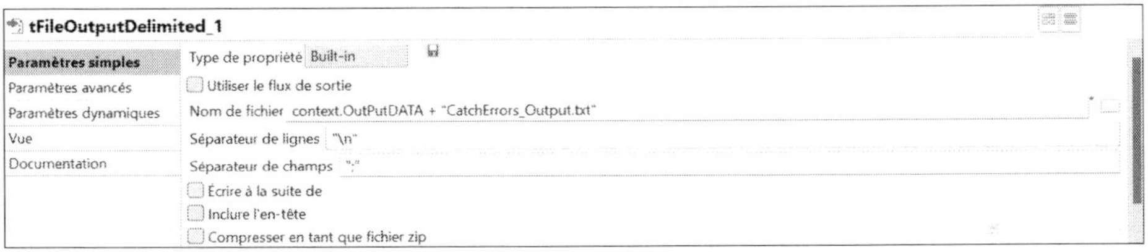

Paramétrage du composant `tFileOutputDelimited`

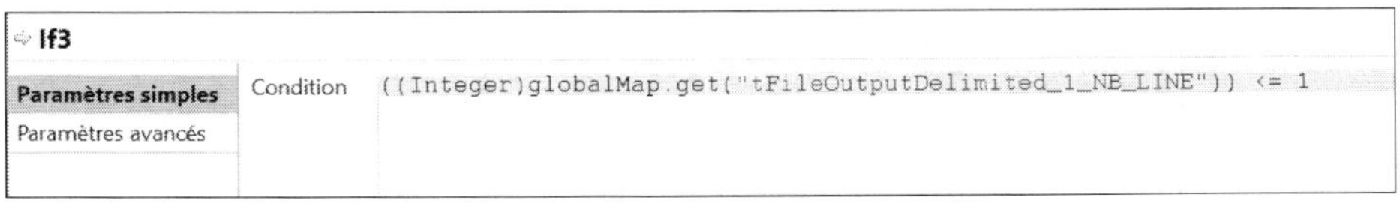

Condition dans le déclencheur `If3`

Cette condition demande que le job soit arrêté (c'est-à-dire que le composant `tDie_2` soit exécuté) si et seulement si le nombre de lignes passant par le composant `tFileOutputDelimited` est inférieur ou égal à 1.

Si cette condition est vérifiée, le composant `tDie_2` est exécuté et ses informations sont récupérées par le composant `tLogCatcher`. Les informations en question sont le message **AUCUNE DONNÉE**. Le composant `tLogCatcher` envoie ensuite ce message au composant `tLogRow` qui l'affiche dans la log (console).

Paramétrage du composant `tDie_2`

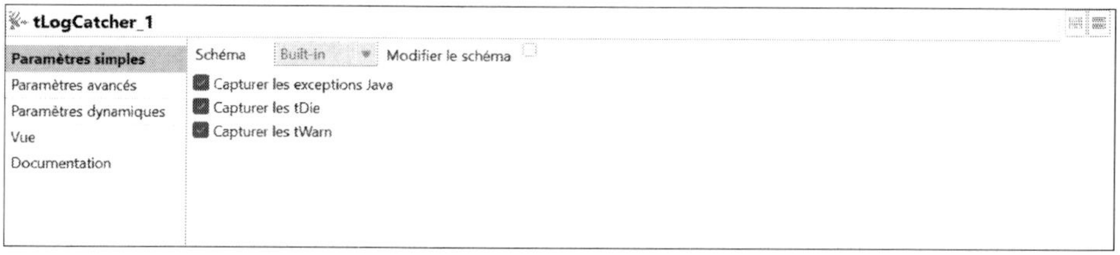

Paramétrage du composant `tLogCatcher`

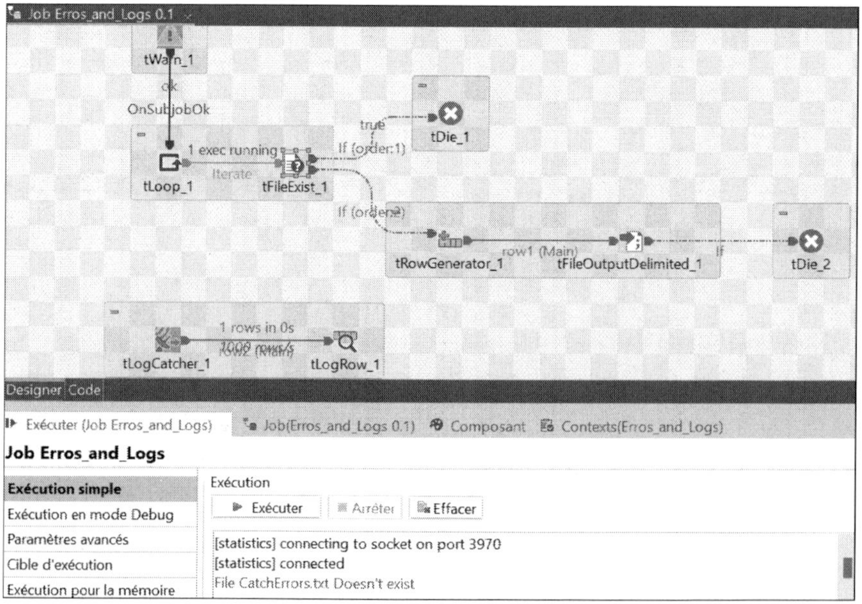

Exemple de l'exécution du composant `tDie_1`

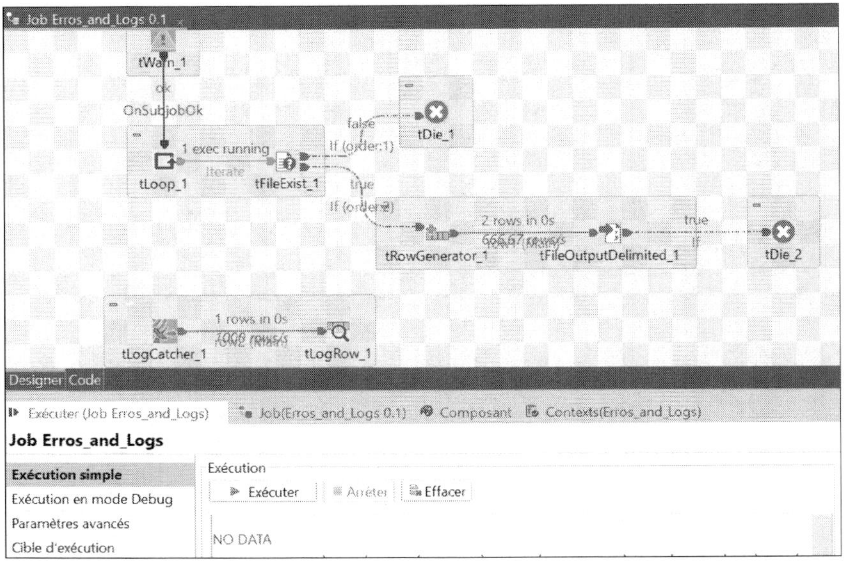

Exemple de l'exécution du composant `tDie_2`

20. Job 14 : orchestration des jobs

Le job Talend **SUBJOB** permet d'orchestrer deux jobs complémentaires de sorte que le deuxième s'exécute dès lors que le premier est exécuté sans générer d'erreur.

Pour illustrer l'orchestration des jobs, prenons les deux jobs vus précédemment, à savoir **tFILTERCOLUMNS** et **tFILTERROW**.

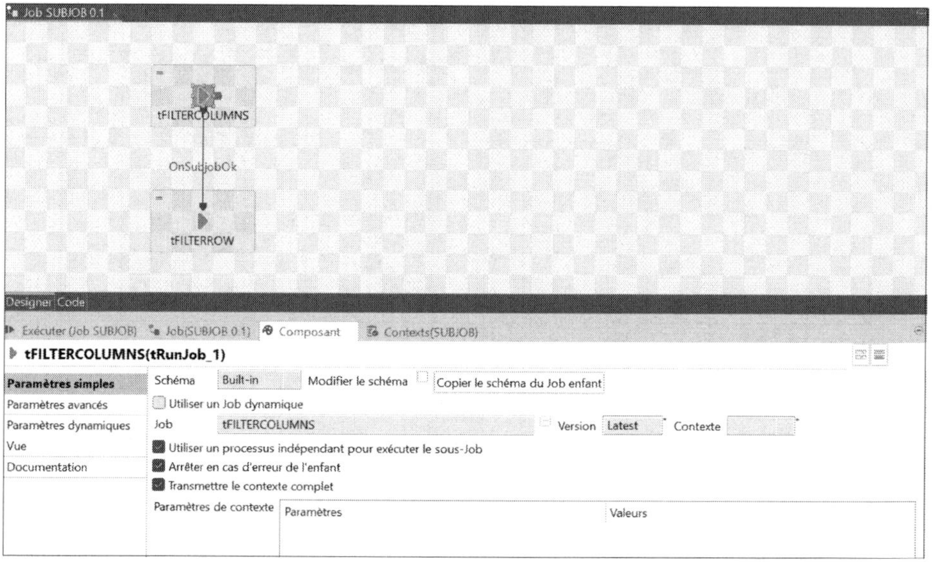

Job et paramétrage du subjob `tFILTERCOLUMNS`

Pour réaliser un job d'orchestration, il suffit de glisser les jobs à orchestrer depuis le **Référentiel** vers l'espace de travail Talend.

En effectuant un double clic sur l'un des jobs, Talend renvoie directement vers le job en question en ouvrant de nouveaux onglets, tout en gardant l'onglet de départ actif.

Il est à noter que le déclencheur entre les deux jobs est **OnSubjobOk** et permet au deuxième job de s'exécuter si et seulement si le premier s'est exécuté sans erreur.

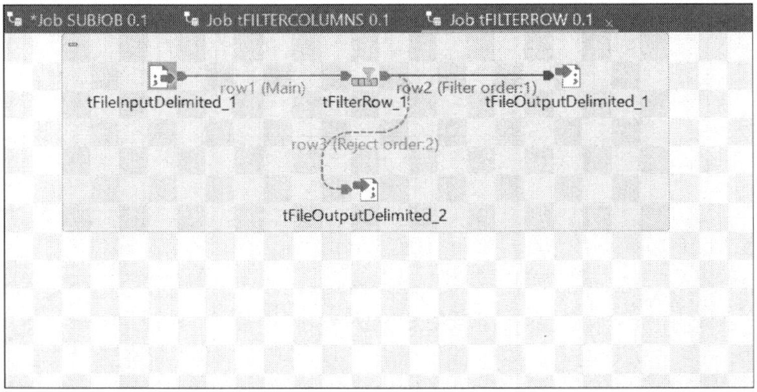

Exemple d'un double clic sur le job tFILTERROW à la suite de tFILTERCOLUMNS

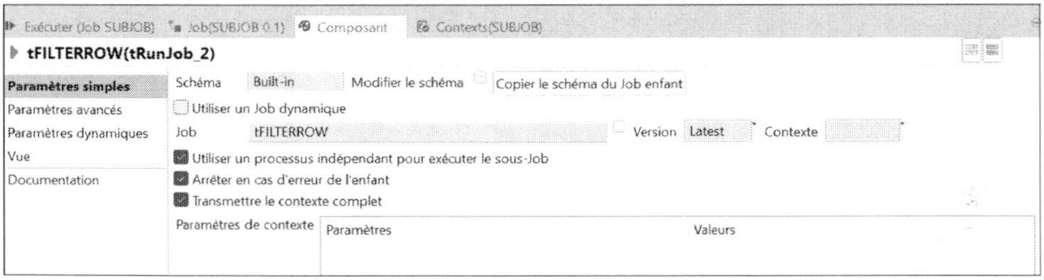

Paramétrage du subjob tFILTERROW dans le job SUBJOB

21. Job 15 : chronométrer le temps d'exécution d'un job

Le job Talend **tCHRONOMETER** permet de chronométrer le temps d'exécution d'un job. Pour ce faire, de nouveaux composants tels que `tPrejob`, `tPostjob`, `tChronometerStart`, `tChronometerStop` vont être utilisés.

Afin de mieux prendre en main ce job, il est nécessaire de présenter les composants.

`tPrejob` est un composant conçu pour déclencher l'exécution d'une tâche avant l'exécution du job principal.

`tPostjob` est un composant conçu pour déclencher l'exécution d'une tâche après l'exécution du job principal.

`tChronometerStart` est un composant qui fonctionne comme un chronomètre qui démarre le calcul du temps de traitement d'une ou plusieurs sous-tâches dans la tâche principale.

`tChronometerStop` est un composant qui fonctionne comme un chronomètre qui arrête de calculer le temps de traitement d'une ou plusieurs sous-tâches dans la tâche principale, ou qui arrête de calculer le temps de traitement d'une partie de la sous-tâche. `tChronometerStop` affiche le temps d'exécution total.

Les trois premiers composants présentés pour ce job (`tPrejob`, `tPostjob` et `tChronometerStart`) n'ont pas de paramètres.

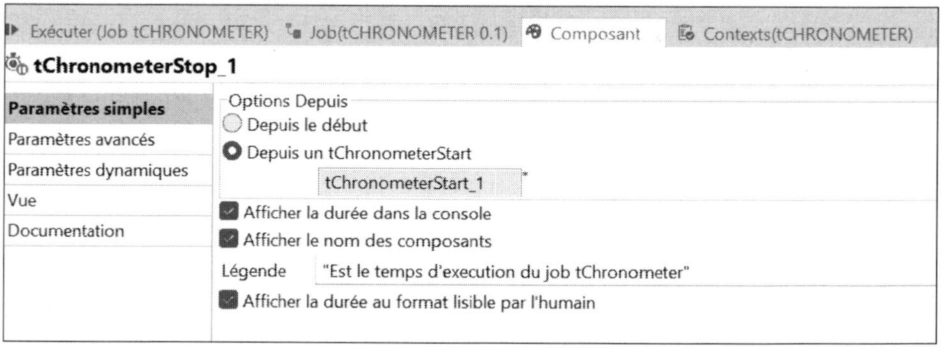

Paramètres du composant tChronometerStop

Comme l'indiquent ses paramètres, le composant `tChronometerStop`, compte le temps nécessaire à l'exécution du job depuis l'exécution du composant `tChronometerStart`, c'est-à-dire depuis le début du job.

Le composant permet aussi l'affichage de la durée d'exécution sur la console (la log). Il affiche également le nom du composant, à savoir `tChronometerStop_1`.

Enfin le composant a pour rôle d'afficher du texte après l'affichage du nom du composant et de la durée d'exécution du job.

Si la case **Afficher la durée au format lisible par l'humain** n'est pas cochée, le composant affiche la durée en millisecondes. Si elle est cochée, la durée est affichée en secondes et en millisecondes pour plus de précision.

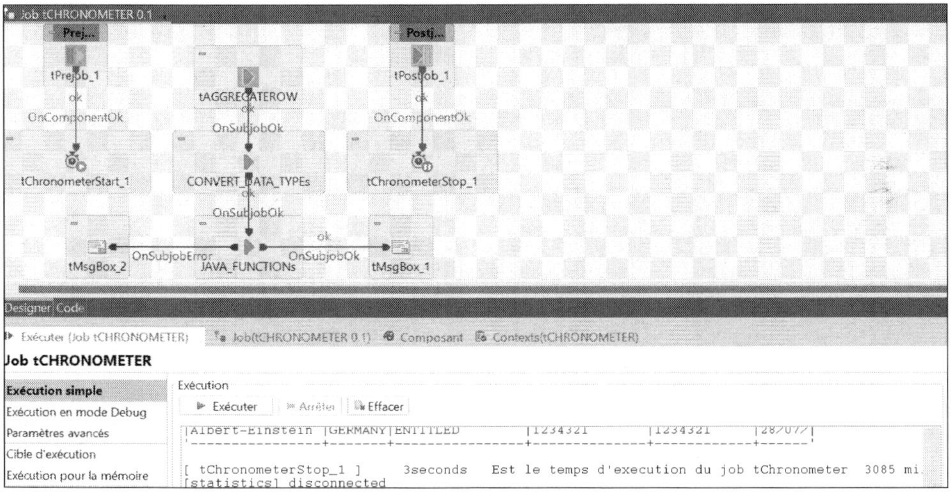

Job et résultat d'exécution

Afin de rendre ce job plus complet et plus intéressant, des jobs vus précédemment vont être utilisés comme sous-jobs, des jobs pour afficher un message sous forme d'une boîte de dialogue grâce au composant `tMsgBox_1`. Ce message s'affiche dans le cas où les trois sous-jobs se sont exécutés sans erreur (déclencheur **OnSubjobOk**). Dans le cas contraire, une boîte de dialogue s'affiche grâce au composant `tMsgBox_2` (déclencheur **OnSubjobError**).

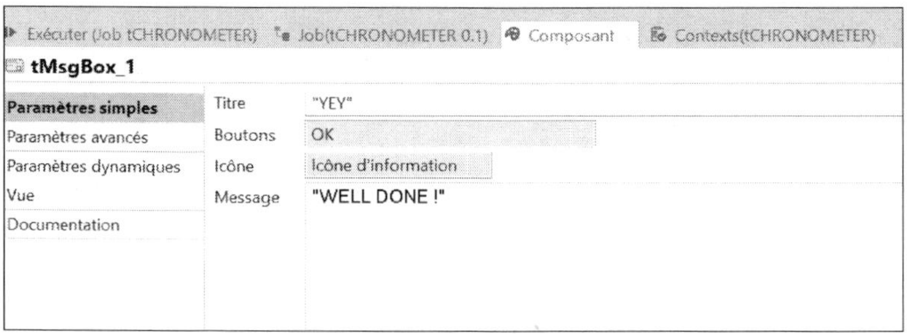

Paramétrage du composant `tMsgBox_1`

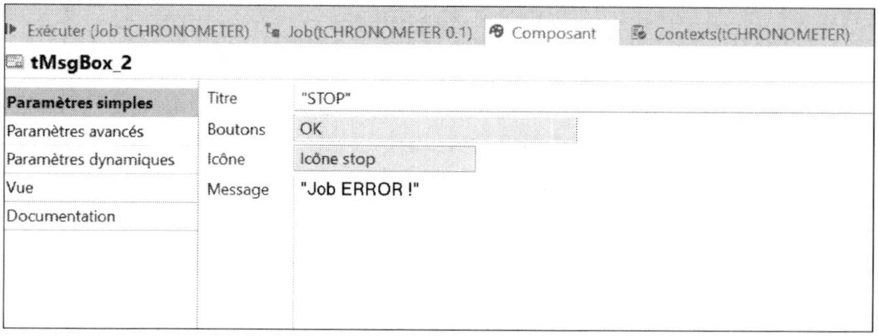

Paramétrage du composant `tMsgBox_2`

22. Job 16 : tLibraryLoad pour vérifier la validité d'adresses e-mail

Le job Talend **tLibraryLoad** permet d'importer une libraire dans Talend afin de vérifier la validité d'une adresse e-mail, à l'aide du composant `tLibrary-Load` et du composant `tJava`.

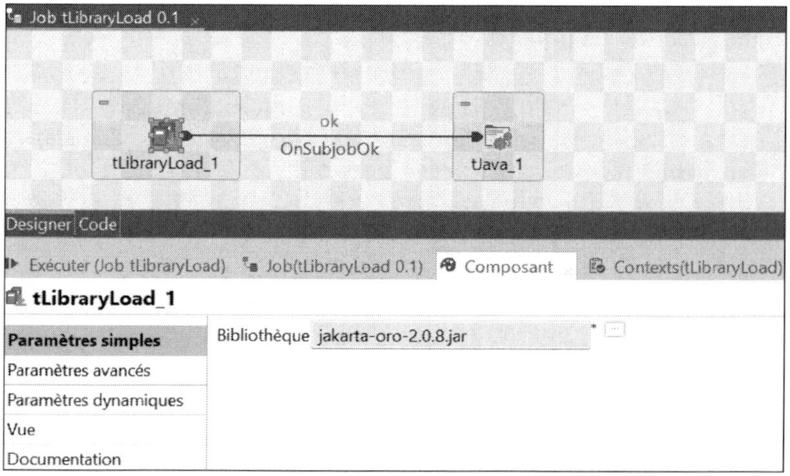

Job et bibliothèque à télécharger

Cette bibliothèque (jakarta-oro-2.0.8.jar), qu'il est possible de trouver et télécharger gratuitement en tapant son nom sur un moteur de recherche, consiste en un ensemble de classes Java de traitement de texte qui fournissent des expressions régulières (regex) compatibles avec Perl5.

▶ Après le téléchargement de cette bibliothèque sur le disque dur de l'ordinateur, cliquez sur les trois points et sélectionnez la libraire afin qu'elle soit importée dans Talend et plus précisément dans le composant `tLibraryLoad`.

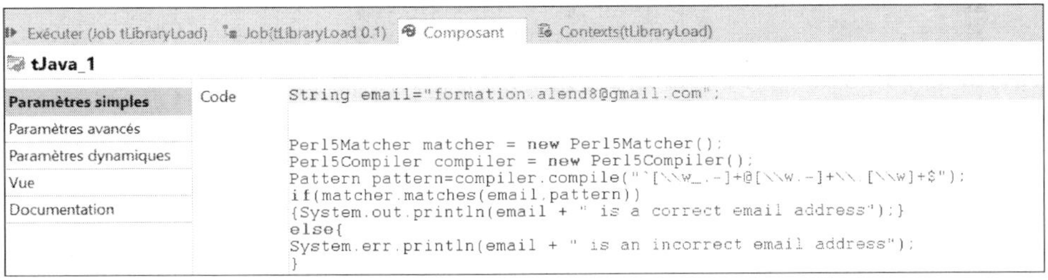

Code dans le composant `tJava`

Dans ce code Java, commencez par déclarer l'e-mail que vous voulez vérifier. Les deux lignes suivantes sont des assignations, la première est utilisée pour créer un nouveau **Matcher** qui permet de vérifier si l'adresse e-mail saisie respecte les règles définies dans l'expression régulière et la deuxième est utilisée pour créer un nouveau **Compiler** qui permet de compiler le code Java. Le plus important à retenir dans ce code, c'est l'expression régulière qui permet de vérifier si une adresse e-mail est valide ou pas.

Pour retrouver facilement une regex (expression régulière) pour la vérification d'adresses e-mail sur Internet, tapez les mots **regex email** dans votre moteur de recherche.

Exemple d'une expression réguliére qui permet de vérifier une adresse e-mail

```
(^[\\w_.-]+@[\\w.-]+\\.[\\w]+$)
```

Pour expliquer la regex ci-dessus, il faut d'abord comprendre qu'une adresse e-mail peut être découpée en trois, nous avons le texte situé avant le @, le texte entre le caractère @ et le point et le texte après le point :

^ : déclare le début de la regex.

[\\w_.-] : concerne la partie avant l'arobase qui peut contenir n'importe quel caractère alphanumérique (sans accent) et/ou un tiret du bas et/ou un point et/ou un tiret.

@[\\w.-] : concerne la partie entre le caractère @ et le point. Après le caractère @, cette partie peut contenir n'importe quel caractère alphanumérique (non accentué) et/ou un point, et/ou un tiret.

\\.[\\w] : concerne la partie après le point. Elle est composée de caractères non accentué.

$: signifie la fin de la regex.

Les + entre les parties de l'e-mail (dans la regex) représentent l'addition de toutes les règles précédemment expliquées.

```
String email="formation.Talend8@gmail.com";


Perl5Matcher matcher = new Perl5Matcher();
Perl5Compiler compiler = new Perl5Compiler();
Pattern pattern=compiler.compile("^[\\w_.-]+@[\\w.-]+\\.[\\w]+$");
if(matcher.matches(email,pattern))
{System.out.println(email + " is a correct email address");}
else{
System.err.println(email + " is an incorrect email address");
}
```

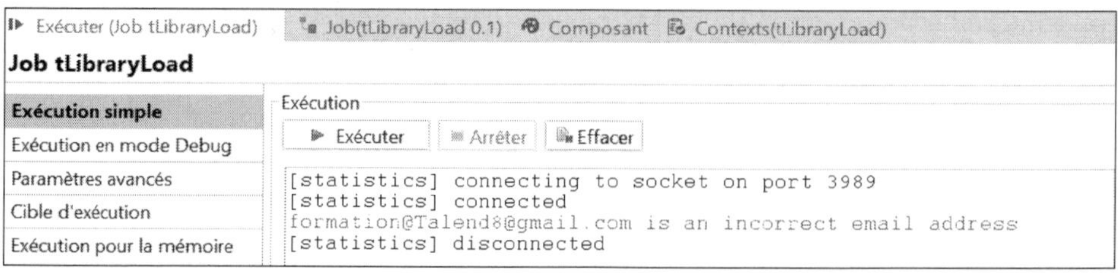

Résultat d'une adresse e-mail invalide

Ici, l'adresse e-mail est invalide car elle contient deux @.

Résultat d'une adresse e-mail valide

En remplaçant le caractère @ par un tiret du bas, l'adresse e-mail redevient valide.

23. Job 17 : calculer la distance de Levenshtein entre des mots

Le job Talend **tFuzzyMatch** permet de calculer la distance de Levenshtein entre le mot **hello** et d'autres mots comme **hi**, **hani**, **Hello**.

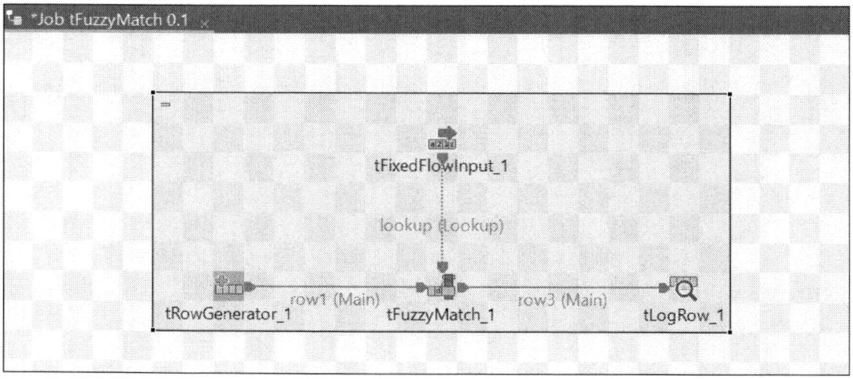

Job et composants utilisés

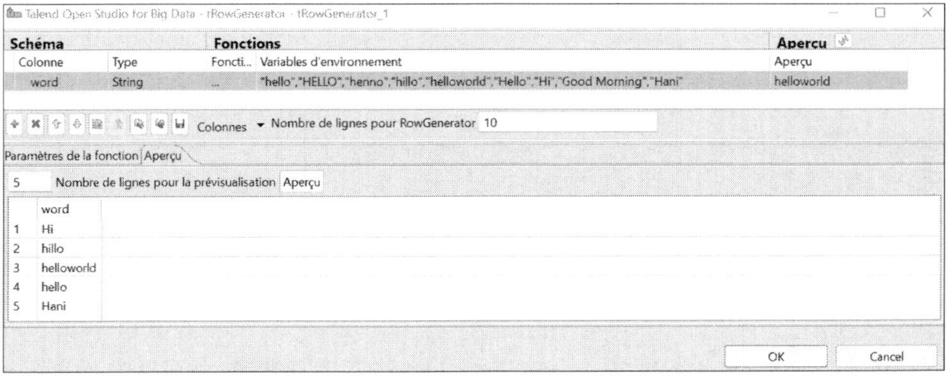

Paramétrage du composant `tRowGenerator`

À l'aide du composant `tRowGenerator`, dix lignes de type **String** ont été générées dans une colonne appelée **word** et dans laquelle les valeurs adéquates ont été insérées.

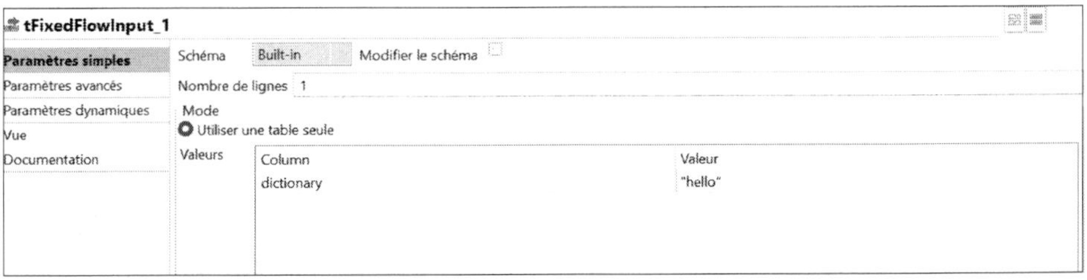

Paramétrage du composant `tFixedFlowInput`

Comme son nom l'indique, le composant `tFixedFlowInput` sert à fixer un mot auquel il est possible de comparer d'autres mots (ceux qui ont été déclarés dans le composant `tRowGenerator`).

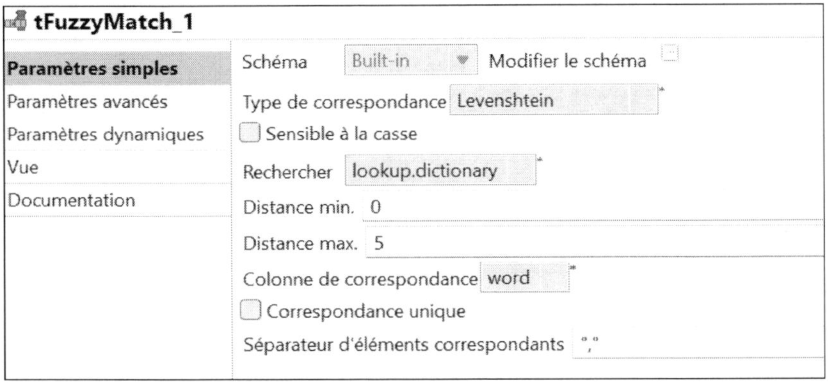

Paramétrage du composant `tFuzzyMatch`

Le composant `tFuzzyMatch` sert à comparer une colonne du flux principal (qui se trouve dans `tRowGenerator`) avec une colonne de référence du flux de recherche (qui se trouve dans `tFixedFlowInput`). Il génère les données de flux principal affichant la distance.

Les paramètres du composant `tFuzzyMatch` ont été configurés avec le **Type de correspondance** "Levenshtein" et la recherche dans un dictionnaire contenant la valeur "hello" provenant du composant `tFixedFlowInput`. La distance minimale a été définie sur zéro et la distance maximale sur 5, ce qui correspond au nombre de caractères du mot de référence (**hello**). Enfin, la colonne de référence a été paramétrée sur **word**, qui correspond au nom de la colonne que nous avons générée à l'aide du composant `tRowGenerator`.

```
[statistics] connecting to socket on
[statistics] connected
.----------+-----+--------.
|         tLogRow_1       |
|=---------+-----+-------=|
|word      |VALUE|MATCHING|
|=---------+-----+-------=|
|hillo     |1    |hello   |
|Hani      |4    |hello   |
|hillo     |1    |hello   |
|hillo     |1    |hello   |
|Hi        |4    |hello   |
|Hani      |4    |hello   |
|helloworld|5    |hello   |
|henno     |2    |hello   |
|Hello     |0    |hello   |
|Hello     |0    |hello   |
'----------+-----+--------'

[statistics] disconnected
```

Résultats du job `tFuzzyMatch`

La case **Sensible à la casse** étant décochée dans les paramètres du composant `tFuzzyMatch`, le composant considère que les mots **Hello** et **hello** sont identiques, c'est-à-dire que la distance entre les deux mots est égale à zéro.

```
[statistics] connecting to socket on
[statistics] connected
.------------+-----+--------.
|         tLogRow_1         |
|=-----------+-----+-------=|
|word        |VALUE|MATCHING|
|=-----------+-----+-------=|
|hello       |0    |hello   |
|Hi          |5    |hello   |
|Hani        |5    |hello   |
|helloworld  |5    |hello   |
|Hi          |5    |hello   |
|Good Morning|null |null    |
|hillo       |1    |hello   |
|Hi          |5    |hello   |
|Hello       |1    |hello   |
|HELLO       |5    |hello   |
'------------+-----+--------'

[statistics] disconnected
```

Résultats du job `tFuzzyMatch` *(sensible à la casse)*

Remarque

*Notez que la distance entre les mots **hello** et **Good Morning** est **null** parce que la distance dépasse la valeur 5 définie comme distance maximale dans les paramètres du composant `tFuzzyMatch`.*

```
[statistics] connecting to socket
[statistics] connected
.-------------+-----+--------.
|          tLogRow_1         |
|=------------+-----+-------=|
|word         |VALUE|MATCHING|
|=------------+-----+-------=|
|hillo        |1    |hello   |
|Hi           |5    |hello   |
|henno        |2    |hello   |
|HELLO        |5    |hello   |
|hello        |0    |hello   |
|Hi           |5    |hello   |
|Hi           |5    |hello   |
|Hani         |5    |hello   |
|Good Morning|11    |hello   |
|Good Morning|11    |hello   |
'-------------+-----+--------'

[statistics] disconnected
```

Distance entre les mots `hello` et `Good Morning`

La distance entre les mots `hello` et `Good Morning` est de `11` après avoir défini la distance maximale à 20 dans les paramètres du composant `tFuzzyMatch`. Cette distance correspond au nombre de lettres de `Good Morning` en faisant abstraction de l'espace.

24. Job 18 : utilisation du composant tJavaFlex

Le composant `tJavaFlex` est similaire au composant `tJava`. La différence réside dans le fait que le composant `tJavaFlex` crée un flux de données en sortie à partir du flux de données en entrée (aucune initialisation n'est donc nécessaire). Ce composant contient trois parties : **Begin**, **Main** et **End**. Il peut donc être placé seul ou en début de job, ou même au milieu en prenant en compte le flux de données.

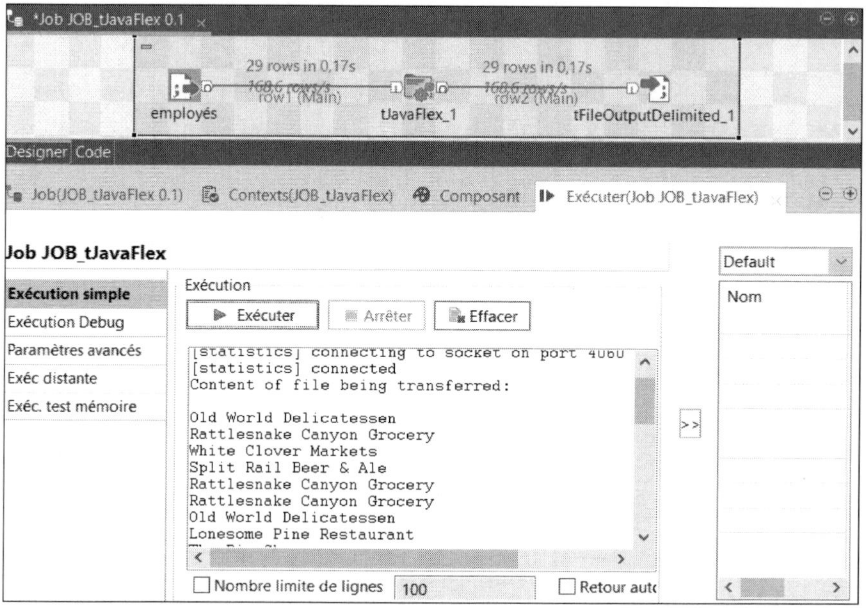

JOB_tJavaFlex et résultat dans la console

Méthode

- Déposez un composant `tFileInputDelimited`, un composant `tJavaFlex` et un composant `tFileOutputDelimited` dans l'espace de modélisation graphique de Talend.
- Reliez les composants avec des liens **Row Main**.
- Importez le fichier source, ici nommé **employés**, avec le composant `tFileInputDelimited` puis définissez son **Schéma** et mettez **1** dans en-tête, l'en-tête de fichiers ne correspondant pas à une donnée à afficher.
- Dans le composant `tFileOutputDelimited`, paramétrez le dossier de sortie du fichier et construisez le **Schéma** s'il n'existe pas tout en cochant la case **Inclure l'en-tête**.

▶ Paramétrez le composant `tJavaFlex` en mentionnant dans la partie code initial :

```
System.out.println("Content of file being transferred:\n");
```

Dans la partie code principal :

```
System.out.println(row1.NomDuClient);
```

Dans la partie code final :

```
System.out.println("\nEnd of file");
```

Le fichier en entrée sera lu en affichant dans la console tous les noms des clients, cela sera précédé d'un message mentionnant le premier code Java ajouté à `tJavaFlex`. À la fin de la lecture du fichier, la console affichera le message défini dans la partie code final.

25. Job 19 : utilisation du composant tIntervalMatch

Le job Talend **tIntervalMatch** permet de détecter automatiquement si un véhicule est une voiture (*car*), un camion (*truck*) ou un grand camion (*big truck*). Pour cela, le composant `tRowGenerator` est utilisé pour générer des données aléatoires contenant une colonne pour le matricule du véhicule et une autre colonne pour son poids. Une base de connaissances est également utilisée sous forme d'un fichier texte (`tFileInputDelimited`), spécifiant l'intervalle du poids du véhicule pour considérer qu'il s'agit d'une voiture, d'un camion ou d'un grand camion. Le résultat du job est retourné dans la console grâce au composant `tLogRow`.

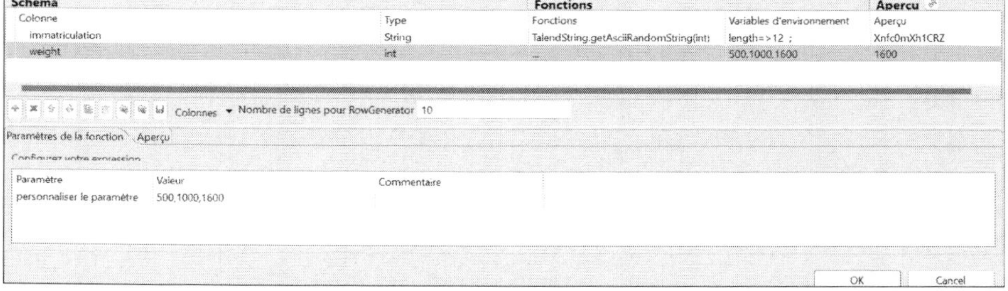

Paramétrage du composant `tRowGenerator`

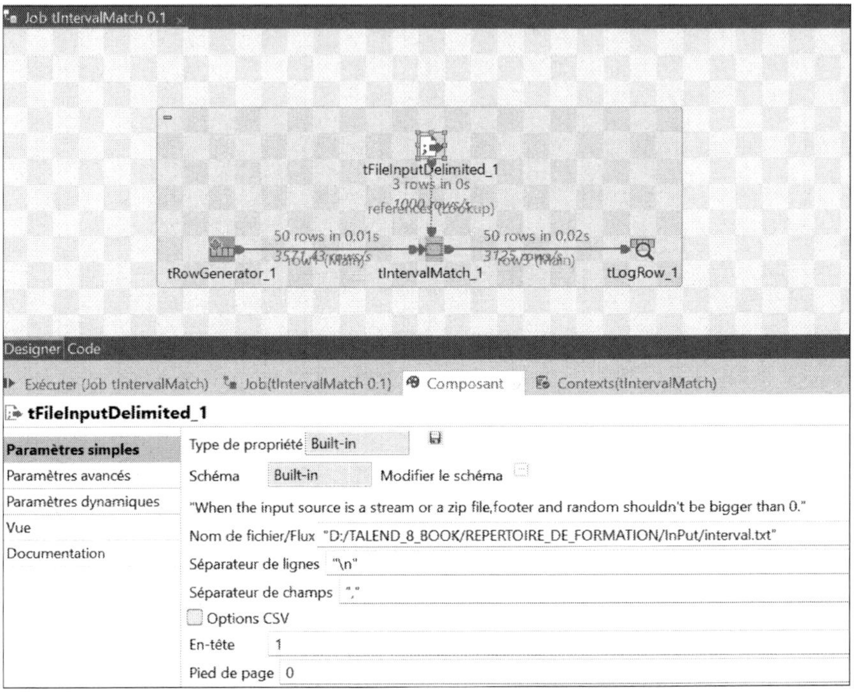

Job et paramétrage du composant `tFileInputDelimited`

Aperçu de la base de connaissances

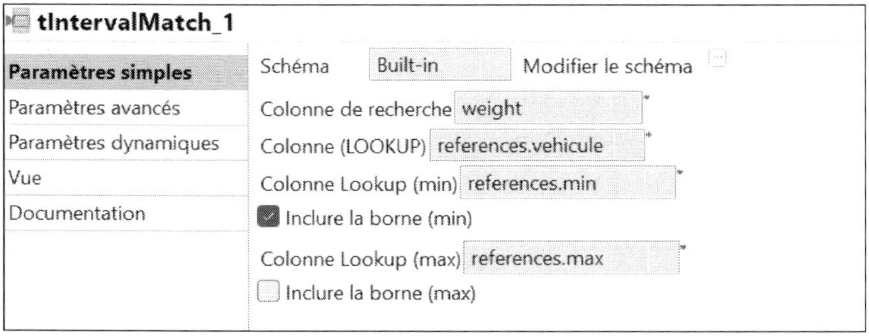

Paramétrage du composant `tIntervalMatch`

Dans le paramètre **Colonne de recherche**, la valeur **weight** correspond au poids du véhicule généré de façon aléatoire par le composant `tRowGenerator`.

Le paramètre **Colonne (LOOKUP)** correspond au nom de la première colonne du fichier de base de connaissances.

Le paramètre **Colonne Lookup (min)** nécessite de spécifier le nom de la deuxième colonne du fichier de base de connaissances, en cochant l'option **Inclure la borne (min)**. Ainsi, si un véhicule pèse par exemple 500 et que la valeur minimale pour une voiture est de 500, ce véhicule sera considéré comme une voiture..

Le paramètre **Colonne Lookup (max)** utilise le nom de la troisième colonne du fichier de base de connaissances. Cette fois-ci, l'option **Inclure la borne (max)** est décochée. Ainsi, si un véhicule pèse par exemple 1000 et que la valeur maximale pour une voiture est de 1000, ce véhicule sera considéré comme un camion plutôt que comme une voiture..

```
[statistics] connecting to socket on
[statistics] connected
.---------------+------+---------.
|          tLogRow_1             |
|=--------------+------+--------=|
|immatriculation|weight|LOOKUP   |
|=--------------+------+--------=|
|ZudaobXL8oj9   |1000  |truck    |
|T8ddiRbtIvaw   |1000  |truck    |
|XxJjvKR3NB0X   |500   |car      |
|mBQejGrwjJUI   |1600  |big truck|
|9b7XKx8BNosj   |1600  |big truck|
|8WRTdM1VkbmM   |1000  |truck    |
|ZaieyvYdsaZJ   |1000  |truck    |
|hwVJRQd4Tsky   |1600  |big truck|
|3lobAGgbnuMB   |1000  |truck    |
|s76prRAAPGZz   |1000  |truck    |
'---------------+------+---------'

[statistics] disconnected
```

Résultats du job ***tIntervalMatch***

26. Job 20 : utilisation du composant tFileInputPositional

Un fichier positionnel est un fichier plat où les enregistrements positionnels d'un message d'instance du fichier plat contiennent des champs individuels (éléments de données) qui ont chacun une longueur prédéfinie. Les champs sont analysés selon ces longueurs.

Le job Talend tFileInputPositional permet de créer un fichier positionnel, de l'enregistrer dans les métadonnées, de le paramétrer selon les besoins et enfin de l'utiliser grâce au composant `tFileInputPositional`.

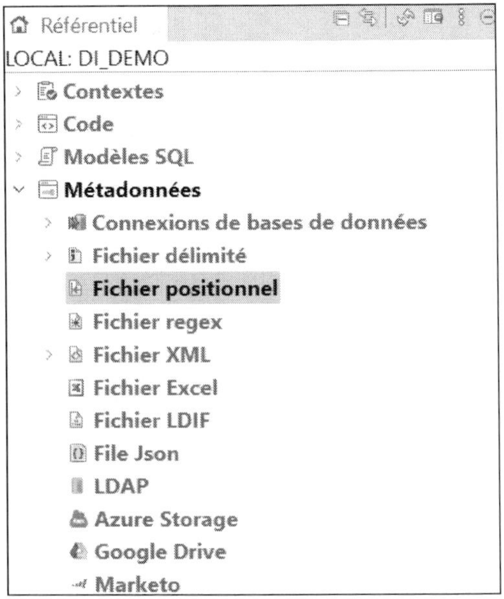

*Emplacement de la métadonnée **Fichier positionnel** dans le **Référentiel***

- Pour créer une connexion à un fichier délimité à partir de zéro, développez le nœud **Métadonnées** du **Référentiel**. Ensuite, faites un clic droit sur **Fichier positionnel** puis sélectionnez **Créer un fichier positionnel** dans le menu contextuel afin d'ouvrir l'assistant de configuration des métadonnées du fichier.

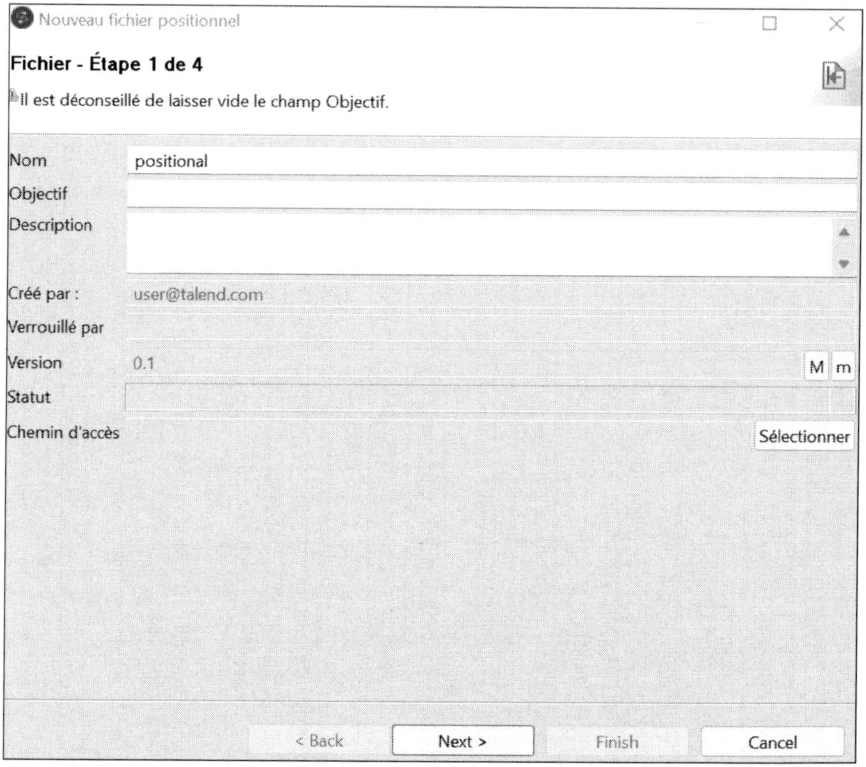

Assistant de configuration des métadonnées du fichier positionnel (étape1)

- Donnez un nom au fichier, éventuellement un objectif et une description, puis cliquez sur **Next**.

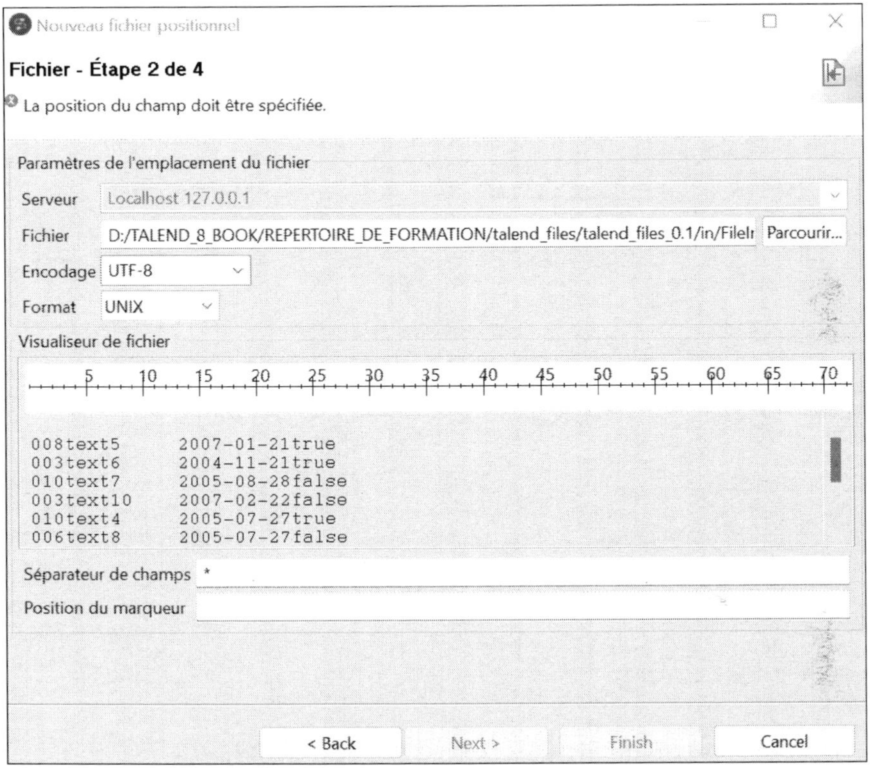

Assistant de configuration des métadonnées du fichier positionnel (étape2)

Dès que vous indiquez le chemin vers le fichier en cliquant sur **Parcourir...** et en sélectionnant le fichier sur lequel vous voulez effectuer des opérations, l'**Assistant de configuration** vous demande de spécifier la position du champ en configurant **Séparateur de champs** ou **Position du marqueur**.

En configurant **Séparateur de champs**, **Position du marqueur** se configure automatiquement et vice versa.

Un aperçu du fichier sélectionné est aussi affiché par l'Assistant de configuration.

L'objectif avec ce fichier est de séparer les trois premiers chiffres, ainsi que les expressions **true** et **false**.

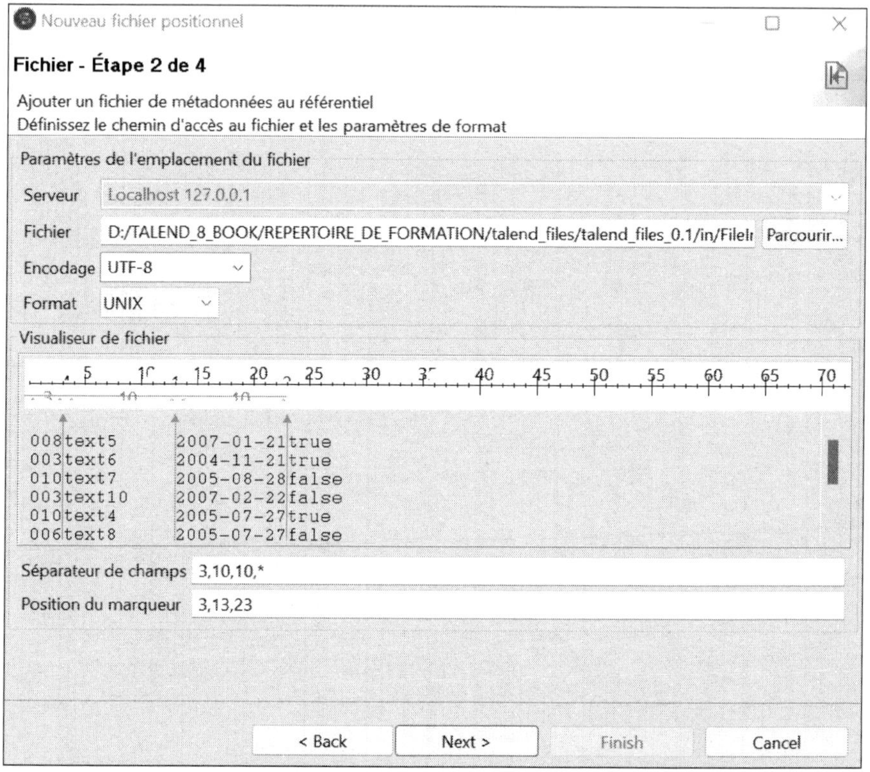

Paramétrage des champs ***Séparateur de champs*** *et* ***Position du marqueur***

De cette manière, les colonnes seront bien découpées et cela permettra d'afficher le résultat souhaité.

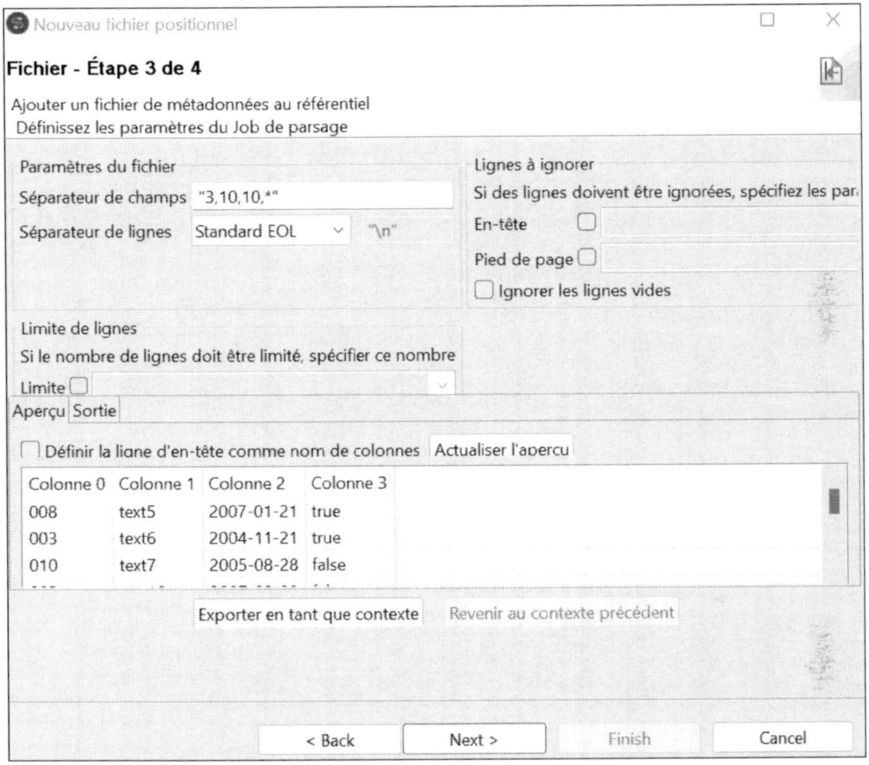

Assistant de configuration des métadonnées du fichier positionnel (étape3)

- Un aperçu du fichier découpé selon la position spécifiée est affiché à l'étape 3, cliquez sur **Next**.

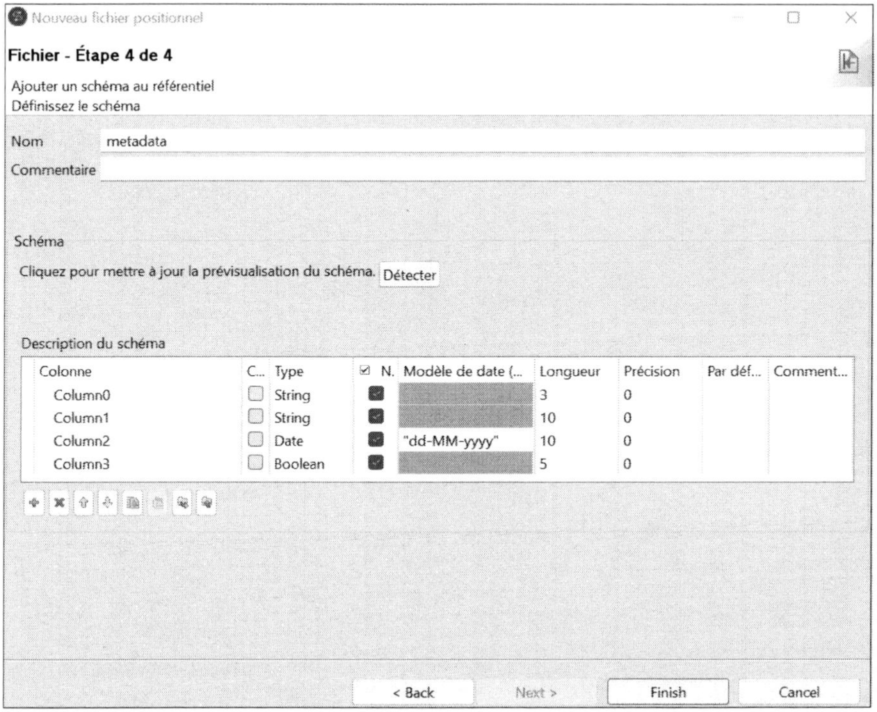

Assistant de configuration des métadonnées du fichier positionnel (étape 4)

Dans l'étape 4, l'assistant de configuration crée automatiquement un schéma suivant la séparation des champs opérée à l'étape 2.

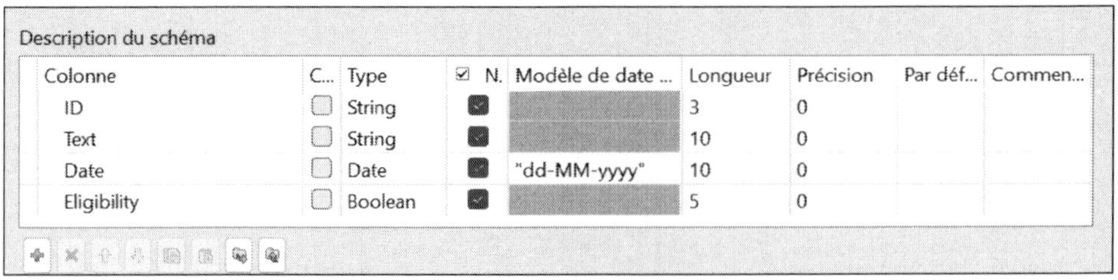

Modification des noms de colonnes dans le schéma

Pour utiliser le fichier positionnel précédemment créé, vous pouvez directement le glisser et le déposer dans l'espace de modélisation graphique de Talend.

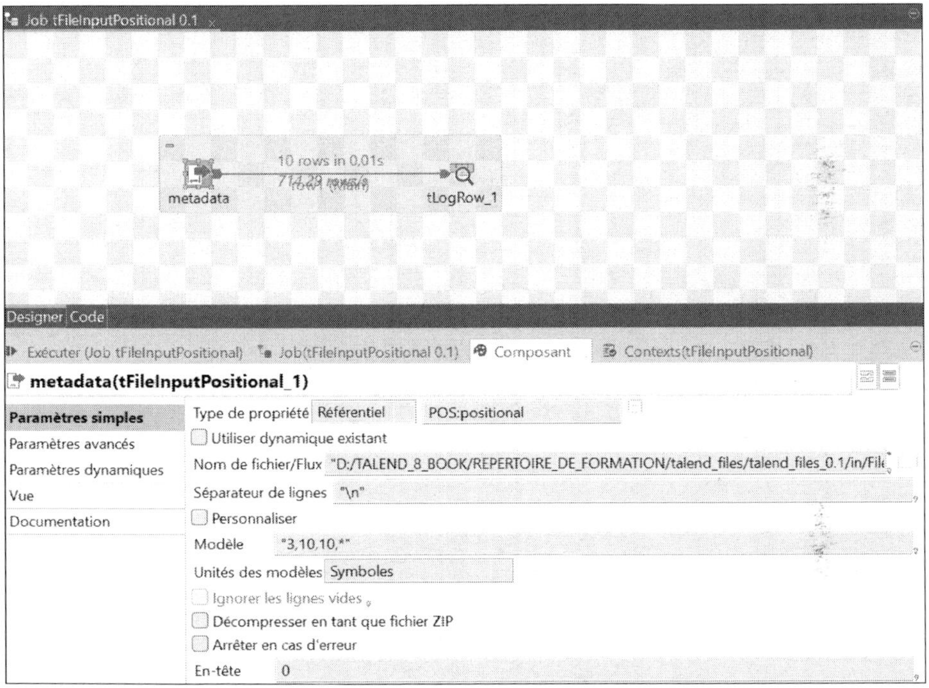

Job et paramétrage du composant `tFileInputPositional`

```
[statistics] connecting to socket on
[statistics] connected
.---+------+----------+-----------.
|        tLogRow_1        |
|=--+------+----------+----------=|
|ID |Text |Date      |Eligibility|
|=--+------+----------+----------=|
|008|text5 |30-06-0026|true       |
|003|text6 |27-04-0027|true       |
|010|text7 |26-01-0034|false      |
|003|text10|31-07-0027|false      |
|010|text4 |25-12-0032|true       |
|006|text8 |25-12-0032|false      |
|008|text10|27-04-0027|true       |
|007|text3 |27-08-0028|true       |
|009|text5 |31-07-0027|true       |
|005|text4 |31-07-0027|false      |
'---+------+----------+-----------'

[statistics] disconnected
```

*Résultat du job **tFileInputPositional***

27. Job 21 : apprendre à utiliser une regex avec tFileRegex

Le job Talend **tFileRegex** permet de générer une regex pour traiter un document texte afin de ne retourner en sortie que les données correspondant aux colonnes et aux lignes souhaitées.

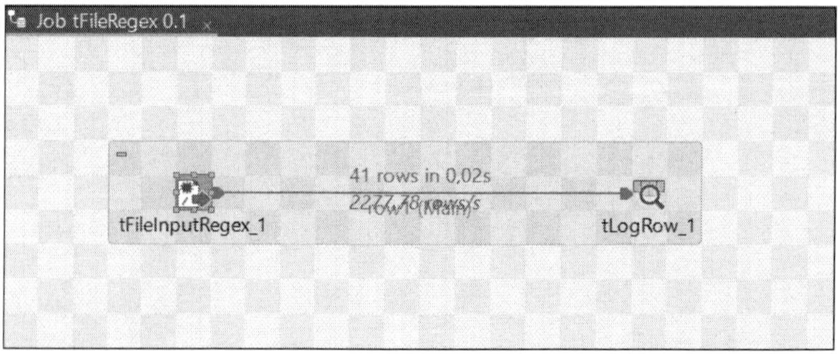

Job tFileRegex

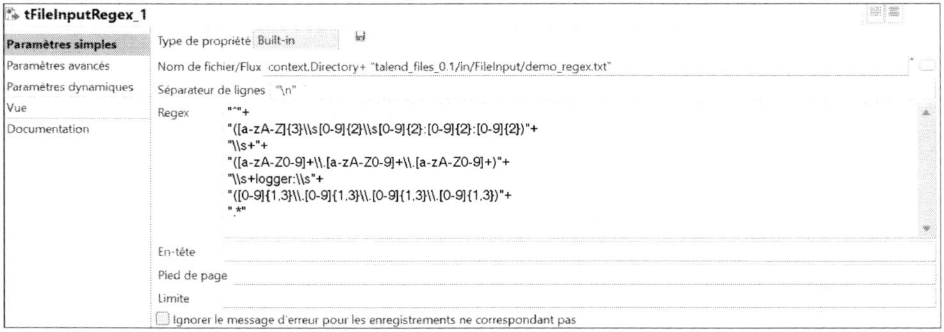

Paramétrage du composant `tFileInputRegex`

Dans **Nom de fichier**, il s'agit de chercher le document demo_regex.txt et d'indiquer le chemin vers celui-ci avec ou sans contexte, au choix.

Le séparateur de lignes dans ce document est un retour à la ligne.

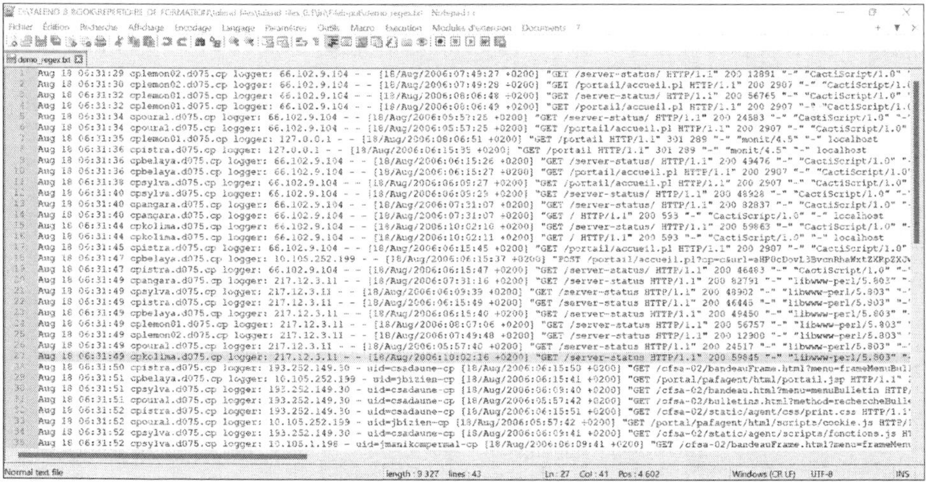

Aperçu du fichier demo_regex.txt

Nous souhaitons utiliser ce fichier pour ne retourner que les lignes qui satisfont toutes les conditions (nous devrons additionner toutes les conditions pour construire la regex) :

Première condition : toutes les lignes commencent par trois lettres majuscules ou minuscules (par exemple Aug).

Code :

```
"^"+
"([a-zA-Z]{3}
```

Deuxième condition : à la suite de la première condition, la ligne sélectionnée doit comporter un espace suivi d'un nombre à deux caractères et d'un autre espace.

Code :

```
\\s[0-9]{2}\\s
```

Troisième condition : à la suite de la deuxième condition, la ligne sélectionnée doit comporter trois nombres à deux caractères, entrecoupés de deux points.

Code :

```
[0-9]{2}:[0-9]{2}:[0-9]{2})"+
```

Quatrième condition : à la suite de la troisième condition, la ligne sélectionnée doit être suivie d'un ou plusieurs espaces.

Code :

```
"\\s+"+
```

Cinquième condition : à la suite de la quatrième condition, la ligne sélectionnée doit contenir trois suites de caractères alphanumériques entrecoupées de points.

Code :

```
"([a-zA-Z0-9]+\\.[a-zA-Z0-9]+\\.[a-zA-Z0-9]+)"+
```

Sixième condition : à la suite de la cinquième condition, la ligne sélectionnée doit être suivie d'un espace puis des caractères `logger:` suivis d'un espace.

Code :

```
"\\s+logger:\\s"+
```

Septième condition : à la suite de la sixième condition, la ligne sélectionnée doit contenir quatre nombres constitués chacun de 1 à 3 caractères, les nombres étant séparés par un point.

Code :

```
"([0-9]{1,3}\\.[0-9]{1,3}\\.[0-9]{1,3}\\.[0-9]{1,3})"+
".*"
```

Au final, le code se présente comme ci-dessous.

```
"^"+
"([a-zA-Z]{3}\\s[0-9]{2}\\s[0-9]{2}:[0-9]{2}:[0-9]{2})"+
"\\s+"+
"([a-zA-Z0-9]+\\.[a-zA-Z0-9]+\\.[a-zA-Z0-9]+)"+
"\\s+logger:\\s"+
"([0-9]{1,3}\\.[0-9]{1,3}\\.[0-9]{1,3}\\.[0-9]{1,3})"+
".*"
```

Les regex peuvent être indispensables lorsqu'aucun composant ou fonction ne peut effectuer les opérations que vous souhaitez.

```
[statistics] connecting to socket on port 3768
[statistics] connected
.---------------+-----------------+--------------.
|                     tLogRow_1                  |
|=--------------+-----------------+-------------=|
|date           |dns              |ip            |
|=--------------+-----------------+-------------=|
|Aug 18 06:31:29|cplemon02.d075.cp|66.102.9.104  |
|Aug 18 06:31:30|cplemon02.d075.cp|66.102.9.104  |
|Aug 18 06:31:32|cplemon01.d075.cp|66.102.9.104  |
|Aug 18 06:31:32|cplemon01.d075.cp|66.102.9.104  |
|Aug 18 06:31:34|cpoural.d075.cp  |66.102.9.104  |
|Aug 18 06:31:34|cpoural.d075.cp  |66.102.9.104  |
|Aug 18 06:31:35|cplemon01.d075.cp|127.0.0.1     |
|Aug 18 06:31:36|cpistra.d075.cp  |127.0.0.1     |
|Aug 18 06:31:36|cpbelaya.d075.cp |66.102.9.104  |
|Aug 18 06:31:36|cpbelaya.d075.cp |66.102.9.104  |
|Aug 18 06:31:38|cpsylva.d075.cp  |66.102.9.104  |
|Aug 18 06:31:40|cpsylva.d075.cp  |66.102.9.104  |
|Aug 18 06:31:40|cpangara.d075.cp |66.102.9.104  |
|Aug 18 06:31:40|cpangara.d075.cp |66.102.9.104  |
|Aug 18 06:31:44|cpkolima.d075.cp |66.102.9.104  |
|Aug 18 06:31:44|cpkolima.d075.cp |66.102.9.104  |
|Aug 18 06:31:45|cpistra.d075.cp  |66.102.9.104  |
|Aug 18 06:31:47|cpbelaya.d075.cp |10.105.252.199|
|Aug 18 06:31:47|cpistra.d075.cp  |66.102.9.104  |
```

Résultats du job tFileRegex

Il est à noter que cette regex a permis d'écarter des résultats, toutes les colonnes et lignes qui ne respectent pas ses conditions.

28. Job 22 : générer facilement un fichier XML

Le job Talend **tAdvancedFileOutputXML** permet de générer facilement un fichier XML à partir de données elles-mêmes générées à l'aide du composant `tRowGenerator`.

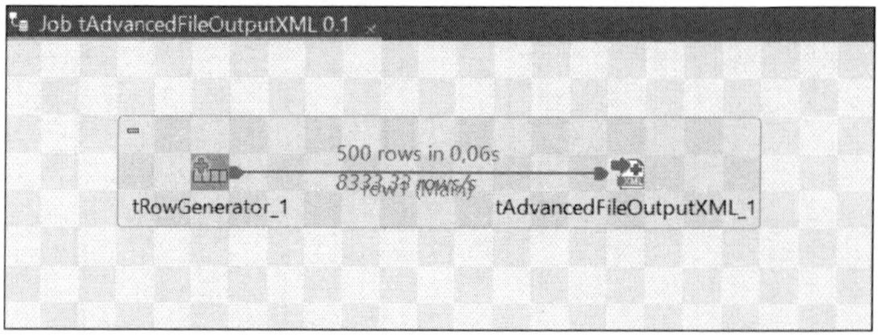

Composants utilisés pour ce job

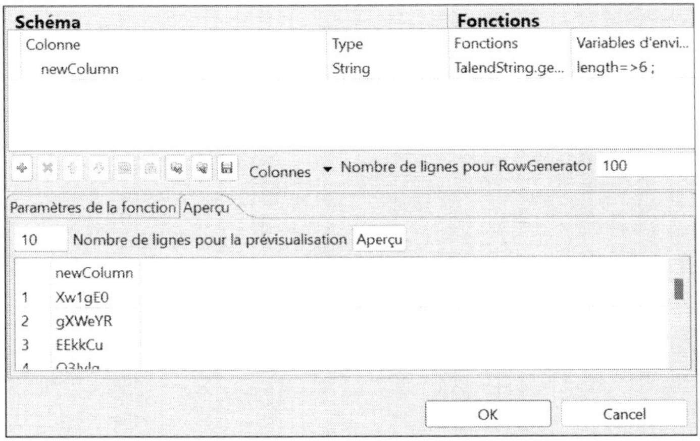

Paramétrage du composant `tRowGenerator`

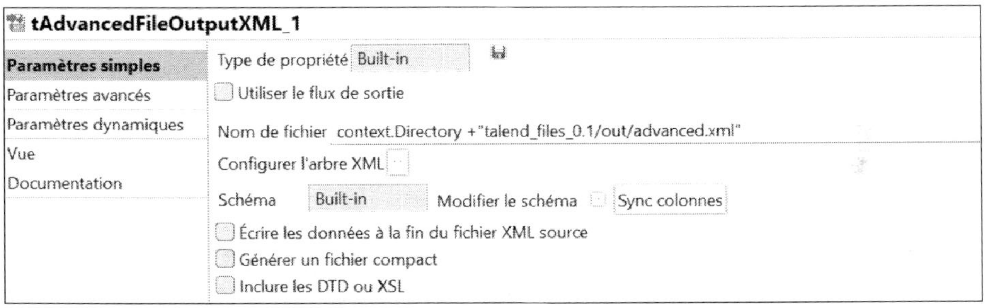

Paramétrage du composant `tAdvancedFileOutputXML`

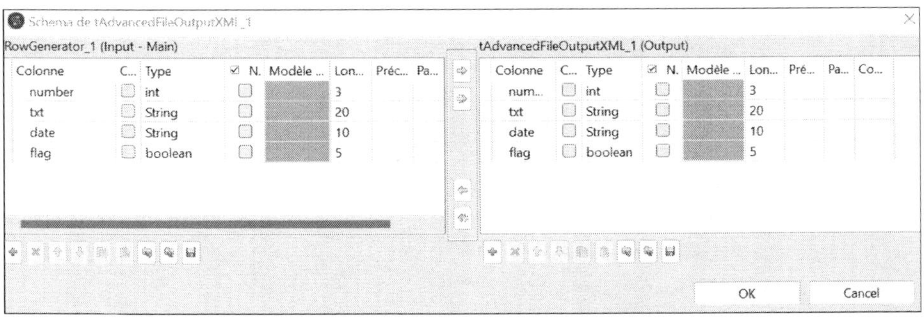

Schéma des deux composants

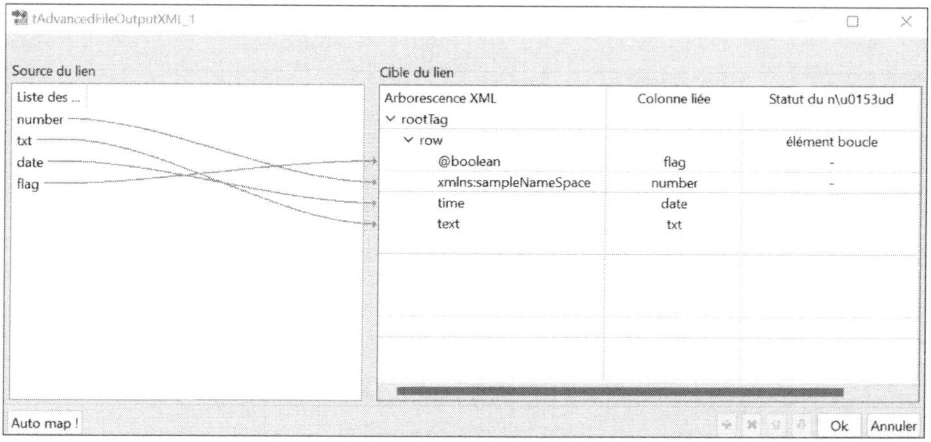

Interface graphique du composant `tAdvancedFileOutputXML`

- Afin d'accéder à l'interface graphique du composant, double cliquez dessus. Créez d'abord un sous-élément (**row** dans ce job) comme élément boucle pour que le composant puisse récupérer toutes les lignes générées par le composant `tRowGenerator`. Pour ce faire, effectuez un clic droit sur **rootTag** puis sélectionnez **ajouter un sous-élément**.
- Ajoutez ensuite des attributs selon le type de données de la colonne générée par le composant `tRowGenerator` et reliez chaque colonne du schéma au type de données correspondant dans l'interface du composant `tAdvancedFileOutputXML`.
- Pour ce faire, la colonne **number** peut être considérée comme un identifiant. Dans ce cas, ajoutez l'espace de noms **SampleNameSpace** en effectuant un clic droit sur le sous-élément (**row**).
- La colonne **txt** contient du texte. Effectuez un clic droit sur le sous-élément (**row**) pour créer un attribut et appelez-le `text`.
- La colonne **date** contient une unité de temps, son attribut va s'appeler `time` dans l'**arborescence XML**. Afin de la reproduire, effectuez un clic droit sur le sous-élément (**row**), créez un attribut et appelez-le `time` par exemple.

- La colonne **flag** est de type booléen car elle contient deux valeurs `true`, `false` dans le composant `tRowGenerator`. Afin de la reproduire, créez un attribut en effectuant un clic droit sur le sous-élément (**row**), et nommez-le **boolean** par exemple.
- Enfin cliquez sur **Auto map !** afin que chaque colonne puisse être reliée à son attribut dans l'arborescence du fichier XML.

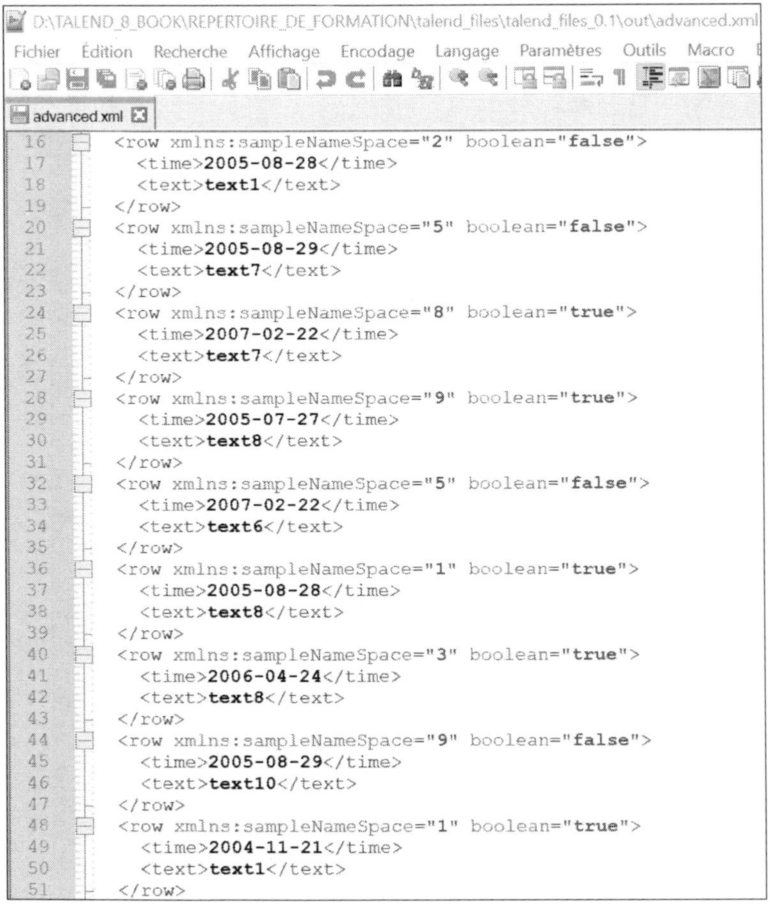


```xml
<row xmlns:sampleNameSpace="2" boolean="false">
  <time>2005-08-28</time>
  <text>text1</text>
</row>
<row xmlns:sampleNameSpace="5" boolean="false">
  <time>2005-08-29</time>
  <text>text7</text>
</row>
<row xmlns:sampleNameSpace="8" boolean="true">
  <time>2007-02-22</time>
  <text>text7</text>
</row>
<row xmlns:sampleNameSpace="9" boolean="true">
  <time>2005-07-27</time>
  <text>text8</text>
</row>
<row xmlns:sampleNameSpace="5" boolean="false">
  <time>2007-02-22</time>
  <text>text6</text>
</row>
<row xmlns:sampleNameSpace="1" boolean="true">
  <time>2005-08-28</time>
  <text>text8</text>
</row>
<row xmlns:sampleNameSpace="3" boolean="true">
  <time>2006-04-24</time>
  <text>text8</text>
</row>
<row xmlns:sampleNameSpace="9" boolean="false">
  <time>2005-08-29</time>
  <text>text10</text>
</row>
<row xmlns:sampleNameSpace="1" boolean="true">
  <time>2004-11-21</time>
  <text>text1</text>
</row>
```

Aperçu du fichier XML généré

Chapitre 3
tMap et les fonctions Java dans Talend

1. Introduction

Le composant `tMap` est le composant le plus important et le plus complet dans Talend.

Grâce à ce composant, il est possible d'effectuer plusieurs transformations et jointures diverses entre différentes sources de données tout en récupérant leurs schémas, de récupérer les lignes en rejet, de créer des variables, de désigner des clés étrangères, de supprimer une ligne en sortie, d'effectuer des conditions avec plusieurs lignes en entrée, etc.

Le composant `tMap` permet également de faire appel à des fonctions Java afin d'effectuer des transformations diverses et variées, mais aussi de faire appel aux routines système et à celles que nous allons créer dans ce chapitre.

Dans ce chapitre, nous allons créer des routines personnalisées et nous verrons les notions Java les plus importantes pour pouvoir résoudre des problèmes d'implémentation que nous n'aurions pas pu résoudre avec les routines système de Talend.

2. Quelques notions sur Java dans Talend

Dans cette section du chapitre, nous allons voir quelques-unes des notions indispensables sur l'utilisation de Java dans Talend, avec pour chaque expression sa signification en français :

- **==** : égal
- **!=** : différent
- **=** : déclaration ou valorisation d'une variable en Java
- **Xxxx == 100 ou xxxx > 100 ou xxxx < 100** : teste la valeur d'un champ numérique
- **"toto".equals("xxx")/ !"toto".equals("xxx")** : teste l'égalité/inégalité d'un champ de type String
- **Xxxx == null ou xxxx ! = null et Relational.isNull(Xxxx) / ! Relational.isNull(Xxxx)** : teste la nullité ou non d'un champ
- **Xxxx.isEmpty()/ ! Xxxx.isEmpty()** : teste si le champ est vide ou pas (vide <> null : un champ peut être non null mais vide)
- **Xxxx.startsWith ("xx") / Xxxx.endswith ("xx")** : commence/termine par xxxx, LIKE en SQL ("xx%")/SQL ("%xx")
- **Xxxx.contains ("xx")** : contient xxxx, LIKE en SQL ("%xx%")
- **Boolean** : `True` / `False` (si la valeur est en string) ; 1/0 (si la valeur est en int)

3. Comment utiliser les routines système de Talend ?

Dans cette section, nous allons nous intéresser aux routines système de Talend les plus couramment utilisées. Les routines suivent l'ordre dans lequel elles sont affichées dans le dépôt. Elles sont regroupées en fonction de leur type. Chaque type est détaillé dans une section différente.

3.1 Routines numériques

Les routines numériques permettent de renvoyer des nombres entiers ou décimaux afin de les utiliser comme paramètres dans un ou plusieurs composants du job, par exemple pour ajouter des identifiants numériques.

Routine	Description	Syntaxe
`sequence`	renvoie un identifiant numérique incrémentiel	`Numeric.sequence ("Parameter name", start value, increment value)`
`resetSequence`	crée une séquence si elle n'existe pas et lui attribue une nouvelle valeur de départ	`Numeric.resetSequence (Sequence Identifier, startvalue)`
`removeSequence`	supprime une séquence	`Numeric.RemoveSequence (Sequence Identifier)`
`random`	renvoie un nombre entier aléatoire compris entre les valeurs maximale et minimale	`Numeric.random(minimum start value, maximum end value)`
`convertImplied DecimalFormat`	renvoie une décimale à l'aide d'un modèle décimal implicite	`Numeric.convertImplied DecimalFormat ("Target Format", value to be converted)`

Les trois routines `sequence`, `resetSequence` et `removeSequence` sont étroitement liées :

- **La routine sequence** est utilisée pour créer un identifiant de séquence, nommé s1 par défaut, dans le job. Cet identificateur de séquence est global dans le job.
- **La routine `resetSequence`** peut être utilisée pour initialiser la valeur de l'identifiant de séquence créé par la routine `sequence`.
- **La routine `removeSequence`** est utilisée pour supprimer l'identificateur de séquence de la liste des variables globales dans le job.

3.2 Routines relationnelles

Les routines relationnelles permettent de vérifier les affirmations basées sur des booléens.

Routine	Description	Syntaxe
`ISNULL`	Elle vérifie si la variable fournie est une valeur nulle. Elle renvoie `true` si la valeur est NULL et false si la valeur n'est pas NULL.	`Relational.ISNULL`(variable)
`NOT`	renvoie le complément de la valeur logique d'une expression	`Relational.NOT`(expression)
`isNull`	Elle vérifie si la variable fournie est une valeur nulle. Elle renvoie `1` si la valeur est NULL et 0 si la valeur n'est pas NULL.	`Relational.isNull`(variable)

3.3 Routines sur les chaînes de caractères

Les routines `StringHandling` permettent d'effectuer différents types d'opérations et de tests sur des expressions alphanumériques, sur la base de méthodes Java.

Routine	Description	Syntaxe
ALPHA	Elle vérifie si l'expression est classée par ordre alphabétique. Elle retourne le booléen vrai ou faux en conséquence.	`StringHandling.ALPHA ("Chaîne de caractères à vérifier")`
IS_ALPHA	Elle vérifie si l'expression contient des caractères alphabétiques uniquement, ou sinon elle retourne un booléen vrai ou faux en conséquence.	`StringHandling.IS_ALPHA ("Chaîne de caractères à vérifier ")`
CHANGE	Remplace un élément d'une chaîne de caractères par un élément défini et renvoie la nouvelle chaîne de caractères.	`StringHandling.CHANGE ("Chaîne de caractères à vérifier ", " Chaîne de caractères à replacer ", "Chaîne de remplacement")`
COUNT	Renvoie le nombre de fois qu'un caractère est contenu dans une chaîne de caractères.	`StringHandling.COUNT("Chaîne de caractéres à vérifier ", "Sous-chaîne de caractères à compter")`
DOWNCASE	Convertit toutes les lettres majuscules d'une expression en minuscules et renvoie la nouvelle chaîne de caractères.	`StringHandling.DOWNCASE ("Chaîne de caractères à convertir")`

Routine	Description	Syntaxe
`UPCASE`	Convertit toutes les lettres minuscules d'une expression en majuscules et renvoie la nouvelle chaîne de caractères.	`StringHandling.UPCASE ("Chaîne de caractères à convertir ")`
`DQUOTE`	Place une expression entre des doubles guillemets.	`StringHandling.DQUOTE ("Chaine de caractères à mettre entre guillemets")`
`EREPLACE`	La fonction `EREPLACE` remplace toutes les occurrences de sous-chaînes qui correspondent à une expression régulière donnée dans une chaîne donnée par une nouvelle sous-chaîne de remplacement, et renvoie une nouvelle chaîne.	`StringHandling.EREPLACE (Ancienne chaîne de caractères, regex, remplacement)`
`INDEX`	Elle renvoie la position du premier caractère dans une sous-chaîne spécifiée, dans une chaîne entière. Si la sous-chaîne spécifiée n'existe pas dans la chaîne entière, la valeur - 1 est renvoyée.	`StringHandling.INDEX ("Chaîne de caractères à vérifier", "sous-chaîne spécifiée")`
`LEFT`	Spécifie une sous-chaîne qui correspond aux n premiers caractères d'une chaîne.	`StringHandling.LEFT ("Chaîne de caractères à vérifier", nombre de caractères)`

Routine	Description	Syntaxe
RIGHT	Spécifie une sous-chaîne qui correspond aux n derniers caractères d'une chaîne.	`StringHandling.RIGHT ("Chaîne de caractères à vérifier", nombre de caractéres)`
LEN	Calcule la longueur d'une chaîne de caractères.	`StringHandling.LEN ("Chaîne de caractères à vérifier ")`
SPACE	Génère une chaîne de caractères composée d'un nombre défini d'espaces vides.	`StringHandling.SPACE (Nombre d'espaces à générer)`
SQUOTE	Place une expression entre des guillemets simples.	`StringHandling.SQUOTE ("Chaîne de caractères à mettre entre guillemets simples")`
STR	La fonction STR génère une chaîne contenant un caractère spécifique répété un certain nombre de fois.	`StringHandling.STR (caractère à générer, nombre de fois)`
TRIM	Supprime les espaces et les tabulations avant le premier caractère non vide d'une chaîne de caractères et après le dernier caractère non vide et renvoie la nouvelle chaîne de caractères.	`StringHandling.TRIM ("Chaîne de caractères à vérifier ")`
BTRIM	Supprime tous les espaces et tabulations après le dernier caractère non vide dans une chaîne de caractères et renvoie la nouvelle chaîne de caractères.	`StringHandling.BTRIM ("Chaîne de caractères à vérifier ")`

Routine	Description	Syntaxe
FTRIM	Supprime tous les espaces et tabulations précédant le premier caractère non vide dans une chaîne de caractères.	`StringHandling.FTRIM ("Chaîne de caractères à vérifier ")`
SUBSTR	Elle renvoie une partie d'une chaîne de caractères. Elle compte tous les caractères, y compris les espaces, en commençant par le début de la chaîne.	`StringHandling.SUBSTR (string, start, length)` – string : la chaîne de caractères que vous souhaitez rechercher. – start : la position dans la chaîne de caractères à partir de laquelle vous voulez commencer à compter. – longueur : le nombre de caractères que vous voulez retourner.
LTRIM	Supprime les blancs ou les caractères du début d'une chaîne de caractères.	`StringHandling.LTRIM (caractère,[ trim_set])` – caractère : la chaîne de caractères que vous voulez modifier. – trim_set : les caractères que vous voulez supprimer du début de la chaîne. LTRIM va comparer le trim_set à la chaîne de caractères, caractère par caractère, en commençant par le côté gauche de la chaîne, et supprimera des caractères jusqu'à ce qu'il ne trouve pas de caractère correspondant dans le trim_set. Si ce paramètre n'est pas spécifié, LTRIM supprimera tous les espaces du début de la chaîne de caractères.

Routine	Description	Syntaxe
RTRIM	Supprime les espaces ou les caractères de la fin d'une chaîne de caractères.	`StringHandling.RTRIM (caractère[, trim_set])` – caractère : la chaîne de caractères que vous voulez modifier. – trim_set : les caractères que vous voulez supprimer à la fin de la chaîne. RTRIM comparera le trim_set à la chaîne, caractère par caractère, en commençant par le côté droit de la chaîne, et supprimera des caractères jusqu'à ce qu'il ne trouve pas de caractère correspondant dans le trim_set. Si ce paramètre n'est pas spécifié, RTRIM supprimera tous les espaces de la fin de la chaîne.
LPAD	Convertit une chaîne de caractères à une longueur spécifiée en ajoutant des espaces ou caractères au début de la chaîne de caractères.	`StringHandling.LPAD (caractère1, longueur [,caractère2])` – caractère1 : la chaîne de caractères que vous voulez modifier. – longueur : la longueur que vous souhaitez donner à la chaîne après l'ajout de caractères. – caractère2 : les caractères que vous souhaitez ajouter à la partie gauche de la première chaîne.

Routine	Description	Syntaxe
RPAD	Convertit une chaîne de caractères à une longueur spécifiée en ajoutant des espaces ou des caractères spécifiés à la fin de la chaîne.	`StringHandling.RPAD(caract1, longueur[,caract2])` – caract1 : la chaîne de caractères que vous voulez modifier. – longueur : la longueur que vous souhaitez donner à la chaîne après l'ajout de caractères. – caract2 : les caractères que vous voulez ajouter à droite de la first_string.
INSTR	Elle renvoie la position d'un jeu de caractères dans une chaîne de caractères, en comptant de gauche à droite et en commençant par 1. Notez qu'elle renvoie 0 si la recherche échoue et NULL si la valeur de recherche est NULL.	`StringHandling.INSTR(caract, valeur, début,occurrence)` – caract : la chaîne de caractères que vous souhaitez rechercher. – valeur : le jeu de caractères que vous voulez rechercher. – début : la position dans la chaîne où vous voulez commencer la recherche. La valeur par défaut est 1, ce qui signifie que la recherche commence au premier caractère de la chaîne. – occurrence : l'occurrence que vous souhaitez rechercher. Par exemple, avec StringHandling.INSTR("Talend Technology", "e",3, 2), la recherche commence au troisième caractère "l" et renvoie 7, la position du deuxième caractère "e".

Routine	Description	Syntaxe
TO_CHAR	Convertit des valeurs numériques en chaînes de caractères.	StringHandling. TO_CHAR(valeure _num)

3.4 Routines pour la génération de données

Les routines TalendDataGenerator sont des fonctions qui permettent de générer des jeux de données de test. Elles sont basées sur des listes fictives de noms, prénoms, adresses, villes et états fournies par Talend. Ces routines sont généralement utilisées lors du développement de jobs, à l'aide d'un tRowGenerator, par exemple, pour éviter d'utiliser des données de production ou d'entreprise.

Routine	Description	Syntaxe
getFirstName	Renvoie un prénom pris au hasard dans une liste fictive.	TalendDataGenerator. getFirstName()
getLastName	Renvoie un nom de famille aléatoire à partir d'une liste fictive.	TalendDataGenerator. getLastName()
getUsStreet	Renvoie une adresse prise au hasard dans une liste de noms de rues américaines courants.	TalendDataGenerator. getUsStreet()
getUsCity	Renvoie le nom d'une ville prise au hasard dans une liste de villes américaines.	TalendDataGenerator. getUsCity()
getUsState	Renvoie le nom d'un État pris au hasard dans une liste d'États américains.	TalendDataGenerator. getUsState()

Routine	Description	Syntaxe
`getUsStateId`	Renvoie un identifiant pris au hasard dans une liste d'identifiants attribués à des États américains.	`TalendDataGenerator.getUsStateId()`

3.5 Routines pour les dates

Les routines `TalendDate` permettent d'effectuer différents types d'opérations et de vérifications concernant le format des expressions de date

Routine	Description	Syntaxe
`addDate`	Elle ajoute n jours, n mois, n heures, n minutes ou n secondes à une date Java et renvoie la nouvelle date. Le format de la date est représenté par les codes suivants : "aaaa" pour l'année, "MM" pour le mois, "jj" pour le jour, "HH" pour l'heure, "mm" pour les minutes, "ss" pour les secondes, ou "SSS" pour les millisecondes..	`TalendDate.addDate ("date initiale", "format Date - eg.: yyyy/MM/dd", n, "format de la partie où n doit être ajouté -eg.: yyyy").`

Routine	Description	Syntaxe
compareDate	Elle compare tout ou partie de deux dates selon le format spécifié. Elle renvoie 0 si les dates sont identiques, -1 si la première date est antérieure et 1 si la deuxième date est antérieure.	TalendDate.compareDate (Date date1, Date date2, "format à comparer - eg.: yyyy-MM-dd")
diffDate	Renvoie la différence entre deux dates en termes de jours, de mois ou d'années selon le paramètre de comparaison spécifié.	TalendDate.diffDate (Date1(), Date2(), "format de la partie comparer -eg.:yyyy")
diffDateFloor	Renvoie la différence entre deux dates par plancher en termes d'années, de mois, de jours, d'heures, de minutes, de secondes ou de millisecondes selon le paramètre de comparaison spécifié.	TalendDate.diffDateFloor (Date1(),Date2(), " format de la partie à comparer - eg.:MM")
formatDate	Renvoie une chaîne de dates qui correspond au format spécifié.	TalendDate.formatDate ("format date - eg.: yyyy-MMdd HH:mm:ss", Date() to be formatted)

Routine	Description	Syntaxe
`formatDateLocale`	Transforme une date en une chaîne date/heure selon le format utilisé dans le pays cible.	`TalendDate.formatDateLocale ("format cible", java.util.Date date, "langue ou code du pays")`
`getCurrentDate`	Elle renvoie la date du jour. Aucun paramètre d'entrée n'est requis.	`TalendDate.getCurrentDate()`
`getDate`	Elle renvoie la date et l'heure actuelles dans le format spécifié (facultatif). Cette chaîne peut contenir des chaînes de caractères fixes ou des variables liées à la date. Par défaut, la chaîne est renvoyée dans le format yyyy.	`TalendDate.getDate ("Format de la date - ex: yyyy")`
`getFirstDayOfMonth`	Change la date d'un événement au premier jour du mois en cours et retourne la nouvelle date.	`TalendDate.getFirstDayMonth(Date)`
`getLastDayOfMonth`	Change la date d'un événement au dernier jour du mois en cours et retourne la nouvelle date.	`TalendDate.getLastDayMonth(Date)`

Routine	Description	Syntaxe
`getPartOfDate`	Elle renvoie une partie d'une date selon le format spécifié. Cette chaîne peut contenir des chaînes de caractères fixes ou des variables liées à la date.	`TalendDate.getPartOfDate ("Chaine indiquant la partie de la date à retrouver, "Chaîne dans le format de la date à analyser ")`
`getRandomDate`	Renvoie une date aléatoire, au format ISO.	`TalendDate.getRandomDate ("format de la date", DateMinimale, DateMaximale)`
`isDate`	Elle vérifie si la chaîne de dates correspond au format spécifié. Elle renvoie la valeur booléenne `true` ou `false` en fonction du résultat.	`TalendDate.isDate (Date() à vérifier, "format de la date à vérifier - eg.: yyyy-MM-dd HH:mm:ss")`
`parseDate`	Elle transforme une chaîne de caractères en une date. Elle retourne une date au format standard.	`TalendDate.parseDate ("format date de la chaîne à analyser", "chaîne au format de la date à analyser")`

Routine	Description	Syntaxe
`parseDateLocale`	Elle analyse une chaîne de caractères selon le format spécifié et extrait la date. Elle retourne la date selon le format local spécifié.	`TalendDate.parseDateLocale("format date de la chaîne à analyser ", " chaîne au format de la date à analyser", "code correspondant au pays")`
`setDate`	Modifie une partie d'une date selon la partie concernée, la valeur de la date et le format spécifiés.	`TalendDate.setDate (Date, n, "format de la partie de la date à modifier -eg.:yyyy")`
`TO_CHAR`	Convertit une date en une chaîne de caractères.	`TalendDate.TO_CHAR (date,[format])` – date : la valeur de la date que vous voulez convertir en une chaîne de caractères. – format : la chaîne de caractères qui définit le format de la valeur de retour.

Routine	Description	Syntaxe
`TO_DATE`	Convertit une chaîne de caractères en un type de données Date/Time.	`TalendDate.TO_DATE (chaîne,[ format])` – chaîne : la chaîne que vous voulez convertir en un type de données Date/ Time. – format : la chaîne de formats qui correspond à la partie de l'argument string. Si elle n'est pas spécifiée, la valeur de la chaîne doit être dans le format de date MM/dd/ yyyy HH:mm:ss.SSS. Par exemple, TalendDate. TO_DATE("04/24/2017 13:55:42.123") renvoie Mon Apr 24 13:55:42 CST 2017.

Routine	Description	Syntaxe
`ADD_TO_DATE`	Ajoute un montant spécifié à une partie d'une valeur de date, et renvoie une date dans le même format que la date passée à la fonction.	`TalendDate.ADD_TO_DATE (date, format, montant)` – date : la valeur de la date que vous souhaitez modifier. – format : la chaîne de formats spécifiant la partie de la valeur de la date que vous souhaitez modifier. – Chaînes de formats valides pour l'année : Y, YY, YYY, et YYYY. – Chaînes de formats valides pour le mois : MONTH, MM, et MON. – Chaînes de formats valides pour le jour : D, DD, DDD, DAY et DY. – Chaînes de formats valides pour l'heure : HH, HH12, et HH24. – Chaîne de formats valide pour les minutes : MI. – Chaîne de formats valide pour la seconde : SS. – Chaîne de formats valide pour la milliseconde : MS.

3.6 Routines pour les caractères

Les routines `TalendString` vous permettent d'effectuer diverses opérations sur des expressions alphanumériques.

Routine	Description	Syntaxe
`replaceSpecialCharForXML`	Renvoie une chaîne de caractères dont les caractères spéciaux (par exemple : <, >, &...) ont été remplacés par des caractères XML équivalents.	`TalendString.replaceSpecialCharForXML("chaîne contenant les caractères spéciaux - ex. : Thanina & Louisa")`
`checkCDATAForXML`	Elle identifie les caractères commençant par]]> comme appartenant à XML et les renvoie sans modification. Elle transforme les chaînes de caractères non identifiées comme appartenant à XML dans une forme qui est compatible avec XML et les retourne.	`TalendString.checkCDATAForXML("Chaîne à analyser")`

Routine	Description	Syntaxe
`talendTrim`	Elle analyse la chaîne d'entrée et supprime les caractères de remplissage du début et de la fin de la chaîne en fonction de la valeur d'alignement spécifiée : `-1` pour les caractères de remplissage à la fin de la chaîne, `1` pour ceux au début de la chaîne et `0` pour les deux. Elle retourne la chaîne coupée.	`TalendString.talendTrim ("chaîne à analyser"," caractère de remplissage à supprimer", position du caractère)`
`removeAccents`	Supprime les accents d'une chaîne et renvoie la chaîne sans les accents.	`TalendString.removeAccents ("Chaîne")`
`getAsciiRandomString`	Génère une chaîne aléatoire comportant un nombre spécifique de caractères.	`TalendString.getAsciiRandomString (nombre entier indiquant la longueur de la chaîne)`

4. Les conversions dans Talend

Dans cette section du chapitre, nous allons voir comment s'effectuent les conversions de types de données, ce qui est très récurrent dans le développement de jobs Talend.

- `Integer.valueOf("xxxx")` : conversion d'un string en int.
- `String.valueOf(xxxx)` : conversion d'un int en string.
- `variable.toString() ou xxxx + ""` : conversion d'un int ou float en string.
- `Float.parseFloat("xxxx")` : conversion d'un char en float.
- `BigDecimal("xxxx" ou xxxx)` : conversion en `BigDecimal` (de string ou integer).
- `TalendDate.parseDate("dd/MM/yyyy","01/01/2020")` : conversion d'un string en date en précisant le format du string.
- `TalendDate.formatDate("dd", XXX)` : affichage du jour uniquement. Il faut que XXX soit au format Date (via `parseDate` si besoin). La sortie est au format string.
- `StringHandling.LEFT(xxxx,y)` / `StringHandling.RIGHT(xxxx,y)` : récupération des Y caractères de la chaîne en partant de la gauche ou de la droite. Cette fonction propre à Talend protège des `null`.
- `xxxx.substring(0,3)` : du premier au troisième caractère d'une chaîne.
- `Arrays.asList("X","Y").contains(xxxx)` : champ xxxx dans la liste. Nécessite un `import java.util.Arrays;` dans Advanced settings d'un `tJavaRow`, par exemple.
- `StringHandling.CHANGE(chaîne ,"caractère à remplacer", "caractère remplaçant"))` : substitution d'un caractère dans une chaîne. Cette fonction propre à Talend protège des `null`.
- `Math.abs(xxx)` : valeur absolue version Java (qui est plus fiable), Talend retourne un `double` dans tous les cas (`10.0`).

5. Talend et les tests ternaires

Dans cette section du chapitre, nous allons voir les trois tests ternaires les plus utilisés lors du développement de jobs Talend.

- Xxxx != null ? Xxxx : null : (Test) ? Valeur si vrai : Valeur si faux.
- Xxxx != 0 ? Xxxx : 0 : en Java, si l'objet est en int, le null n'est pas accepté, il faut mettre un 0.
- "Toto".equals(xxxx) ? Xxxx : "" : si XXXX = "Toto", alors afficher XXXX, sinon vide.

6. Job 23 : mon premier job avec les jointures

Après avoir importé les schémas des tables de la base de données « HR », voici quelques manipulations afin de bien comprendre les jointures avec Talend.

6.1 Étape 1

Dans la base de données **HR**, la table `EMPLOYEES` contient `employee_id` et `manager_id`, qui est lui-même un `employee_id`. La table `EMPLOYEES` sera donc importée deux fois : une fois pour les employés et une fois pour les managers.

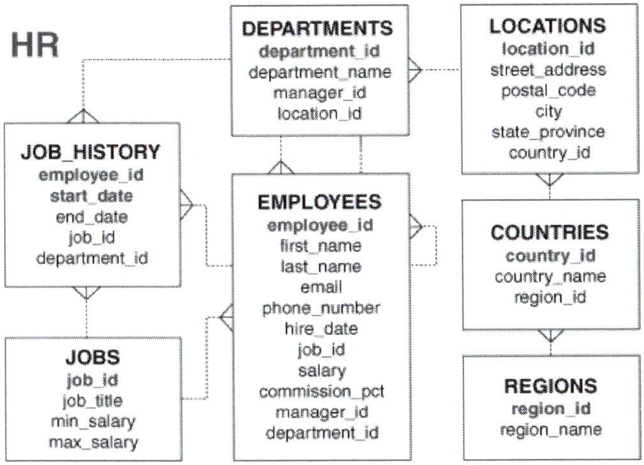

*Schéma **HR** de la base de données*

6.2 Étape 2

Un `tMap`, qui est un composant de mapping global, puis un `tLogRow`, sont placés pour afficher la sortie. La jointure `tMap` est ensuite reliée à la sortie `tLogRow` et les deux composants `Employee` et `tMap` sont liés. Notez que le premier lien est de type Main et le deuxième de type Lookup. Une connexion peut avoir un seul lien Main et plusieurs liens Lookup.

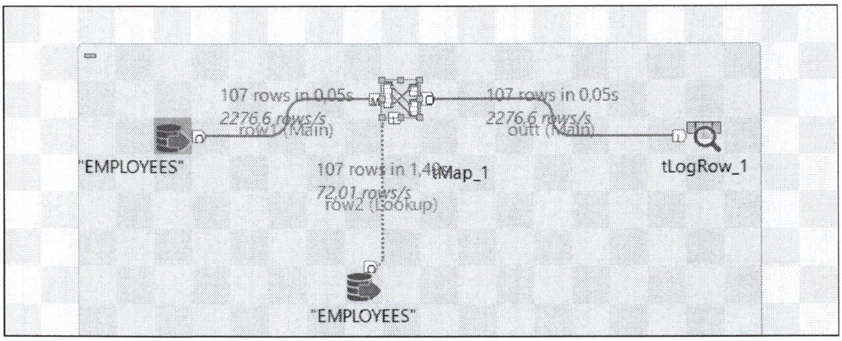

Connexion des composants avec `tMap` et `tLogRow`

6.3 Étape 3 (éditer le tMap)

- Effectuez un double clic sur **tMap**.
- Effectuez un glisser/déposer (par exemple, liez **MANAGER_ID** à **EMPLOYEE_ID**).

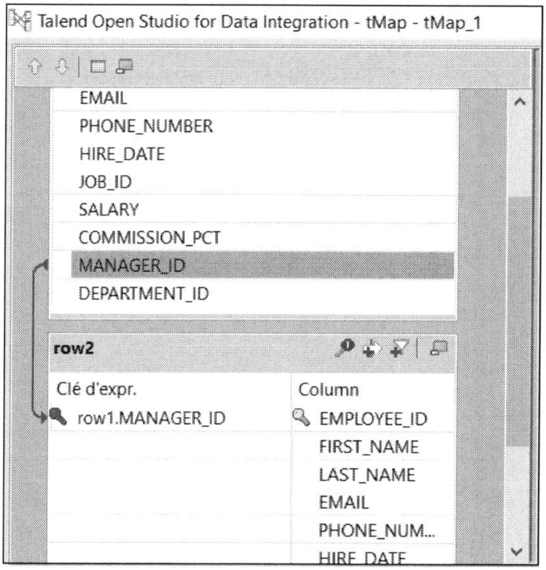

*Mettre en lien les clés **MANAGER_ID** et **EMPLOYEE_ID***

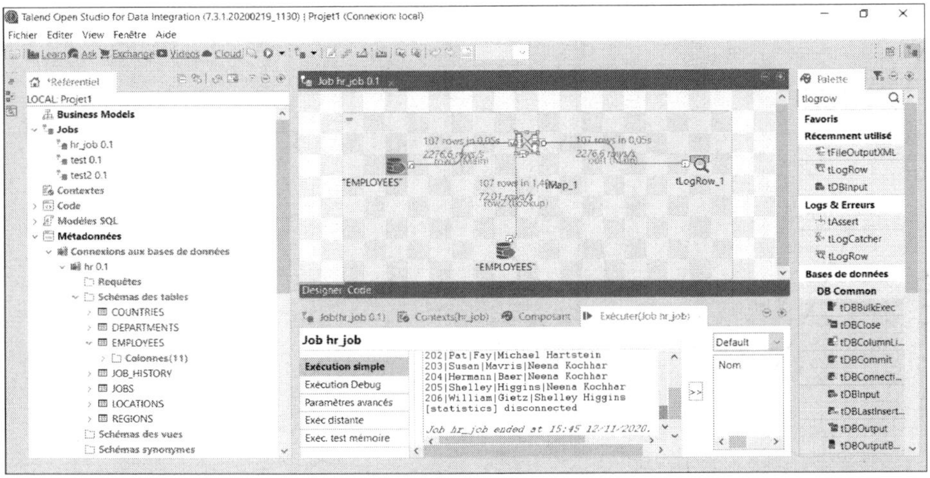

Résultats du traitement

Comme indiqué ci-dessus, l'identifiant, le nom et le prénom de l'employé s'affichent, ainsi que le nom et le prénom de son manager.

Pour accéder au Match Model :

- Effectuez un double clic sur **tMap**.
- Allez dans la table en **Lookup** puis allez dans **tMap settings**.

En cliquant dessus les **Join Model** s'affichent comme ci-dessous :

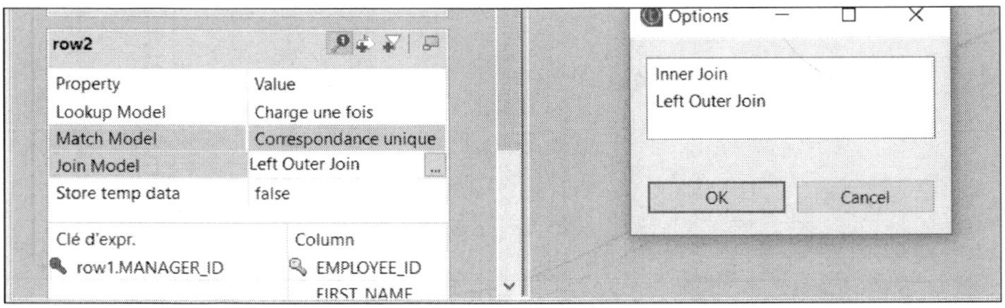

Modèles de jointures sur Talend

Avec un **inner join**, le résultat se présente comme ci-dessous :

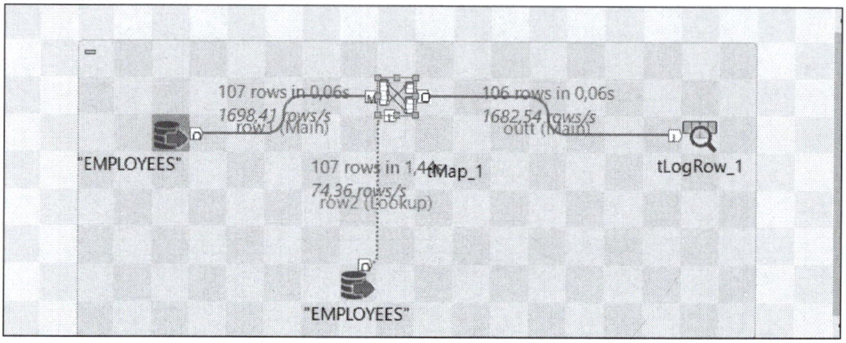

*Résultat avec un **inner join***

107 lignes sont affichées en entrée, 107 en **Lookup** et 106 en sortie, ceci est dû au fait qu'un **employee_id** n'a pas de manager.

À l'inverse, pour afficher cette personne manquante qui n'a pas de manager :

- Allez dans le **tMap** (double clic sur **tMap**).
- Allez dans l'onglet **out**.
- Allez dans **settings**.
- Cochez l'option **Catch Lookup inner join reject**. Mettez-le à **true**.

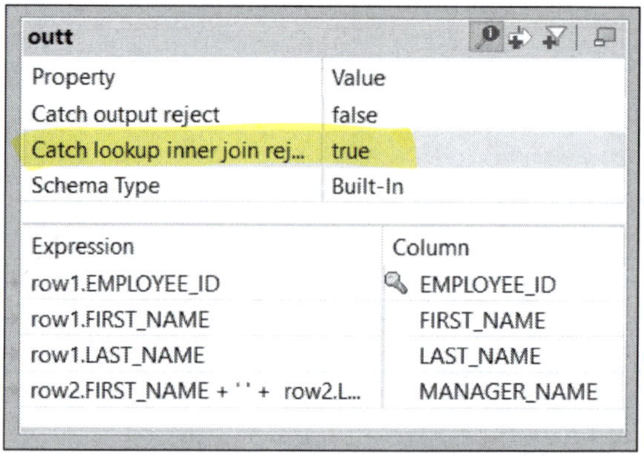

*Changement de la valeur de **Catch lookup inner join reject***

Remarque

Catch output reject *permet de procéder au rejet du filtre.*

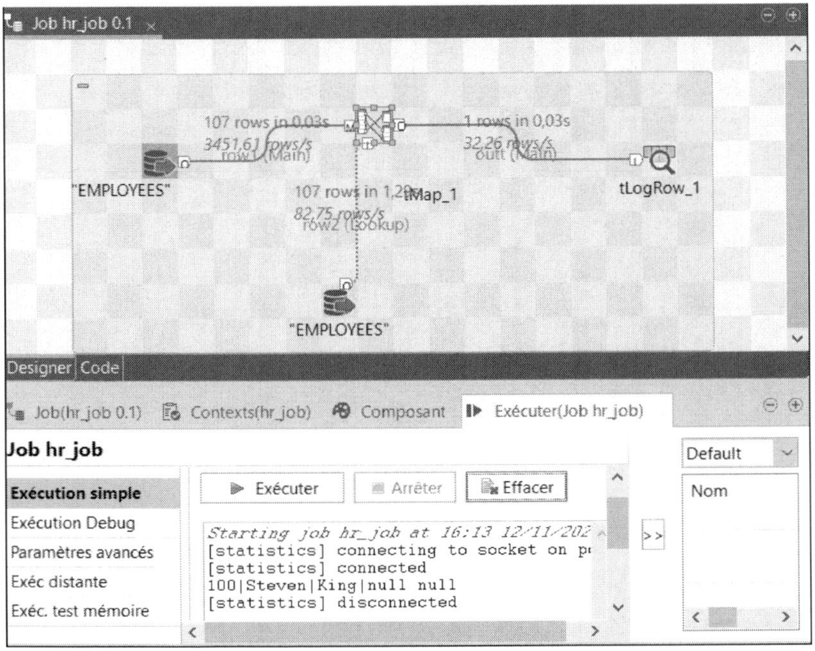

Résultat : affichage de l'employé qui n'a pas de manager

7. Job 24 : trier les données avec tMap

Le job Talend **TMAP_SORT_DATA** permet de trier les données d'un fichier représentant les pays à l'aide du composant `tMap` en utilisant des fonctions Java contenues dans Talend pour spécifier le pays.

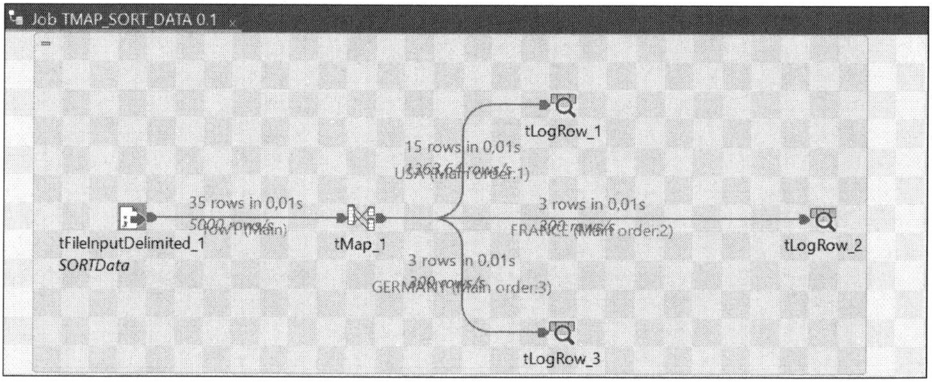

Aperçu du job

Étapes à suivre

- Créez un composant `tInputFileDelimited`.
- Créez un composant `tMap` et trois `tlogROW` pour stocker les données triées dans trois bases de données différentes.
- Générez les contextes ou importez le fichier d'entrée en dur.
- Paramétrez le composant `tMap` en créant trois bases de données à droite de la fenêtre qui s'ouvre (en double cliquant sur `tMap`).
- Glissez et déposez de tous les champs qui existent dans l'entrée.
- Cliquez sur le plus à droite de chaque nouvelle base de données pour émettre une condition, par exemple :

```
[(''USA'').equals(row1.pays)]
```

■ Synchronisez les colonnes sur tous les `tLogRow` et cochez la case **Tableau**.

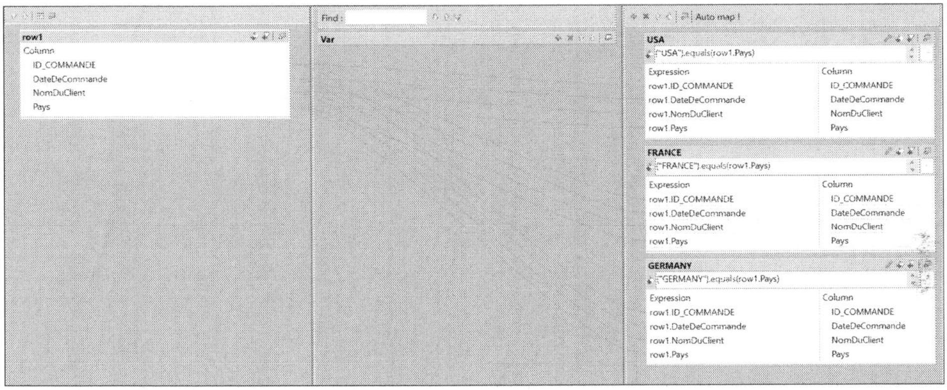

Configuration du composant `tMap`

La fonction Java `equals` demande au composant `tMap` de ne retourner que les lignes qui contiennent les valeurs USA pour `tLogRow_1`, FRANCE pour `tLogRow_2` et GERMANY pour `tLogRow_3`.

```
.-----------+--------------+-------------------------+----.
|                        tLogRow_1                        |
|=----------+--------------+-------------------------+---=|
|ID_COMMANDE|DateDeCommande|NomDuClient              |Pays|
|=----------+--------------+-------------------------+---=|
|11260      |16-11-0024    |Old World Delicatessen   |USA |
|11262      |17-11-0027    |Rattlesnake Canyon Grocery|USA |
|11269      |16-11-0036    |White Clover Markets     |USA |
|11271      |17-01-0007    |Split Rail Beer & Ale    |USA |
|11272      |17-01-0008    |Rattlesnake Canyon Grocery|USA |
|11294      |17-01-0036    |Rattlesnake Canyon Grocery|USA |
|11305      |17-02-0019    |Old World Delicatessen   |USA |
|11307      |17-02-0023    |Lonesome Pine Restaurant |USA |
|11311      |17-02-0026    |The Big Cheese           |USA |
|11314      |17-02-0031    |Rattlesnake Canyon Grocery|USA |
|11316      |16-02-0033    |Rattlesnake Canyon Grocery|USA |
|11317      |17-02-0036    |Lonesome Pine Restaurant |USA |
|11432      |19-06-0036    |Split Rail Beer & Ale    |USA |
|11440      |21-07-0015    |Save-a-lot Markets       |USA |
|11441      |21-07-0015    |Old World Delicatessen   |USA |
'-----------+--------------+-------------------------+----'
```

Résultat du composant `tLogRow_1`

```
.-----------+--------------+-----------+------.
|                  tLogRow_2                   |
|=----------+--------------+-----------+-----=|
|ID_COMMANDE|DateDeCommande|NomDuClient|Pays  |
|=----------+--------------+-----------+-----=|
|11444      |21-07-0015    |MARSEILLE  |FRANCE|
|11445      |21-07-0015    |PARIS      |FRANCE|
|11446      |21-07-0015    |MONTPELLIER|FRANCE|
'-----------+--------------+-----------+------'
```

Résultat du composant `tLogRow_2`

```
.-----------+--------------+-----------+-------.
|                  tLogRow_3                    |
|=----------+--------------+-----------+------=|
|ID_COMMANDE|DateDeCommande|NomDuClient|Pays   |
|=----------+--------------+-----------+------=|
|11442      |21-07-0015    |MUNICH     |GERMANY|
|11443      |21-07-0015    |DORTMUND   |GERMANY|
|11443      |21-07-0015    |FREIBURG   |GERMANY|
'-----------+--------------+-----------+-------'
```

Résultat du composant `tLogRow_3`

8. Job 25 : les fonctions Java dans tMap

Le job **JAVA_FUNCTIONs** permet d'utiliser plusieurs fonctions Java contenues dans Talend afin de réaliser diverses opérations en vue de transformer les données en sortie.

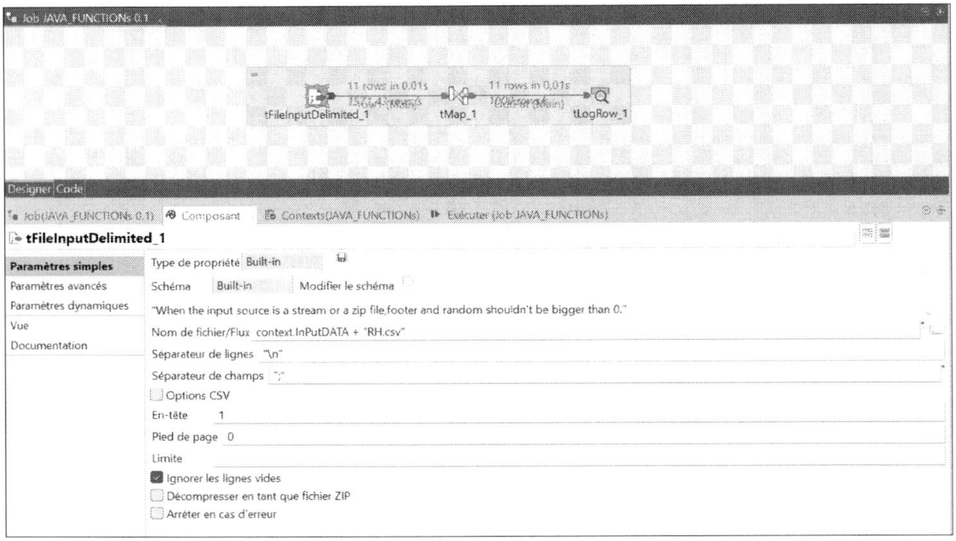

Job et paramètres du composant `tFileInputDelimited`

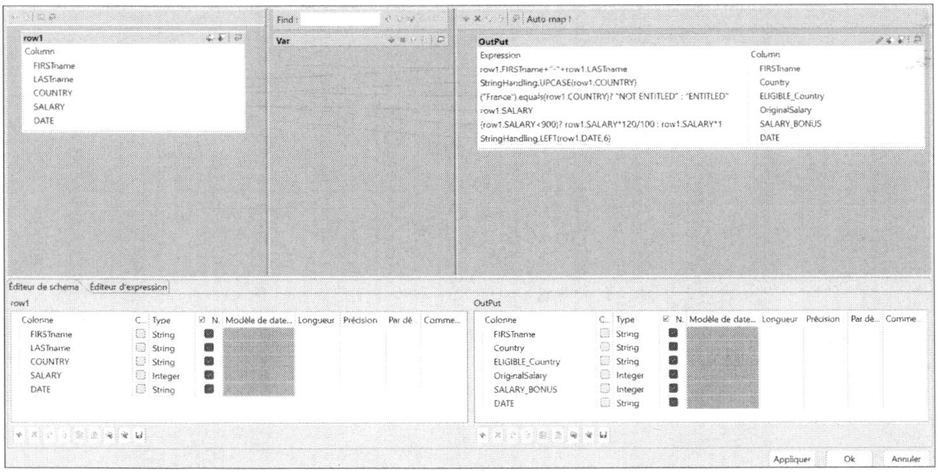

Paramétrage du composant `tMap`

OutPut	
Expression	Column
row1.FIRSTname+"-"+row1.LASTname	FIRSTname
StringHandling.UPCASE(row1.COUNTRY)	Country
("France").equals(row1.COUNTRY)? "NOT ENTITLED" : "ENTITLED"	ELIGIBLE_Country
row1.SALARY	OriginalSalary
(row1.SALARY<900)? row1.SALARY*120/100 : row1.SALARY*1	SALARY_BONUS
StringHandling.LEFT(row1.DATE,6)	DATE

Les fonctions Java

```
row1.FIRSTname+"-"+row1.LASTname
```

– Sert à concaténer le nom et le prénom et les afficher ensemble séparés par un tiret.

```
StringHandling.UPCASE(row1.COUNTRY)
```

– Sert à mettre tous les noms des pays en majuscules.

```
("France").equals(row1.COUNTRY)? "NOT ENTITLED:"ENTITLED"
```

– Signifie que si le pays est « FRANCE », le résultat doit être `NOT ENTITLED`, sinon il doit être `ENTITLED`.

```
(row1.SALARY <900)? row1.SALARY*120/100 : row1.SALARY*1
```

– Sert à émettre une augmentation de 20 % pour les salariés ayant un salaire de moins de 900 euros et de 0 % sinon.

```
StringHandling.LEFT(row1.DATE,6)
```

– Sert à récupérer seulement le jour et le mois dans une date.

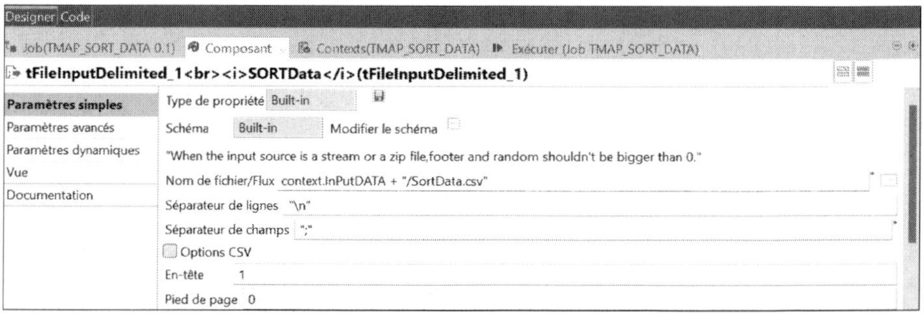

Paramétrage du composant `tFileInputDelimited`

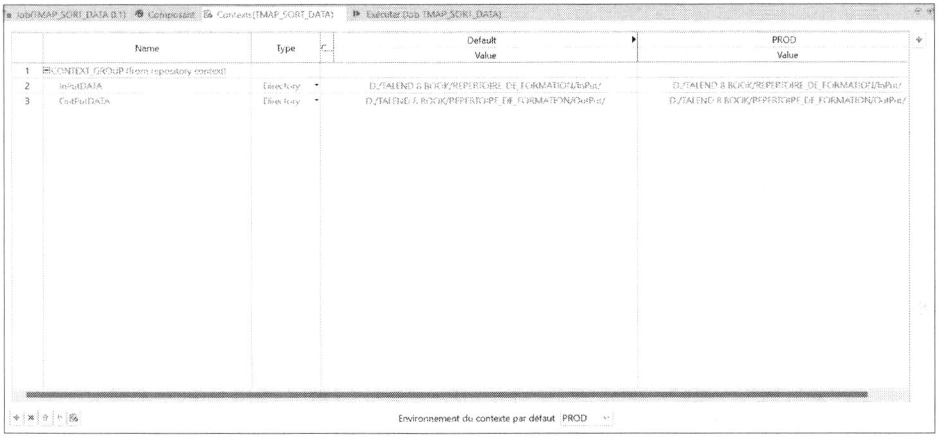

Contextes du composant `tFileInputDelimited`

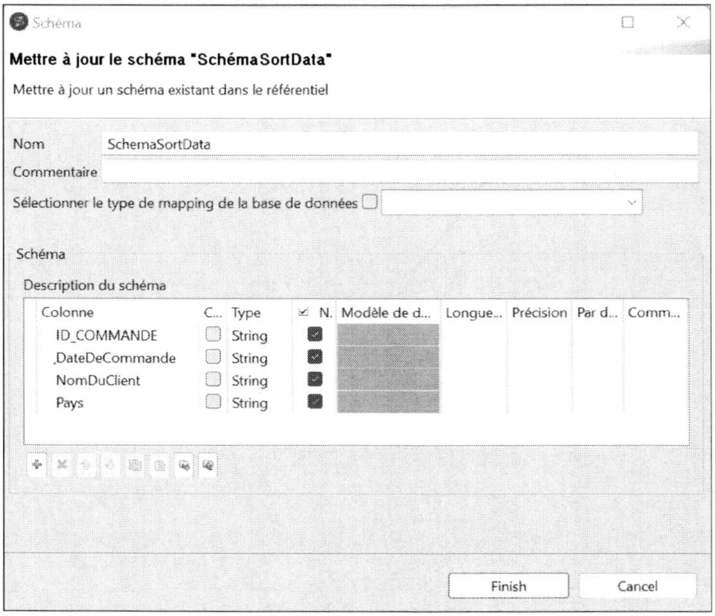

Schéma du fichier dans `tFileInputDelimited`

9. Job 26 : jointure Left Outer Join (jointure à gauche) et Right Outer Join (jointure à droite)

Dans ce job Talend **OUTER_LEFT_RIGHT_JOIN**, nous allons voir, tout d'abord, comment effectuer une jointure à gauche avec le composant `tMap`.

La jointure à gauche signifie que toutes les lignes qui existent dans le fichier avec le lien Main (dans ce job, il s'agit de `EMPLOYES`) et qui existent aussi dans le fichier avec le lien Lookup (dans ce job, il s'agit de `ORDERS`) vont être récupérées. La jointure devra s'effectuer en se basant sur une clé, celle-ci correspondant à une colonne commune aux deux fichiers EMPLOYES et ORDERS et qui n'est pas nulle (elle doit contenir une valeur).

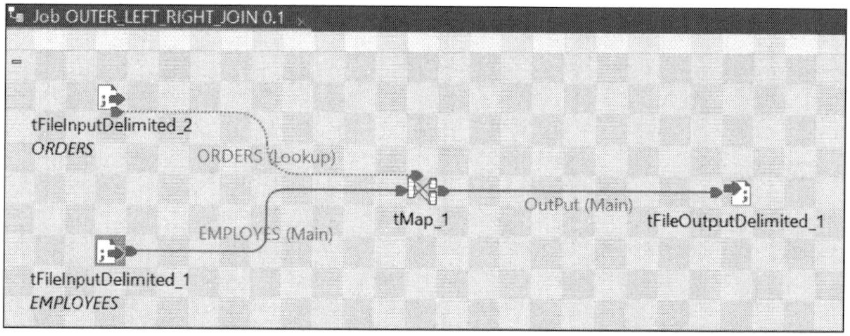

Job OUTER_LEFT_RIGHT_JOIN

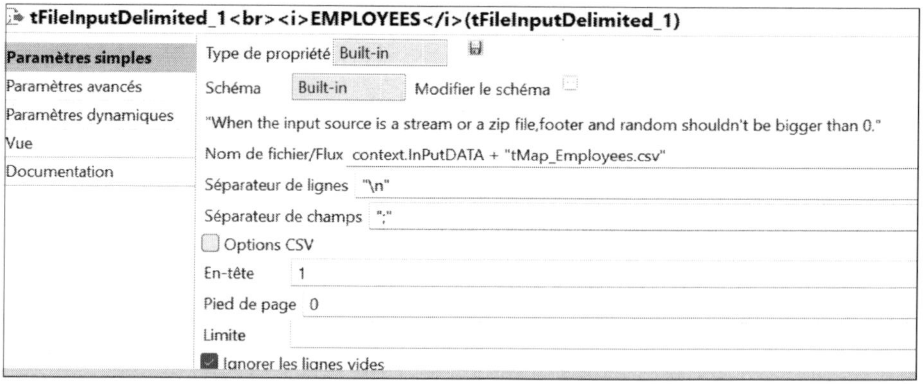

Paramétrage du composant `tFileInputDelimited_1`

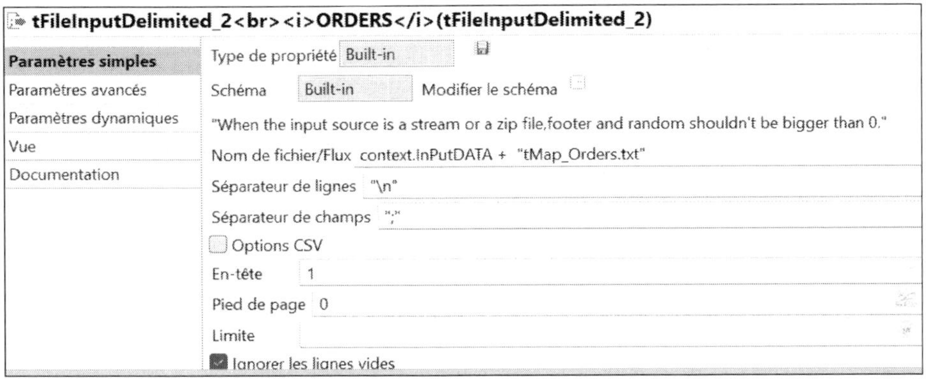

Paramétrage du composant `tFileInputDelimited_2`

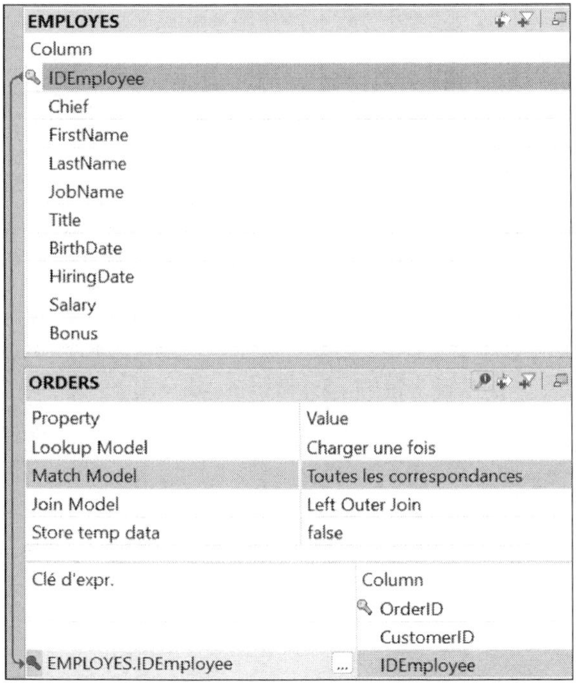

Jointure ***Left Outer Join***

La clé permettant d'effectuer une jointure **Left outer Join** pour ce job est la colonne **IDEmployee** car elle correspond à la clé du fichier des EMPLOYES et qu'elle existe également dans le fichier des ORDERS. Notez la présence d'une clé de couleur jaune à côté du nom la colonne. Cette colonne étant également présente dans le fichier des ORDERS, on dit que **IDEmployee** est une clé étrangère dans ORDERS, elle est donc représentée par le dessin d'une clé de couleur mauve.

La clé du fichier des ORDERS est **OrderID** car elle contient des valeurs uniques non nulles. Une clé jaune se trouve à côté du nom de cette colonne.

Pour accéder aux paramètres du composant `tMap` afin de choisir, entre autres, le type de jointure à appliquer, il suffit de cliquer sur la petite clé où se trouve le numéro 1 en rouge dans la figure précédente.

La jointure par défaut dans `tMap` est de type **Left Outer Join**.

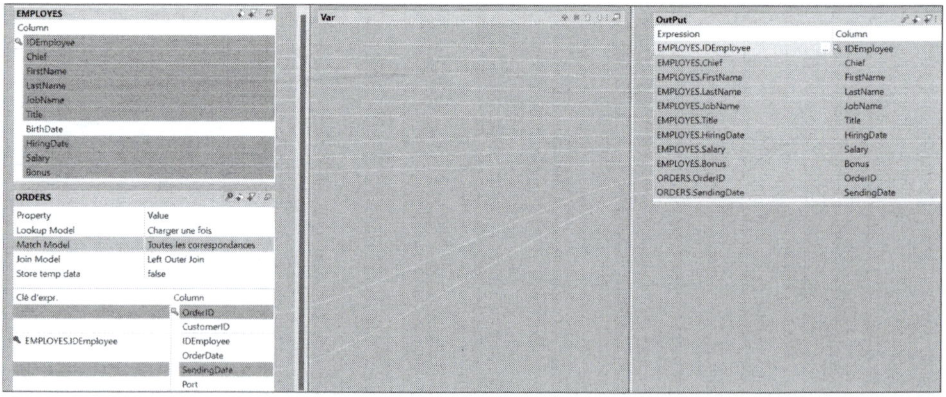

Vue générale dans le composant `tMap`

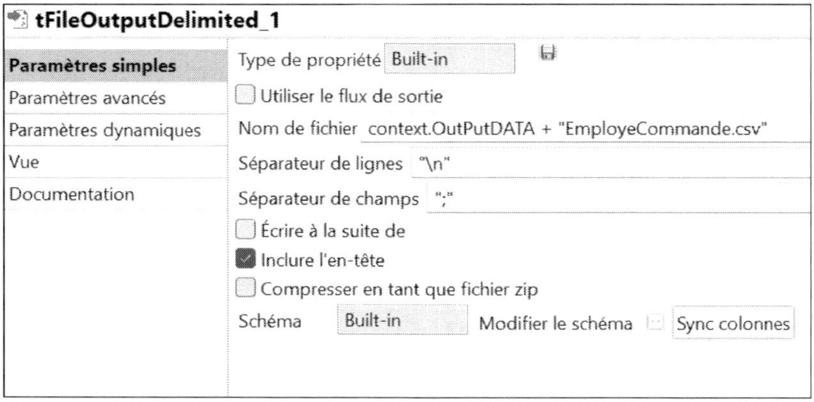

Paramètres du composant `tFileOutputDelimited`

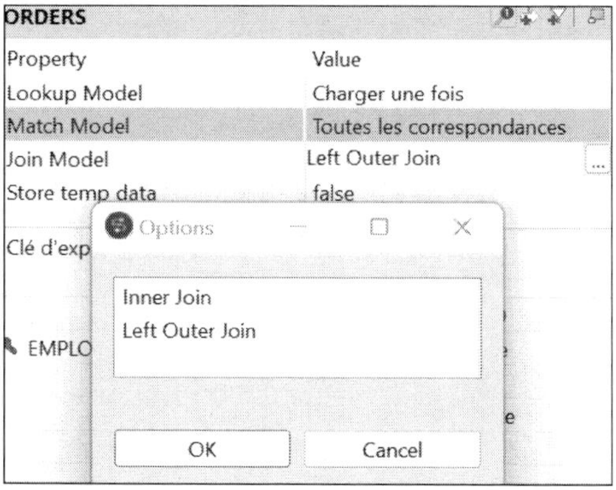

Jointures possibles dans Talend

Il est à noter qu'il n'y a pas de **Right Outer Join** ni de **Full Outer Join** dans les paramètres du composant `tMap`.

Un **Right Outer Join** (jointure à droite) est utilisé sur des données (par exemple, un fichier) pour renvoyer toutes les données du fichier situées à droite (dans ce cas, dans le job `ORDERS`) qui existent également dans la table EMPLOYES. Cela représente l'inverse de l'action effectuée dans le job `OUTER_LEFT_RIGHT_JOIN`.

Cette action étant l'inverse de la précédente, il suffit d'inverser les deux fichiers en mettant cette fois le fichier des ORDERS avec le lien Main et le fichier des EMPLOYES avec le lien **Lookup**, comme dans la figure ci-dessous :

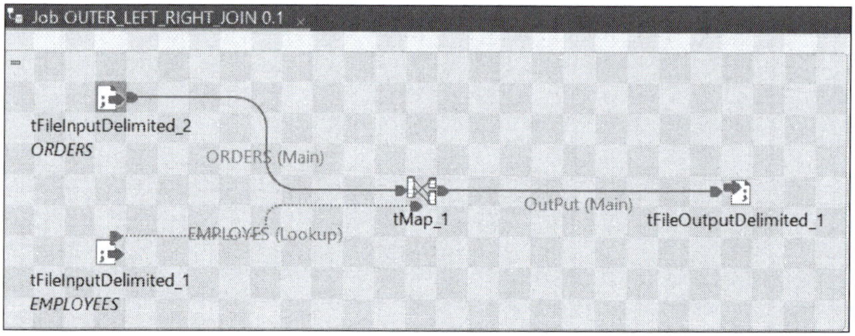

Right Outer Join

Dans les paramètres du composant `tMap`, il est toujours mentionné **Left Outer Join** mais cette jointure peut être appelée **Right Outer Join** puisque le lien des fichiers a été inversé.

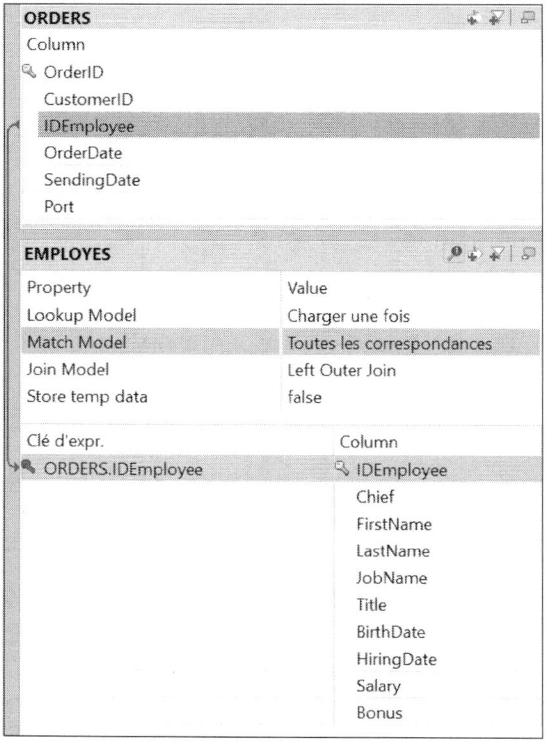

Paramètres du composant `tMap`

Même si **IDEmployee** n'est pas la clé du fichier des ORDERS elle peut quand même être une clé étrangère dans le fichier des EMPLOYES, le plus important étant de savoir que les données contenues dans les deux colonnes **IDEmployee** sont les mêmes des deux côtés, et qu'elles sont uniques et non nulles.

Remarque

Une clé étrangère est utilisée pour établir une relation entre des sources de données. Par exemple, dans une table de produits, pour indiquer qu'un produit est une boisson, on peut utiliser la clé primaire de la table `Boissons` *comme clé étrangère dans la table* `Produits`*. Cela permet de créer une liaison entre les deux tables et de référencer les boissons spécifiques dans la table* `Produits`*.*

10. Job 27 : jointure Inner Join (premier job)

Le job Talend **tMap** permet d'effectuer une jointure **Inner Join** avec le composant `tMap` sur Talend. **Inner Join** est une jointure qui permet d'extraire les données communes à deux ou plusieurs sources de données (fichiers, tables, etc.) à l'aide d'une clé commune. Dans ce job, nous allons apprendre comment effectuer une jointure **Inner Join** entre trois fichiers : Products, Suppliers et Categories. L'objectif est d'extraire, dans trois fichiers distincts, les produits par catégories provenant des fournisseurs des pays suivants : Royaume-Uni (UK), États-Unis (USA) et Allemagne. Ensuite, nous allons créer un autre fichier contenant, par catégorie, tous les produits provenant de fournisseurs qui ne sont pas issus de l'un de ces pays spécifiés.

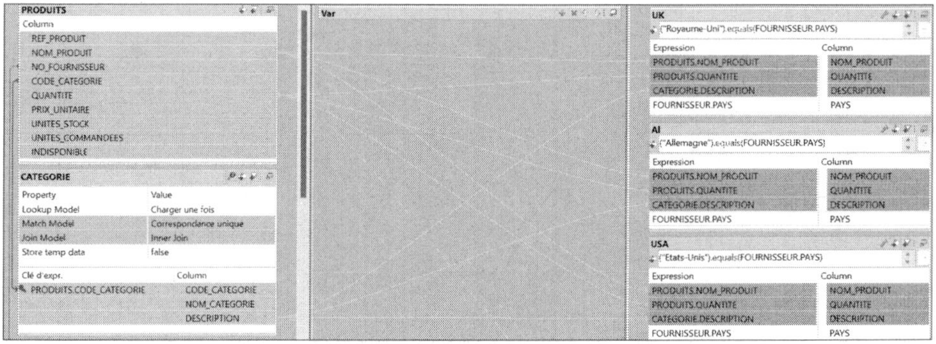

*Paramétrage de la jointure **Inner Join** entre trois tables et génération de trois fichiers CSV correspondant à chaque résultat selon le cas (UK, USA, Allemagne - partie1)*

Dans la figure ci-dessus, toutes les données à retourner dans les résultats de la jointure ont été sélectionnées par glisser-déposer dans des bases de données différentes. La première d'entre elles est la base de données **UK**, dans laquelle a été spécifiée la condition selon laquelle le pays du fournisseur doit avoir la valeur **Royaume-Uni**.

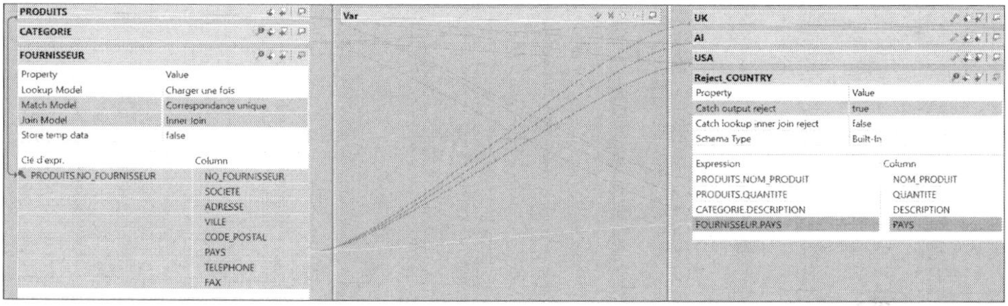

*Paramétrage de la jointure **Inner Join** entre trois tables et génération de trois fichiers CSV correspondant à chaque résultat selon le cas (UK, USA, Allemagne partie2)*

Dans la figure ci-dessus, toutes les données à retourner dans les résultats de la jointure ont été sélectionnées par glisser-déposer dans des bases de données différentes. La deuxième d'entre elles est la base de données **Allemagne**, dans laquelle a été spécifiée la condition selon laquelle le pays du fournisseur doit avoir la valeur **Allemagne**. Il a par ailleurs été spécifié que la jointure **Inner Join** doit être utilisée pour joindre les deux tables, tout en effectuant un glisser-déposer de la clé commune. Par définition, une jointure **Inner Join** retourne les enregistrements lorsqu'au moins une ligne de la colonne correspond à la condition. Dans ce cas, la condition est la suivante :

```
PRODUITS.NO_FOURNISSEURS = FOURNISSEURS.NO_FOURNISSEURS
```

Chaque clé étrangère doit être glissée-déposée vers la table qui lui correspond. Les attributs à afficher dans le fichier de sortie doivent être glissés dans les résultats, et une condition doit être définie en langage Java pour spécifier que le fichier en sortie ne doit comprendre que des informations relatives à un pays spécifique. Par exemple,

```
      ("Royaume-uni").equals(FOURNISSEURS.PAYS)
```

permet d'afficher uniquement les données pour lesquelles le pays du fournisseur est le Royaume-Uni.

Remarque

*Il est à noter que l'option **Catch output reject** a été activée dans le paramétrage du fichier Reject_COUNTRY du composant tMap, afin de récupérer les rejets (données ne figurant dans aucun des trois fichiers, UK, USA et Allemagne).*

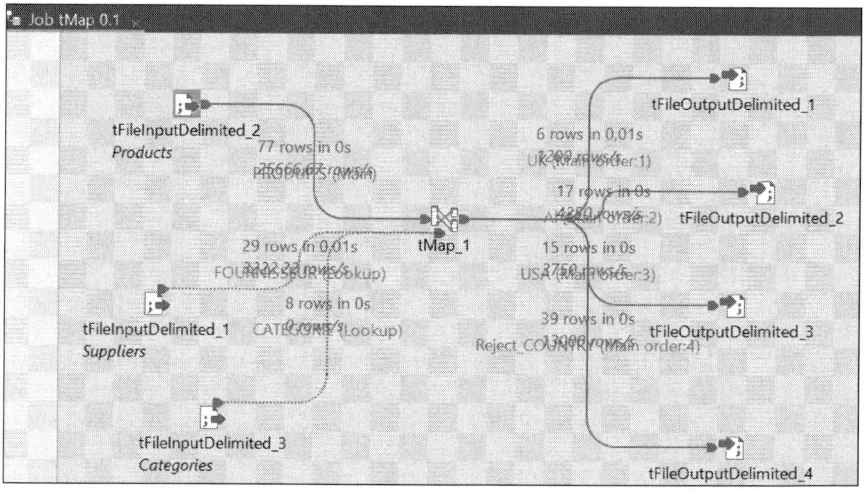

Résultat du job tMap

11. Job 28 : jointure Inner Join (deuxième job)

Le job Talend **InnerJoin** permet d'effectuer une jointure **Inner Join** avec le composant `tMap` entre deux fichiers qui contiennent une liste de clients d'une part et les commandes effectuées par ces clients d'autre part. Le but est d'extraire les commandes effectuées par des clients aux États-Unis, au Royaume-Uni, en Espagne et dans les autres pays, puis de mettre toutes ces données dans des fichiers différents.

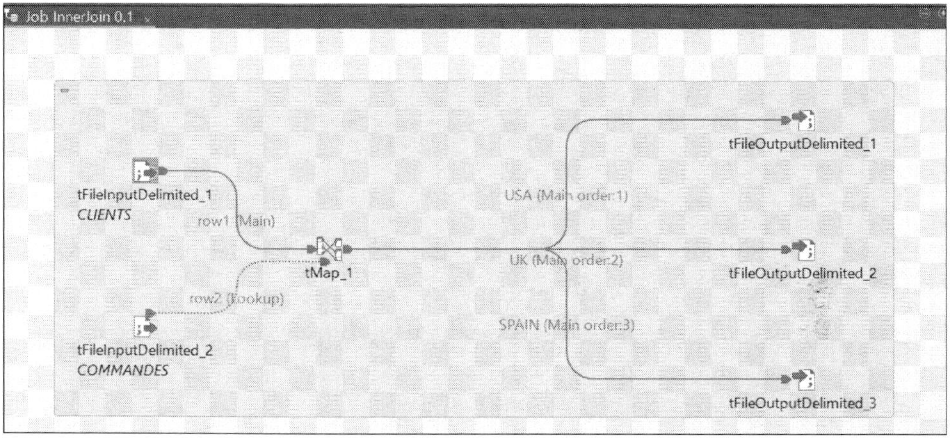

Job InnerJoin

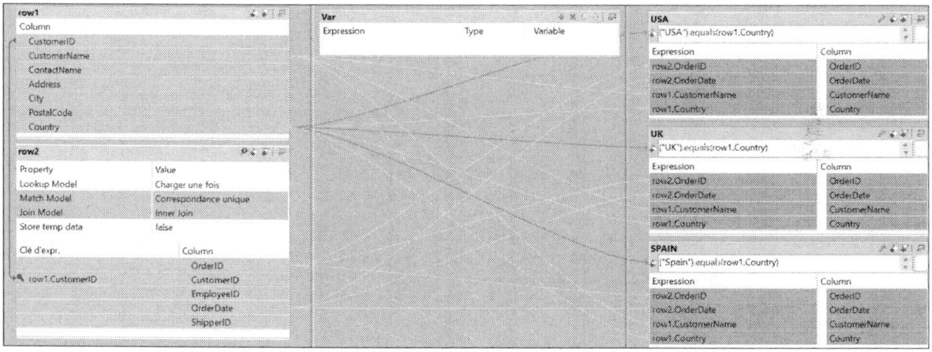

Paramétrages du composant `tMap`

Il est à noter que pour chaque sortie, il a été spécifié que row1.Country doit être égal à, respectivement, USA pour le fichier de sortie qui contient les commandes des clients des USA,

```
("USA").equals(row1.Country)
```

UK pour le fichier de sortie qui contient les commandes des clients du Royaume -Uni,

```
("UK").equals(row1.Country)
```

Spain pour le fichier de sortie qui contient les commandes des clients d'Espagne.

```
("Spain").equals(row1.Country)
```

Remarque

La clé commune entre les deux fichiers en entrée est `CustomerName`.

Le modèle de jointure (**Join Model**) a également été spécifié, de même que le modèle de correspondance (**Match Model**).

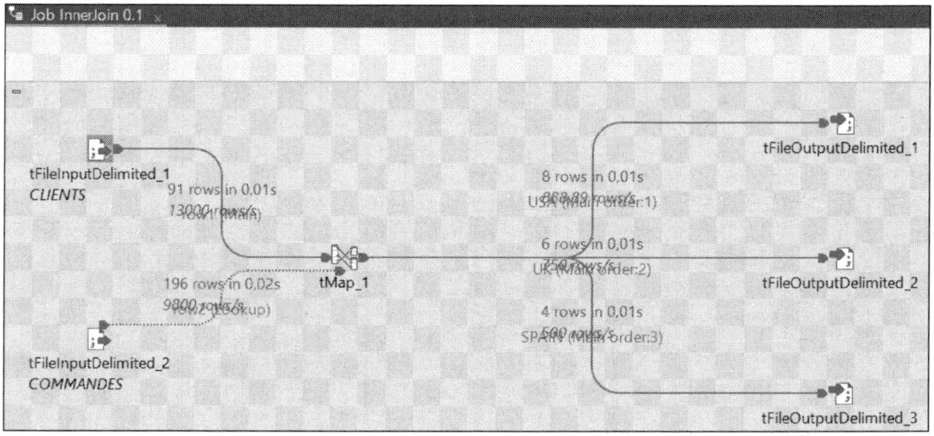

Résultats du job InnerJoin

12. Job 29 : jointure Inner Join avec tJoin

Dans ce job Talend **JobtJoin** il s'agit d'effectuer une jointure entre deux fichiers, Orders et Clients. La jointure en question est de type Inner Join, et va permettre de retourner en sortie, dans des fichiers distincts, les personnes qui ont effectué des commandes et les personnes qui n'en ont pas effectué.

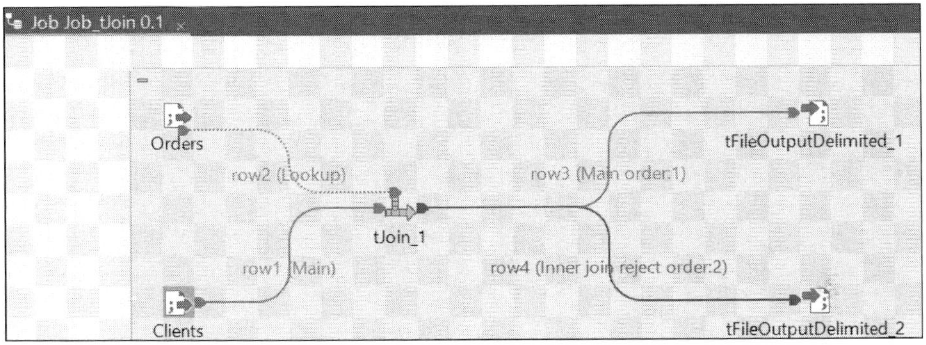

Job_tJoin

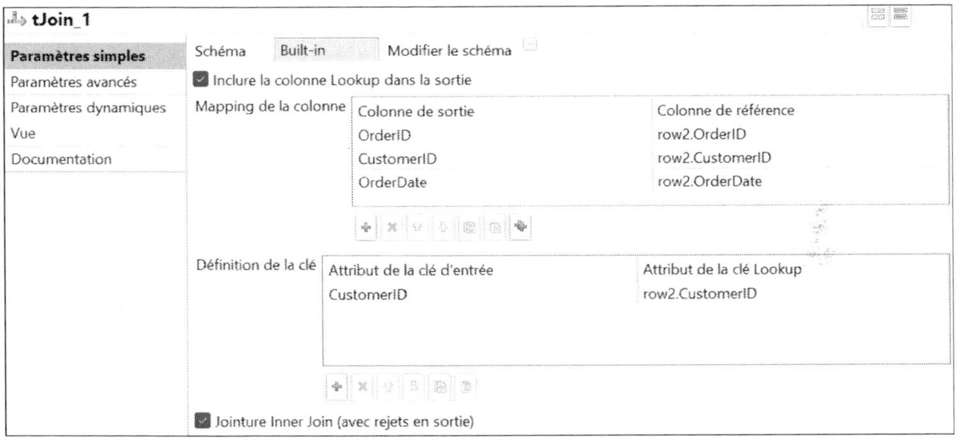

Paramétrage du composant `tJoin`

Tout d'abord, les colonnes à retourner en sortie ont été spécifiées dans Mapping de la colonne, tout en spécifiant au composant d'inclure la colonne **Lookup** dans la sortie. En effet, sans cela, aucune colonne du **Lookup** (dans ce job il s'agit de celles du fichier Orders) ne pourrait être retournée en sortie. Puis, la clé sur laquelle la jointure **Inner Join** doit être effectuée a été définie..

Il est à noter que la clé définie est la colonne `CustomerID`, qui figure dans les deux fichiers, et que la case **Jointure Inner Join** (avec rejets en sortie) a été cochée afin de retourner les colonnes qui ne satisfont pas la condition de la clé, à savoir `CustomerID=row2.CustomerID`.

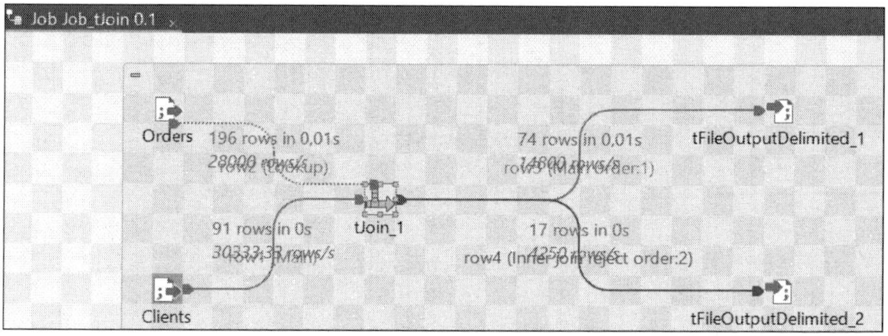

Résultats du job

13. Job 30 : jointure Full Outer Join

Dans ce job Talend `FULL_JOIN`, il s'agit d'effectuer une jointure entre deux fichiers. La jointure en question se nomme **Full Outer Join** et permet de retourner en sortie, dans un fichier commun, les numéros et dates de commandes des clients ainsi que leurs noms et prénoms.

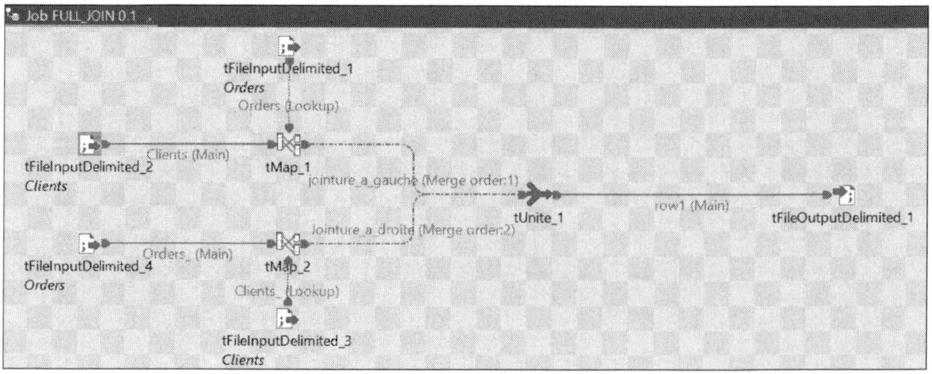

Job FULL_JOIN

Pour effectuer une jointure **Full Outer Join**, il est nécessaire d'effectuer d'abord une jointure à gauche en mettant le fichier des clients avec le lien Main vers le `tMap_1` et Orders en lien Lookup, puis d'effectuer une autre jointure mais cette fois avec le fichier des clients en lien Lookup et Orders en lien Main vers le `tMap_2`.

Remarque

La jointure effectuée dans le `tMap_2` peut être considérée comme une jointure à droite entre le fichier clients et le fichier Orders car c'est une jointure contraire à celle du `tMap_1`.

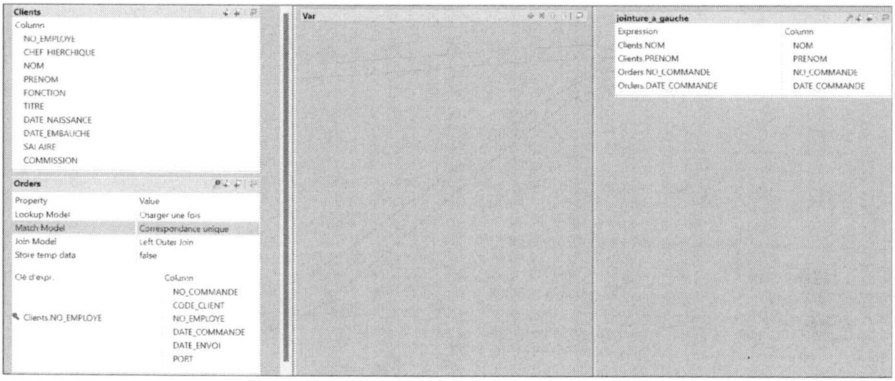

Jointure à gauche ***Clients*** *et* ***Orders***

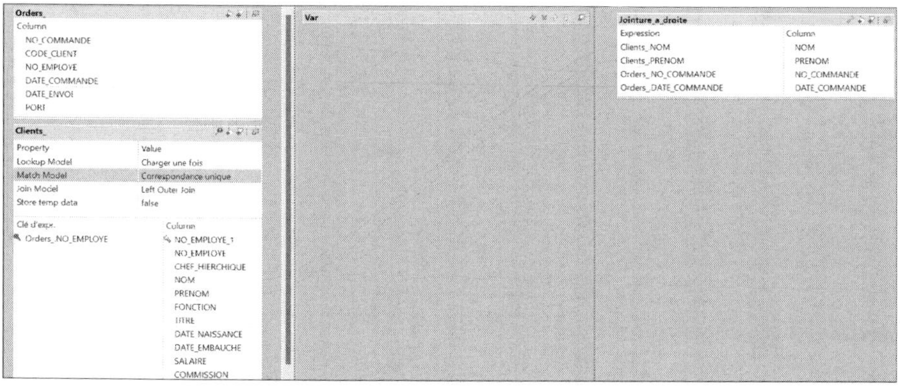

Jointure à droite ***Clients*** *et* ***Orders***

Pour joindre les données en sortie des deux `tMap`, le composant `tUnite`, spécifiquement conçu pour cela, est utilisé.

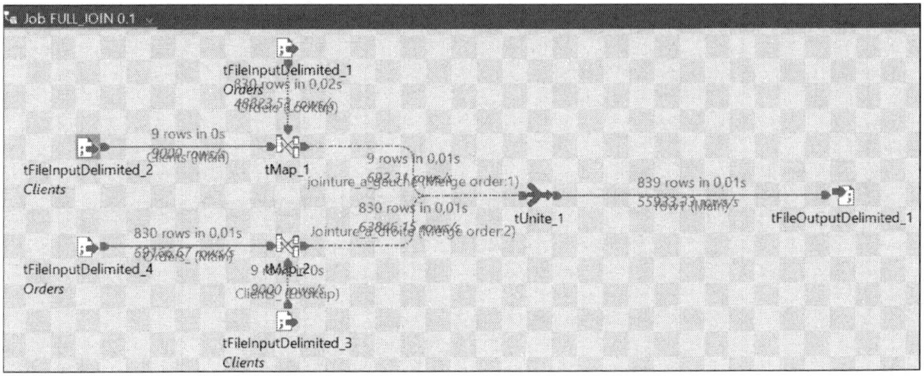

Résultat du Job FULL_JOIN

14. Job 31 : job avec routines

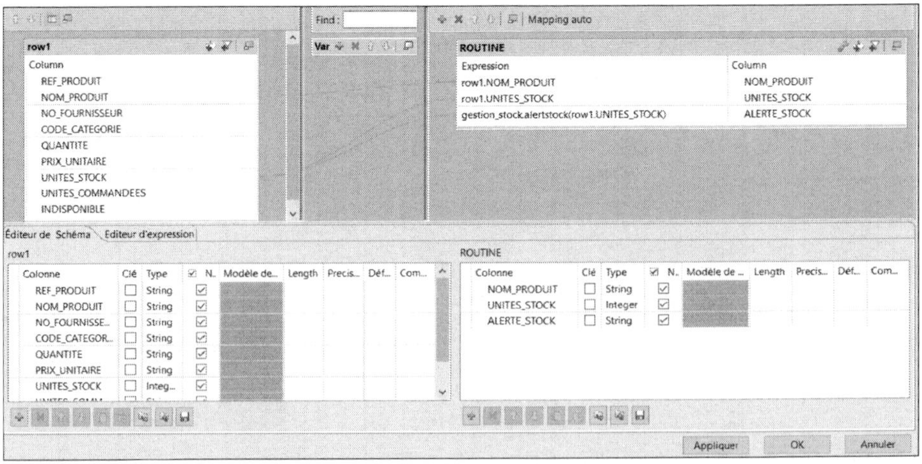

Paramétrage de routine dans `tMap`

Le nom de la routine créée est `gestion_stock`. Elle est ensuite appelée dans `tMap` afin de générer un rapport ou un fichier contenant toutes les lignes satisfaisant la condition précédemment écrite dans la routine. Voici le code de la routine `gestion_stock` :

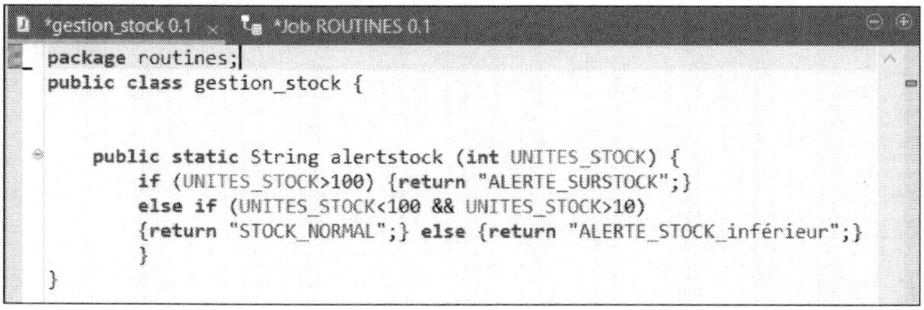

```
package routines;
public class gestion_stock {


    public static String alertstock (int UNITES_STOCK) {
        if (UNITES_STOCK>100) {return "ALERTE_SURSTOCK";}
        else if (UNITES_STOCK<100 && UNITES_STOCK>10)
        {return "STOCK_NORMAL";} else {return "ALERTE_STOCK_inférieur";}
        }
}
```

Code de la routine

Explication du code

- Renvoyez `ALERTE_SURSTOCK` si `UNITES_STOCK` est supérieur à 100.
- Renvoyez `STOCK_NORMAL` si `UNITES_STOCK` est inférieur à 100 et supérieur à 10.
- Renvoyez `ALERTE_STOCK_inférieur` si `UNITES_STOCK` est inférieur ou égal à 10.

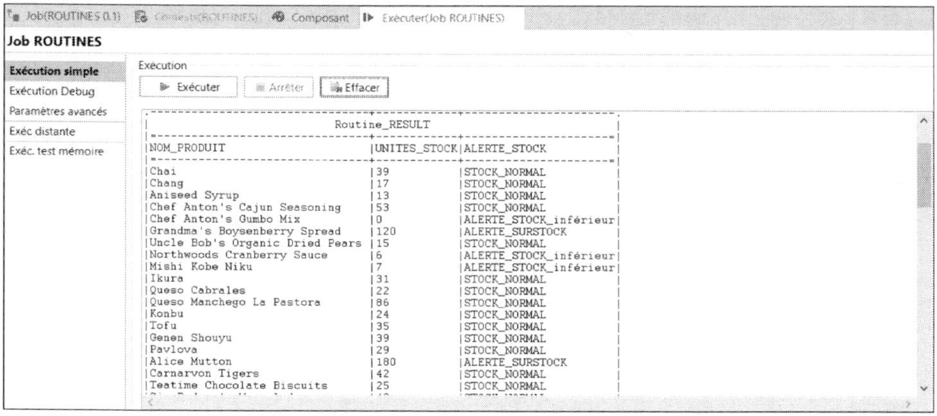

Routine_RESULT

NOM_PRODUIT	UNITES_STOCK	ALERTE_STOCK
Chai	39	STOCK_NORMAL
Chang	17	STOCK_NORMAL
Aniseed Syrup	13	STOCK_NORMAL
Chef Anton's Cajun Seasoning	53	STOCK_NORMAL
Chef Anton's Gumbo Mix	0	ALERTE_STOCK_inférieur
Grandma's Boysenberry Spread	120	ALERTE_SURSTOCK
Uncle Bob's Organic Dried Pears	15	STOCK_NORMAL
Northwoods Cranberry Sauce	6	ALERTE_STOCK_inférieur
Mishi Kobe Niku	7	ALERTE_STOCK_inférieur
Ikura	31	STOCK_NORMAL
Queso Cabrales	22	STOCK_NORMAL
Queso Manchego La Pastora	86	STOCK_NORMAL
Konbu	24	STOCK_NORMAL
Tofu	35	STOCK_NORMAL
Genen Shouyu	39	STOCK_NORMAL
Pavlova	29	STOCK_NORMAL
Alice Mutton	180	ALERTE_SURSTOCK
Carnarvon Tigers	42	STOCK_NORMAL
Teatime Chocolate Biscuits	25	STOCK_NORMAL

Résultat du JOB_ROUTINES

15. Les messages d'erreurs fréquents dans Talend

Lorsqu'un message d'erreur s'affiche dans Talend, il est parfois compliqué de savoir de quoi relève le problème. Voici quelques-unes des erreurs les plus fréquentes lors du développement de jobs Talend et leurs significations.

- **Data Truncation** : la longueur des données d'un champ dépasse sa taille. En général, Talend indique le champ concerné, mais pas la ligne.
- **java.lang.NullPointerException** : cela se produit généralement lors de l'utilisation d'un test ternaire dans un composant `tMap`, lorsque le cas de nullité de l'objet en entrée n'a pas été traité.
- **java.lang.NumberFormatException:null** : cette erreur se produit dans les cas suivants :
  - Si conversion en nombre d'une chaîne de caractères qui ne représentent pas un nombre.
  - Si l'objet est `null` : remplacer le `null` par une valeur par défaut (0).
  - Si la valeur est divisée par 0.
- **For input string** : cette erreur se produit dans les cas suivants :
  - Si le format ne correspond pas (int dans string par exemple).
  - L'erreur "For input string" se produit lorsque l'en-tête du fichier intégré est interprété comme une ligne, ce qui peut être dû au nombre de lignes de l'en-tête.
  - Si le float (12.3) est écrit (12,3) : la virgule n'est pas acceptée.

Remarque

Cette erreur n'empêche pas le traitement, il saute la ligne qui pose problème et continue son traitement.

16. Exemples de code Java à utiliser quotidiennement

Dans cette section vont être évoqués quelques-uns des codes Java les plus utiles et les plus utilisés quotidiennement en production. Ces lignes de code peuvent être implémentées à l'aide de routines ou avec des composants du type `tJava`.

16.1 Compter le nombre de lignes d'un fichier CSV

```
package routines;
import java.io.BufferedReader;
import java.io.FileReader;

public class Main {
  public static void main(String[] args) throws Exception {
    // Ouvre un BufferedReader pour lire le fichier CSV
    BufferedReader reader = new BufferedReader(new FileReader("fichier.csv"));

    // Compte le nombre de lignes
    int lineCount = 0;
    while (reader.readLine() != null) {
      lineCount++;
    }

    // Ferme le BufferedReader
    reader.close();

    // Affiche le nombre de lignes
    System.out.println(lineCount);
  }
}
```

Ce code utilise la classe `BufferedReader` de la bibliothèque de base de Java pour lire le fichier CSV ligne par ligne. Il utilise une boucle `while` pour compter le nombre de lignes lues jusqu'à ce que la fin du fichier soit atteinte (indiquée par la méthode `readLine()` qui renvoie `null`). Enfin, il ferme le `BufferedReader` et affiche le nombre de lignes lues.

Cette solution est plus simple que l'utilisation de regex, mais elle nécessite d'avoir accès aux lignes du fichier dans leur intégralité et peut être moins efficace pour de très gros fichiers.

En utilisant une regex

```
package routines;
import java.nio.file.Files;
import java.nio.file.Paths;
import java.util.regex.Matcher;
import java.util.regex.Pattern;

public class Main {
  public static void main(String[] args) throws Exception {
    // Lit le contenu du fichier CSV dans une chaîne de caractères
    String csvContent =
new String(Files.readAllBytes(Paths.get("fichier.csv")));

    // Crée un pattern pour séparer les lignes avec une regex
    Pattern pattern = Pattern.compile("[^\\n]+");
    Matcher matcher = pattern.matcher(csvContent);

    // Compte le nombre de lignes
    int lineCount = 0;
    while (matcher.find()) {
      lineCount++;
    }

    // Affiche le nombre de lignes
    System.out.println(lineCount);
  }
}
```

Ce code utilise la classe `Files` de la bibliothèque java.nio.file pour lire le contenu du fichier CSV dans une chaîne de caractères. Il utilise ensuite la classe `Pattern` et `Matcher` de la bibliothèque java.util.regex pour séparer la chaîne en lignes avec une regex. Enfin, il utilise une boucle `while` pour compter le nombre de lignes trouvées par la regex et affiche le résultat.

16.2 Remplacer les codes ISO 3166-1 alpha-3 des pays par des codes ISO 3166-1 alpha-2 en Java

```
package routines;
import java.util.HashMap;
import java.util.Map;

public class Main {
  public static void main(String[] args) {
    // Crée une map qui associe les codes ISO 3166-1 alpha-3
aux codes ISO 3166-1 alpha-2
    Map<String, String> iso3ToIso2Map = new HashMap<>();
    iso3ToIso2Map.put("AFG", "AF");
    iso3ToIso2Map.put("ALA", "AX");
    iso3ToIso2Map.put("ALB", "AL");
    // Ajoutez les autres codes ISO 3166-1 alpha-3 ici...

    // Exemple de remplacement d'un code ISO 3166-1 alpha-3
par un code ISO 3166-1 alpha-2
    String iso3Code = "AFG";
    String iso2Code = iso3ToIso2Map.get(iso3Code);
    System.out.println(iso2Code); // Affiche "AF"
  }
}
```

Ce code utilise une Map (table de hachage) de Java pour créer une association entre les codes ISO 3166-1 alpha-3 et les codes ISO 3166-1 alpha-2. Vous pouvez ajouter tous les codes ISO 3166-1 alpha-3 que vous voulez à la Map en utilisant la méthode `put()`.

Pour remplacer un code ISO 3166-1 alpha-3 par un code ISO 3166-1 alpha-2, vous pouvez utiliser la méthode `get()` de la map en lui passant le code ISO 3166-1 alpha-3 en argument. Si le code est présent dans la map, la méthode renverra le code ISO 3166-1 alpha-2 associé ; sinon, elle renverra `null`.

Deuxième méthode avec code complet

```
package routines;
    public class ISO {
          public static  String Pays(String str) {
                if(str==null)
                      return null;
                return str.replaceAll("SWE", "SE").replaceAll("TUR", "TR")
.replaceAll("POL", "PL").replaceAll("UKR", "UA").replaceAll("KOR","KR")
.replaceAll("JAM","JM").replaceAll("URY","UY").replaceAll("TUN", "TN")
.replaceAll("BRUXELLES", "BE").replaceAll("DNK","DK").replaceAll("CPV","CV")
.replaceAll("KAZ","KZ").replaceAll("AFG","AF").replaceAll("ALB","AL")
.replaceAll("AFG","AF").replaceAll("ALA","AX").replaceAll("ASM","AS")
.replaceAll("AND","AD").replaceAll("AGO","AO").replaceAll("AIA","AI")
.replaceAll("ATA","AQ").replaceAll("ATG","AG").replaceAll("ARG","AR")
.replaceAll("ARM","AM").replaceAll("ABW","AW").replaceAll("AUS","AU")
.replaceAll("AUT","AT").replaceAll("AZE","AZ").replaceAll("BHS","BS")
.replaceAll("BHR","BH").replaceAll("BGD","BD").replaceAll("BRB","BB")
.replaceAll("BLR","BY").replaceAll("BEL","BE").replaceAll("BLZ","BZ")
.replaceAll("BEN","BJ").replaceAll("BMU","BM").replaceAll("BTN","BT")
.replaceAll("BOL","BO").replaceAll("BIH","BA").replaceAll("BWA","BW")
.replaceAll("BVT","BV").replaceAll("BRA","BR").replaceAll("VGB","VG")
.replaceAll("IOT","IO").replaceAll("BRN","BN").replaceAll("BGR","BG")
.replaceAll("BFA","BF").replaceAll("BDI","BI").replaceAll("KHM","KH")
.replaceAll("CMR","CM").replaceAll("CAN","CA").replaceAll("CPV","CV")
.replaceAll("CYM","KY").replaceAll("CAF","CF").replaceAll("TCD","TD")
.replaceAll("CHL","CL").replaceAll("CHN","CN").replaceAll("HK"," HK")
.replaceAll("MAC","MO").replaceAll("CXR","CX").replaceAll("CCK","CC")
.replaceAll("COL","CO").replaceAll("COM","KM").replaceAll("COG","CG")
.replaceAll("COD","CD").replaceAll("COK","CK").replaceAll("CRI","CR")
.replaceAll("CIV","CI").replaceAll("HRV","HR").replaceAll("CUB","CU")
.replaceAll("CYP","CY").replaceAll("CZE","CZ").replaceAll("DNK","DK")
.replaceAll("DJI","DJ").replaceAll("DMA","DM").replaceAll("DOM","DO")
.replaceAll("ECU","EC").replaceAll("EGY","EG").replaceAll("SLV","SV")
.replaceAll("GNQ","GQ").replaceAll("ERI","ER").replaceAll("EST","EE")
.replaceAll("ETH","ET").replaceAll("FLK","FK").replaceAll("FRO","FO")
.replaceAll("FJI","FJ").replaceAll("FIN","FI").replaceAll("FRA","FR")
.replaceAll("GUF","GF").replaceAll("PYF","PF").replaceAll("ATF","TF")
.replaceAll("GAB","GA").replaceAll("GMB","GM").replaceAll("GEO","GE")
.replaceAll("DEU","DE").replaceAll("GHA","GH").replaceAll("GIB","GI")
.replaceAll("GRC","GR").replaceAll("GRL","GL").replaceAll("GRD","GD")
.replaceAll("GLP","GP").replaceAll("GUM","GU").replaceAll("GTM","GT")
.replaceAll("GGY","GG").replaceAll("GIN","GN").replaceAll("GNB","GW")
.replaceAll("GUY","GY").replaceAll("HTI","HT").replaceAll("HMD","HM")
.replaceAll("VAT","VA").replaceAll("HND","HN").replaceAll("HUN","HU")
.replaceAll("ISL","IS").replaceAll("IND","IN").replaceAll("IDN","ID")
.replaceAll("IRN","IR").replaceAll("IRQ","IQ").replaceAll("IRL","IE")
.replaceAll("IMN","IM").replaceAll("ISR","IL").replaceAll("ITA","IT")
.replaceAll("JAM","JM").replaceAll("JPN","JP").replaceAll("JEY","JE")
.replaceAll("JOR","JO").replaceAll("KAZ","KZ").replaceAll("KEN","KE")
```

```
.replaceAll("KIR","KI").replaceAll("PRK","KP").replaceAll("KOR","KR")
.replaceAll("KWT","KW").replaceAll("KGZ","KG").replaceAll("LAO","LA")
.replaceAll("LVA","LV").replaceAll("LBN","LB").replaceAll("LSO","LS")
.replaceAll("LBR","LR").replaceAll("LBY","LY").replaceAll("LIE","LI")
.replaceAll("LTU","LT").replaceAll("LUX","LU").replaceAll("MKD","MK")
.replaceAll("MDG","MG").replaceAll("MWI","MW").replaceAll("MYS","MY")
.replaceAll("MDV","MV").replaceAll("MLI","ML").replaceAll("MLT","MT")
.replaceAll("MHL","MH").replaceAll("MTQ","MQ").replaceAll("MRT","MR")
.replaceAll("MUS","MU").replaceAll("MYT","YT").replaceAll("MEX","MX")
.replaceAll("FSM","FM").replaceAll("MDA","MD").replaceAll("MCO","MC")
.replaceAll("MNG","MN").replaceAll("MNE","ME").replaceAll("MSR","MS")
.replaceAll("MAR","MA").replaceAll("MOZ","MZ").replaceAll("MMR","MM")
.replaceAll("NAM","NA").replaceAll("NRU","NR").replaceAll("NPL","NP")
.replaceAll("NLD","NL").replaceAll("NCL","NC").replaceAll("NZL","NZ")
.replaceAll("NIC","NI").replaceAll("NER","NE").replaceAll("NGA","NG")
.replaceAll("NIU","NU").replaceAll("NFK","NF").replaceAll("MNP","MP")
.replaceAll("NOR","NO").replaceAll("OMN","OM").replaceAll("PAK","PK")
.replaceAll("PLW","PW").replaceAll("PSE","PS").replaceAll("PAN","PA")
.replaceAll("PNG","PG").replaceAll("PRY","PY").replaceAll("PER","PE")
.replaceAll("PHL","PH").replaceAll("PCN","PN").replaceAll("POL","PL")
.replaceAll("PRT","PT").replaceAll("PRI","PR").replaceAll("QAT","QA")
.replaceAll("REU","RE").replaceAll("ROU","RO").replaceAll("RUS","RU")
.replaceAll("RWA","RW").replaceAll("BLM","BL").replaceAll("SAU","SA")
.replaceAll("SEN","SN").replaceAll("ALB","AL").replaceAll("SRB","RS")
.replaceAll("SYC","SC").replaceAll("SLE","SL").replaceAll("SGP","SG")
.replaceAll("SVK","SK").replaceAll("SVN","SI").replaceAll("SOM","SO")
.replaceAll("ALB","AL").replaceAll("ZAF","ZA").replaceAll("SSD","SS")
.replaceAll("ESP","ES").replaceAll("LKA","LK").replaceAll("SDN","SD")
.replaceAll("SUR","SR").replaceAll("SWE","SE").replaceAll("CHE","CH")
.replaceAll("SYR","SY").replaceAll("TWN","TW").replaceAll("SUR","SR")
.replaceAll("SUR","SR").replaceAll("TJK","TJ").replaceAll("TZA","TZ")
.replaceAll("THA","TH").replaceAll("TGO","TG").replaceAll("TON","TO")
.replaceAll("TTO","TT").replaceAll("TUN","TN").replaceAll("TUR","TR")
.replaceAll("TKM","TM").replaceAll("UGA","UG").replaceAll("UKR","UA")
.replaceAll("ARE","AE").replaceAll("GBR","GB").replaceAll("USA","US")
.replaceAll("UMI","UM").replaceAll("URY","UY").replaceAll("UZB","UZ")
.replaceAll("VUT","VU").replaceAll("VEN","VE").replaceAll("VNM","VN")
.replaceAll("ESH","EH").replaceAll("YEM","YE").replaceAll("ZMB","ZM")
.replaceAll("ZWE","ZW");

            }
    }
```

16.3 Changer le format de date sur une colonne de type date

Pour changer le format de date avec Talend, il est possible d'utiliser la transformation `tMap` et la fonction `TalendDate.formatDate()` dans une expression de mappage.

Voici un exemple de mappage qui prend une colonne "date_col" avec un format de date **yyyy-MM-dd** en entrée et en crée une nouvelle colonne **formatted_date_col** avec un format de date **dd/MM/yyyy** en sortie :

- Faites glisser la transformation `tMap` sur votre job Talend.
- Connectez la colonne **date_col** à l'entrée de la transformation `tMap`.
- Dans la zone de sortie de la transformation `tMap`, cliquez sur le bouton **+(Ajouter une colonne)** pour ajouter une nouvelle colonne de sortie. Nommez la colonne **formatted_date_col**.

Dans l'expression de mappage pour la colonne **formatted_date_col**, utilisez la fonction `TalendDate.formatDate()` comme ceci :

```
TalendDate.formatDate("dd/MM/yyyy",row1.date_col)
```

Cela prendra la valeur de la colonne **date_col** et la formatera selon le format de date spécifié **dd/MM/yyyy**.

Vous pouvez également utiliser d'autres fonctions de date et d'heure de Talend, telles que `TalendDate.parseDate()` et `TalendDate.getCurrentDate()`, pour effectuer d'autres opérations de date et d'heure dans votre job Talend.

16.4 Remplacer tous les libellés Madame par Mme dans la colonne d'un fichier

Pour remplacer le libellé **Madame** par **Mme** dans une colonne d'un fichier avec Talend, vous pouvez utiliser la transformation `tMap` et utiliser la fonction `replace()` dans une expression de mappage.

Voici un exemple de mappage qui prend une colonne **nom_col** en entrée et crée une nouvelle colonne **nom_maj_col** en sortie avec le libellé "Madame" remplacé par **Mme** :

Faites glisser la transformation `tMap` sur votre job Talend.

Connectez la colonne **nom_col** à l'entrée de la transformation **tMap**.

Dans la zone de sortie de la transformation **tMap**, cliquez sur le bouton **+ (Ajouter une colonne)** pour ajouter une nouvelle colonne de sortie. Nommez la colonne **nom_maj_col**.

Dans l'expression de mappage pour la colonne **nom_maj_col**, utilisez la fonction `replace()` comme ceci :

```
replace(row1.nom_col,"madame","mme")
```

Cela prendra la valeur de la colonne **nom_col** et remplacera toutes les occurrences de **Madame** par **Mme**.

16.5 Supprimer les sauts de ligne dans un fichier avec tReplace

Pour supprimer tous les types de saut de ligne dans un fichier avec Talend, vous pouvez utiliser la transformation `tReplace` et utiliser une expression régulière pour remplacer chaque occurrence de saut de ligne par une chaîne vide.

Voici un exemple de configuration de la transformation `tReplace` qui remplacera tous les sauts de ligne par une chaîne vide :

- Faites glisser la transformation `tReplace` sur votre job Talend.
- Connectez le flux de données en entrée à la transformation `tReplace`.
- Dans la zone de paramétrage de la transformation `tReplace`, entrez la chaîne de remplacement suivante dans le champ **Chaîne de remplacement** :

```
(?s)(\r\n|\n|\r)
```

Cette expression régulière remplacera tous les types de saut de ligne (CR, LF, CR+LF) par une chaîne vide.

Dans la zone de paramétrage de la transformation `tReplace`, cochez la case **Remplacement par chaîne** vide pour indiquer que vous souhaitez remplacer les sauts de ligne par une chaîne vide.

Vous pouvez également utiliser d'autres expressions régulières pour remplacer d'autres caractères ou motifs de caractères dans le fichier.

La partie **(?s)** de l'expression indique que l'expression régulière doit être appliquée sur toutes les lignes du texte (c'est-à-dire que le métacaractère "." correspond à tous les caractères, y compris les sauts de ligne).

La partie **(\r\n|\n|\r)** de l'expression indique les trois types de sauts de ligne qui doivent être remplacés. **\r\n** correspond aux sauts de ligne CR+LF utilisés sur les systèmes Windows, **\n** correspond aux sauts de ligne LF utilisés sur les systèmes Unix et **\r** correspond aux sauts de ligne CR utilisés sur les systèmes Mac.

La partie **(|)** de l'expression indique un **OU** logique, ce qui signifie que l'expression régulière doit rechercher tous les sauts de ligne qui correspondent à l'un ou l'autre des trois motifs de saut de ligne.

Enfin, en cochant la case **Remplacement par chaîne vide** dans la zone de paramétrage de la transformation `tReplace`, vous indiquez à Talend que vous souhaitez remplacer tous les sauts de ligne trouvés par une chaîne vide. Cela supprimera tous les sauts de ligne dans le flux de données en entrée.

16.6 Routine Java pour supprimer les sauts de ligne dans un fichier

Voici comment écrire une routine Java permettant de supprimer les sauts de ligne dans Talend :

- Ouvrez Talend Studio et créez un nouveau job.
- Cliquez sur l'onglet **Routines** dans la barre latérale gauche.
- Cliquez sur le bouton **Créer** pour créer une nouvelle routine.

- Dans la fenêtre de création de routine, entrez un nom pour votre routine et sélectionnez **Java** comme langage. Cliquez sur **OK** pour continuer.

Vous serez alors redirigé vers l'éditeur de code de la routine. Vous pouvez écrire votre code Java ici.

Voici un exemple de code Java qui définit une méthode `removeLineBreaks()` qui prend une chaîne de caractères en entrée et la retourne avec tous les sauts de ligne supprimés :

```
package routines;
public static String removeLineBreaks(String input) {
  return input.replaceAll("(?s)(\r\n|\n|\r)", "");
}
```

Vous pouvez utiliser cette méthode dans votre job Talend en appelant la méthode `removeLineBreaks()` sur une chaîne de caractères (par exemple dans un composant `tJavaRow`). Par exemple :

```
String input = "Voici un exemple de texte\navec des sauts de ligne.";
String output = removeLineBreaks(input);
System.out.println(output);
```

Le texte de sortie sera : **Voici un exemple de texte avec des sauts de ligne**.

Vous pouvez également utiliser cette méthode pour remplacer les sauts de ligne dans des colonnes de données d'un fichier en utilisant la transformation `tMap` et en appelant la méthode `removeLineBreaks()` dans une expression de mappage.

Chapitre 4
Talend et les bases de données SQL

1. Introduction

Dans ce chapitre, il s'agit de voir comment les bases de données peuvent être utilisées dans Talend. Les bases de données dans Talend sont une source de données comme le serait un fichier plat (fichier Excel par exemple), sauf que les composants qui traitent les bases de données permettent beaucoup plus d'actions comme, par exemple, effectuer des requêtes pour ne sélectionner que les données intéressantes à l'aide du langage SQL (*Structured Query Language*).

Le langage SQL est un langage déclaratif (les étapes nécessaires à l'exécution d'une tâche ne sont pas dictées au programme). Il est séparé en :

- DML : *Data Manipulation Language* (Langage de Manipulation de Données). Il regroupe les opérations de manipulation des données dans une base de données, telles que SELECT (sélection), INSERT (insertion), UPDATE (mise à jour) et DELETE (suppression).
- DDL : *Data Definition Language* (Langage de Définition de Données). Il englobe les opérations de définition de la structure de la base de données, comme CREATE (création), ALTER (modification) et DROP (suppression).
- DCL : *Data Control Language* (Langage de Contrôle de Données). Il concerne les commandes de contrôle d'accès aux données et les autorisations, notamment GRANT (octroi de privilèges) et REVOKE (révocation de privilèges) ou DENY (refus d'accès).

- TCL : *Transaction Control Language* (Langage de Contrôle de Transaction). Il est utilisé pour gérer les transactions dans une base de données, notamment les commandes BEGIN (début de transaction), START (début de transaction), COMMIT (validation de transaction), END (fin de transaction) et ROLLBACK (annulation de transaction).

2. Généralités sur le langage SQL

Le langage SQL permet :

- la création de la base et des tables
- l'ajout d'enregistrements sous forme de lignes
- l'interrogation de la base
- la mise à jour
- le changement de structure de la table : ajout, suppression de colonnes
- la gestion de droits d'utilisateurs de la base

2.1 Algèbre relationnelle syntaxe

```
SELECT * FROM table;
```

Cette ligne de code signifie que vous demandez au composant de retourner toutes les colonnes (*) que contient la table appelée `table`.

2.2 Projection syntaxe

```
SELECT attr1, attr2, attr3 FROM table;
```

Cette ligne de code signifie que vous demandez au composant de ne retourner que les colonnes ayant les attributs `attr1` et `attr2` et `attr3` de la table appelée `table`.

2.3 Commentaire

Il peut être intéressant d'insérer des commentaires dans les requêtes SQL pour mieux s'y retrouver dans le cas de grosses requêtes complexes. Il existe plusieurs manières d'ajouter des commentaires dans le langage SQL, qui dépendent notamment du système de gestion de base de données (SGBD) utilisé et de sa version.

Commentaire double tiret (--)

Le double tiret permet de faire un commentaire jusqu'à la fin de la ligne.

Exemple

```
SELECT * -- tout sélectionner
FROM table1 -- dans la table "table1"
```

2.4 Commentaire multiligne (/* et */)

Le commentaire multiligne présente l'avantage de pouvoir indiquer où commence et où se termine le commentaire. Il est donc possible de l'utiliser en plein milieu d'une requête SQL sans problème.

Exemple

```
SELECT * /* tout selectionner */
FROM table1 /* dans la table "table1" */
WHERE 1 = 1 /* exemple en milieu de requete */ 1
```

2.5 Filtrer avec les opérateurs

2.5.1 L'opérateur AND

Il permet de joindre plusieurs conditions dans une requête. En gardant la même table que précédemment, pour filtrer uniquement les produits informatiques qui sont presque en rupture de stock (moins de 20 produits disponibles), il faut exécuter la requête suivante :

Exemple avec syntaxe généralisée

```
SELECT * FROM table
               WHERE attribut='valeure' AND attribut2='valeure2';
```

Exemple

```
SELECT * FROM produit
              WHERE categorie = 'informatique' AND stock < 20;
```

2.5.2 L'opérateur OR

Il sert à filtrer les données. Pour obtenir uniquement les données sur les produits « ordinateur » ou « clavier », il faut effectuer la recherche suivante :

Exemple avec syntaxe généralisée

```
SELECT * FROM table
                WHERE attribut='valeure' OR attribut2='valeure2';
```

Exemple

```
SELECT * FROM produit
                  WHERE nom = 'ordinateur' OR nom = 'clavier';
```

2.5.3 Combiner AND et OR

Il ne faut pas oublier que les opérateurs peuvent être combinés pour effectuer de puissantes recherches. Il est ainsi possible de filtrer les produits « informatique » avec un stock inférieur à 20 et les produits « fourniture » avec un stock inférieur à 200 avec la recherche suivante :

```
SELECT * FROM produit WHERE
                     (categorie = 'informatique' AND stock < 20)
                OR
                     (categorie = 'fourniture' AND stock < 200);
```

2.5.4 L'opérateur IN

Le rôle de l'opérateur `IN` est de vérifier si une colonne est égale à l'une des valeurs d'un ensemble de valeurs déterminées.

Exemple avec syntaxe généralisée

```
SELECT nom_colonne
FROM table
WHERE nom_colonne IN (valeur1, valeur2, valeur3, ... etc.);
```

2.5.5 L'opérateur LIKE

Le rôle de l'opérateur LIKE est de chercher si un mot commence, se termine ou contient une lettre en particulier. Il permet par exemple de rechercher les enregistrements dont la valeur d'une colonne commence par une lettre définie. Les modèles de recherches sont multiples :

- **LIKE '%a'** : le caractère **%** est un caractère joker qui remplace tous les autres caractères. Ainsi, ce modèle permet de rechercher toutes les chaînes de caractères qui se terminent par un **a**.
- **LIKE 'a%'** : ce modèle permet de rechercher toutes les lignes de colonnes qui commencent par un **a**.
- **LIKE '%a%'** : ce modèle est utilisé pour rechercher tous les enregistrements qui utilisent le caractère **a**.
- **LIKE 'pa%on'** : ce modèle permet de rechercher les chaînes qui commencent par **pa** et qui se terminent par **on**.

– **LIKE 'a_c'** : peu utilisé, le caractère _ peut être remplacé par n'importe quel caractère, mais un seul caractère uniquement (alors que le symbole de pourcentage **%** peut être remplacé par un nombre incalculable de caractères).

Exemple avec syntaxe généralisée

```
SELECT *
FROM table
WHERE colonne LIKE modèle;
```

Exemple

```
SELECT * FROM Persons WHERE FirstName Like 'a%'
```

Ce code SQL permet de retourner (`SELECT`) toutes (`*`) les colonnes de la table `persons` où (`WHERE`) la valeur de la colonne `FirstName` commence par la lettre **a** (`'a%'`).

2.5.6 L'opérateur IS

L'opérateur `IS` est la plupart du temps utilisé avec l'opérateur `NULL` pour chercher à savoir si un champ ne contient pas de valeur.

Exemple

```
SELECT *
FROM `table`
WHERE nom_colonne IS NULL
```

2.5.7 L'opérateur BETWEEN

L'opérateur `BETWEEN` est utilisé dans une requête SQL pour sélectionner un intervalle de données dans une requête utilisant `WHERE`. L'intervalle peut être constitué de chaînes de caractères, de nombres ou de dates.

Exemple avec syntaxe généralisée

```
SELECT *
 FROM table
 WHERE nom_colonne BETWEEN 'valeur1' AND 'valeur2';
```

La requête retourne toutes les lignes dont la valeur de la colonne `nom_colonne` est comprise entre `valeur1` et `valeur2`.

Remarque

Plusieurs autres opérateurs existent en langage SQL, ils sont tous combinables. En voici la liste complète :

```
IN, LIKE, BETWEEN, IS NULL, IS NOT NULL ,<,>,<>,!=,≥,≤
```

2.5.8 Instruction CASE

Comme son nom l'indique, il s'agit de donner à l'instruction un cas ou une liste de cas qu'elle devra vérifier (WHEN), de définir l'action à effectuer si le cas est retrouvé (THEN) et l'action à effectuer si le cas n'est pas retrouvé (ELSE).

Exemple

```
SELECT Pays, CASE
              WHEN pays='France' THEN 'tempéré'
              WHEN Pays='Canada' THEN 'froid'
              WHEN Pays='Mexique' THEN 'Chaud'
              ELSE 'Non Spécifié'
          END
FROM Continent;
```

2.5.9 Les jointures

Elles sont utilisées pour avoir accès à plusieurs tables à la fois. C'est l'association de plusieurs tables dans une même requête. L'utilité des jointures est d'exploiter la puissance des bases de données relationnelles pour obtenir des résultats qui combinent les données de plusieurs tables de manière efficace. Les différents types de jointures sont :

- INNER JOIN
- CROSS JOIN
- LEFT JOIN (ou LEFT OUTER JOIN)
- RIGHT JOIN (ou RIGHT OUTER JOIN)
- FULL JOIN (ou FULL OUTER JOIN)
- SELF JOIN
- NATURAL JOIN

`INNER JOIN` est un type de jointure très commune. Elle retourne les enregistrements lorsqu'au moins une ligne dans une colonne correspond à la condition.

Exemple avec syntaxe généralisée

```
SELECT * FROM A
INNER JOIN B ON A.key = B.key;
```

`CROSS JOIN` est une jointure croisée permettant de faire le produit cartésien de deux tables.

Exemple avec syntaxe généralisée

```
SELECT * FROM table1
CROSS JOIN table2;
```

`LEFT JOIN` est une jointure externe qui permet de retourner tous les enregistrements de la table de gauche même si la condition n'est pas vérifiée dans l'autre table.

Exemple avec syntaxe généralisée

```
SELECT * FROM A
LEFT JOIN B ON A.key = B.key;
```

`RIGHT JOIN` est une jointure externe qui permet de retourner tous les enregistrements de la table de droite même si la condition n'est pas vérifiée dans l'autre table.

Exemple avec syntaxe généralisée

```
SELECT * FROM A
LEFT JOIN B ON A.key = B.key;
```

`FULL JOIN` est une jointure externe qui permet de retourner les résultats quand la condition est vraie dans au moins une des deux tables.

Exemple avec syntaxe généralisée

```
SELECT * FROM table1
FULL JOIN table2 ON table1.id = table2.fk_id
```

`SELF JOIN` est une jointure qui permet d'effectuer une jointure d'une table avec elle-même comme si c'était une autre table.

Exemple avec syntaxe généralisée

```
SELECT t1.nom_colonne1, t1.nom_colonne2, t2.nom_colonne1,
t2.nom_colonne2 FROM table as t1
LEFT OUTER JOIN table as t2 ON t2.fk_id = t1.id ;
```

`NATURAL JOIN` est une jointure entre deux tables s'il y a au moins un nom de colonne commun entre les deux tables SQL.

Exemple avec syntaxe généralisée

```
SELECT * FROM table1
         NATURAL JOIN table2;
```

Exemple

```
SELECT * FROM Commande co
     INNER JOIN Client cl ON co.ClientId= cl.ClientId;
```

Cet exemple est une démonstration d'un `JOIN` interne qui permet de lier une table et n'affiche que les résultats communs aux deux tables liées. `ClientId` doit être clé primaire dans la table `Client` et clé étrangère dans la table `Commande`, ce qui permet de joindre les commandes des clients (retourne toutes les commandes des clients). `INNER` est optionnel, l'instruction `JOIN` fonctionne aussi bien seule. Un autre `JOIN` peut être ajouté juste après pour lier une autre table. Il est possible d'ajouter l'instruction `ORDER BY` pour que l'affichage soit classé par ordre des identifiants, c'est ce que l'on appelle jointure 2 sur 2.

Exemple avec syntaxe généralisée pour les jointures externes

```
SELECT * FROM Client cl
      {LEFT|RIGHT|FULL} JOIN Commande co ON cl.clientId=co.ClientId
          WHERE cl.ClientId IN ('OTIK','Paris');
```

Remarque

`LEFT OUTER JOIN` pour la table `Client` retourne toutes les lignes de la table qui correspondent à la table `Commande`.

Remarque

`RIGHT OUTER JOIN` retourne toutes les lignes de la table `Commande` qui correspondent aux `Clients`.

Remarque

`FULL OUTER JOIN` retourne toutes les lignes de la table `Client` qui correspondent aux `Commandes` et toutes les lignes de la table `Commande` correspondant à la table `Client`, même les lignes correspondant à l'absence de commande du client.

2.6 Les fonctions d'agrégation

Il existe cinq fonctions d'agrégation en langage SQL.

- `SUM` : pour calculer la somme de plusieurs lignes, permet de connaître le prix du panier moyen de chaque client.
- `AVG` : pour calculer la moyenne d'un set de valeurs, permet de savoir combien d'achats ont été effectués par chaque client.
- `COUNT` : pour compter le nombre de lignes concernées, pratique pour connaître l'achat le plus cher.
- `MAX` : pour récupérer la plus haute valeur, utile par exemple pour connaître la date du premier achat d'un client.
- `MIN` : pour récupérer la plus petite valeur, permet par exemple de connaître le total de tous les achats d'un client.
- `STD` : renvoie l'écart type de la population d'une expression, elle renvoie NULL si aucune ligne correspondante n'est trouvée.

Exemple

```
SELECT client, SUM(tarif)
FROM achat
GROUP BY client
HAVING SUM(tarif) > 40
```

Exemple sans GROUP BY en utilisant des fonctions d'agrégation

```
SELECT AVG(nom_colonne) FROM nom_table
```

2.7 ORDER BY

La commande `ORDER BY` (trier par) sert à trier, et le tri se fait par ordre alphabétique ascendant par défaut.

Exemple

```
SELECT colonne1, colonne2, colonne3
FROM table1
ORDER BY colonne1 DESC, colonne2 ASC;
```

Dans cet exemple, il est demandé au système de retourner les colonnes 1, 2 et 3 de la table `table1`. L'affichage du résultat est soumis à la fonction `ORDER BY` qui demande à ce que les données retournées soient triées par ordre alphanumérique descendant concernant la `colonne1` et triées par ordre alphanumérique ascendant concernant la `colonne2`.

2.8 La différence entre UNION et UNION ALL

`UNION ALL` permet d'inclure tous les enregistrements, même les doublons, tandis qu'avec `UNION`, les enregistrements identiques ne sont pas répétés dans les résultats.

Exemple 1

```
SELECT * FROM table1
UNION
SELECT *FROM table2;
```

Exemple 2

```
SELECT * FROM table1
UNION ALL
SELECT *FROM table2;
```

2.9 L'opérateur ANY

L'opérateur ANY est utilisé avec une clause WHERE ou HAVING, cet opérateur ANY renvoie VRAI si l'une des valeurs de sous-requête remplit la condition.

Exemple

```
SELECT nom_colonne(s)
  FROM nom_table
    WHERE nom_colonne ANY
      (SELECT nom_colonne FROM nom_table WHERE ecrire_condition);
```

2.10 L'opérateur ALL

L'opérateur ALL est utilisé avec une clause WHERE ou HAVING. L'opérateur ALL renvoie VRAI si toutes les valeurs de sous-requête remplissent la condition.

Exemple

```
SELECT nom_colonne(s)
  FROM nom_table
    WHERE nom_colonne ALL
      (SELECT nom_colonne FROM nom_table WHERE ecrire_condition);
```

Remarque

La commande `SELECT` qui contient la plupart des instructions possibles peut s'écrire dans l'ordre sous la forme suivante :

```
SELECT *
FROM table
WHERE condition
GROUP BY attribut
HAVING condition
{UNION|INTERSECT|EXCEPT}
ORDER BY attr {DESC|ASC}
LIMIT entier_positif
OFFSET Start
```

Remarque

Dans le langage SQL, la `PRIMARY KEY`, autrement dit la clé primaire, permet d'identifier chaque enregistrement dans une table de base de données. Chaque enregistrement de cette clé primaire doit être `UNIQUE` et ne doit pas contenir de valeur `NULL`.

3. Les modèles SQL dans Talend

Le nœud **Modèles SQL** rassemble tous les modèles SQL du système et permet d'en créer de nouveaux. Talend permet de bénéficier des **Modèles SQL** système puisque beaucoup de structures de requêtes sont standardisées à partir des mêmes approches.

*Le nœud **Modèles SQL** dans Talend*

Les **Modèles SQL** du système sont regroupés sous le nœud **Modèles SQL** dans le **Référentiel** de Talend. Différents types de modèles SQL standardisés sont disponibles :

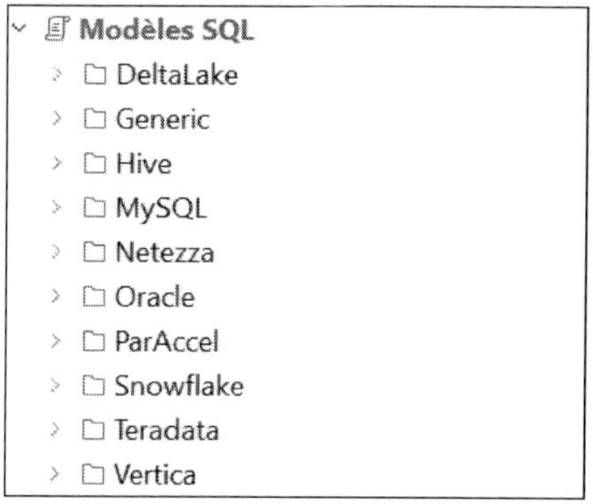

*Les **Modèles SQL** dans Talend*

3.1 DeltaLake

DeltaLake est un environnement de stockage open source qui permet de construire une architecture Lakehouse Architecture avec des moteurs de calcul incluant Spark, PrestoDB, Flink, Trino, Hive et les API pour Scala, Java, Rust, Ruby, et Python.

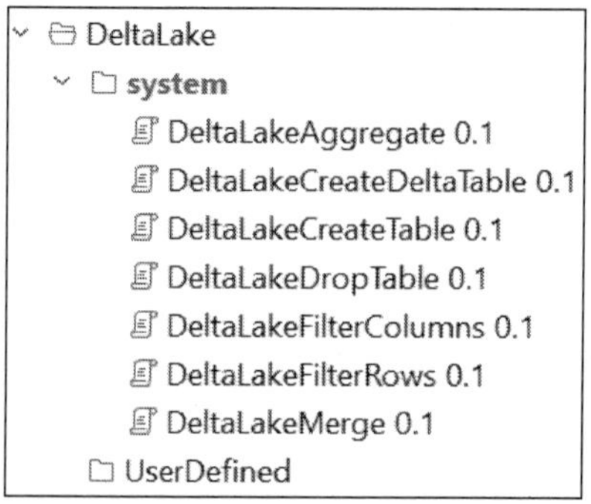

*Les modèles SQL **DeltaLake***

3.2 Generic

Generic permet d'intégrer le service de synchronisation avec un système de base de données qui offre une connectivité ODBC (*Open Database Connectivity*).

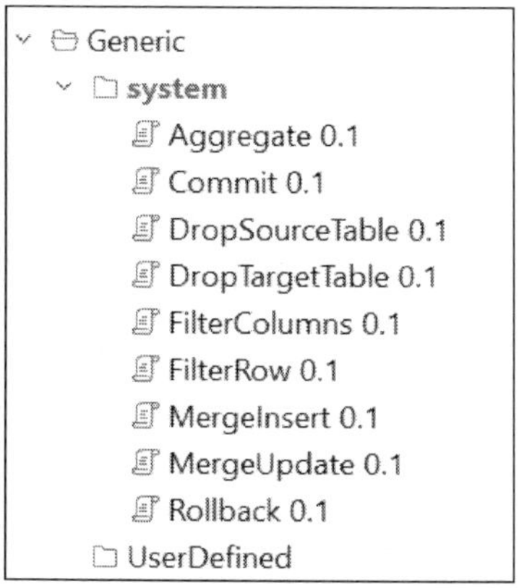

Les modèles SQL ***Generic***

3.3 Hive

Hive est un datawarehouse Hadoop (entrepôt de données) open source. Cet entrepôt de données recueille ainsi des données d'un ou plusieurs types de sources de données pour analyser et extraire des données à l'aide de requêtes syntaxiquement proches du langage SQL.

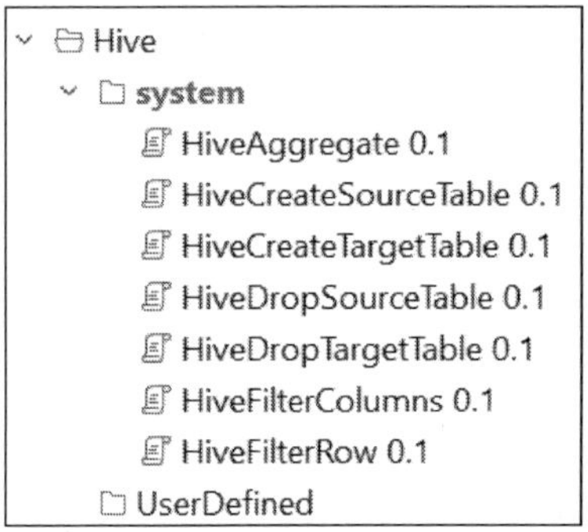

Les modèles SQL ***Hive***

3.4 MySQL

MySQL est un SGBD (système de gestion de bases de données) qui permet de créer, administrer et effectuer des requêtes SQL pour extraire des données.

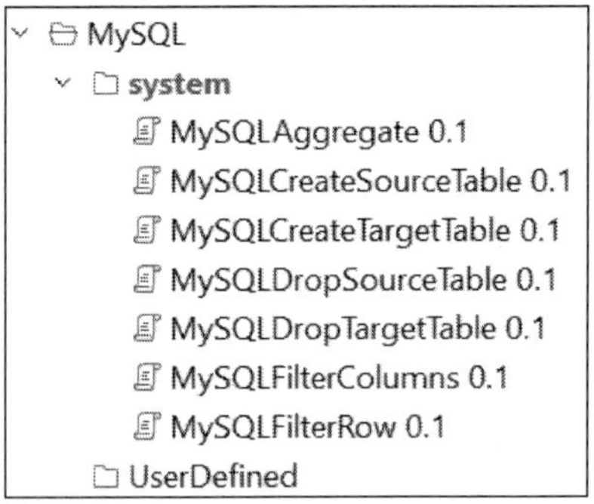

Les modèles SQL ***MySQL***

3.5 Netezza

Netezza SQL correspond au langage SQL Netezza exécuté sur des entrepôts de données Netezza développés par IBM.

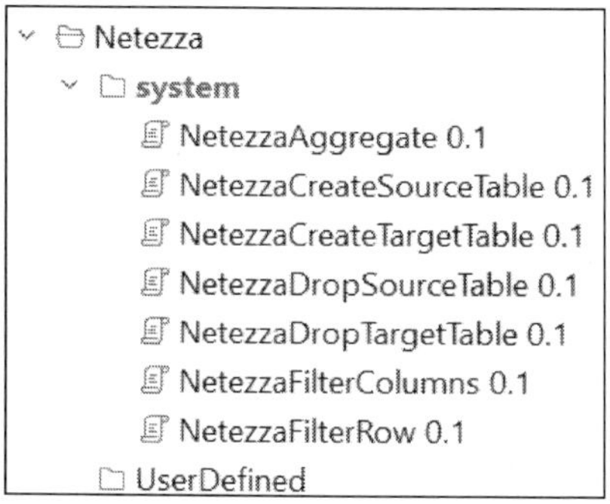

*Les modèles SQL **Netezza***

3.6 Oracle

Oracle est un SGBD qui permet de créer, administrer et effectuer des requêtes SQL pour extraire des données.

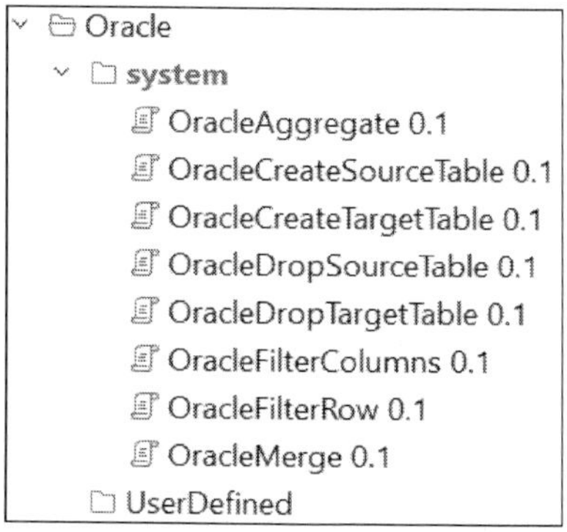

*Les modèles SQL **Oracle***

3.7 ParAccel

ParAccel est un SGBD conçu pour fournir des analyses avancées à l'aide du langage SQL.

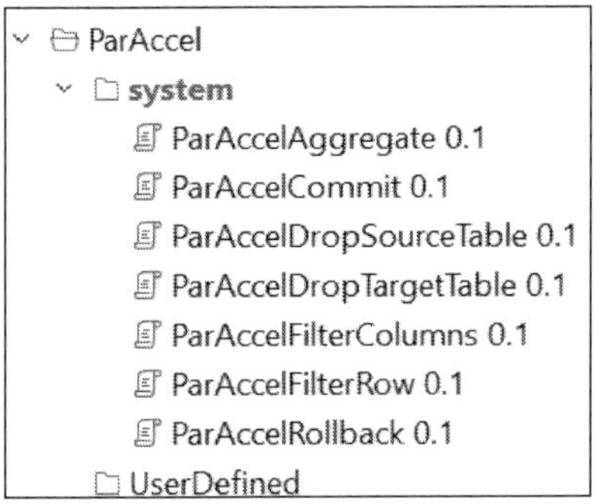

*Les modèles SQL **ParAccel***

3.8 Snowflake

Snowflake est une plateforme de données et un entrepôt de données sur le cloud qui prend en charge et permet l'extraction de données à l'aide du langage SQL. Elle permet également le partage de données.

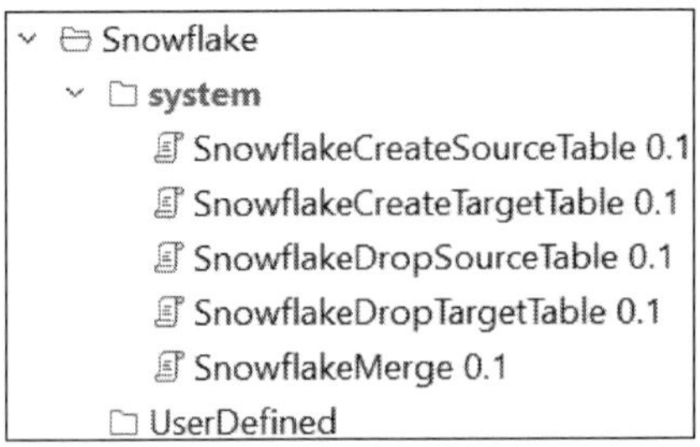

*Les modèles SQL **Snowflake***

3.9 Teradata

Teradata est un moteur d'analyse de bases de données à l'aide du langage SQL.

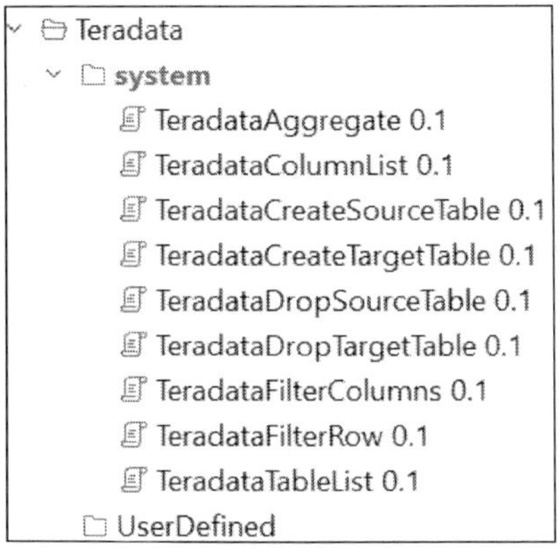

Les modèles SQL ***Teradata***

3.10 Vertica

Vertica offre un ensemble d'éléments SQL qui permettent de gérer et d'analyser des volumes massifs de données.

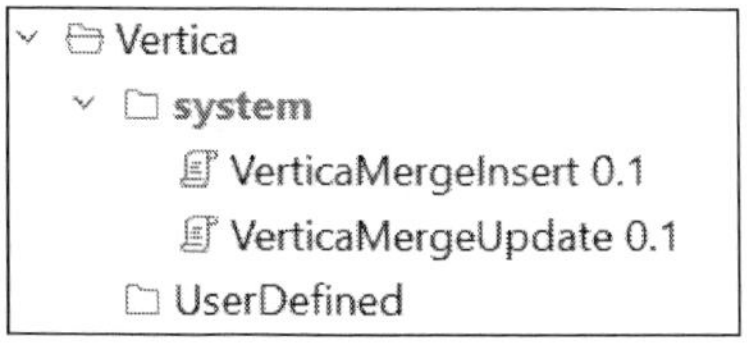

Les modèles SQL ***Vertica***

4. Job 32 : connecter Talend à une base de données

Avant de pouvoir effectuer des manipulations de bases de données sur Talend, la première étape consiste à établir une connexion avec la base de données. Pour cela, vous aurez besoin de collecter un ensemble d'informations spécifiques à la base de données..

Méthode

- Allez dans **Métadonnées** et effectuez un clic droit sur **Connexion aux bases de données**.
- Créez une nouvelle connexion.
- Remplissez les paramètres de la base de données.

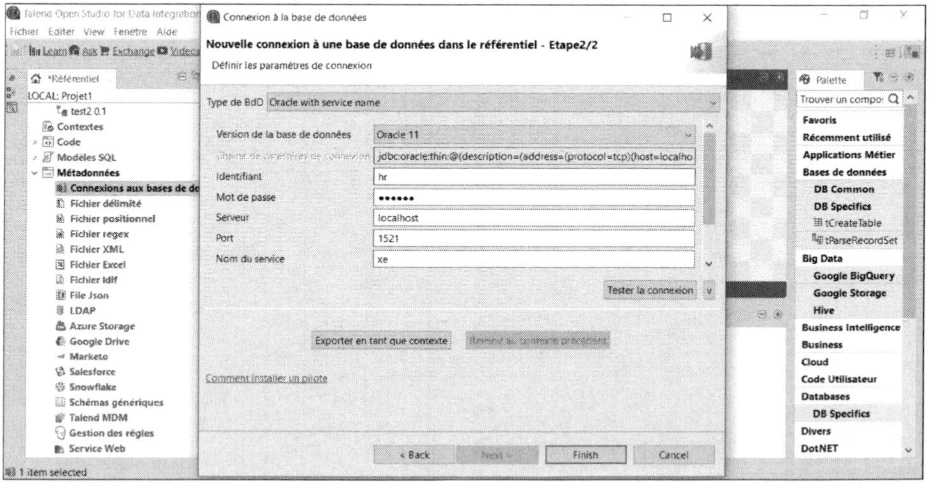

Paramètres de la base de données

5. Job 33 : importer des tables dans Talend

Après avoir connecté votre base de données à Talend vous aurez besoin d'importer les tables de cette dernière. Pour cela, il est nécessaire de récupérer et vérifier le schéma de la base de données, de sélectionner les tables à importer et surtout de définir le type des données de ces tables.

Méthode

- Allez dans **Métadonnées**.
- Allez dans **db_connections**.
- Effectuez un clic droit sur votre connexion.
- Sélectionnez **Récupérer le schéma**.
- Cliquez sur **Suivant**.
- Sélectionnez les tables à importer.
- Cliquez sur **Suivant**.
- Vérifiez que les informations sont bonnes (surtout sur les types de données).
- Cliquez sur **Terminer**.
- Vérifiez sur **Schémas des tables** que toutes les colonnes des tables sélectionnées ont été importées.

6. Job 34 : lier un fichier Excel et une BDD

Il est souvent nécessaire de travailler avec différentes sources de données à la fois, comme les bases de données et les fichiers plats par exemple, afin de compléter les données extraites de l'un ou de l'autre et ensuite charger les données intéressantes dans un autre fichier plat, une base de données ou même dans la log.

Méthode

- Allez dans **Palette**.
- Cherchez `tMap` (qui permet de faire la jointure).
- Glissez le composant `tMap` entre le fichier Excel et la base de données se trouvant dans la fenêtre.
- Effectuez un clic droit sur le fichier Excel.
- Sélectionnez **ligne**, allez dans **Main** et tirez un lien du côté du `tMap`.
- Effectuez un clic droit sur le `tMap` et allez dans **ligne** puis cliquez sur **New Output**.
- Effectuez un lien jusqu'à la base de données.
- Nommez le lien vers la base de données et cliquez sur **oui**.
- Cliquez sur le composant `tMap` (à gauche se trouve la structure du fichier Excel, à droite la structure de la table).
- Mappez les champs un à un (glissez un champ de gauche vers le champ qui lui correspond à droite).
- Cliquez sur **Appliquer** puis sur **OK** afin d'obtenir un job fonctionnel qu'il sera possible d'exécuter en cliquant sur **Exécuter**.

7. Job 35 : BDD_EXTRACTION

Dans ce job Talend **BDD_EXTRACTION**, il s'agit d'aborder le premier job concernant la manipulation des bases de données.

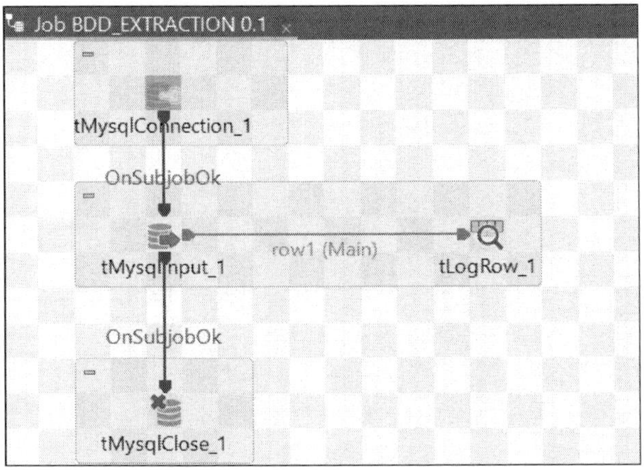

Job BDD_EXTRACTION

Le composant `tMysqlConnection` permet de vérifier que la connexion à une base de données **MySQL** s'est effectuée sans erreurs.

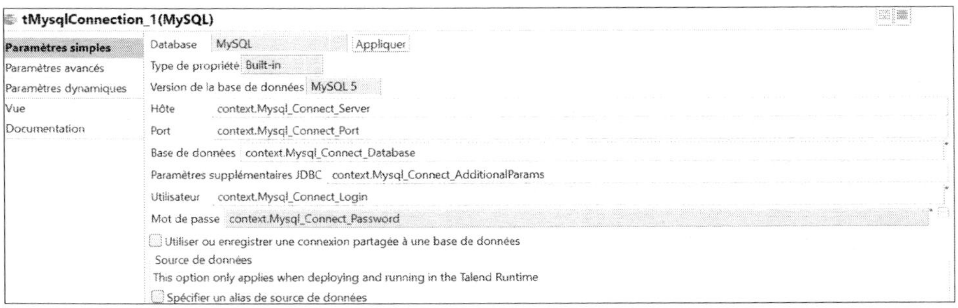

Paramètres du composant `tMysqlConnection`

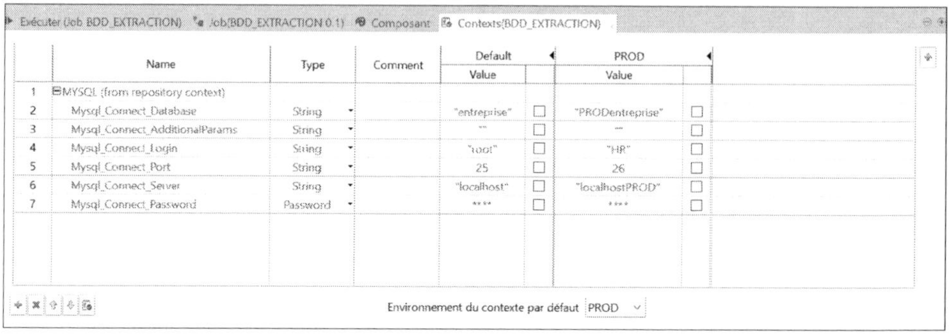

Contextes du composant `tMysqlConnection`

Le composant `tMysqlInput` permet de se connecter à une base de données MySQL et d'extraire les données à partir de celle-ci à l'aide d'une requête SQL (*Structured Query Language*).

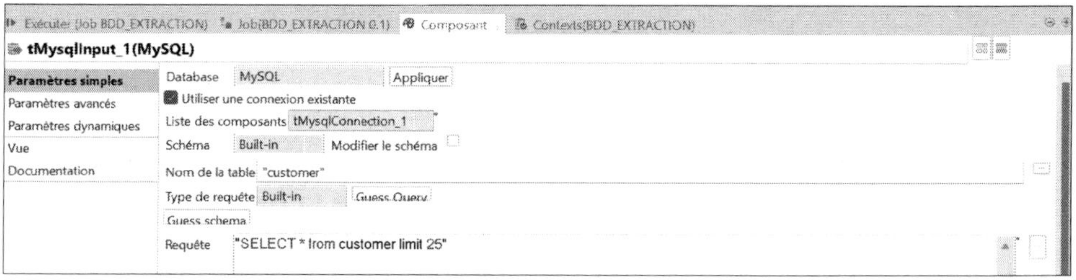

Paramètres du composant `tMysqlInput`

Dans ce composant `tMysqlInput`, une requête SQL a été mise en place et permet d'importer toutes les colonnes dans une limite de 25 lignes de données depuis la table `customer` de la base de données **MySQL**.

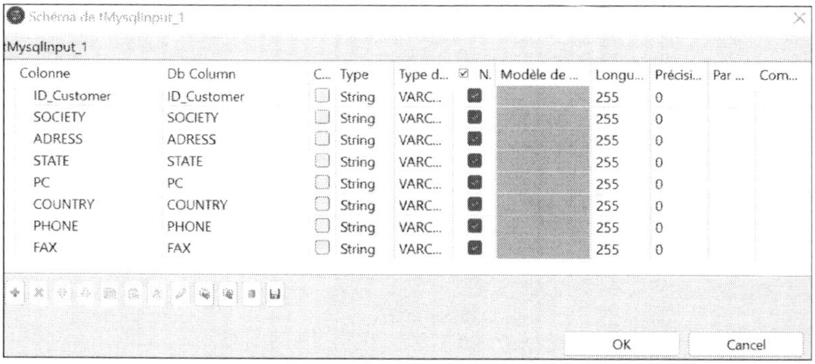

Schéma de la table `Customer`

Le composant `tMysqlClose` permet de se déconnecter de la base de données.

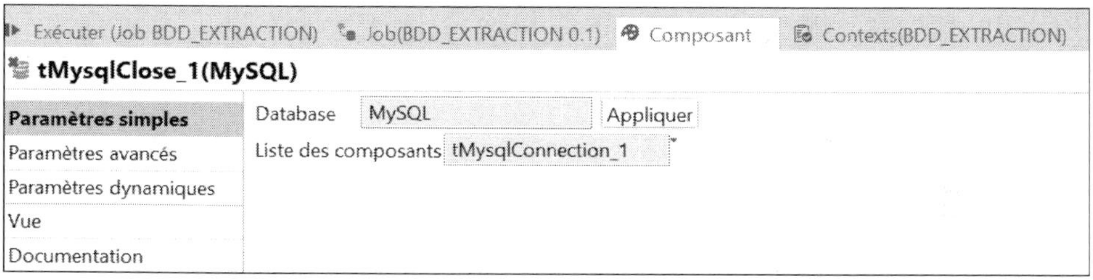

Paramétrage du composant `tMysqlClose`

8. Job 36 : CONNECT_AND_CHARGE

Le job Talend CONNECT_AND_CHARGE permet de se connecter à deux bases de données différentes Oracle et MySQL et d'extraire des données à partir de fichiers, afin de les charger dans les bases de données.

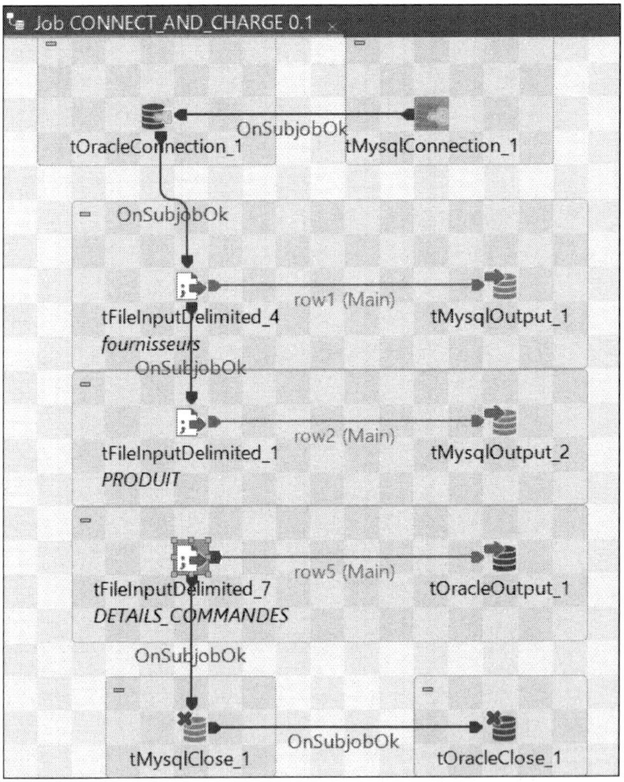

Job CONNECT_AND_CHARGE

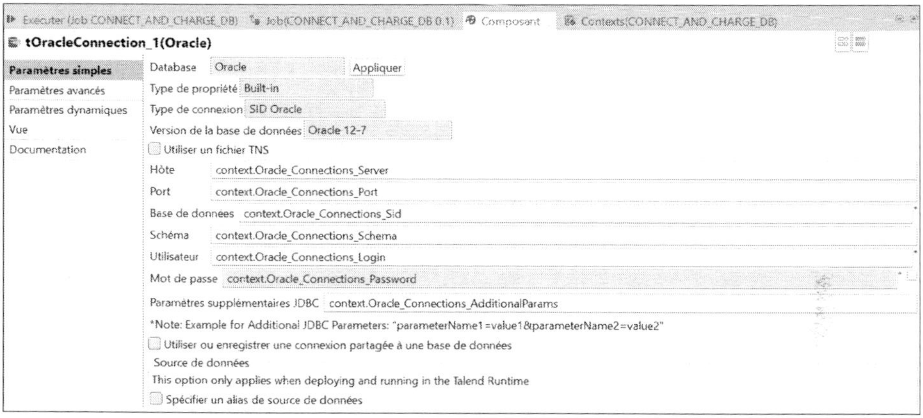

Paramètres du composant `tOracleConnection_1`

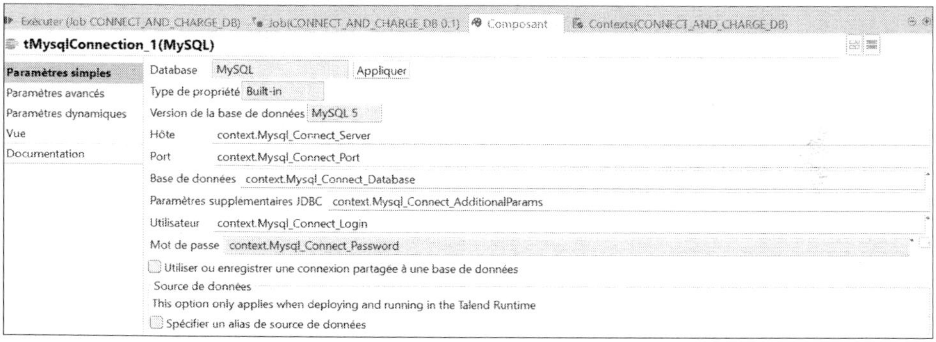

Paramètres du composant `tMysqlConnection_1`

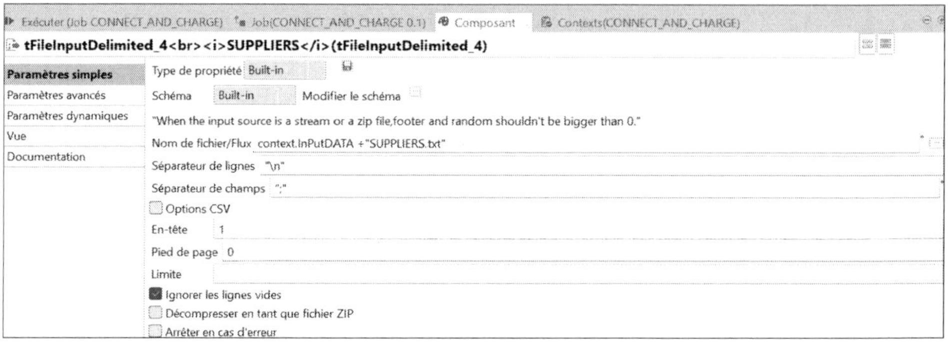

Paramètres du composant `tFileInputDelimited_4 (SUPPLIERS)`

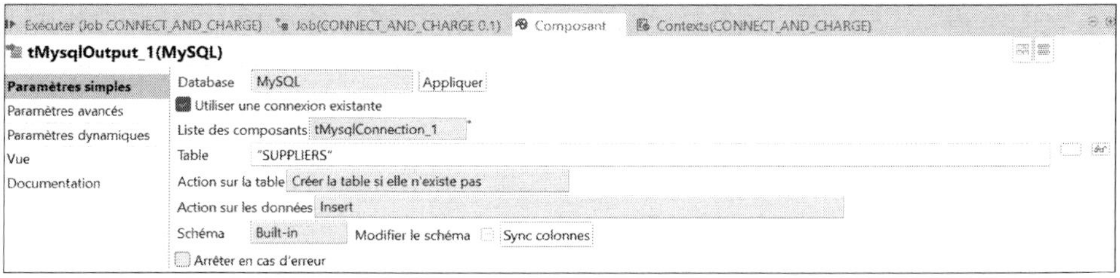

Paramètres du composant `tMysqlOutput_1 (SUPPLIERS)`

Remarque

Une action a été spécifiée sur la table en demandant à Talend de créer la table `SUPPLIERS` *si elle n'existe pas et d'y insérer les données extraites depuis le fichier SUPPLIERS.txt.*

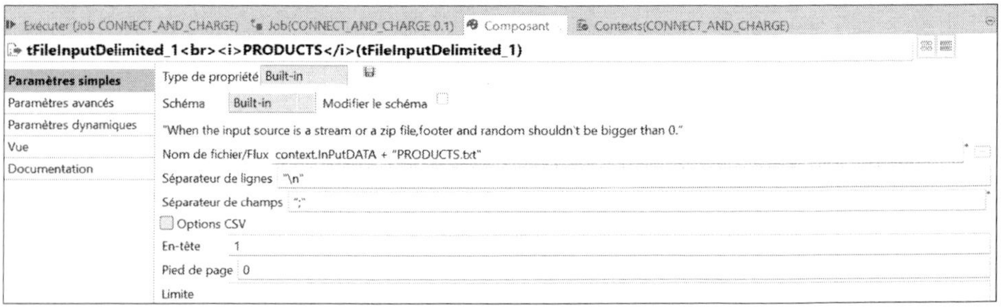

Paramètres du composant `tFileInputDelimited_1 (PRODUCTS)`

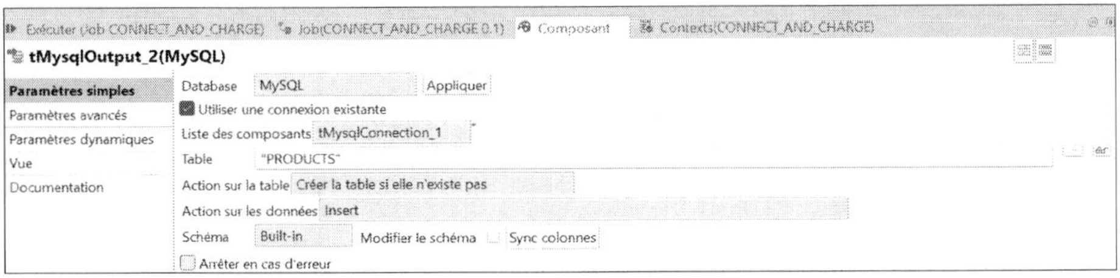

Paramètres du composant `tMysqlOutput_2 (PRODUCTS)`

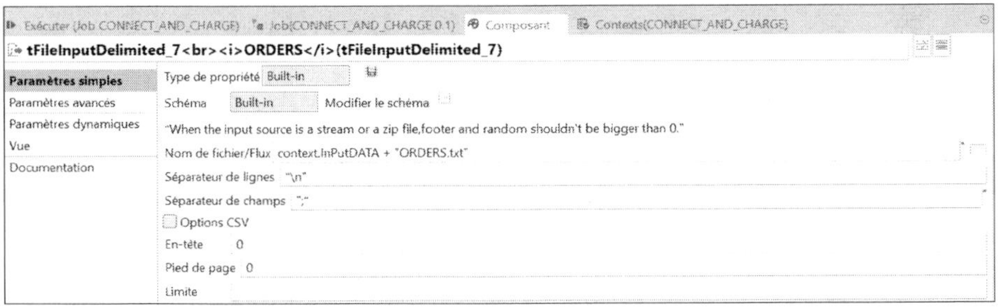

Paramètres du composant `tFileInputDelimited_7 (ORDERS)`

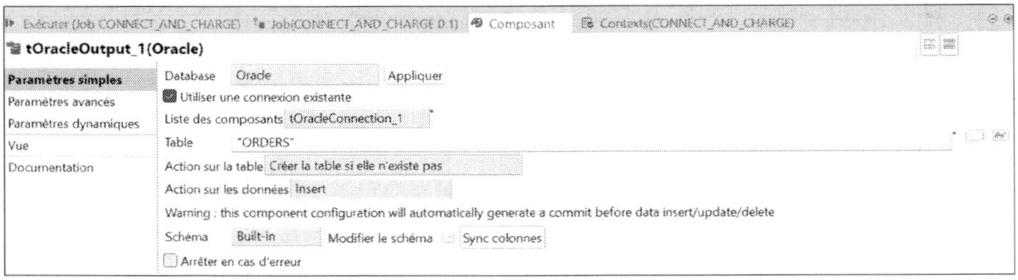

Paramètres du composant `tOracleOutput_1 (ORDERS)`

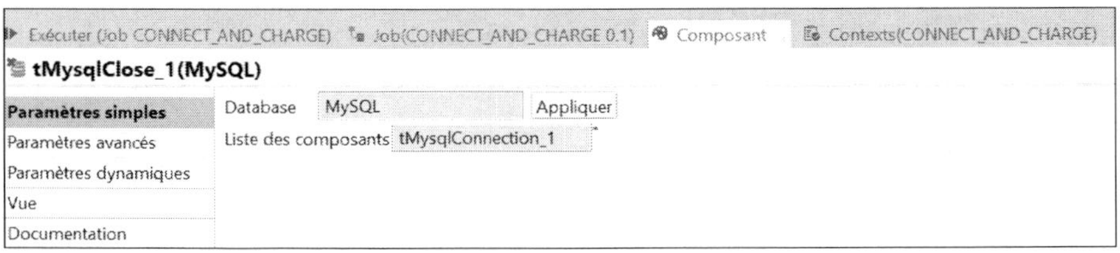

Paramètres du composant `tMysqlClose_1`

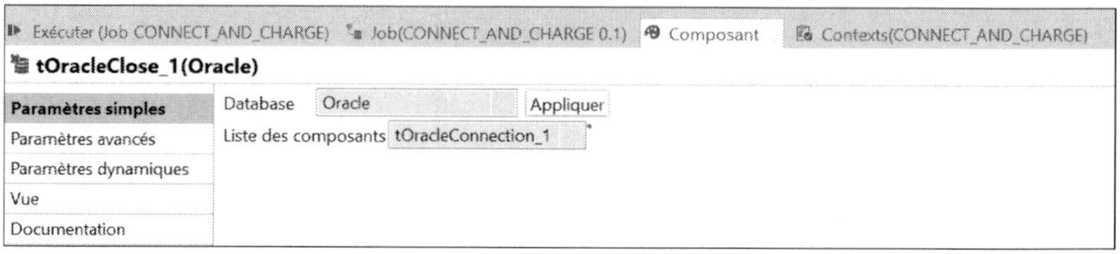

Paramètres du composant `tOracleClose_1`

	Name	Type	Comment	Default Value		PROD Value	
1	Mysql_Connect_Database	String		"entreprise"	☐	"PRODentreprise"	☐
2	Mysql_Connect_AdditionalParams	String		""	☐	""	☐
3	Mysql_Connect_Login	String		"root"	☐	"HR"	☐
4	Mysql_Connect_Port	String		25	☐	26	☐
5	Mysql_Connect_Server	String		"localhost"	☐	"localhostPROD"	☐
6	Mysql_Connect_Password	Password		****	☐	****	☐

Groupe de contextes MySQL

	Name	Type	Comment	Default Value	
1	Oracle_Connection_Schema	String			☐
2	Oracle_Connection_Server	String			☐
3	Oracle_Connection_AdditionalParams	String			☐
4	Oracle_Connection_Login	String		TALEND8	☐
5	Oracle_Connection_Sid	String		XE	☐
6	Oracle_Connection_Password	Password		***	☐
7	Oracle_Connection_Port	String		1521	☐

Groupe de contextes Oracle

9. Job 37 : JOIN_MULTI_BASE

Le job Talend **JOIN_MULTI_BASE** permet de se connecter à deux bases de données différentes Oracle et MySQL et d'extraire des données à partir de fichiers afin de les charger dans les bases de données. Une jointure sera également effectuée entre deux bases de données **MySQL** pour charger les données de celles-ci dans deux autres bases de données d'un type différent.

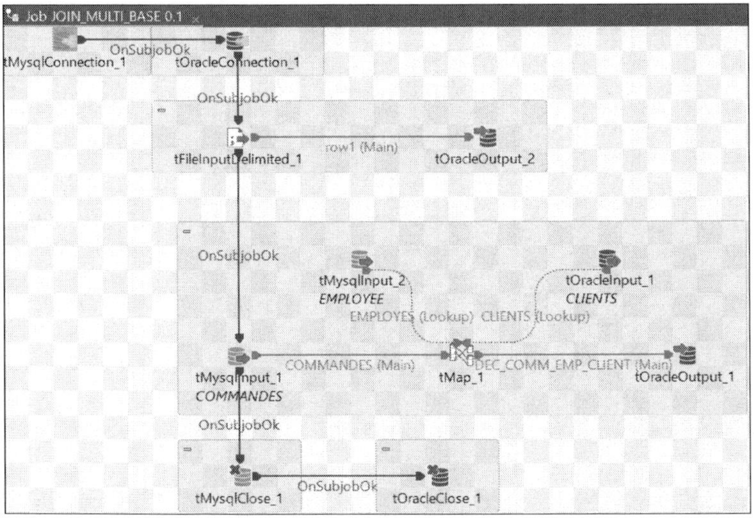

Job JOIN_MULTI_BASE

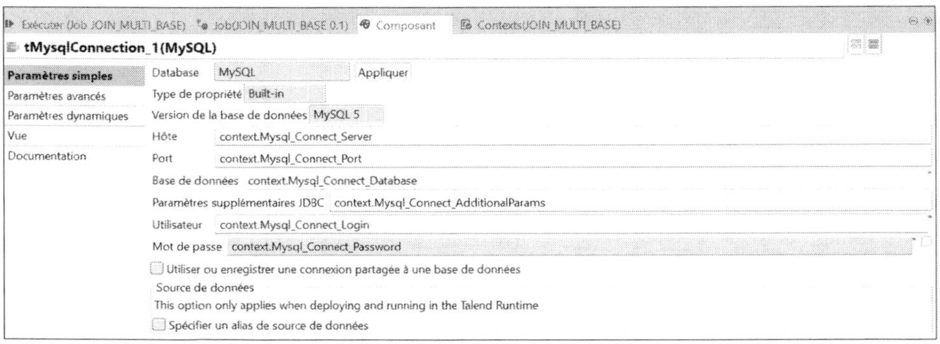

Paramètres du composant `tMysqlConnection`

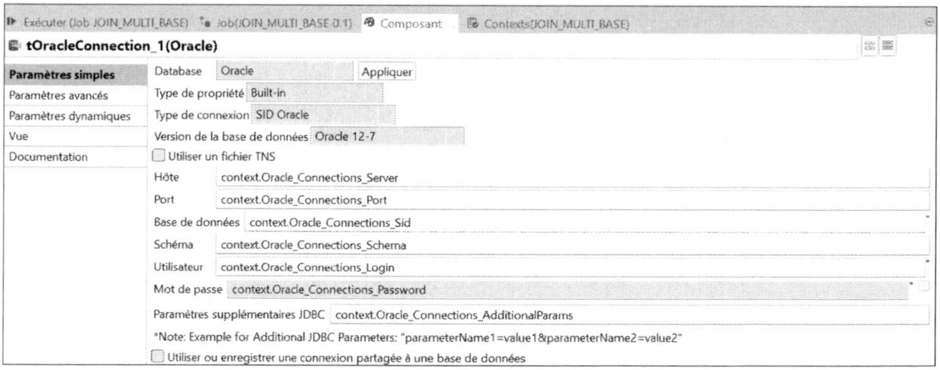

Paramètres du composant `tOracleConnection_1`

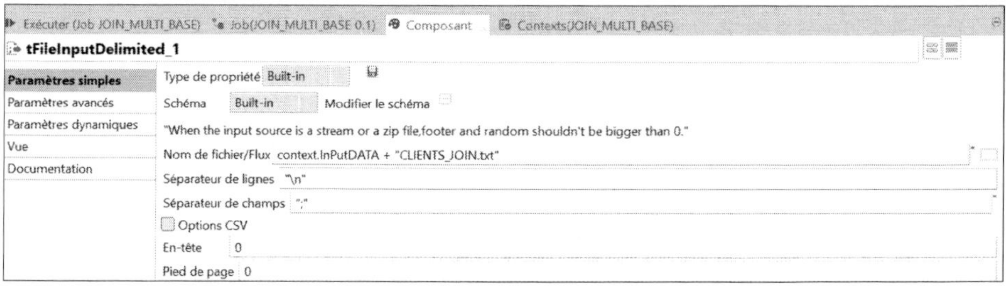

Paramètres du composant `tFileInputDelimited_1`

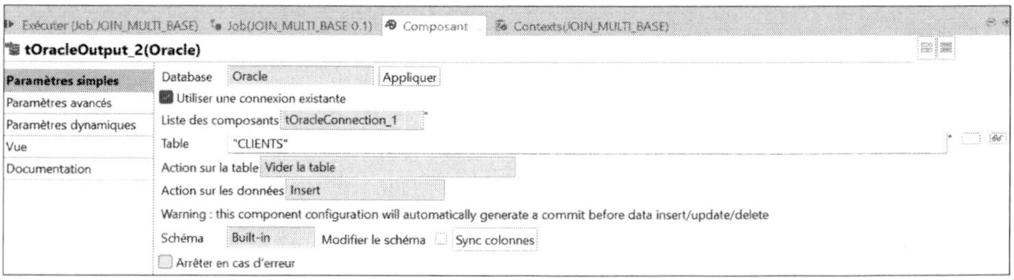

Paramètres du composant `tOracleOutput_2`

Paramètres du composant `tMysqlInput_1 (COMMANDES)`

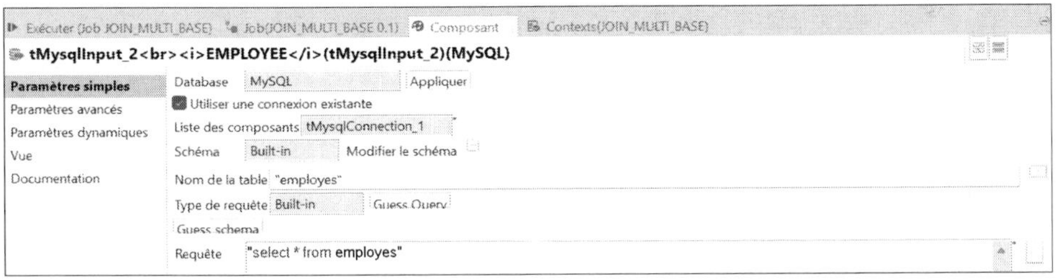

Paramètres du composant `tMysqlInput_2 (EMPLOYEE)`

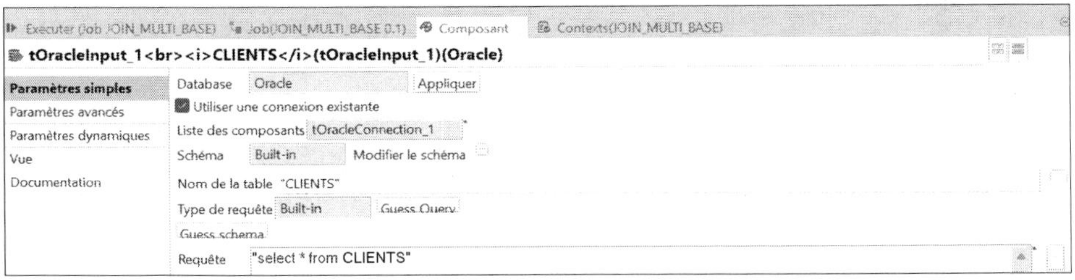

Paramètres du composant `tOracleInput_1 (CLIENTS)`

Remarque

Les trois bases de données présentées [nommer ici les BDD] servent à extraire des données. La base de données tMysqlInput_1 (Commandes) a été alimentée par le fichier CLIENTS_JOIN.txt comme illustré dans le job précédent.

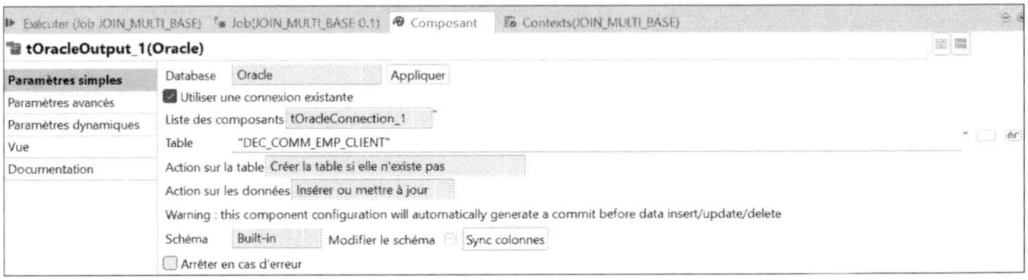

Paramètres du composant `tOracleOutput_1`

Remarque

Le composant `tOracleOutput_1` *représente la base de données de destination dans le tMap. Il sera chargé avec les données provenant des trois bases de données : tMysqlInput_1, tMysqlInput_2 et tOracleInput_1.*

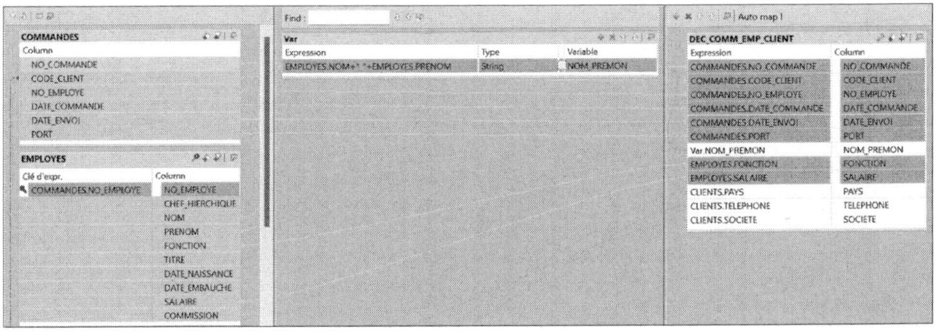

Contenu du `tMap`

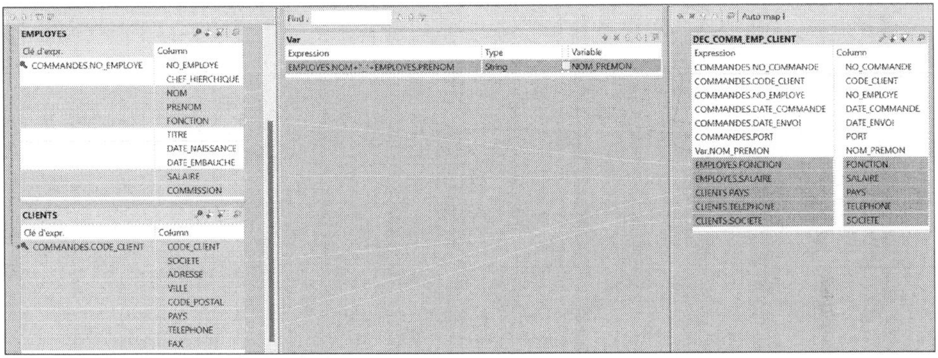

Contenu du `tMap` *(suite)*

Remarque

Comme vous l'avez sûrement remarqué, une variable `NOM_PRENOM` *a été créée, elle sert à effectuer l'opération de concaténation du nom et du prénom avec un underscore (_) entre les deux.*

Remarque

Les clés des tables sont `CODE_CLIENT` *entre les bases de données COMMANDES et CLIENTS et* `NO_EMPLOYES` *entre COMMANDES et EMPLOYES.*

Remarque

La jointure utilisée est un Left Outer Join avec un Match Model sur Correspondance unique.

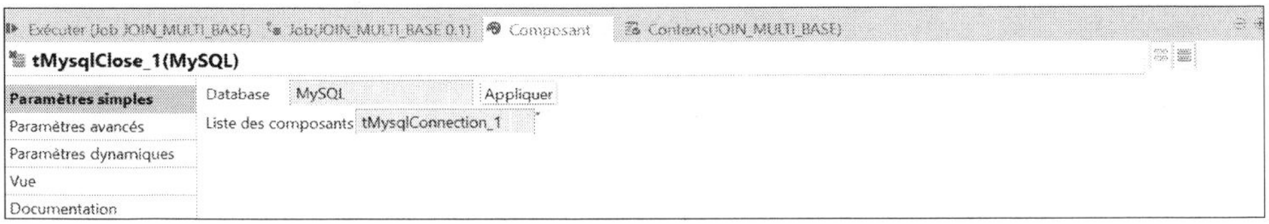

Paramètres du composant `tMysqlClose_1`

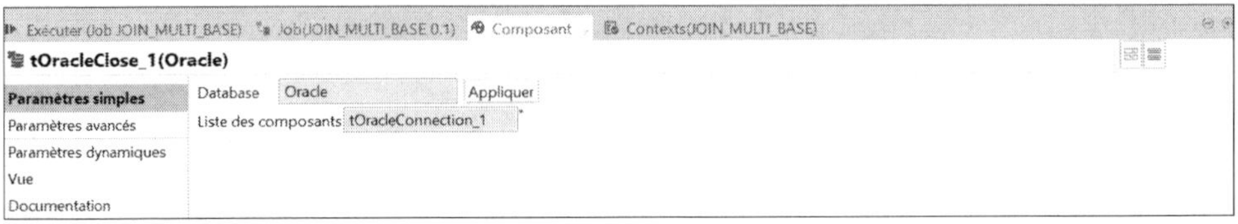

Paramètres du composant `tOracleClose_1`

10. Chargement Bulk (Massif)

Pour intégrer de fortes volumétries de données dans une base de données, il est préférable de charger les données en bulk (massivement) et non pas ligne à ligne. En effet, dans une insertion ligne à ligne, l'ETL appelle le SGBD pour lui transmettre une ligne, le SGBD réserve l'espace mémoire pour accueillir la ligne et l'insérer, et ces opérations se répètent en boucle jusqu'à réception de toutes les lignes sélectionnées, ce qui peut être vraiment très long. Dans le cas d'un chargement en bulk, l'ETL ordonne les lignes par paquets tandis que le SGBD se prépare en allouant de la mémoire en amont afin qu'il puisse recevoir toutes ces données. Ce mode d'intégration est donc idéal pour charger un DWH (*Data Warehouse*).

10.1 Chargement Bulk indirect

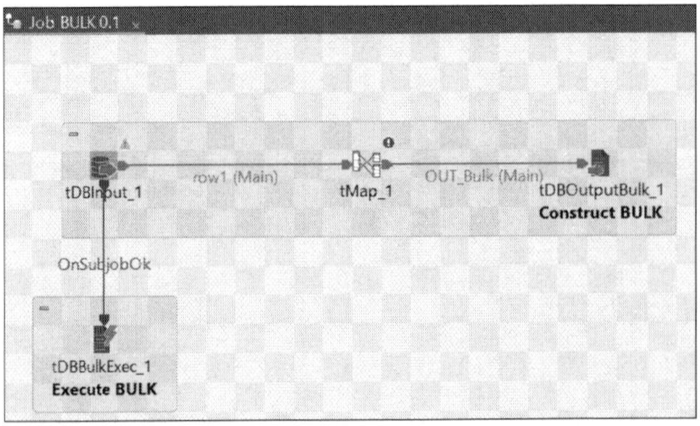

Job BULK

Une fois les données à charger récupérées avec le composant `tOracleInput`, il est possible de passer par le `tMap` afin de transformer les données si nécessaire, pour ensuite construire le fichier Bulk à l'aide du composant `tOracleOutputBulk`. Pour les chargements en Bulk, il est préférable de les exécuter directement sur le serveur d'exécution et d'y déposer le fichier Bulk, puis de le déplacer vers le serveur de la base cible en utilisant les protocoles de transfert de fichiers, par exemple **tSCPPut** ou **tFTPPut**. Une fois le fichier bulk déposé au bon endroit, il ne reste plus qu'à exécuter le chargement massif.

10.2 Chargement Bulk direct

Lorsqu'il n'est pas nécessaire de transformer les données, il est possible de réaliser les opérations de construction du fichier bulk et d'exécution du chargement massif à l'aide d'un seul composant `tDBOutputBulkExec`.

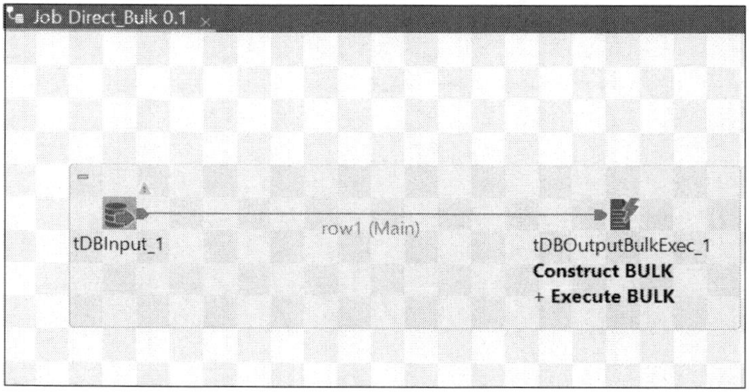

Job Direct_Bulk

Chapitre 5
Examen pratique et correction

1. Introduction

Dans ce chapitre, il s’agit d’exécuter un projet commercial qui comprend la plupart des actions effectuées en environnement professionnel. Avant de commencer cet atelier, assurez-vous de comprendre tous les concepts de base afin de comprendre l'objectif de ce projet.

Les données seront extraites de la base de données source (SRC) et filtrées à l'aide du tMap pour remplir la base de données intermédiaire (STG). Deux bases de données de sortie, à savoir les refus et les alertes, seront créées au format de fichier délimité. Ensuite, ces données agrégées seront chargées dans la base de données DWH.

2. Spécifications

Il s'agit de construire un petit entrepôt de données (*Data Warehouse*, DWH) pour un opérateur de téléphonie mobile (cette fonctionnalité a bien sûr été choisie comme exemple).

Le chargement se fera en trois phases : d'abord, l'espace de staging est chargé, l'espace est validé, puis l'entrepôt de données est chargé à partir de l'espace de staging.

Cette architecture permet de qualifier les données avant qu'elles ne soient finalement chargées et d'obtenir des données stables lorsque des événements se produisent.

La spécification doit être lue dans son intégralité avant de commencer tout développement.

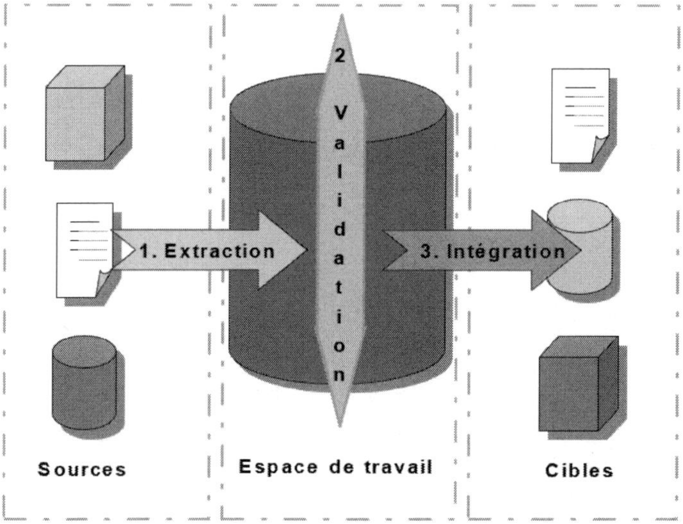

Architecture du développement des jobs

3. Sources

Ce chapitre décrit les structures des sources qui vont être manipulées durant la formation.

Les sources de données sont hétérogènes (base Oracle et fichiers plats).

3.1 Données de référence Client

- Source : fichier plat
- Le séparateur de champ est le point-virgule. La première ligne du fichier est le nom des champs.

Champs	Type	Description
Id_Client	NUMBER(10)	Identifiant du client
Nom_Client	VARCHAR(15)	Nom du client
Prenom_Client	VARCHAR(20)	Prénom du client
Numéro	VARCHAR(10)	Numéro de téléphone du client
Id_Offre	NUMBER(3)	Identifiant de l'offre souscrite par le client
Date_abonnement	DATE	Date de souscription de l'offre

Données de référence Client

3.2 Données de référence Offre

- Source : fichier plat
- Le séparateur de champ est le point-virgule. La première ligne du fichier est le nom des champs.

Champs	Type	Description
Id_Offre	NUMBER(3)	Identifiant de l'offre
Lib_Offre	VARCHAR(15)	Libellé de l'offre
Desc_Offre	VARCHAR(30)	Description de l'offre

Données de référence Offre

3.3 Données de référence Direction

- Source : table Oracle – SRC_REFDIRECTION

Champs	Type	Description
Id_Direction	NUMBER(1)	Identifiant de la direction
Lib_Direction	VARCHAR(15)	Libellé de la direction

Données de référence Direction

3.4 Données de référence Distance

– Source : table Oracle - `SRC_REFDISTANCE`

Champs	Type	Description
Id_Distance	NUMBER(2)	Identifiant de la distance
Lib_Distance	VARCHAR(15)	Libellé de la distance
Desc_Distance	VARCHAR(50)	Description de la distance

Données de référence Distance

3.5 Données de référence Produit

Id_Produit	NUMBER(1)	Identifiant du produit
Lib_Produit	VARCHAR(8)	Libellé du produit
Desc_Produit	VARCHAR(20)	Description du produit

Données de référence Produit

3.6 Données de fait Appels

– Source : fichier plat

Champs	Type	Description
Id_Client	NUMBER(10)	Identifiant du client
Date_appel	DATE	Date de l'appel
Heure_appel	VARCHAR(5)	Heure de l'appel
No_appelant	VARCHAR(20)	Numéro appelant
No_appele	VARCHAR(20)	Numéro appelé
Id_Direction	NUMBER(1)	Id de la direction de l'appel
Id_Produit	NUMBER(1)	Identifiant du produit de l'appel
Id_Distance	NUMBER(2)	Identifiant de la distance de l'appel
Durée	NUMBER(5)	Durée de l'appel

Données de fait Appels

4. Chargements

Cette section décrit les actions et contrôles à effectuer pour le chargement des données.

4.1 Description des actions à effectuer

Ce tableau récapitule les différents types d'actions rencontrés dans les associations entre les données sources et les données cibles.

Action	Description
Filtre	L'occurrence est filtrée (et non enregistrée)
Rejet	L'occurrence est rejetée dans un fichier
Alerte	L'occurrence est intégrée mais l'erreur doit être signalée via les logs

4.2 Structure de l'espace de travail

Les données ont été chargées dans un espace de travail avec des tables temporaires dont la structure est la même que celle des sources. Ceci a été fait dans le but d'appliquer des règles de formatage et d'effectuer des contrôles de cohérence sur les données.

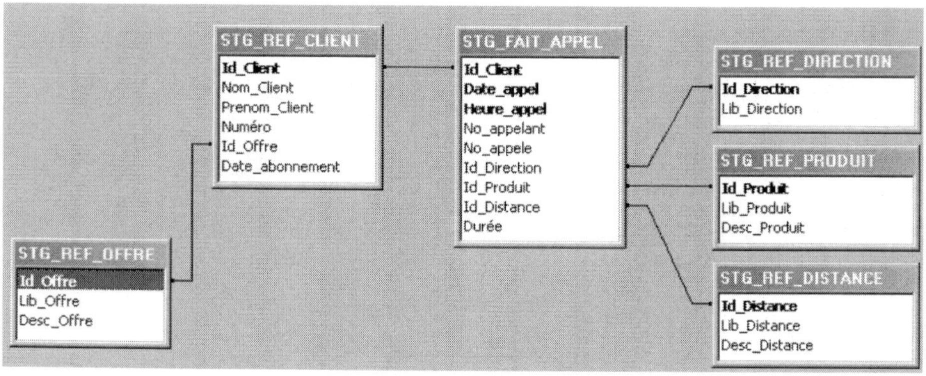

Structure de l'espace de travail

4.3 Liste des chargements de l'espace de travail (Staging Area)

Ce planning fournit l'ordre des étapes d'extraction des tables, mais il est à noter que les tables peuvent être chargées indépendamment les unes des autres (à l'exception des deux dernières qui dépendent des données d'autres tables). La façon d'exécuter des flux indépendants en parallèle sera expliquée ultérieurement.

No	Source	Cible	Stratégie
#1	SRC_REFDIRECTION	STG_REF_DIRECTION	Annule et remplace
#2	SRC_REFDISTANCE	STG_REF_DISTANCE	Annule et remplace
#3	SRC_REFPRODUIT	STG_REF_PRODUIT	MAJ/insertion
#4	SRC_RefOffre_20030410.csv	STG_REF_OFFRE	MAJ/insertion
#5	SRC_RefClient_20030410.csv	STG_REF_CLIENT	MAJ/insertion
#6	SRC_FaitAppels_20030410.txt	STG_FAIT_APPEL	Insertion

Liste des chargements de l'espace de travail (Staging Area)

Chargement #1 - Direction

Colonne	Contrôles et Règles de chargement		Action
Id_Direction	(C11)	Doit être un entier positif	Filtre
Lib_Direction	-	-	-

Chargement Direction

Chargement #2 - Distance

Colonne	Contrôles et Règles de chargement		Action
Id_Distance	(C21)	Doit être un entier positif ou négatif	Filtre
Lib_Distance	(R21)	Si NULL, mettre à "Non renseigné"	-
Desc_Distance	-	-	-

Chargement Distance

Chargement #3 - Produit

Colonne	Contrôles et Règles de chargement		Action
Id_Produit	(C31)	Doit être un entier positif	Filtre
Lib_Produit	(R31)	Mettre en majuscule Si NULL, mettre à "Inconnu"	-
Desc_Produit	-	-	-

Chargement Produit

Chargement #4 - Offre

Colonne	Contrôles et Règles de chargement		Action
Id_Offre	(C41)	Doit être un entier positif	Rejet
Lib_Offre	(R41)	Mettre en majuscule Si NULL, mettre à "Inconnu"	-
Desc_Offre	(R42)	Si champ trop long pour la colonne, tronquer la donnée.	-

Chargement Offre

Chargement #5 - Client

Colonne	Contrôles et Règles de chargement		Action
Id_Client	(C51)	Doit être un entier positif	Rejet
Nom_Client	(R51)	Mettre en majuscule	-
Prenom_Client	(R52)	Première lettre en majuscule	-
Numéro	(C52)	Doit être renseigné	Rejet
	(C53)	Doit être au format "06" suivi de 8 chiffres	Alerte
Id_Offre	(C54)	Doit exister dans STG_REF_OFFRE	Rejet
Date_abonnement	(R53)	Si vide, mettre à "2002-01-01"	-

Chargement Client

Chargement #6 - Appel

Colonne	Contrôles et Règles de chargement		Action
Id_Client	(C61)	Doit être renseigné et doit exister dans STG_REF_CLIENT	Rejet
Date_appel	(C62)	Doit être renseigné	Rejet
Heure_appel	(R61)	Si vide, mettre "12:00"	-
No_appelant	(C63)	Doit être au format "10 chiffres" ou au format "+" suivi de 19 chiffres max	Alerte
No_appele	(C64)	Doit être au format "10 chiffres" ou au format "+" suivi de 19 chiffres max	Alerte
Id_Direction	(C65)	Doit être renseigné et doit exister dans STG_REF_DIRECTION	Rejet

Chargement Appel

Id_Produit	(C66)	Peut être vide, sinon doit exister dans STG_REF_PRODUIT	Rejet
Id_Distance	(C67)	Doit être renseigné et doit exister dans STG_REF_DISTANCE	Rejet
Durée	(C68)	Doit être un entier positif sinon mettre à 0	-

Chargement Appel (suite)

5. Structure du Data Warehouse

Le Data Warehouse est la base finale qui sera accessible aux utilisateurs. Elle contiendra les données atomiques enrichies ainsi que deux tables agrégées.

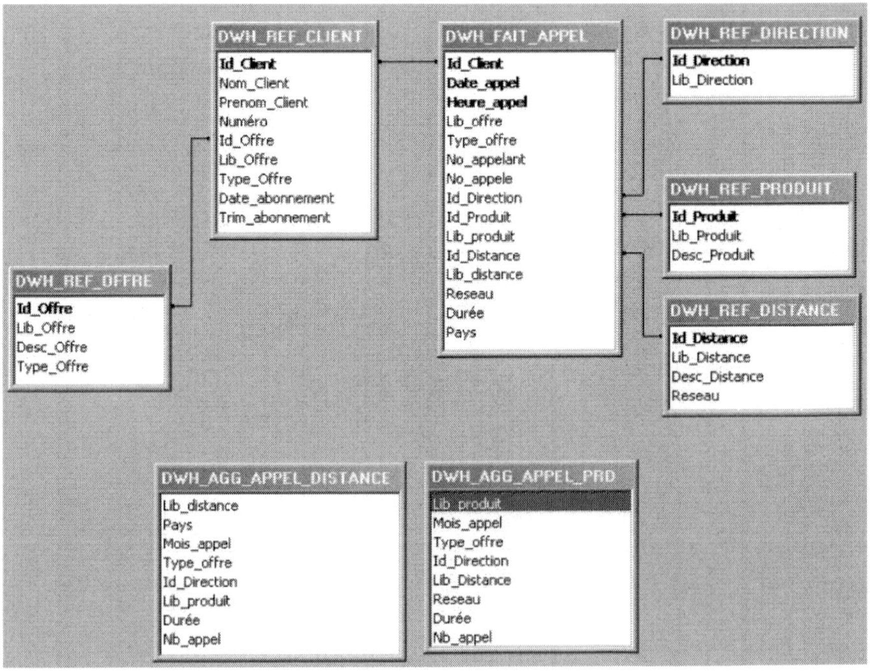

Structure du Data Warehouse

Liste des chargements du Data Warehouse

Cette section décrit les traitements et les règles de gestion à effectuer sur les colonnes de chaque table.

– Chargement de DWH_REF_DIRECTION

Colonne	Mapping
Id_Direction	STG_REF_DIRECTION.Id_Direction
Lib_Direction	STG_REF_DIRECTION.Lib_Direction

Chargement de DWH_REF_DIRECTION

– Chargement de DWH_REF_PRODUIT

Colonne	Mapping
Id_Produit	STG_REF_PRODUIT.Id_Produit
Lib_Produit	STG_REF_PRODUIT.Lib_Produit
Desc_Produit	STG_REF_PRODUIT.Desc_Produit

Chargement de DWH_REF_PRODUIT

– Chargement de DWH_REF_DISTANCE

Colonne	Mapping
Id_Distance	STG_REF_DISTANCE.Id_Distance
Lib_Distance	STG_REF_DISTANCE.Lib_Distance
Desc_Distance	STG_REF_DISTANCE.Desc_Distance
Reseau	Analyse du champ STG_REF_DISTANCE.Desc_Distance : ▪ Si Desc_Distance contient le mot "fixe" (en majuscule ou en minuscule), alors mettre "FIXE" ▪ Sinon, si Desc_Distance contient le mot "portable" (idem), alors mettre "GSM" ▪ Sinon mettre "INCONNU"

Chargement de DWH_REF_DISTANCE

– Chargement de DWH_REF_OFFRE

Colonne	Mapping
Id_Offre	STG_REF_OFFRE.Id_Offre
Lib_Offre	STG_REF_OFFRE.Lib_Offre
Desc_Offre	STG_REF_OFFRE.Desc_Offre
Type_Offre	Analyse du champ STG_REF_OFFRE.Id_Offre : ▪ Si Id_Offre commence par "2", alors mettre "PREPAID" ▪ Si Id_Offre commence par "5", alors mettre "POSTPAID" ▪ Sinon mettre "INCONNU"

Chargement de DWH_REF_OFFRE

– Chargement de DWH_REF_CLIENT

Colonne	Mapping
Id_Client	STG_REF_CLIENT.Id_Client
Nom_Client	STG_REF_CLIENT.Nom_Client
Prenom_Client	STG_REF_CLIENT.Prenom_Client
Numéro	STG_REF_CLIENT.Numéro
Id_Offre	STG_REF_CLIENT.Id_Offre
Lib_Offre	STG_REF_OFFRE.Lib_Offre par rapport à Id_Offre
Type_Offre	Analyse du champ STG_REF_CLIENT.Id_Offre : ▪ Si Id_Offre commence par "2", alors mettre "PREPAID" ▪ Si Id_Offre commence par "5", alors mettre "POSTPAID" ▪ Sinon mettre "INCONNU"
Date_abonnement	STG_REF_CLIENT.Date_abonnement
Trim_abonnement	Analyse du champ STG_REF_CLIENT.Date_abonnement : ▪ Définir le trimestre en fonction de la date ▪ Le trimestre doit être stocké au format YYYYTT avec TT = "01", "02", "03" ou "04"

Chargement de `DWH_REF_CLIENT`

– Chargement de DWH_FAIT_APPEL

Colonne	Mapping
Id_Client	STG_FAIT_APPEL.Id_Client
Date_appel	STG_FAIT_APPEL.Date_appel
Heure_appel	STG_FAIT_APPEL.Heure_appel
Lib_Offre	DWH_REF_CLIENT.Lib_Offre par rapport à Id_Client
Type_Offre	DWH_REF_CLIENT.Type_Offre par rapport à Id_Client
No_appelant	STG_FAIT_APPEL.No_appelant
No_appele	STG_FAIT_APPEL.No_appele
Id_Direction	STG_FAIT_APPEL.Id_Direction

Premier chargement de `DWH_FAIT_APPEL`

Colonne	Mapping
Id_Produit	STG_FAIT_APPEL.Id_Produit
Lib_Produit	DWH_REF_PRODUIT.Lib_Produit par rapport à Id_Produit
Id_Distance	STG_FAIT_APPEL.Id_Distance
Lib_Distance	DWH_REF_DISTANCE.Lib_Distance par rapport à Id_Distance
Reseau	DWH_REF_DISTANCE.Reseau par rapport à Id_Distance
Duree	STG_FAIT_APPEL.Duree
Pays	Analyse de Id_Distance / No_appelant / No_appele: ▪ Si Id_Distance n'est pas "5", alors mettre "France" ▪ Sinon analyse du numéro international (No_appelant (si id_direction = 1) ou No_appele (si id_direction =2)) : ▪ Si numero commence par "+30", mettre "Grèce" ▪ Si numero commence par "+33", mettre "France" ▪ Si numero commence par "+352", mettre "Luxembourg" ▪ Si numero commence par "+377", mettre "Monaco" ▪ Si numero commence par "+41", mettre "Suisse" ▪ Si numero commence par "+44", mettre "Royaume Uni" ▪ Si numero commence par "+45", mettre "Danemark" ▪ Si numero commence par "+49", mettre "Allemagne" Sinon mettre "Autre"

Deuxième chargement de DWH_FAIT_APPEL

– Chargement de DWH_AGG_APPEL_PRD

Colonne	Mapping
Lib_Produit	GROUPEMENT sur DWH_FAIT_APPEL.Lib_Produit
Mois_appel	GROUPEMENT sur le mois et l'année de DWH_FAIT_APPEL.Date_appel
Type_Offre	GROUPEMENT sur DWH_FAIT_APPEL.Type_Offre
Id_Direction	GROUPEMENT sur DWH_FAIT_APPEL.Id_Direction
Lib_Distance	GROUPEMENT sur DWH_FAIT_APPEL.Lib_Distance
Reseau	GROUPEMENT sur DWH_FAIT_APPEL.Reseau
Duree	MOYENNE de DWH_FAIT_APPEL.Duree
Nb_appel	COMPTAGE du nombre de lignes groupées

Agrégation de la table DWH_FAIT_APPEL

– **Chargement de DWH_AGG_APPEL_DISTANCE**

Colonne	Mapping
Lib_Distance	GROUPEMENT sur DWH_FAIT_APPEL.Lib_Distance
Pays	GROUPEMENT sur DWH_FAIT_APPEL.Pays
Mois_appel	GROUPEMENT sur le mois et l'année de DWH_FAIT_APPEL.Date_appel
Type_Offre	GROUPEMENT sur DWH_FAIT_APPEL.Type_Offre
Id_Direction	GROUPEMENT sur DWH_FAIT_APPEL.Id_Direction
Lib_Produit	GROUPEMENT sur DWH_FAIT_APPEL.Lib_Produit
Duree	MOYENNE de DWH_FAIT_APPEL.Duree
Nb_appel	COMPTAGE du nombre de lignes groupées

Agrégation de la table DWH_FAIT_APPEL

6. Correction de l'examen

6.1 Chargement SRC vers STG

6.1.1 JOB_DIRECTION_SRC_STG

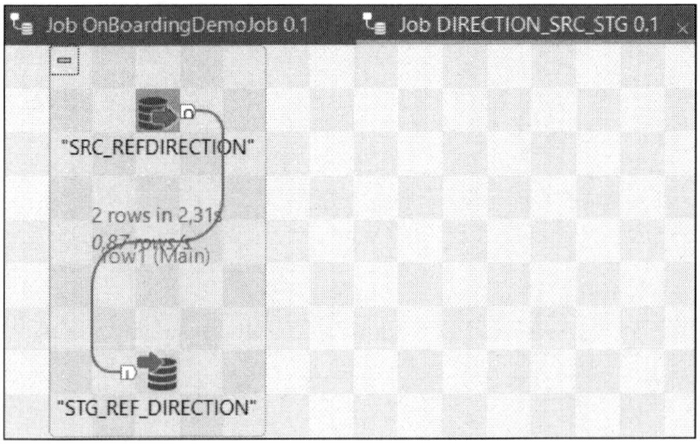

Chargement de la table STG_REF_DIRECTION depuis la base de données source SRC_REFDIRECTION

```
SELECT
  SRC.SRC_REFDIRECTION.ID_DIRECTION,
  SRC.SRC_REFDIRECTION.LIB_DIRECTION
FROM SRC.SRC_REFDIRECTION WHERE SRC.SRC_REFDIRECTION.ID_DIRECTION >0
```

Filtre sur IDD_DIRECTION avec la condition que ID_DIRECTION soit supérieur à zéro

Colonne	Contrôles et Règles de chargement		Action
Id_Direction	(C11)	Doit être un entier positif	Filtre
Lib_Direction	-	-	-

Chargement Direction

6.1.2 JOB_DISTANCE_SRC_STG

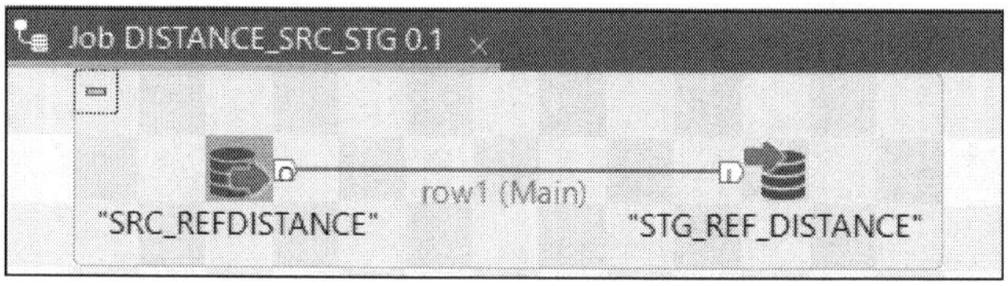

Chargement de la table `STG_REF_DISTANCE` depuis la base de données source SRC_REFDISTANCE

```
SELECT
  SRC.SRC_REFDISTANCE.ID_DISTANCE,
 nvl(SRC.SRC_REFDISTANCE.LIB_DISTANCE,'Non renseigné')  LIB_DISTANCE,
  SRC.SRC_REFDISTANCE.DESC_DISTANCE
FROM SRC.SRC_REFDISTANCE WHERE
SRC.SRC_REFDISTANCE.ID_DISTANCE >=0 OR
SRC.SRC_REFDISTANCE.ID_DISTANCE <0
```

Filtre sur LIB_DISTANCE

- Filtre 1 : si le champ est `NULL`, mettre à `Non renseigné` avec la fonction `nvl`.

– Filtre 2 : sélectionner seulement les lignes où `ID_Distance` est supérieur ou égal à zéro OU inférieur à zéro (doit être un entier positif ou négatif).

Colonne	Contrôles et Règles de chargement		Action
Id_Distance	(C21)	Doit être un entier positif ou négatif	Filtre
Lib_Distance	(R21)	Si NULL, mettre à "Non renseigné"	-
Desc_Distance	-	-	-

Chargement Distance

6.1.3 JOB_PRODUIT_SRC_STG

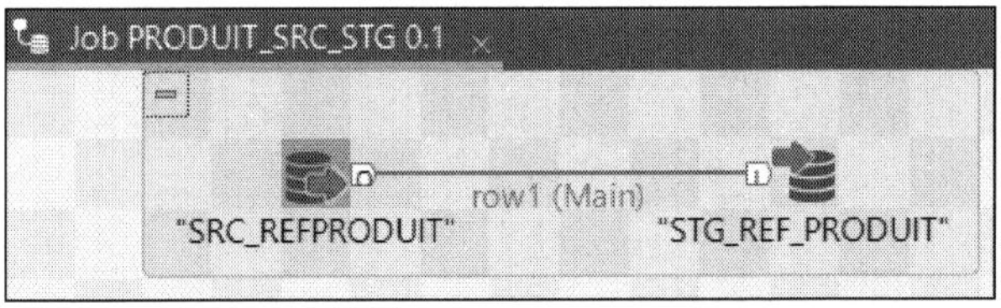

Capture du job

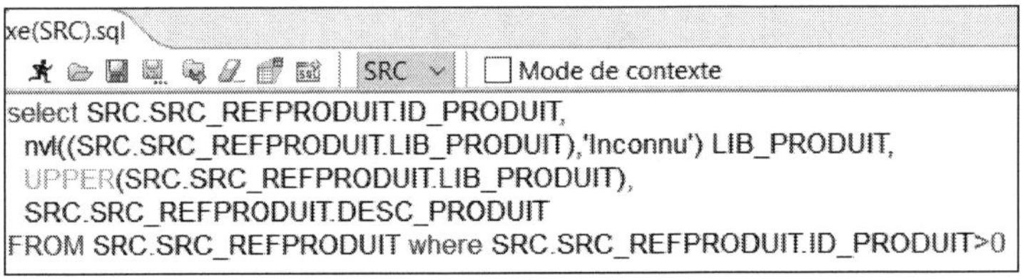


```
select SRC.SRC_REFPRODUIT.ID_PRODUIT,
  nvl((SRC.SRC_REFPRODUIT.LIB_PRODUIT),'Inconnu') LIB_PRODUIT,
  UPPER(SRC.SRC_REFPRODUIT.LIB_PRODUIT),
  SRC.SRC_REFPRODUIT.DESC_PRODUIT
FROM SRC.SRC_REFPRODUIT where SRC.SRC_REFPRODUIT.ID_PRODUIT>0
```

Filtre sur les colonnes de Produit

– Filtre1 : si la ligne de la colonne `LIB_PRODUIT` est `NULL`, remplacer par **Inconnu** sinon sélectionner sa valeur.

– Filtre2 : mettre les lignes de la colonne `LIB_PRODUIT` en majuscules.

– Filtre 3 : sélectionner seulement les lignes où `ID_Produit` est positif.

Colonne	Contrôles et Règles de chargement		Action
Id_Produit	(C31)	Doit être un entier positif	Filtre
Lib_Produit	(R31)	Mettre en majuscule Si NULL, mettre à "Inconnu"	-
Desc_Produit	-	-	-

Chargement Produit

6.2 Mapping FILE VERS STG

6.2.1 JOB_OFFRE_FILE_STG

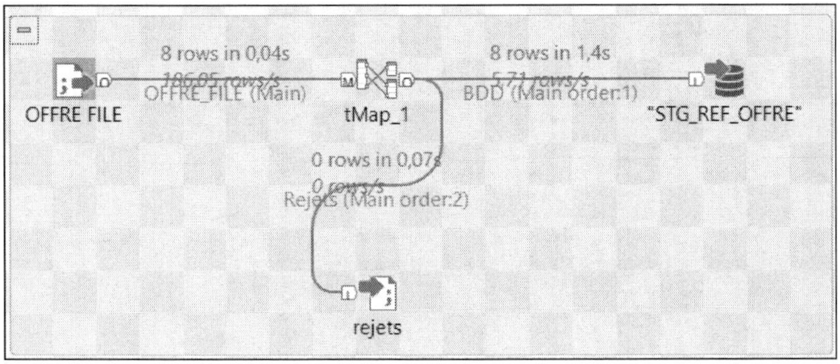

JOB_OFFRE_FILE_STG

Colonne	Contrôles et Règles de chargement		Action
Id_Offre	(C41)	Doit être un entier positif	Rejet
Lib_Offre	(R41)	Mettre en majuscule Si NULL, mettre à "Inconnu"	-
Desc_Offre	(R42)	Si champ trop long pour la colonne, tronquer la donnée.	-

Chargement Offre

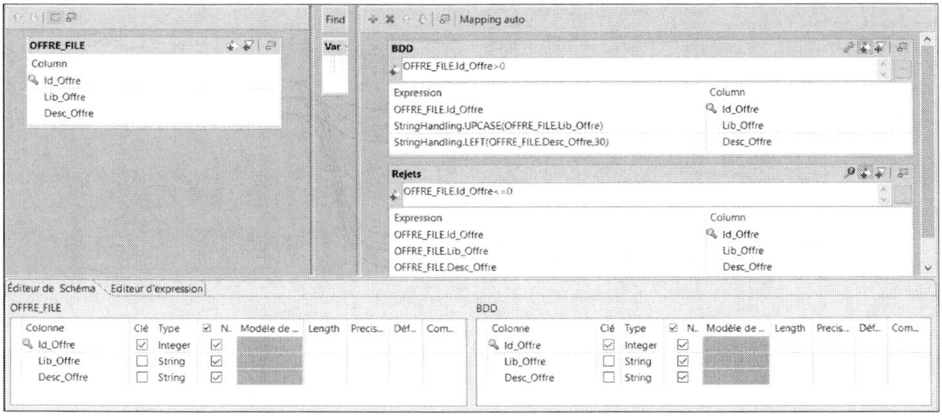

Paramétrage et filtres du `tMap JOB_OFFRE_FILE_STG`

6.2.2 JOB_CLIENT_FILE_STG

Colonne	Contrôles et Règles de chargement		Action
Id_Client	(C51)	Doit être un entier positif	Rejet
Nom_Client	(R51)	Mettre en majuscule	-
Prenom_Client	(R52)	Première lettre en majuscule	-
Numéro	(C52)	Doit être renseigné	Rejet
	(C53)	Doit être au format "06" suivi de 8 chiffres	Alerte
Id_Offre	(C54)	Doit exister dans STG_REF_OFFRE	Rejet
Date_abonnement	(R53)	Si vide, mettre à "2002-01-01"	-

Chargement Client

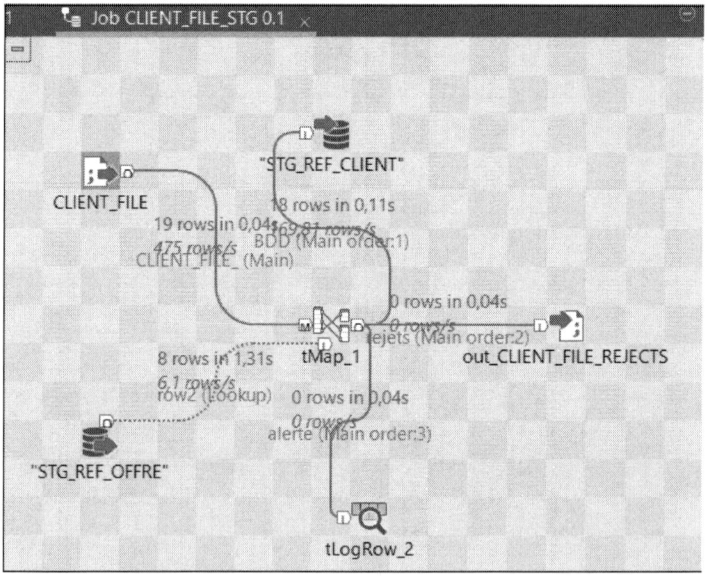

JOB_CLIENT_FILE_STG

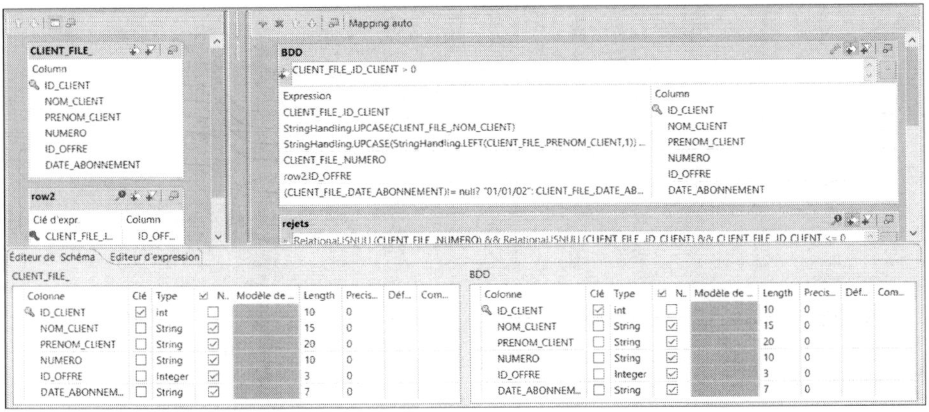

tMap du JOB

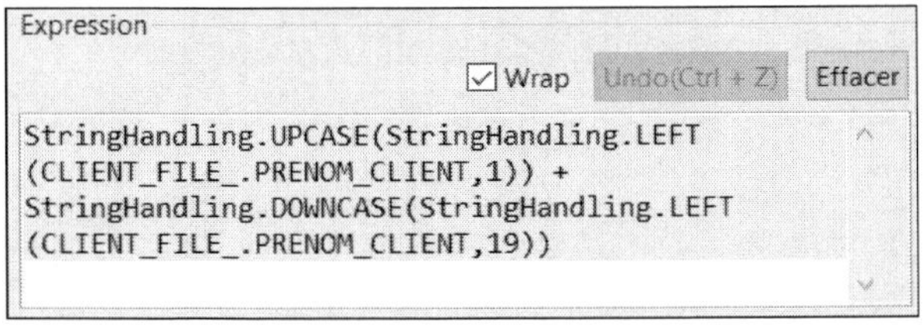

Expression sur PRENOM_CLIENT

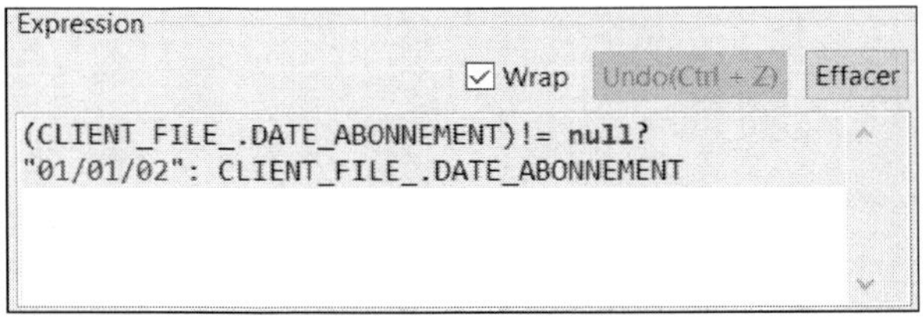

Expression sur DATE_ABONNEMENT

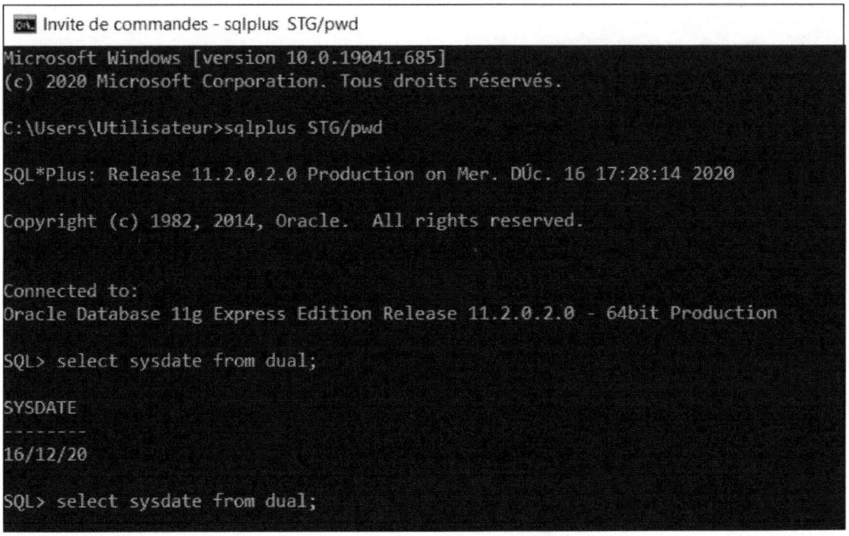

Test console CMD pour connaître le type de la date système

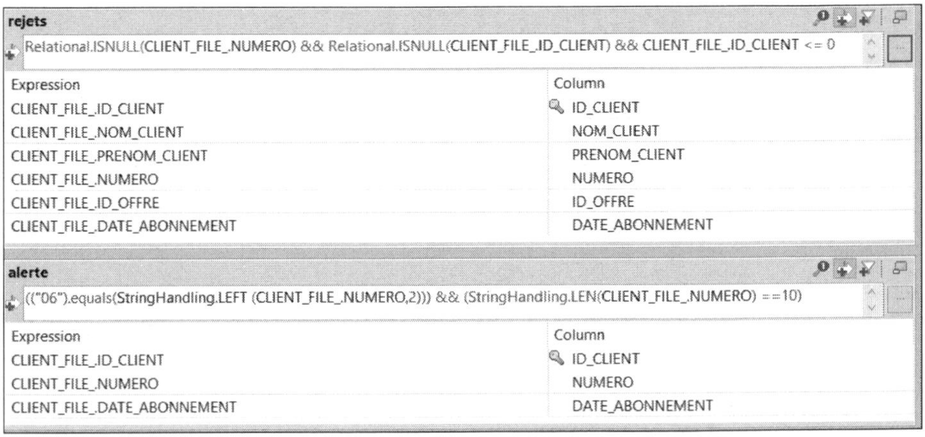

*Paramètres des sorties **rejets** et **alerte***

6.2.3 JOB_FAITAPPELS_FILE_STG

Colonne	Contrôles et Règles de chargement		Action
Id_Client	(C61)	Doit être renseigné et doit exister dans STG_REF_CLIENT	Rejet
Date_appel	(C62)	Doit être renseigné	Rejet
Heure_appel	(R61)	Si vide, mettre "12:00"	-
No_appelant	(C63)	Doit être au format "10 chiffres" ou au format "+" suivi de 19 chiffres max	Alerte
No_appele	(C64)	Doit être au format "10 chiffres" ou au format "+" suivi de 19 chiffres max	Alerte
Id_Direction	(C65)	Doit être renseigné et doit exister dans STG_REF_DIRECTION	Rejet

Chargement Appel

Id_Produit	(C66)	Peut être vide, sinon doit exister dans STG_REF_PRODUIT	Rejet
Id_Distance	(C67)	Doit être renseigné et doit exister dans STG_REF_DISTANCE	Rejet
Durée	(C68)	Doit être un entier positif sinon mettre à 0	-

Chargement Appel (suite)

- Filtre1 :
  - Id_Client doit exister dans la BDD STG_REF_CLIENT.
  - Un Inner Join est mis en place entre le fichier en entrée et la base de données, et la clé étrangère est ajoutée dans STG_REF_CLIENT par glisser-déposer.
- Filtre2 :
  - La `Date.appel` doit être renseignée.
  - La case **Nullable** n'est pas cochée et la condition ci-dessous est ajoutée dans l'expression de la sortie `tLog` ou base de données.

```
FAITAPPELS_FILE_.Date_appel !=null
```

  - Une expression est ajoutée dans la sortie **rejet** en mentionnant :

```
FAITAPPELS_FILE_.Date_appel ==null
```

Ce qui signifie que si une ligne de `Date.appel` est retrouvée à `NULL`, elle figurera dans le fichier de rejets.

- Filtre3 :
  - Si une ligne de `Heure_appel` est vide alors mettre `12 : 00`. Cela se traduit par la ligne de code ci-dessous :

```
(FAITAPPELS_FILE_.Heure_appel)==""?"12:00":FAITAPPELS_FILE_.Heure_appel
```

- Filtre4 :
  - Si `No_appelant` ou `No_appele` n'est pas au format **10 chiffres** ou au format **+** suivi de 19 chiffres max.
  - Afficher sur la log (alerte) en mentionnant l'expression suivante dans la table `alerte` dans le `tMap`.

```
(("+").equals(StringHandling.LEFT(FAITAPPELS_FILE_.No_appelant,1))
&& (StringHandling.LEN(FAITAPPELS_FILE_.No_appelant) !=19) ||
 (StringHandling.LEN(FAITAPPELS_FILE_.No_appelant) !=10))
||
(("+").equals(StringHandling.LEFT(FAITAPPELS_FILE_.No_appele,1))
&& (StringHandling.LEN(FAITAPPELS_FILE_.No_appele) !=19) ||
(StringHandling.LEN(FAITAPPELS_FILE_.No_appele) !=10))
```

  - Activer l'option **catch out reject output reject** dans la table des rejets sur `tMap`.
- Filtre5 :
  - Id_direction doit être renseigné et doit exister dans la base de données STG_REF_DIRECTION.
  - Un inner join est mis en place en glissant la clé primaire dans la table `STG_REF_DIRECTION` et `Id_direction` est défini à N`OT NULL` dans les types des données de sortie.

```
FAITAPPELS_FILE_.Id_Direction !=null
```

- Filtre6 :
  - Le code suivant permet de filtrer les lignes de la colonne **ID.Produit** qui ne doivent pas contenir de valeurs NULL :

```
FAITAPPELS_FILE.Id_Produit !=null
```

- Filtre7 :
  - `ID_produit` peut être vide, sinon doit exister dans STG_REF_PRODUIT. Aussi, il est nécessaire de définir le type de données de `ID_Produit` à `NULLABLE` (cf. écran Premier chargement de DWH_FAIT_APPEL).

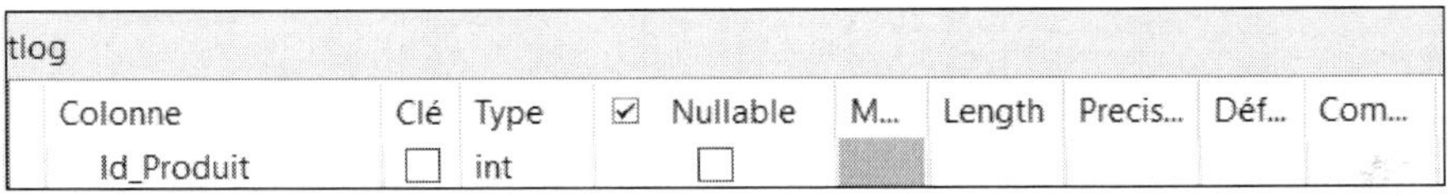

ID_Produit NULLABLE

  - Un inner join est mis en place en glissant la clé primaire dans la table de la table `STG_REF_PRODUIT`.
  - L'option **catch out reject output reject** est ensuite activée dans la table des rejets sur `tMap`.
- Filtre8 :
  - `ID_DISTANCE` doit être renseigné et doit exister dans `STG_REF_DISTANCE`.
  - Un inner join est mis en place en glissant la clé primaire dans la table `STG_REF_DISTANCE` sur `tMap`. La case **NULLABLE** n'est pas cochée pour `Id_direction` dans les types des données de sortie tandis que **catch out put reject** est activée dans la sortie rejets.
  - Une expression est ajoutée dans la sortie vers la base de données :

```
(FAITAPPELS_FILE_.Id_Distance !=null)
```

- Filtre9 :
  - `Duree` doit être un entier positif, sinon cette valeur doit être mise à zéro. L'expression suivante est alors ajoutée sur la colonne :

```
FAITAPPELS_FILE_.Duree <0?0:FAITAPPELS_FILE_.Duree
```

Elle peut être traduite par : si la durée est inférieure à zéro alors mettre zéro, sinon ne rien mettre.

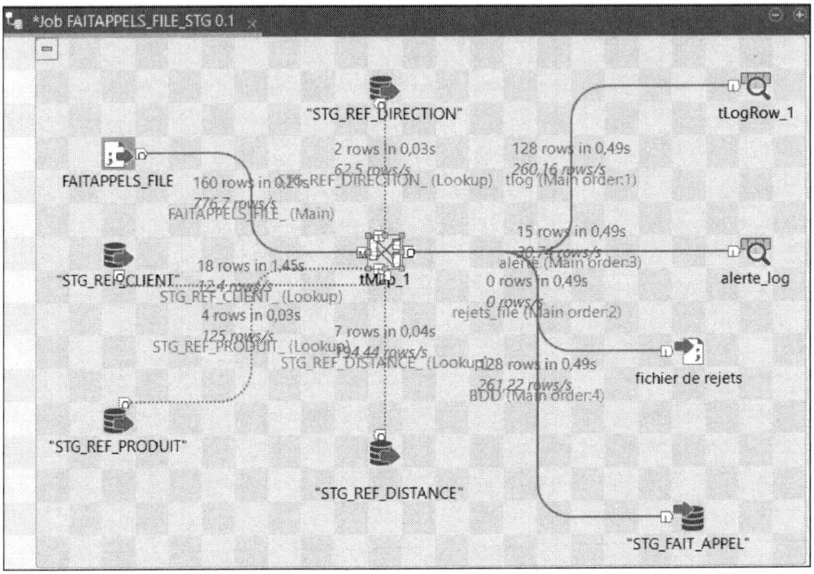

Job FAITAPPELS_FILE_STG

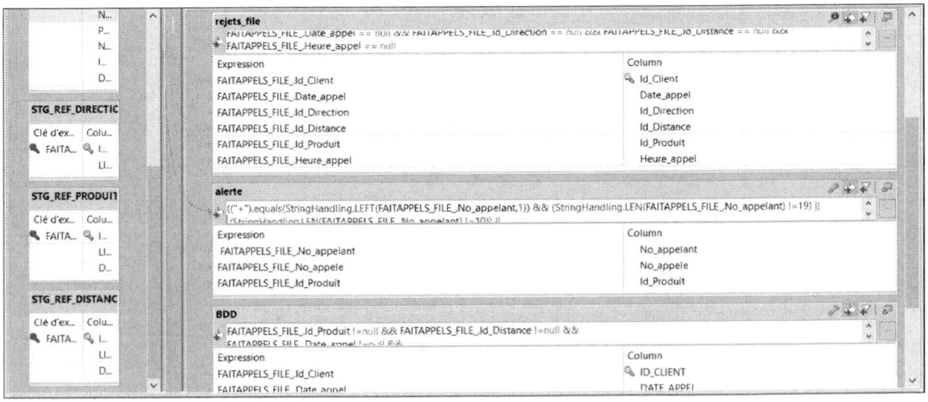

Les autres sorties et entrées et leurs paramétrages

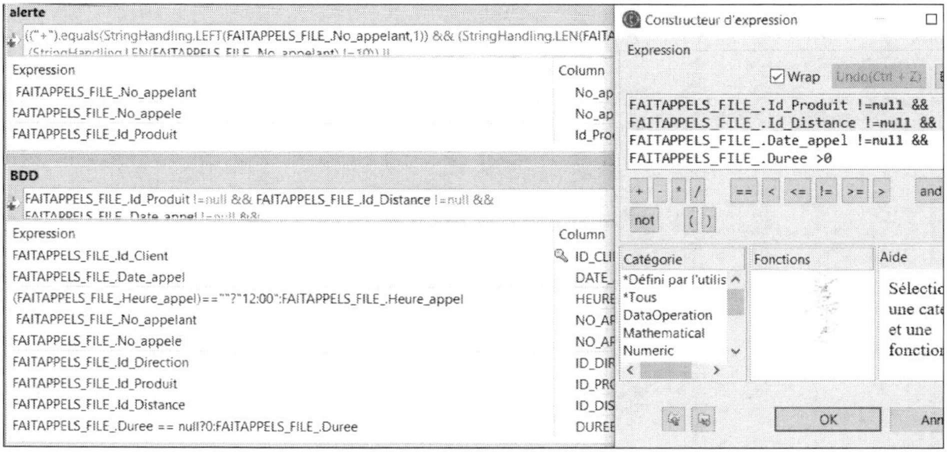

Paramétrage de la sortie vers la base de données

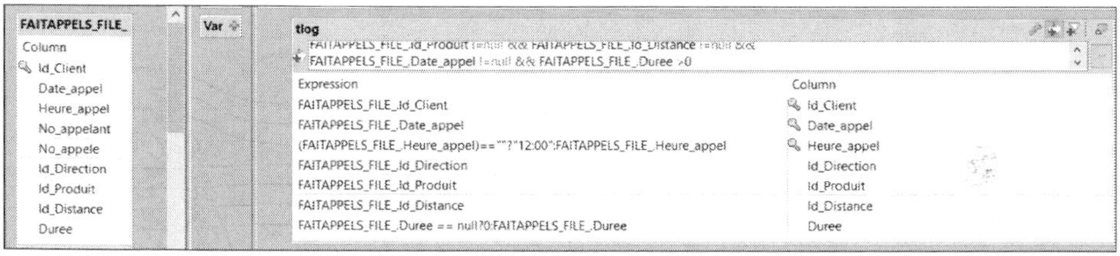

Première entrée et première sortie du job dans `tMap` (la sortie de test vers la log)

6.3 Mapping STG VERS DWH

6.3.1 JOB_DIRECTION_STG_DWH

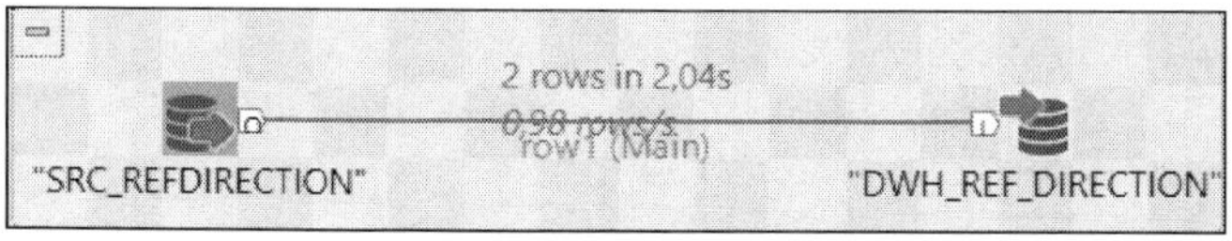

JOB_DIRECTION_STG_DWH

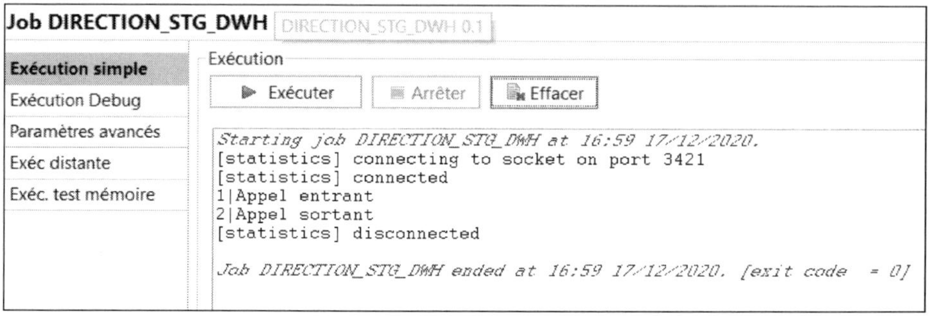

Résultat du job dans la log

6.3.2 JOB_PRODUIT_STG_DWH

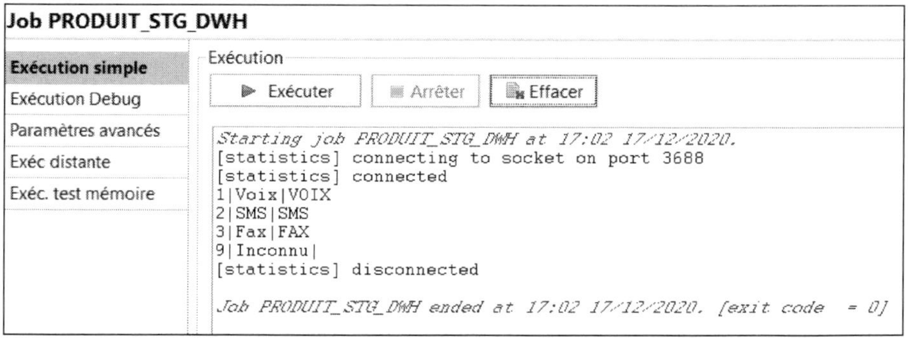

Résultat du job dans la log

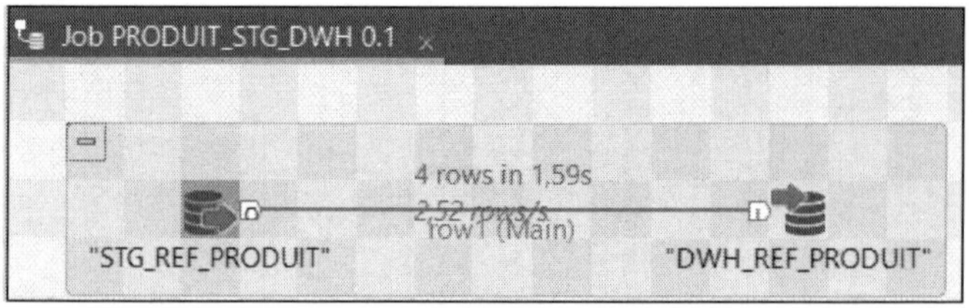

JOB_PRODUIT_STG_DWH

6.3.3 JOB_DISTANCE_STG_DWH

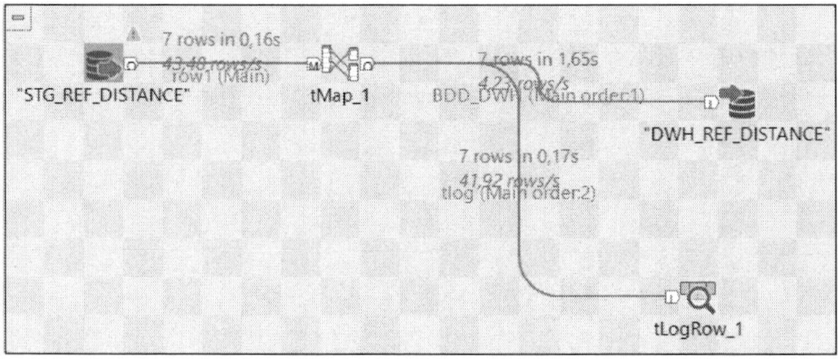

JOB_DISTANCE_STG_DWH

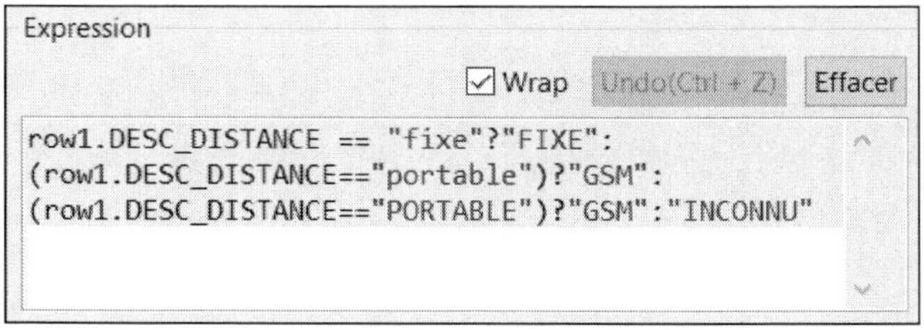

Expression sur `DESC_DISTANCE`

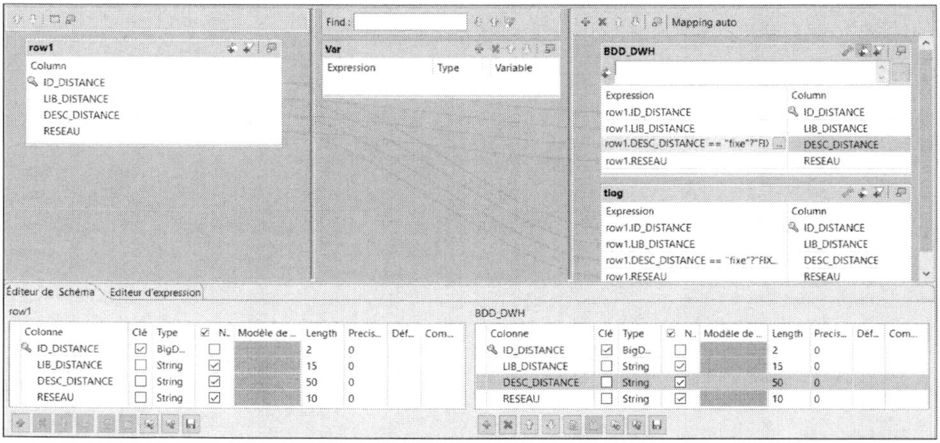

Paramètres du `tMap`

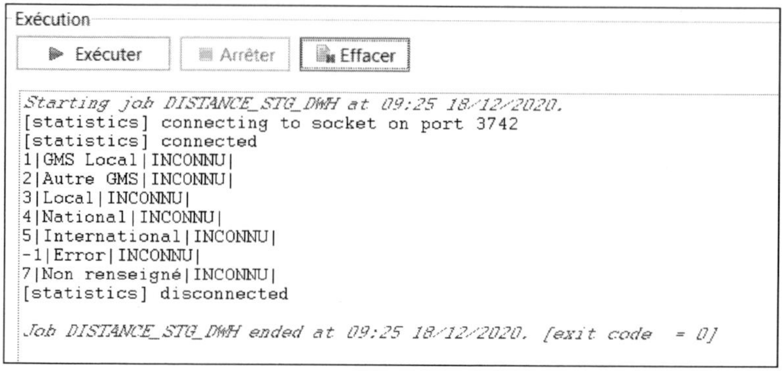
Exécution
Exécuter
Arrêter
Effacer
Starting job DISTANCE_STG_DWH at 09:25 18/12/2020.
[statistics] connecting to socket on port 3742
[statistics] connected
1|GMS Local|INCONNU|
2|Autre GMS|INCONNU|
3|Local|INCONNU|
4|National|INCONNU|
5|International|INCONNU|
-1|Error|INCONNU|
7|Non renseigné|INCONNU|
[statistics] disconnected
Job DISTANCE_STG_DWH ended at 09:25 18/12/2020. [exit code = 0]

Sortie Log

Chapitre 6
Entretien et certification Talend

1. Introduction

Dans ce chapitre consacré à la préparation de la certification Talend Open Studio for Data Integration, nous allons voir les questions les plus fréquemment posées par la société Talend elle-même et les réponses relatives à celles-ci.

La certification Talend Open Studio for Data Integration apporte beaucoup au curriculum vitae d'un candidat, dans la mesure où cette compétence est très demandée sur le marché du travail mais peu d'utilisateurs de Talend en disposent.

Les questions et les réponses vous aideront à mieux assimiler ce qui a été abordé dans les chapitres précédents et vous serviront de révision et de préparation à un éventuel entretien professionnel, ces questions étant très largement posées par les recruteurs lors des entretiens techniques.

2. Talend Data Integration Certified Developer Exam

Les examens de certification Talend sont conçus pour être stimulants afin de garantir que vous disposez des compétences nécessaires pour mettre en œuvre avec succès des projets de qualité. La préparation est la clé du succès.

Cet examen de certification couvre des sujets liés au développement de jobs d'intégration de données dans le Studio Talend. Les sujets incluent, mais sans s'y limiter, l'utilisation de Talend Studio dans un environnement d'équipe autonome et collaboratif pour créer, analyser et tester des jobs, accéder à des fichiers et des bases de données, joindre et filtrer des données, orchestrer des tâches complexes et suivre les meilleures pratiques.

3. Détails de l'examen de certification

Dans cette section, nous allons voir quelques détails fournis par Talend qui peuvent aider à bien préparer l'examen de la certification Talend Data Integration Certified Developer Exam et à savoir quelles sont les conditions requises pour réussir l'examen.

- La durée de l'examen est de 90 minutes.
- Le nombre de questions posées est limité à 55 questions.
- Le score minimum à obtenir pour valider l'examen est de 70 %.

Selon Talend, le contenu de l'examen est mis à jour périodiquement. Le nombre et la difficulté des questions peuvent changer, et le score de passage est ajusté pour maintenir une norme cohérente.

4. Expérience recommandée

L'expérience recommandée par Talend, avant de passer le test de certification Talend Data Integration Certified Developer Exam, est la suivante :

- au moins six mois d'expérience dans l'utilisation des produits Talend
- connaissance générale de l'architecture d'intégration de données et des fonctionnalités avancées telles que la parallélisation
- expérience des solutions d'intégration de données Talend, y compris l'installation et la configuration manuelles, la gestion de projet, la gestion des utilisateurs, les stratégies de déploiement des emplois et la résolution des problèmes courants

5. Préparation

Pour se préparer à cet examen de certification, Talend recommande :

- de suivre les plans de formation Data Integration Basics et Data Integration Advanced
- d'étudier le contenu des modules de formation de préparation à la certification Talend Data Integration Certified Developer
- de lire la documentation produite et les articles de la base de connaissances communautaire

6. Les questions

1. Quel est le nom complet de la version gratuite de Talend ?

Talend Open Studio

2. Qu'est-ce que Talend Open Studio for Data Integration ?

Talend Open Studio for Data Integration est un produit d'intégration de données open source développé par Talend et conçu pour combiner, convertir et mettre à jour les données à divers endroits dans une entreprise. C'est un ETL avec plus de 900 composants et connecteurs. Il intègre aussi un concepteur de tâches et un modélisateur métier, le tout en open source (gratuit).

3. Quand Talend a-t-il été lancé ?

Talend a été lancé en octobre 2006.

4. Avec quel langage Talend a-t-il été développé ?

Il a été développé en Java.

5. Qu'est-ce qu'un référentiel ?

Un référentiel (*Repository* en anglais) est un espace de stockage utilisé par Talend Open Studio pour regrouper toutes les données liées aux éléments techniques utilisés, soit pour décrire les business models, soit pour créer les jobs. Talend Open Studio peut se connecter à autant de référentiels locaux que nécessaire.

6. Qu'est-ce qu'un projet ?

Un projet est un ensemble structuré d'éléments techniques et de leurs métadonnées associées. Ce qui signifie que tous les jobs et business models que vous créez sont organisés en Projets. Vous pouvez créer autant de projets que vous le souhaitez dans un référentiel.

7. Qu'est-ce qu'un répertoire Workspace ?

Un répertoire workspace est un répertoire dans lequel sont stockés tous les dossiers de vos projets. Vous devez avoir un répertoire workspace par connexion (connexion au référentiel). Talend Open Studio vous permet de vous connecter à différents répertoires workspace, si vous ne souhaitez pas utiliser celui créé par défaut.

8. Qu'est-ce qu'un job ?

Un job est un concept graphique, composé d'un ou plusieurs composants reliés entre eux. Il permet de mettre en place des processus opérationnels de gestion des flux. Il traduit des besoins métier en code, routines et programmes. Les jobs utilisent les différentes sources et cibles nécessaires aux processus d'intégration de données ou tout autre processus lié.

9. Qu'est-ce qu'un composant ?

Un composant (*component* en anglais) est un connecteur préconfiguré exécutant une opération d'intégration de données spécifique, quel que soit le type de données que vous souhaitez intégrer (bases de données, applications, fichiers plats, services web, etc.). Un composant permet d'éviter le plus possible le codage manuel nécessaire au traitement des données provenant de sources multiples et hétérogènes. Les composants sont regroupés dans des familles en fonction de leur utilisation et apparaissent dans la Palette de Talend Open Studio.

Fondamentalement, un composant est une pièce fonctionnelle qui effectue une seule opération. Par exemple, `tMysqlInput` extrait les données à partir d'une table MySQL, `tFilterRow` filtres données basées sur un état.

Physiquement, un composant est un ensemble de fichiers stockés dans un dossier nommé d'après le nom du composant.

10. Qu'est-ce qu'un élément ?

Les éléments (*items* en anglais) sont les unités techniques constituant un projet. Ces éléments sont regroupés en fonction de leur type : Job Design, Business model, Context, Code, Metadata, etc. Un élément peut comprendre plusieurs autres éléments. Ainsi, les business models et les jobs que vous créez sont des éléments ; les métadonnées et les contextes que vous utilisez dans les jobs sont aussi des éléments.

11. Qu'est-ce qu'un Business Model ?

Toutes les représentations graphiques des processus métier d'un projet sont regroupées sous le nœud Business Models.

Business Models permet à toutes parties prenantes d'un projet d'intégration de données, de représenter graphiquement leur besoin, sans avoir à se soucier de la représentation technique.

Il intègre les systèmes et processus déjà en place dans l'entreprise ainsi que ceux dont elle aura besoin dans l'avenir. La conception du Business Model est une bonne pratique, que l'entreprise devrait apporter dès le début d'un projet d'intégration de données.

12. Quel est l'objectif d'un Business Model ?

C'est une vue non technique d'un besoin métier.

13. Qu'est-ce que le Metadata ?

Le répertoire Metadata regroupe les informations que vous souhaitez réutiliser dans vos différents jobs, notamment les schémas et les informations de propriétés.

Les métadonnées peuvent être définies en Build-in ou en référentiel.

14. Qu'est-ce qu'un Contexte ?

Permettent d'avoir des variables statiques, ou des objets statiques qui pourront être réutilisés à chaque fois dans un job. Le nœud Contextes rassemble les fichiers contenant les variables de contexte que vous souhaitez utiliser dans différents jobs, tels que les chemins d'accès ou les informations de connexion aux bases de données (DB Connections).

15. À quoi correspond le nœud Code ?

Le nœud Code correspond à une bibliothèque rassemblant les routines disponibles pour ce projet. Il est ainsi possible de mutualiser ce code et de le réutiliser dans divers composants ou jobs. Cliquez sur une entrée de l'arborescence pour ouvrir le fichier de code correspondant.

16. Qu'est-ce qu'une routine ?

Une routine est un morceau de code plus ou moins complexe généralement utilisé de façon itérative dans un ou plusieurs jobs techniques.

Dans le référentiel, sous le nœud Code >Routines, un dossier System regroupe toutes les routines Talend prédéfinies. Développez ce nœud pour accéder aux différentes classes de routines, telles que `DataOperation`, `Mathematical`, `Numeric`, `Relational`, `StringHandling`, `TalendDataGenerator`, `TalendDate` et `TalendString`.

17. Que fait SQL Templates ?

Le nœud SQL Templates rassemble tous les modèles SQL du système et permet d'en créer de nouveaux.

Talend Open Studio permet de bénéficier des modèles SQL système puisque beaucoup de structures de requêtes sont standardisées à partir des mêmes approches. Les modèles SQL système sont regroupés sous le nœud SQL Templates dans le Repository de Talend Open Studio. Différents types de modèles SQL standardisés sont disponibles : modèles génériques sous le nœud Generic et modèles spécifiques aux bases de données, comme MySQL, Oracle ou Teradata.

18. Comment lancer Talend la première fois ?

Avant de lancer Talend Open Studio pour la première fois, il est nécessaire d'utiliser au moins un repository et de créer au moins un projet.

Pour lancer le Studio pour la première fois, suivez les étapes ci-dessous :

Première étape : télécharger et installer le JDK.

Deuxième étape : configurer les variables d'environnement Java.

- Trouvez le dossier dans lequel Java est installé, généralement C:\Program Files\Java\JREx.x.x.
- Ouvrez le menu **Start** et saisissez **Environment variable** dans la barre de recherche afin d'ouvrir la fenêtre de configuration des variables d'environnement.
- Pour créer une nouvelle variable d'environnement sous les paramètres système, suivez ces étapes :

  Accédez aux paramètres système.

  Recherchez la section des variables d'environnement.

  Cliquez sur **Nouveau...** pour créer une nouvelle variable.

  Donnez à la variable le nom `JAVA_HOME`.

  Saisissez le chemin d'accès vers votre environnement Java dans le champ correspondant.

  Cliquez sur **OK** pour enregistrer la variable.

- Pour ajouter une variable à la valeur de la variable système `Path` dans les sous-variables d'environnement, suivez ces étapes :

  Accédez aux variables système.

  Localisez la variable `Path` parmi les variables existantes.

  Cliquez sur **Modifier...** ou **Editer...** pour modifier la valeur de la variable `Path`.

  Ajoutez la variable suivante à la fin de la valeur de la variable `Path` :
  `;%JAVA_HOME%\bin`

  Enregistrez les modifications en cliquant sur **OK** ou **Enregistrer**.

  Veuillez noter que les instructions ci-dessus sont générales et peuvent varier légèrement en fonction de votre système d'exploitation. Assurez-vous de suivre les étapes spécifiques à votre environnement.

Troisième étape : après avoir dézippé le fichier archive Talend Open Studio et avoir lancé le Studio, un assistant Setup apparaît. Suivez les instructions d'installation fournies afin de pouvoir lancer l'instance courante de Talend Open Studio. Lisez et acceptez les termes de la licence pour continuer.

Quatrième étape : créez ou importez un projet, puis ouvrez-le pour lancer Talend Open Studio.

19. Peut-on travailler avec différents répertoires workspace dans Talend Open Studio ?

Dans Talend Open Studio, vous pouvez créer plusieurs répertoires workspace et vous connecter à un workspace différent de celui auquel vous êtes actuellement connecté, si nécessaire. Cette flexibilité vous permet de stocker les répertoires où vous le souhaitez et vous permet de nommer deux ou plusieurs projets de la même manière, du moment que vous stockez les projets dans différents répertoires.

20. Comment créer un nouveau répertoire workspace ?

Talend Open Studio est livré avec un répertoire workspace par défaut. Cependant, vous pouvez créer autant de répertoires que vous le souhaitez et y stocker vos projets en fonction de vos préférences. Pour créer un nouveau répertoire workspace : dans la fenêtre de login de Talend Open Studio, cliquez sur le bouton *[...]* à côté du champ **Repository** pour ouvrir une autre vue de la fenêtre.

21. Quelle est la différence entre ETL et ELT ?

Extract, Transform, Load (ETL) est un processus qui consiste à extraire des données provenant de sources extérieures, les transformer pour les adapter à des besoins opérationnels (parfois en utilisant des tables de transfert), puis les charger dans la base de données cible ou dans l'entrepot de données. Cette approche est raisonnable aussi longtemps que de nombreuses bases de données différentes sont impliquées dans votre paysage d'entrepôt de données. Dans ce scénario, il s'agit de transporter des données d'un endroit à un autre, il est donc légitime d'effectuer le travail de transformation dans un moteur spécialisé séparé.

Extract, Load, Transform (ELT) est un processus où les données sont extraites, puis chargées dans une table intermédiaire de la base de données où elles seront transformées, avant d'être chargées dans la base de données cible ou de l'entrepôt de données.

22. Quelle est l'utilisation du composant `tLoqateAddressRow` dans Talend ?

Ce composant est utilisé pour les adresses postales correctes associées à des données de clients, afin d'assurer une vue unique du client et une meilleure prestation pour leurs mailings clients.

23. Puis-je changer la couleur du background de designer ?

Oui. Changez la couleur du créateur d'emploi de fond en cliquant sur **Préférences** dans le menu **Fenêtre**, puis sur **Talend**, **Apparence**, **Designer**, et enfin **Couleurs**.

24. Est-il possible de définir une variable accessible à partir de plusieurs jobs ?

Oui, il est possible de déclarer une variable statique dans une routine, et d'ajouter les méthodes `setter/getter` pour cette variable dans la routine. La variable est alors accessible à partir de différents jobs.

25. Est-il possible de modifier le code généré directement ?

Il n'est pas possible de modifier directement le code généré pour un job Talend.

26. Comment inclure votre propre code Java dans un job ?

Deux méthodes sont possibles :

– utiliser un composant `tJava`, `tJavaRow` ou `tJavaFlex`

– créer une routine

27. Quels composants sont utilisés pour trier les données ?

`tSortRow`, `tExternalSortRow`

28. Quel est le modèle ou le format par défaut d'une colonne Date dans Talend ?

Par défaut, le modèle de date pour une colonne de type Date dans un schéma est "dd-MM-aaaa".

29. Quelle est la différence entre `INSERT` ou `UPDATE` et `UPDATE` ou `INSERT` ?

`INSERT` ou `UPDATE` : la première tente d'insérer des données, mais si un enregistrement avec une clé primaire correspondante, existe déjà, au lieu d'insérer, il met à jour ce dossier.

`UPDATE` ou `INSERT` : la première tente de mettre à jour un enregistrement avec une clé primaire correspondante, mais si aucune n'existe, il insère les données.

Du point de vue des résultats, il n'y a pas de différences entre les deux ni de différences significatives en matière de performances. En ce qui concerne les résultats, il n'y a aucune distinction entre les deux options, et il n'y a pas de différences notables en termes de performances. En règle générale, il est recommandé de choisir l'action qui correspond à ce que vous prévoyez être plus fréquent : insérer ou mettre à jour si vous estimez qu'il y a plus d'insertions que de mises à jour, et mettre à jour ou insérer si vous pensez qu'il y a plus de mises à jour que d'insertions..

30. Quelle est la différence entre Built-In et référentiel ?

Dans Built-In, toutes les informations sont stockées localement dans le job. Vous pouvez entrer et modifier toutes les informations manuellement. En revanche dans **Référentiel**, les informations sont partagées entre les différents jobs du projet courant.

31. Comment créer et exporter un projet (au format ZIP) ?

Deux méthodes sont possibles :

- Effectuez un clic droit sur le projet et cliquez sur **Exporter des éléments**.
- Sélectionnez **Fichier archive** puis **Finish** et appuyez sur l'icône export des projets.

32. Comment supprimer un projet dans Talend ?

- Ouvrez Talend.
- Allez sur **Gérer les connexions**.
- Choisissez **Supprimer les projets existants**.

33. Comment importer un projet ?

- Ouvrez Talend.
- Choisissez **Importer un projet existant** et sélectionnez-le.
- Donnez-lui un nom et un répertoire.

34. Quelles sont les différentes connexions de type Row ?

Main : la connexion Row de type `Main` est la connexion la plus courante. Elle transmet les flux de données d'un composant à l'autre, en faisant une boucle sur chacune des lignes pour lire ou extraire les données selon la définition des propriétés du composant.

Lookup : la connexion de type `Lookup` est une connexion Row reliant un composant d'un flux secondaire à un composant d'un flux principal (ce composant doit être capable de recevoir plus d'un flux d'entrée). Cette connexion est uniquement disponible dans le cas d'utilisation de flux multiples.

Rejects : la connexion de type `Rejects` est une connexion reliant un composant de traitement à un composant de sortie. Cette connexion Row regroupe les données NE répondant PAS aux critères du filtre ou qui ne sont pas compatibles avec la sortie attendue. Cette connexion vous permet d'isoler les données ne pouvant pas être traitées pour différentes raisons.

Output : la connexion de type `Output` est une connexion Row traitant de la donnée, et qui relie un composant `tMap` à un ou plusieurs composants de sortie. Les sorties d'un job pouvant être multiples, une boîte de dialogue s'affiche pour vous demander de nommer chacune des connexions.

Uniques/Duplicates : les connexions de type `Uniques` et `Duplicates` relient un composant `tUniqRow` à des composants de sortie. La connexion de type Uniques regroupe les premières lignes rencontrées dans un flux d'entrée. Ce flux de données uniques est ensuite dirigé vers le composant de sortie approprié ou vers un autre sous-job de traitement. La connexion de type Duplicates regroupe les doublons possibles des premières lignes en entrée.

Connexion de type Iterate : la connexion de type `Iterate` sert à faire une boucle sur plusieurs fichiers d'un répertoire donné, sur les lignes d'un fichier ou sur les entrées d'une base de données. Un composant ne peut être la cible que d'un seul lien d'itération, Iterate. La connexion `Iterate` est généralement utilisée sur le composant de début (Start) du flux d'un job ou d'un sous-job. Certains composants ne peuvent fonctionner avec d'autres composants qu'à l'aide d'un lien d'itération, c'est le cas du composant `tFilelist`.

35. Quelles sont les différentes Catégories de connexions Trigger ?

Les connexions de déclenchement, Trigger, aident à définir le processus de traitement.

Les connexions de type Trigger ne servent pas au transfert de données. La connexion utilisée met en place une relation de dépendance entre un job principal et ses sous-jobs. De cette manière, l'un ou l'autre des jobs est déclenché en fonction de la nature de cette connexion de déclenchement.

Les connexions de déclenchement (Trigger) sont réparties en deux catégories :

- déclenchement de sous-job : `On Subjob Ok`, `On Subjob Error` et `Run if`
- déclenchement de composant : `On Component Ok`, `On Component Error` et `Run if`

`OnSubjobOk` (précédemment `Then Run`) : cette connexion est utilisée pour déclencher le sous-job qui suit à condition que le sous-job principal se soit exécuté sans erreur. Cette connexion s'utilise uniquement avec le composant de début (`Start`) de votre job.

`OnSubjobError` : cette connexion est utilisée pour déclencher le sous-job qui suit lorsque le premier sous-job (principal) ne s'est pas déroulé correctement. Ce sous-job `on error` vous permet d'identifier les éventuels goulots d'étranglement ou de corriger l'erreur si cela est possible.

`OnComponentOK` et `OnComponentError` : sont des déclencheurs de composants. Ils peuvent déclencher n'importe quel composant source dans un sous-job.

`Run if` : déclenche un sous-job ou un composant si les conditions définies sont réunies. Cliquez sur la connexion pour afficher les propriétés de votre connexion If, puis définissez vos conditions en Perl ou en Java en fonction du langage de génération de code choisi pour votre projet.

36. Comment exécuter un job ?

- Allez dans **Exécuter** et **Exécuter un job**.
- Pour exécuter un job, vous pouvez suivre l'une des méthodes suivantes :
  Accédez au menu **Exécuter** et sélectionnez **Exécuter un job**.
  Utilisez le raccourci-clavier [F6].
  Cliquez sur le bouton vert pour démarrer l'exécution du job.
- Appuyez sur le bouton vert.

37. Comment afficher le temps d'exécution d'un job ?

- Allez dans **Exécuter**.
- Pour afficher le temps d'exécution d'un job, suivez les étapes suivantes :
  Accédez au menu **Exécuter**.
  Sélectionnez **Paramètres avancés**.
  Cochez l'option **Temps d'exécution**.
- Cochez **Temps d'exécution**.

38. Comment faire la mise en forme des sous-jobs ?

- Allez dans les paramètres du sous-job.
- Saisissez le titre, changez la couleur du titre.
- Changez la couleur du sous-job.
- Changez le nom du composant : mettre en gras <b> et/ou en italique <i> en allant dans le menu **View** du composant.

39. Quelle est l'utilité des composants `tPrejob` et `tPostJob` ?

Les composants `tPrejob` et `tPostjob` sont conçus pour déclencher l'exécution de tâches avant et après l'exécution d'un job plus simple à utiliser. Ces composants sont différents des autres car ils ne traitent en effet pas les données et ne sont pas configurables. L'une des propriétés clés de ces composants est l'assurance qu'ils seront toujours exécutés même si le job contenant les données principales échoue. Ils sont donc très utiles pour démarrer et arrêter des actions pour un job donné.

40. Qu'est-ce que le `tMap` ?

Le `tMap` est un composant avancé qui s'intègre au Studio Talend comme un plug-in. Le `tMap` transforme et dirige les données à partir d'une ou plusieurs source(s) et vers une ou plusieurs destination(s).

41. Quels sont les types de jointure qu'on peut appliquer avec un `tMap` ?

– Inner join

– Left outer Join.

42. Quels sont les différents types de variables sur Talend ?

– Variable globale : variable système, déjà prédéfinie, on l'utilise en appelant des fonctions.

– Variable de contexte : définie par l'utilisateur pour un contexte particulier.

Elle peut être définie dans le contexte du job ou du référentiel.

43. Peut-on donner plusieurs valeurs à une seule variable de contexte ? Si oui, comment ?

Oui c'est possible, en utilisant les environnements : les variables de contexte pourront avoir plusieurs valeurs selon l'environnement (environnement de dev, test...).

▶ Pour ajouter un environnement, cliquez sur le bouton **+** dans Contexte.

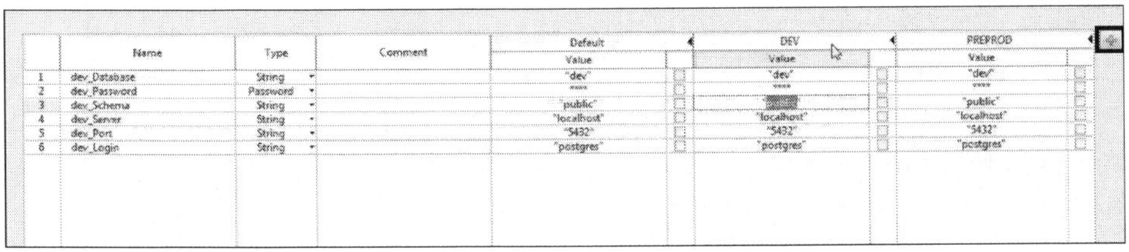

Environnements d'exécution

44. Comment exécuter un sous-job seulement en lançant l'exécution d'un job ?

Pour exécuter un sous-job seulement en lançant l'exécution d'un job, il est nécessaire de désactiver les autres sous-jobs existant dans le job.

- Pour cela, effectuez un clic droit sur le sous-job que vous souhaitez exécuter.
- Désactivez tous les sous-jobs liés.
- Désactivez un composant.
- Désactivez le sous-job courant.
- Vous pouvez également sélectionner plusieurs sous-jobs simultanément et les désactiver tous en une seule fois.

45. Quel composant permet de caster les données ?

Le composant qui permet d'effectuer un cast sur les données (la conversion de type) est `tConvertType`.

46. Quelle est l'utilité du composant `tLogRow` ?

Nous utilisons le composant `tLogRow` en sortie pour afficher les données dans la console.

47. Quels composants permettent de faire la jointure ?

- `tMap`
- `tJoin`

48. Quel composant permet de sélectionner un échantillon de données ?

Il s'agit du composant `tSampleRow`, pour lequel l'écart entre les données doit être défini.

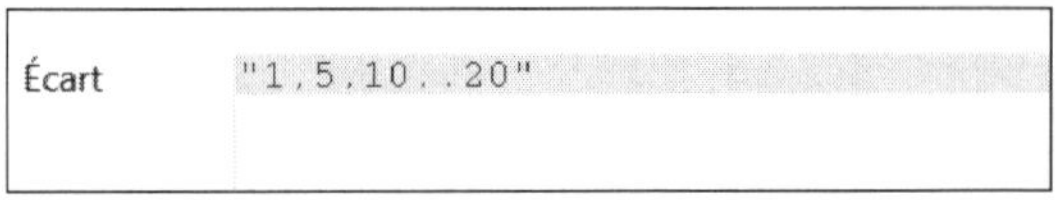

Paramétrage du composant `tSampleRow`

Dans cette illustration, il est demandé au composant de prendre seulement les lignes : 1,5,10, 11,12,13 jusqu'à 20.

49. Comment récupérer les lignes rejetées par un `tMap` ?

Pour récupérer les lignes rejetées dans les `tMap`, il faut aller dans les paramètres (settings) du composant en sortie et :

- mettre **Catch out rejects** à true pour récupérer les rejets des filtres
- mettre **Catch out inner join reject** à true pour récupérer les rejets de la jointure interne

50. Comment charger le contexte à partir d'un fichier ?

Deux méthodes sont possibles :

- Travailler avec le composant `tContextLoad` :

  Le rôle du composant `tContextLoad` est de charger le contexte qu'il va transmettre au reste du job.

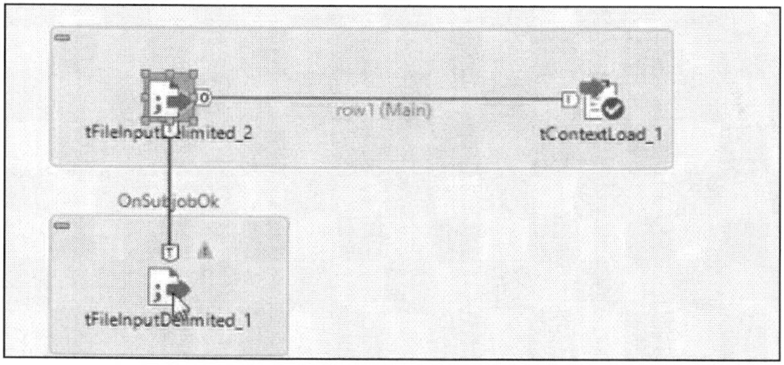

Utilisation du composant `tContextLoad`

- Travailler avec le chargement implicite d'un contexte, dans les paramètres du projet :

◘ Allez sur **Paramètres du projet**.

Emplacement du bouton ***Paramètres du projet***

◘ Allez ensuite sur **Paramètres du job** puis sur **Chargement implicite d'un contexte**.

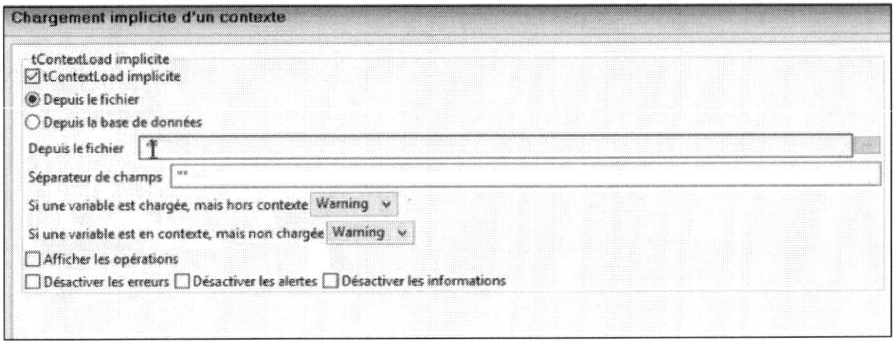

Chargement implicite d'un contexte

◘ Sélectionnez le chemin vers le fichier de contexte et spécifiez le séparateur.

51. Quel est le schéma du composant `tContextLoad` ?

Le composant `tContextLoad` contient deux colonnes :

- **Key** : la clé qui va être le nom de la variable de contexte.
- **Value** : la valeur de la clé, qui va contenir les valeurs des variables de contexte.

52. Comment contextualiser avec les bases de données ?

▶ Allez dans le référentiel, dans **Métadonnées** puis dans **Connexion aux bases de données** et cliquez sur **Créer une connexion**.

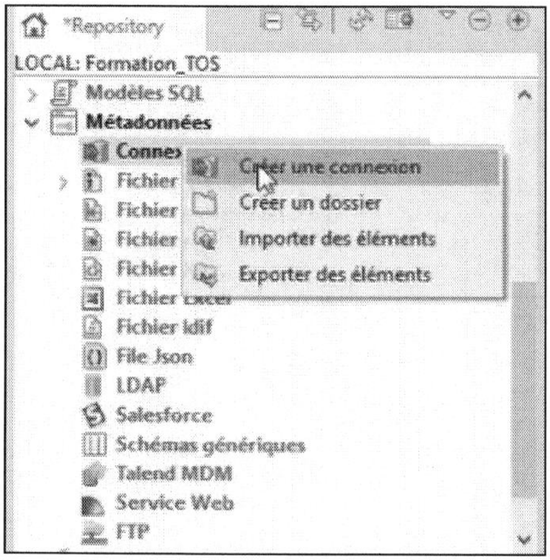

Création d'une connexion à une base de données

▶ Donnez un nom à la connexion et renseignez les paramètres de connexion.

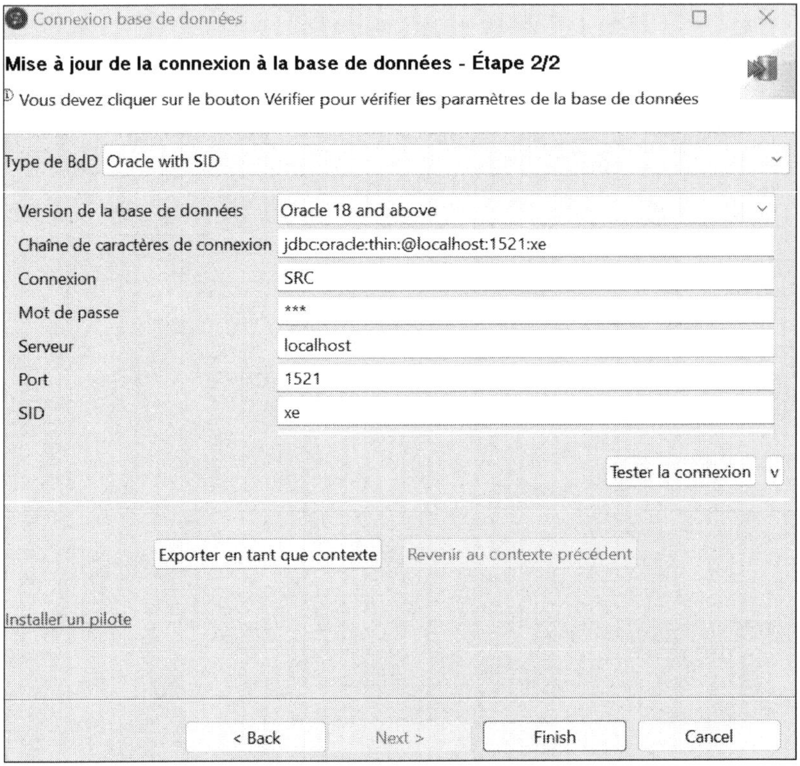

Paramètres de connexion à une base de données

▶ Choisissez l'option **Exporter en tant que contexte**.

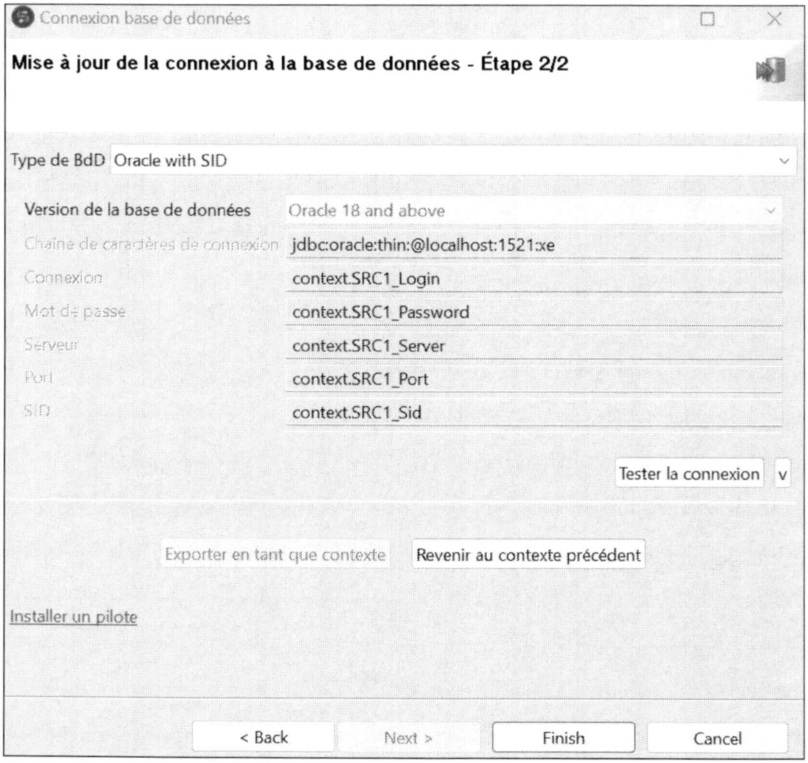

Création d'un groupe de contextes

◘ Cliquez sur **Finish**.

Le contexte de connexion est créé et contient les paramètres de connexion à votre base de données.

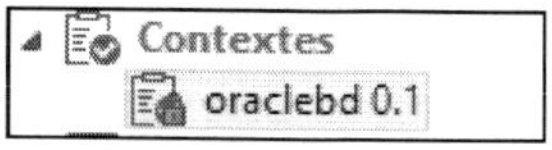

Groupe de contextes de connexion à votre base de données

53. Où peut-on trouver toutes les variables globales du job ?

Pour trouver toutes les variables globales du job, vous pouvez consulter l'onglet **Outline** (ou **Structure** ou **Vue d'ensemble**).

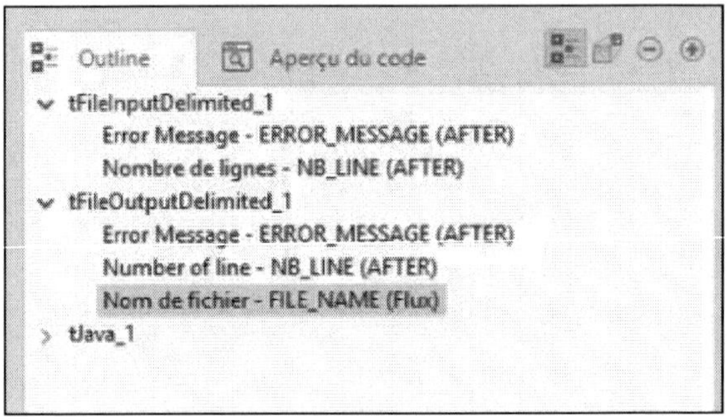

Emplacement des variables globales des composants

54. Comment créer de nouvelles variables globales ?

Avec un composant `tSetGlobalVar` : vous pouvez créer autant de variables que nous vous le souhaitez avec un seul composant `tSetGlobalVar`.

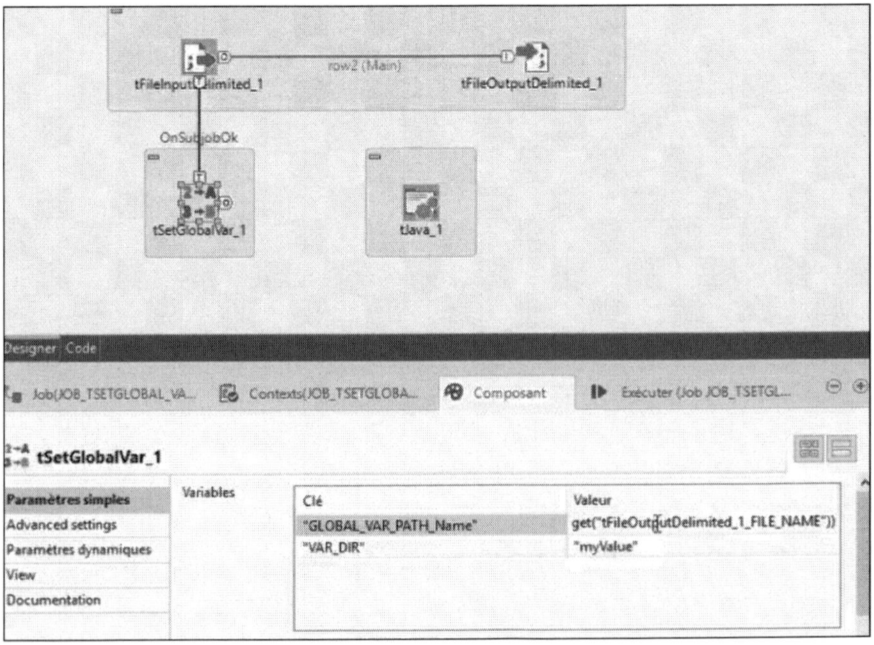

Création de variables globales

55. Quel composant permet de regrouper les données (group by) ?

Les fonctions d'agrégation et les groupements peuvent être utilisés avec le composant `tAggregateRow`.

56. Quelles sont les bonnes pratiques pour la structure générale des jobs ?

Voici les conventions officielles de Talend :

- Les lignes de type « flux de données » vont de gauche à droite (horizontal).
- Les lignes de type « itération » vont de gauche à droite (horizontal).
- Les liens de type « On subjob OK », « Component OK » et « Reject » vont de haut en bas (vertical).
- Dans un `tMap`, les flux principaux sont toujours horizontaux et les flux de type lookup sont verticaux. Les lookups doivent se trouver en haut du `tMap`.
- Les flux de type reject sont toujours en bas du composant.

57. Comment optimiser les traitements sous Talend ?

- Utilisez une connexion pour l'input et une autre pour l'output. Ceci permet un gain de performance en évitant de créer et fermer des connexions aux bases de données inutilement.
- Utilisez des opérations "extend insert" dans les outputs lorsque cela est possible, voire des opérations "bulk insert" pour des volumétries importantes. Cela permet de réduire le temps de traitement en insérant plusieurs enregistrements à la fois plutôt que de les insérer un par un.
- Préférez des INSERT en vous assurant qu'il n'y ait pas de doublons avec un `tMap` avant l'insertion plutôt que des UPDATE OR INSERT.
- En règle générale, maximisez la charge sur le serveur du SGBD plutôt que sur Talend. Attention, s'il y a trop de jointures, ceci peut au contraire ralentir le traitement. Cette règle est donc souvent vraie, mais pas toujours.
- Réduisez au maximum le nombre de colonnes dans les flux. Ne remontez pas vingt colonnes si vous n'utilisez que deux d'entre elles par exemple.

Remarque

*N'utilisez jamais de **SELECT *** dans l'input de base de données (ex. : `tMySQLInput`) car si vous changez l'ordre des colonnes, vous vous exposez dans le meilleur des cas à une erreur d'exécution du job, et dans la majorité (et pire) des cas, à des données corrompues.*

- N'utilisez pas de composant `tUnPivot` sur de gros volumes. Préférez une solution alternative (ex. : `tMap`).
- Préférez l'option **enablestream** dans les inputs, qui traite de gros volumes afin de gagner du temps. Attention au **multiple input** (en cas d'itération sur un stream) : dans ce cas, créez une autre connexion de type input.

58. Quelles sont les meilleures pratiques sur Talend ?

- Centraliser toutes les informations relatives aux projets.
- Utiliser les assignations pour lier les éléments du projet aux éléments graphiques du Business Model.
- Il est recommandé d'éviter d'utiliser le composant `tLogRow` lors des tests de performance (bench) car il peut être très lent.
- La case à cocher **Use an existing connection** (Utiliser une connexion existante) nécessite l'utilisation du composant `TDBConnection`, ainsi que les composants `tMysqlConnection` et `tOracleConnection`.
- Schématiser les jobs dans le Business Model pour gagner en efficacité.

Remarque

Bulk signifie chargement en masse.

59. Comment gérer les versions d'un job ?

Lorsque vous créez un job, son numéro de version par défaut est 0.1 où 0 correspond à la version majeure et 1 à la version mineure. Si vous souhaitez créer plusieurs versions d'un même job :

- Veillez à fermer votre job, sinon ses propriétés seront en lecture seule et vous ne pourrez donc pas les modifier.

- Effectuez un clic droit sur le libellé du job dans le Repository et sélectionnez **Edit properties** dans le menu contextuel. La boîte de dialogue **Edit properties** s'ouvre.
- Dans le champ **Version**, cliquez sur le bouton **[M]** pour incrémenter la version majeure et sur le bouton **[m]** pour incrémenter la version mineure.
- Cliquez sur **Finish** pour valider.

Remarque

Par défaut, lorsque vous ouvrez un job, vous ouvrez sa version la plus récente.

60. Un job peut-il avoir des entrées/sorties multiples ?

Certains composants permettent de manipuler des données de sources multiples et/ou vers des sorties multiples. Le plus souvent, il s'agit de composants de traitement de données, notamment `tMap`. Si vous avez besoin d'effectuer une jointure ou des transformations sur un flux, il est préférable d'utiliser le composant `tMap`, qui est conçu pour ce type de besoin.

61. Comment générer la documentation HTML ?

Talend Open Studio vous permet de générer de la documentation détaillée au format HTML pour les jobs sélectionnés. Cette documentation comprend : la description du projet, du job et des composants, les paramètres de la vue job, un aperçu du job et la liste des composants et des contextes avec leur valeur.

- Dans le Repository, effectuez un clic droit sur l'un de vos jobs ou sélectionnez plusieurs Job Designs pour générer une documentation multiple.
- Sélectionnez **Generate Doc as HTML** dans le menu contextuel.
- Renseignez le répertoire dans lequel doit être enregistrée la documentation générée.
- Dans le même champ, renseignez le nom de l'archive regroupant les documents générés.
- Cliquez sur **Finish** pour valider.

Le fichier Archive contient les fichiers HTML ainsi que les dossiers correspondants.

62. Quelle est la définition des routines ?

Les routines sont des fonctions Java ou Perl plus ou moins complexes, généralement utilisées pour factoriser du code, et ainsi étendre les possibilités de traitement des données dans un ou plusieurs job(s) technique(s).

Vous pouvez ainsi centraliser dans la vue Repository tous les morceaux de code utilisés fréquemment ou tirer parti des méthodes déjà en place dans votre entreprise en les appelant via les routines. Cette factorisation facilite également la résolution des problèmes éventuels et permet la mise à jour à la volée du code utilisé dans des jobs multiples.

63. Quels sont les types de routines ?

Les routines peuvent être de deux types :

- Les routines système : un certain nombre de routines système sont fournies par défaut. Elles sont classées selon le type de données qu'elles traitent : numérique, chaîne de caractères, date, etc.
- Les routines utilisateur : ce sont les routines que vous créez ou adaptez à partir de routines existantes.

64. Comment accéder aux routines système ?

▶ Pour accéder aux routines système, cliquez sur **Code - Routines - system**.

Les différentes classes de routines systèmes regroupent les routines ou fonctions en fonction de leur usage.

Routines de type Numeric

Les routines numériques permettent de retourner des nombres entiers ou décimaux afin de les utiliser comme paramètres dans un ou plusieurs composants d'un job, par exemple pour ajouter un identifiant numérique.

Routines de type Relational

Les routines relationnelles permettent de vérifier une affirmation basée sur des booléens.

Routines de type StringHandling

Les routines de traitement des chaînes de caractères offrent la possibilité d'effectuer diverses opérations et vérifications sur des expressions alphanumériques en utilisant des méthodes Java.

Routines de type TalendDataGenerator

Les routines de génération de données factices sont des fonctions qui permettent de générer des ensembles de données de test. Elles se basent sur les listes (factices) de noms, prénoms, adresses, villes et États fournies par Talend. Ces routines sont généralement utilisées au moment du développement des jobs, à l'aide d'un `tRowGenerator` par exemple, pour éviter d'utiliser des données de production ou de l'entreprise.

Routines de type TalendDate

Les routines de traitement des dates permettent d'effectuer différents types d'opérations et de vérifications sur le format des expressions de type `Date`.

Routines de type TalendString

Les routines de traitement des chaînes de caractères Talend permettent d'effectuer diverses opérations sur des expressions alphanumériques.

65. Comment créer vos routines ?

Vous pouvez créer vos propres routines pour répondre à vos besoins particuliers de factorisation. Comme les routines système, ces routines utilisateur seront centralisées dans la vue Repository (référentiel) sous **Code** - **Routines**. Pour créer une nouvelle routine :

- Dans la vue **Repository**, cliquez sur **Code** pour accéder aux routines, puis faites un clic droit sur **Routines** et sélectionnez **Create Routine**.
- L'assistant **[New routine]** s'ouvre. Saisissez les informations nécessaires à la création de la routine, telles que son nom, sa description...
- Cliquez sur **Finish** pour valider la création et accéder à l'éditeur.

66. Comment appeler une routine dans un job ?

Toutes les routines, qu'elles soient utilisateur ou système, peuvent être appelées à partir des composants de jobs afin d'exécuter automatiquement la routine lors de l'exécution du job qui la contient.

Les routines enregistrées dans le dossier Routines du référentiel sont accessibles dans tous les champs de saisie (texte ou code) des composants Talend utilisés dans vos jobs.

Pour faire appel à l'une de ces routines, il suffit d'appeler le nom de la classe suivi du nom de la routine puis des paramètres attendus, tel que : **<ClassName>.<RoutineName>**.

67. Quelle est la définition des SQL Templates Talend ?

Le SQL est un langage standardisé de requêtes, utilisé pour accéder aux informations des bases de données et les gérer. Le SQL peut être utilisé pour les requêtes sur les données, les mises à jour, la création et la modification de schémas, et le contrôle d'accès aux données. Talend Open Studio fournit de nombreux modèles SQL pour simplifier les tâches les plus communes. Il comprend également un éditeur SQL permettant de personnaliser ou de créer vos propres modèles SQL, afin de répondre à vos besoins. Ces modèles SQL sont utilisés avec les composants de la famille Talend ELT, tels que tELT, `tELTFilterColumns`, `tELTCommit`, `tELTFilterRows`, `tELTRollback` et `tELTAggregate`.

68. Quels sont les liens d'entrée d'un `tMap` ?

Main, lookup, iterate

69. Comment relier les sous-jobs entre eux ?

Avec les liens Trigger : on subjob ok, on subjob error.

70. Il existe deux types de schémas sur Talend, lesquels ?

Build-in, référentiel.

71. Quel composant utiliser pour afficher les résultats d'un job dans une console ?

`tLogRow`

72. Comment reconnaître un composant d'entrée (lecture) sur Talend ?

Pour reconnaître un composant d'entrée (lecture) dans Talend, vous pouvez identifier le mot **Input** dans son nom.

73. Quels déclencheurs peuvent être utilisés sur un composant ?

- On component OK
- On component error
- Run if

74. Quelles opérations peut-on effectuer avec un composant `tMap` ?

- mapping
- jointures
- traitement des rejets
- filtres sur les lignes et sur les colonnes

75. Quelle est la jointure par défaut dans un `tmap` ?

Left outer join

76. Peut-on récupérer les rejets en utilisant un **inner join** ?

Oui c'est possible, en allant sur le paramétrage de la sortie (out), et en définissant **Catch-out inner join rejects** sur True.

77. Peut-on récupérer les rejets en utilisant un left outer join ?

Non, il n'existe pas de rejets pour un **left outer join**.

78. Le composant `tUnite` permet-il de fusionner des données si le schéma des flux est identique ?

Vrai.

79. Dans quelle partie est-il possible de définir un titre pour le composant ?

Dans la partie view.

80. Que fait le composant `tReplicate` ?

Le composant `Treplicate` duplique le schéma entrant en deux flux identiques. Il permet d'effectuer différentes opérations sur le même schéma en offrant plusieurs liens main sortants pour un même composant.

81. Est-il possible de transférer le contexte d'un job fils à un job père ?

Oui c'est possible.

82. Quel est le rôle du composant `tDie` et `tWarn` ?

Les composants `tDie` et `tWarn` sont étroitement liés au composant `tLogCatcher`. Ils sont généralement utilisés ensemble afin que les données de log collectées par le composant `tLogCatcher` soient rassemblées et envoyées vers la sortie définie.

Le composant `tDie` est utilisé pour envoyer une erreur et arrêter le job en cours d'exécution. Toutefois, si vous souhaitez simplement envoyer un message d'avertissement sans arrêter l'exécution du job, vous pouvez utiliser le composant `tWarn`. Le composant `tWarn` envoie un message d'avertissement au composant suivant dans le flux de données. Contrairement à `tDie`, en cas d'erreur, le composant `tWarn` ne stoppe pas l'exécution du job. Ainsi, si vous souhaitez arrêter le job en cours en cas d'erreur, le composant `tDie` est la meilleure option, tandis que le composant `tWarn` est utilisé pour fournir des avertissements sans interrompre le flux du job.

83. Quel est le rôle du composant `tFileExist` ?

Le composant `tFileExist` vérifie si un fichier existe ou non.

84. Quel est le rôle du composant `tLogCatcher` ?

Le composant `tLogCatcher` est utilisé pour collecter les messages de log générés par d'autres composants du job dans Talend et les transmet au composant suivant. Ce composant fonctionne comme une fonction de log déclenchée par une des trois fonctions suivantes déclenché par `Java Exception`, `tDie` ou `tWarn`, pour collecter et transférer des données de log.

85. Que fait le composant `tOracleInput` ?

Le composant `tOracleInput` lit une base de données et en extrait des champs à l'aide de requêtes.

Il exécute une requête de base de données dans laquelle l'ordre doit strictement correspondre à l'ordre défini dans le schéma. La liste des champs est ensuite transmise au composant via une connexion `Main Row`.

86. Que fait le composant `tOracleOutput` ?

Le composant `tOracleOutput` écrit, met à jour, modifie ou supprime les données d'une base de données.

Il exécute l'action définie sur la table et/ou sur les données d'une table, en fonction du flux entrant provenant du composant précédent.

87. Que fait le composant `tOracleConnection` ?

Le composant `tOracleConnection` ouvre une connexion vers une base de données afin d'effectuer une transaction.

88. Que fait le composant `tFileList` ?

Le composant `tFileList` fait une boucle sur les fichiers et/ou les dossiers d'un répertoire donné.

Il récupère un groupe de fichiers et/ou de dossiers suivant un masque donné et fait une boucle sur chacun d'eux.

89. Que fait le composant `tFileInputDelimited` ?

Le composant `tFileInputDelimited` lit un fichier ou un flux de données ligne par ligne avec des champs simples séparés.

90. Que fait le composant `tFileRowCount` ?

Le composant `tFileRowCount` compte le nombre de lignes dans un fichier.

91. Que fait le composant `tSplitRow` ?

Le composant `tSplitRow` scinde une ligne en plusieurs. Ce composant permet notamment de séparer une ligne d'entrée en plusieurs lignes de sortie.

92. Que fait le composant `tNormalize` ?

Le composant `tNormalize` normalise un flux entrant en fonction du standard SQL. Il permet d'améliorer la qualité des données et facilite ainsi leur mise à jour.

93. Que fait le composant `tJoin` ?

Le composant `tJoin` joint deux tables, en appliquant la correspondance exacte dans plusieurs colonnes. Il compare les colonnes du flux principal avec les colonnes de référence du flux de référence (Iterate), et écrit les données du flux principal et/ou les données rejetées.

94. Que fait le composant `tFilterRow` ?

Le composant `tFilterRow` filtre des lignes d'entrée en définissant une ou plusieurs condition(s) sur les colonnes sélectionnées. Le composant `tFilterRow` aide à paramétrer les filtres sur les données sources.

95. Quelle est la différence entre les composants `tAggregateSortedRow` et `tAggregateRow` ?

Le composant `tAggregateRow` reçoit un flux de données et fait une agrégation basée sur une ou plusieurs colonnes. Pour chacune des lignes en sortie, une clé d'agrégation est fournie, ainsi que le résultat de l'opération d'agrégation correspondant (MIN, MAX, SUM, etc.).

Le composant `tAggregateSortedRow` effectue les mêmes opérations que `tAggregateRow`, à savoir agréger les données d'entrée, mais dans ce cas les données doivent être triées.

96. À quoi sert la jointure Inner Join ?

Inner Join est une jointure interne qui permet d'extraire les données communes à deux ou plusieurs sources de données à l'aide d'une clé commune.

97. Que fait le composant `tFileList` ?

Ce composant liste les fichiers d'un répertoire donné.

98. Comment gérer les rejets dans Talend ?

- De manière fonctionnelle : en mettant une condition dans le composant `tMap`.
- De manière technique : avec une connexion Reject.

99. Quelle est la différence entre `tSortRow` et `tExternalSortRow` ?

`tSortRow` permet de trier les résultats selon un ordre ascendant ou descendant.

`tExternalSortRow` utilise une application externe de tri pour trier les données.

100. Citez deux composants permettant de filtrer les données.

- `tFilterColumns`
- `tFilterRow`

Remarque

Pour passer l'examen Talend Data Integration v7 Certified Developer Exam, tapez le nom de l'examen sur votre moteur de recherche préféré.

Chapitre 7
Travail collaboratif

1. Introduction

En tant que développeur Talend, il est important de maîtriser les outils de gestion de version tels que **GIT**, **SSH** et **PowerShell**. Ces outils permettent de faciliter la gestion de votre code source et de vos déploiements, ainsi que de gérer les différentes versions de vos projets.

GIT est un système de contrôle de version distribué qui permet de suivre les modifications apportées au code et de les partager facilement avec d'autres développeurs.

SSH est un protocole de sécurité qui permet de vous connecter à distance à des serveurs et de transférer des fichiers en toute sécurité.

PowerShell est un environnement d'interprétation de commandes pour Windows qui facilite la gestion des tâches administratives.

En utilisant ces outils de manière efficace, vous pouvez améliorer la qualité de votre code, faciliter la collaboration avec d'autres développeurs et gérer les déploiements de manière plus efficiente.

2. Connexion SSH sous Windows

Il existe plusieurs façons d'établir une connexion à un ordinateur distant, en fonction du système d'exploitation utilisé. Le protocole le plus utilisé en production pour les développeurs Talend reste *Secure Shell* (SSH).

Secure Shell (SSH) permet d'accéder et de gérer à distance d'autres machines, de transférer des fichiers et de faire pratiquement tout ce que vous pouvez faire lorsque vous êtes physiquement assis devant votre ordinateur, mais cette fois à distance. La seule condition est d'avoir les droits pour utiliser la machine à distance.

La connexion SSH s'effectue à l'aide d'une interface textuelle, en manipulant le serveur avec des commandes dans le client SSH sur votre ordinateur local.

Pour les machines Windows, il est possible d'installer le client **PuTTY**.

Vous pouvez télécharger **PuTTY** gratuitement à partir de cette page :
https://www.chiark.greenend.org.uk/~sgtatham/putty/latest.html

3. Se connecter au serveur via SSH

Pour se connecter au serveur via SSH, il suffit de suivre les étapes suivantes :

- Créez-vous une clé SSH publique et une clé SSH privée. La clé privée est unique et correspond à la clé publique, c'est-à-dire que vous ne pourrez vous connecter à votre serveur (qui détient votre clé publique) qu'avec votre clé privée unique que vous seul devez détenir.
- Ouvrez le terminal SSH et saisissez la commande suivante, en remplaçant les champs par les paramètres qui vous ont été attribués :

```
ssh your_username@host_ip_address ssh host_ip_address
```

- Saisissez votre mot de passe.

Remarque

Si vous rencontrez des problèmes lors de la connexion au serveur, vérifiez que vous avez entré l'adresse IP ou le nom de domaine correct et que vous avez utilisé la bonne combinaison de nom d'utilisateur et mot de passe. Si vous utilisez un compte privé/public, vérifiez également que vous avez chargé la bonne clé privée. Si le problème persiste, vous devrez peut-être contacter l'administrateur du serveur ou votre fournisseur d'hébergement pour obtenir de l'aide.

Exemple pratique

- Ouvrez **PuTTY**.
- Accédez à **Connexion - SSH - Tunnels**.
- Dans le champ **Port source**, tapez **5901**.
- Dans le champ **Destination**, tapez **localhost:5901**.

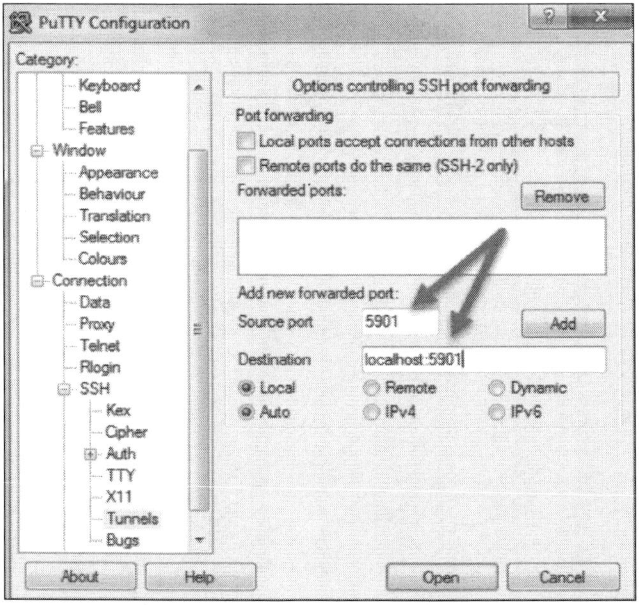

Connexion à un serveur distant via un tunnel SSH à partir d'une machine Windows à l'aide de PuTTY

▶ Démarrez la session SSH.

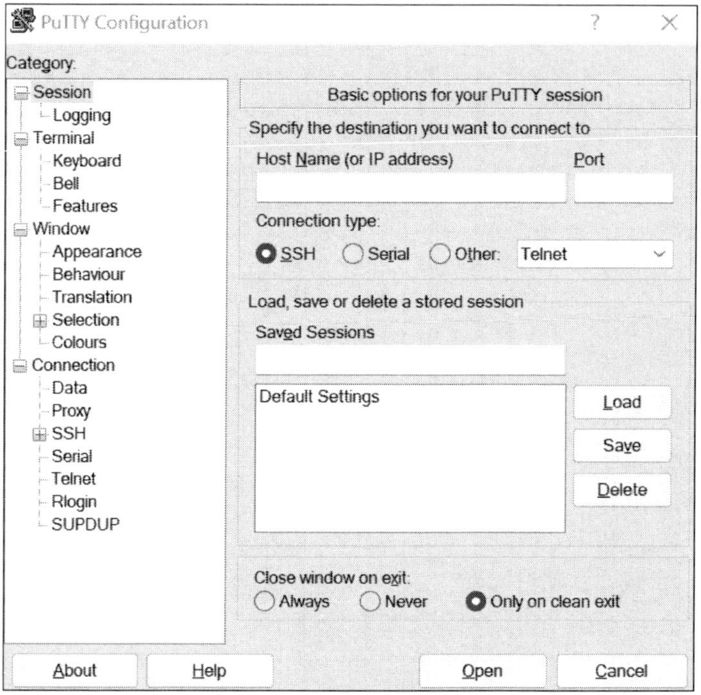

Paramètres à renseigner pour se connecter au serveur

▶ Une fois tous les paramètres renseignés, cliquez sur **Open**, une invite de commandes s'ouvre pour vous permettre d'accéder au serveur.

4. Commandes Linux à connaître

4.1 Commandes SSH

Dans cette section, nous aborderons les commandes SSH, un ensemble d'instructions utilisées pour interagir avec des systèmes distants de manière sécurisée. En comprenant et en maîtrisant ces commandes, vous serez en mesure d'établir des connexions sécurisées, d'exécuter des commandes à distance et d'administrer des serveurs à travers le protocole SSH.

- `ssh user@host` : se connecter à l'hôte en tant qu'utilisateur.
- `ssh -p port user@host` : se connecter à l'hôte sur le port en tant qu'utilisateur.
- `ssh-copy-id user@host` : ajoute votre clé à l'hôte pour l'utilisateur afin d'activer une connexion avec ou sans mot de passe.

Exemples

Voici des exemples d'utilisation de ces commandes SSH :

- `ssh user@host` :

```
$ ssh utilisateur@mon-serveur.com
```

Cette commande permet de se connecter en tant qu'utilisateur `utilisateur` à l'hôte `mon-serveur.com` en utilisant SSH.

- `ssh -p port user@host` :

```
$ ssh -p 2222 utilisateur@mon-serveur.com
```

Cette commande permet de se connecter en tant qu'utilisateur `utilisateur` à l'hôte `mon-serveur.com` sur le port **2222** en utilisant SSH.

– `ssh-copy-id user@host` :

```
$ ssh-copy-id utilisateur@mon-serveur.com
```

Cette commande permet d'ajouter votre clé SSH à l'hôte `mon-serveur.com` pour l'utilisateur `utilisateur`, ce qui vous permettra de vous connecter à l'hôte sans avoir à entrer votre mot de passe à chaque fois.

4.2 Commandes pour les fichiers

– `ls` :

```
$ ls
```

Cette commande permet de lister les répertoires et fichiers du répertoire courant.

– `ls -al` :

```
$ ls -al
```

Cette commande permet de lister les répertoires et fichiers du répertoire courant de manière formatée, en affichant également les fichiers cachés.

– `cd dir` :

```
$ cd mon-dossier
```

Cette commande permet de changer de répertoire courant en se déplaçant dans le répertoire mon-dossier.

– `cd` :

```
$ cd
```

Cette commande permet de retourner au répertoire d'accueil de l'utilisateur courant.

– `pwd` :

```
$ pwd
```

Cette commande permet d'afficher le chemin complet du répertoire courant.

– `mkdir dir` :

```
$ mkdir mon-dossier
```

Cette commande permet de créer un nouveau répertoire nommé mon-dossier.

– `rm file` :

```
$ rm mon-fichier.txt
```

Cette commande permet de supprimer le fichier mon-fichier.txt.

– `rm -r dir` :

```
$ rm -r mon-dossier
```

Cette commande permet de supprimer le répertoire mon-dossier et tout son contenu.

– `rm -f file` :

```
$ rm -f mon-fichier.txt
```

Cette commande permet de forcer la suppression du fichier mon-fichier.txt, même s'il est protégé en écriture.

– `rm -rf dir` :

```
$ rm -rf mon-dossier
```

Cette commande permet de forcer la suppression du répertoire mon-dossier et de tout son contenu, même s'il est protégé en écriture.

– `cp file1 file2` :

```
$ cp mon-fichier1.txt mon-fichier2.txt
```

Cette commande permet de copier le contenu du fichier mon-fichier1.txt dans le fichier mon-fichier2.txt.

– `cp -r dir1 dir2` :

```
$ cp -r mon-dossier1 mon-dossier2
```

Cette commande permet de copier le répertoire mon-dossier1 et tout son contenu dans le répertoire mon-dossier2. Si mon-dossier2 n'existe pas, il sera créé.

– `mv file1 file2` :

```
$ mv mon-fichier1.txt mon-fichier2.txt
```

Cette commande permet de renommer le fichier mon-fichier1.txt en mon-fichier2.txt.

```
$ mv mon-fichier.txt mon-dossier
```

Cette commande permet de déplacer le fichier mon-fichier.txt dans le répertoire mon-dossier.

– `ln -s fichier lien` :

```
$ ln -s mon-fichier.txt mon-lien
```

Cette commande permet de créer un lien symbolique `mon-lien` vers le fichier mon-fichier.txt.

– `touch file` :

```
$ touch mon-fichier.txt
```

Cette commande permet de créer un nouveau fichier vide nommé mon-fichier.txt, ou de mettre à jour la date de modification du fichier s'il existe déjà.

– `cat > file` :

```
$ cat > mon-fichier.txt
```

Cette commande permet de créer un nouveau fichier nommé mon-fichier.txt et d'y placer l'entrée standard (ce que vous tapez au clavier) jusqu'à ce que vous appuyiez sur les touches [Ctrl] **D**.

– `more file` :

```
$ more mon-fichier.txt
```

Cette commande permet d'afficher le contenu du fichier mon-fichier.txt page par page.

– `head file` :

```
$ head mon-fichier.txt
```

Cette commande permet d'afficher les dix premières lignes du fichier mon-fichier.txt.

– `tail file` :

```
$ tail mon-fichier.txt
```

Cette commande permet d'afficher les dix dernières lignes du fichier mon-fichier.txt.

– `tail -f file` :

```
$ tail -f mon-fichier.txt
```

Cette commande permet d'afficher le contenu du fichier mon-fichier.txt au fur et à mesure qu'il s'étend, en commençant par les dix dernières lignes. Cette commande est utile pour suivre les logs par exemple.

4.3 Autorisations sur les fichiers

Dans cette section, nous explorerons les autorisations sur les fichiers, un aspect crucial de la gestion des fichiers et des répertoires dans un système d'exploitation. Les autorisations déterminent les actions que les utilisateurs peuvent effectuer sur les fichiers, tels que la lecture, l'écriture et l'exécution, ainsi que les droits accordés aux différents groupes d'utilisateurs. Comprendre et maîtriser les autorisations sur les fichiers est essentiel pour assurer la sécurité et la confidentialité des données.

`chmod octal file` - changer les permissions du fichier en octal, qui peuvent être trouvées séparément pour user, groupe, et monde en ajoutant :

– • **4** - lire (r)

– • **2** - écrire (w)

– • **1** - exécuter (x)

Exemples

Voici une liste de toutes les combinaisons possibles pour la commande `chmod` en utilisant l'octal (base 8) :

- `chmod 777 file` : donne tous les droits (lecture, écriture et exécution) à l'utilisateur, au groupe et aux autres utilisateurs.
- `chmod 755 file` : attribue les droits de lecture, écriture et exécution à l'utilisateur propriétaire du fichier. Elle attribue également les droits de lecture et d'exécution au groupe auquel appartient le fichier, ainsi qu'aux autres utilisateurs du système. En résumé, cette commande permet à l'utilisateur propriétaire du fichier d'avoir tous les droits (lecture, écriture et exécution), tandis que le groupe et les autres utilisateurs ont les droits de lecture et d'exécution uniquement.
- `chmod 700 file` : donne tous les droits (lecture, écriture et exécution) à l'utilisateur uniquement.
- `chmod 666 file` : donne les droits de lecture et d'écriture à l'utilisateur, au groupe et aux autres utilisateurs.
- `chmod 644 file` : donne les droits de lecture et d'écriture à l'utilisateur, et les droits de lecture uniquement au groupe et aux autres utilisateurs.
- `chmod 600 file` : donne les droits de lecture et d'écriture à l'utilisateur uniquement.
- `chmod 555 file` : donne le droit d'exécution à l'utilisateur, au groupe et aux autres utilisateurs.
- `chmod 444 file` : donne uniquement le droit de lecture à l'utilisateur, au groupe et aux autres utilisateurs.
- `chmod 400 file` : donne uniquement le droit de lecture à l'utilisateur seulement.
- `chmod 111 file` : donne le droit d'exécution à l'utilisateur, au groupe et aux autres utilisateurs.
- `chmod 000 file` : enlève tous les droits à l'utilisateur, au groupe et aux autres utilisateurs.

Il est également possible de combiner ces chiffres de manière à donner des droits spécifiques à l'utilisateur, au groupe et aux autres utilisateurs. Par exemple, la combinaison 750 donnera les droits de lecture, d'écriture et d'exécution à l'utilisateur, les droits de lecture et d'exécution au groupe, et aucun droit aux autres utilisateurs.

Remarque

*Dans les exemples de commandes donnés, **file** représente le nom du fichier sur lequel les droits d'accès sont modifiés par la commande `chmod`. Cela peut être le nom d'un fichier ou d'un répertoire, selon ce que vous souhaitez modifier.*

Par exemple, si vous souhaitez donner les droits de lecture et d'écriture à l'utilisateur, au groupe et aux autres utilisateurs pour le fichier mon-fichier.txt, vous pouvez utiliser la commande suivante :

```
$ chmod 666 mon-fichier.txt
```

Il est important de noter que le nom du fichier doit être spécifié avec son chemin complet s'il n'est pas situé dans le répertoire courant.

4.4 Recherches

- `grep pattern files` :

```
$ grep "motif" mon-fichier.txt
```

  Cette commande permet de rechercher le motif `motif` dans le fichier mon-fichier.txt.

```
$ grep "motif" mon-fichier1.txt mon-fichier2.txt
```

  Cette commande permet de rechercher le motif `motif` dans les fichiers mon-fichier1.txt et mon-fichier2.txt.

- `grep -r pattern dir` :

```
$ grep -r "motif" mon-dossier
```

  Cette commande permet de rechercher récursivement le motif `motif` dans le répertoire mon-dossier et tous ses sous-répertoires.

– `command | grep pattern` :

```
$ ls | grep "mon-fichier"
```

Cette commande permet de lister tous les fichiers du répertoire courant et de rechercher le motif `mon-fichier` dans la liste des résultats.

– `locate file` :

```
$ locate mon-fichier.txt
```

Cette commande permet de trouver toutes les instances du fichier mon-fichier.txt sur le système.

4.5 Raccourcis

– [Ctrl] **C** : arrête la commande en cours.
– [Ctrl] **Z** : arrête la commande actuelle, reprend avec fg en avant-plan ou bg en arrière-plan.
– [Ctrl] **D** : se déconnecte de la session en cours, similaire à exit.
– [Ctrl] **W** : efface un mot de la ligne courante.
– [Ctrl] **U** : efface la ligne entière.
– [Ctrl] **R** : pour rechercher et rappeler une commande récemment utilisée.
– ! ! : répète la dernière commande.
– Exit : quitte la session en cours.

4.6 Réseau

– `ping host` :

```
$ ping google.com
```

Cette commande permet de pinguer l'hôte google.com et d'afficher les résultats de sortie.

– `whois domain` :

```
$ whois google.com
```

Cette commande permet d'obtenir des informations WHOIS pour le domaine google.com.

– `dig domain` :

```
$ dig google.com
```

Cette commande permet d'obtenir les informations DNS du domaine google.com.

– `dig -x host` :

```
$ dig -x 8.8.8.8
```

Cette commande permet de faire une recherche inverse de l'hôte à l'adresse IP 8.8.8.8.

– `wget file` :

```
$ wget https://www.example.com/mon-fichier.zip
```

Cette commande permet de télécharger le fichier mon-fichier.zip à l'adresse URL https://www.example.com/mon-fichier.zip

– wget -c file :

```
$ wget -c https://www.example.com/mon-fichier.zip
```

Cette commande permet de poursuivre le téléchargement du fichier mon-fichier.zip à l'adresse URL https://www.example.com/mon-fichier.zip s'il a été interrompu précédemment.

4.7 Commandes système

– `date` :

```
$ date
```

Cette commande permet d'afficher la date et l'heure actuelles.

- `cal` :

```
$ cal
```

Cette commande permet d'afficher le calendrier du mois en cours.

```
$ cal 2022
```

Cette commande permet d'afficher le calendrier de l'année 2022.

- `uptime` :

```
$ uptime
```

Cette commande permet d'afficher le temps de fonctionnement actuel du système.

- `w` :

```
$ w
```

Cette commande permet d'afficher qui est en ligne sur le système.

- `whoami` :

```
$ whoami
```

Cette commande permet d'afficher votre nom d'utilisateur actuel (celui avec lequel vous êtes connecté).

- `finger user` :

```
$ finger utilisateur
```

Cette commande permet d'afficher des informations sur l'utilisateur `utilisateur`.

- `uname -a` :

```
$ uname -a
```

Cette commande permet d'afficher les informations sur le noyau (version, nom, etc.) du système.

- `cat /proc/cpuinfo` :

```
$ cat /proc/cpuinfo
```

Cette commande permet d'afficher les informations sur le processeur du système (marque, vitesse, etc.).

– `cat /proc/meminfo` :

```
$ cat /proc/meminfo
```

Cette commande permet d'afficher les informations sur la mémoire du système (taille totale, utilisée, libre, etc.).

– `man command` :

```
$ man ls
```

Cette commande permet d'afficher le manuel de la commande `ls` (liste des fichiers).

– `df` :

```
$ df
```

Cette commande permet d'afficher l'utilisation du disque sur le système, en indiquant la taille totale et utilisée de chaque partition.

Voici quelques options utiles pour la commande `df` :

– `df -h` : affiche les résultats en utilisant une notation **humaine** (en utilisant des unités lisibles par l'homme, comme les Mo, Go, etc.).
– `df -T` : affiche le type de chaque partition (par exemple, ext4, ntfs, etc.).
– `df -x filesystem` : exclut les partitions du type de système de fichiers spécifié (par exemple, `df -x tmpfs` exclura les partitions du type tmpfs).

– du :

```
$ du
```

Cette commande permet d'afficher l'utilisation de l'espace des répertoires dans le répertoire courant.

```
$ du -sh mon-dossier
```

Cette commande permet d'afficher l'utilisation de l'espace du répertoire mon-dossier de manière résumée (en utilisant une notation **humaine** comme les Mo, Go, etc.).

- free :

```
$ free
```

Cette commande est utilisée pour afficher les informations sur l'utilisation de la mémoire et de l'espace d'échange (swap) sur le système..

- whereis app :

```
$ whereis bash
```

Cette commande permet d'afficher les emplacements possibles du programme `bash` sur le système.

- which app :

```
$ which bash
```

Cette commande permet de montrer quelle application `bash` sera exécutée par défaut sur le système.

4.8 Gestion des processus

- `ps` :

Pour afficher tous les processus actuellement actifs sous forme de liste :

```
ps aux
```

Pour afficher tous les processus actuellement actifs avec plus de détails :

```
ps -ef
```

- `top` :

Pour afficher tous les processus en cours, classés par ordre de consommation de ressources :

```
top
```

- `kill pid` :

Pour tuer le processus dont le PID (identifiant de processus) est `12345` :

```
kill 12345
```

- `killall proc` :
  Pour tuer tous les processus nommés `firefox` :

```
killall firefox
```

- `bg` :
  Pour reprendre un processus suspendu en arrière-plan nommé `long_task` :

```
bg %long_task
```

- `fg` :
  Pour mettre au premier plan un processus suspendu en arrière-plan nommé `long_task` :

```
fg %long_task
```

- `fg n` :
  Pour mettre au premier plan le travail n°2 (si vous avez suspendu plusieurs processus en arrière-plan) :

```
fg %2
```

4.9 Compression

- `tar cf fichiers file.tar` crée une archive .tar nommée file.tar contenant des fichiers. Supposons que vous ayez deux fichiers, file1.txt et file2.txt, et que vous vouliez les mettre dans un fichier .tar nommé myfiles.tar. Vous pouvez utiliser la commande suivante :

```
tar cf myfiles.tar file1.txt file2.txt
```

- La commande `tar xf file.tar` extrait les fichiers de file.tar. Supposons que vous avez un fichier .tar nommé myfiles.tar et que vous voulez extraire les fichiers qu'il contient. Vous pouvez utiliser la commande suivante :

```
tar xf myfiles.tar
```

– `tar czf file.tar.gz files` crée une archive .tar avec la compression Gzip. Supposons que vous avez deux fichiers, file1.txt et file2.txt, et que vous voulez les mettre dans un tar nommé myfiles.tar, en utilisant la compression Gzip. Vous pouvez utiliser la commande suivante :

```
tar czf myfiles.tar.gz file1.txt file2.txt
```

– `tar xzf file.tar.gz` extrait une archive .tar en utilisant Gzip. Supposons que vous avez un tar nommé myfiles.tar.gz, compressé avec Gzip, et que vous voulez extraire les fichiers qu'il contient. Vous pouvez utiliser la commande suivante :

```
tar xzf myfiles.tar.gz
```

– `tar cjf file.tar.bz2` crée une archive .tar avec Bzip2 compression. Supposons que vous avez deux fichiers, file1.txt et file2.txt, et que vous voulez les mettre dans un tar nommé myfiles.tar, en utilisant la compression Bzip2. Vous pouvez utiliser la commande suivante :

```
tar cjf myfiles.tar.bz2 file1.txt file2.txt
```

– `tar xjf file.tar.bz2` extrait une archive .tar en utilisant Bzip2. Supposons que vous avez un tar nommé myfiles.tar.bz2, compressé avec Bzip2, et que vous voulez extraire les fichiers qu'il contient. Vous pouvez utiliser la commande suivante :

```
tar xjf myfiles.tar.bz2
```

– `gzip file` compresse le fichier et le renomme en fichier.gz. Supposons que vous avez un fichier nommé file.txt et que vous voulez le compresser avec Gzip. Vous pouvez utiliser la commande suivante :

```
gzip
```

5. Commandes Git à connaître

Voici une liste de commandes Git couramment utilisées et leurs descriptions :

- `git init` : initialise un nouveau dépôt Git dans le répertoire courant
- `git clone` : clone un dépôt existant dans un nouveau répertoire
- `git add` : ajoute un fichier à l'index (à l'étape **staging**)
- `git commit` : enregistre les modifications de l'index dans un commit
- `git diff` : affiche les différences entre les fichiers modifiés et l'index
- `git reset` : annule les commits et les modifications de fichiers
- `git rm` : supprime un fichier de l'index et du dépôt de contrôle de version
- `git log` : affiche l'historique des commits
- `git status` : affiche l'état des fichiers dans le dépôt de contrôle de version
- `git branch` : gère les branches dans un dépôt Git
- `git checkout` : change de branche ou restaure des fichiers
- `git merge` : fusionne une branche dans l'autre
- `git push` : envoie les commits vers un dépôt distant
- `git pull` : récupère les commits d'un dépôt distant et les fusionne dans la branche courante

Il existe bien d'autres commandes Git, mais celles-ci sont suffisantes pour débuter. N'hésitez pas à vous référer à la documentation ou à effectuer des recherches en ligne pour en savoir plus sur chacune d'entre elles. Voici un exemple pour chaque commande vue plus haut :

- `git init` :

```
$ cd mon-projet
$ git init
```

Cette commande initialise un nouveau dépôt Git dans le répertoire mon-projet.

– `git clone` :

```
$ git clone https://github.com/utilisateur/mon-projet.git
```

Cette commande clone le dépôt Git situé à l'adresse URL donnée dans un nouveau répertoire appelé mon-projet.

– `git add` :

```
$ git add fichier1.txt fichier2.txt
```

Cette commande ajoute les fichiers fichier1.txt et fichier2.txt à l'index (à l'étape **staging**).

– `git commit` :

```
$ git commit -m "Ajout de fichiers"
```

Cette commande enregistre les modifications de l'index dans un commit avec le message `Ajout de fichiers`.

– `git diff` :

```
$ git diff fichier.txt
```

Cette commande affiche les différences entre le fichier fichier.txt modifié et son état dans l'index.

– `git reset` :

```
$ git reset HEAD fichier.txt
```

Cette commande annule les modifications du fichier fichier.txt et le retire de l'index.

– `git rm` :

```
$ git rm fichier.txt
```

Cette commande supprime le fichier fichier.txt de l'index et du dépôt de contrôle de version.

– `git log` :

```
$ git log
```

Cette commande affiche l'historique des commits du dépôt Git courant.

– `git status` :

```
$ git status
```

Cette commande affiche l'état des fichiers dans le dépôt de contrôle de version, c'est-à-dire les fichiers ajoutés à l'index, les fichiers modifiés et les fichiers ignorés.

– git branch :

```
$ git branch nouvelle-branche
```

Cette commande crée une nouvelle branche nommée `nouvelle-branche`.

– `git checkout` :

```
$ git checkout nouvelle-branche
```

Cette commande change de branche en passant à la branche `nouvelle-branche`.

```
$ git checkout HEAD fichier.txt
```

Cette commande restaure le fichier fichier.txt à son état dans le dernier commit en l'écrasant éventuellement avec les modifications locales.

– `git merge` :

```
$ git merge nouvelle-branche
```

Cette commande fusionne la branche `nouvelle-branche` dans la branche courante.

– `git push` :

```
$ git push origin ma-branche
```

Cette commande envoie les commits de la branche `ma-branche` vers le dépôt distant nommé `origin`.

– `git pull` :

```
$ git pull origin ma-branche
```

Cette commande récupère les commits du dépôt distant `origin` et les fusionne dans la branche `ma-branche` du dépôt local.

6. PowerShell

PowerShell est un shell développé par Microsoft pour les systèmes d'exploitation Windows. Il permet aux utilisateurs d'exécuter des commandes et des scripts pour automatiser des tâches administratives sur un système ou une infrastructure.

En tant que développeur Talend, vous pouvez utiliser PowerShell pour automatiser des tâches liées à la gestion de votre environnement Talend, comme la création et la suppression de jobs, la gestion des utilisateurs et des groupes, ou la configuration des paramètres de l'environnement.

En dehors de cette utilisation, PowerShell peut également être utilisé pour automatiser des tâches administratives sur des systèmes Windows, comme la gestion des utilisateurs et des groupes, la gestion des services et des applications, la gestion de la mémoire et des ressources système, ou la gestion des fichiers et des dossiers. Il peut également être utilisé pour configurer et gérer des services cloud Azure. C'est un outil puissant pour les administrateurs système et les ingénieurs DevOps.

Les lignes de code suivantes sont des exemples d'utilisation des opérateurs de comparaison, de remplacement et logiques de PowerShell.

6.1 Les opérateurs dans PowerShell

6.1.1 Les opérateurs de comparaison

Ils sont utilisés pour comparer des valeurs, ils incluent :

- `-eq` pour vérifier l'égalité entre deux valeurs, par exemple `'toto' -eq 'titi'` retournera `false`.
- `-ne` pour vérifier la non-égalité entre deux valeurs, par exemple `'toto' -ne 'titi'` retournera `true`.
- `-gt` pour vérifier si une valeur est strictement supérieure à une autre, par exemple `'11' -gt '12'` retournera `false`.
- `-ge` pour vérifier si une valeur est supérieure ou égale à une autre, par exemple `'13' -ge '13'` retournera `true`.

- `-lt` pour vérifier si une valeur est strictement inférieure à une autre, par exemple `'11' -lt '12'` retournera `true`.
- `-in` pour vérifier si une valeur est présente dans un tableau ou un objet de collection, par exemple `'one' -in $coll` retournera `true`.
- `-notin` pour vérifier si une valeur n'est pas présente dans un tableau ou un objet de collection, par exemple `'one' -notin $coll` retournera `false`.
- `-contains` pour vérifier si un tableau ou un objet de collection contient une valeur donnée, par exemple `$coll -contains 'one'` retournera `true`.
- `-notcontains` pour vérifier si un tableau ou un objet de collection ne contient pas une valeur donnée, par exemple `$coll -notcontains 'one'` retournera `false`.

6.1.2 Les opérateurs de remplacement

Ils sont utilisés pour remplacer une chaîne de caractères par une autre, ils incluent `-replace` pour remplacer une chaîne de caractères par une autre, par exemple `'powershell' -replace 'shell','Hani'` retournera `'powerHani'`.

6.1.3 Les opérateurs logiques

Ils sont utilisés pour combiner des expressions booléennes, ils incluent :

- `-and` pour vérifier si les deux expressions sont vraies, par exemple `(1 -eq 1) -and (1 -eq 2)` retournera `false`.
- `-or` pour vérifier si au moins une des expressions est vraie, par exemple `(1 -eq 1) -or (1 -eq 2)` retournera `true`.
- `-xor` pour vérifier si une et une seule des expressions est vraie, par exemple `(1 -eq 1) -xor (2 -eq 2)` retournera `false`.
- `-not` pour inverser la valeur booléenne d'une expression. Elle prend une expression booléenne en entrée et renvoie la valeur booléenne opposée.

Vous pouvez trouver ci-dessous toutes les commandes citées précédemment. Vous pouvez les tester et les reprendre pour une meilleure prise en main de PowerShell.

```
#egal:
'toto' -eq 'titi'
'toto' -eq 'toto'
#non-égal:
'toto' -ne 'titi'
'toto' -ne 'toto'
#greater than (supérieur):
'11' -gt '12'
'13' -gt '12'
#greater or equal (supérieur ou égal):
'13' -ge '13'
#strictement inférieur (less than):
'11' -lt '12'
'13' -lt '12'
#-------------------------------------------
#opérateurs de remplacement:
'powershell' -replace 'shell','Hani'
#opérateurs de remplacement sur un tableau(dictionnaire):
$array =@('powerMan','PowerGirl')
$array -replace 'power','hyper'
#-------------------------------------------------------------
#opérateurs de comparaison:
#in:
$coll= @('one','on','two','three')
'one' -in $coll
#notin
$coll= @('one','on','two','three')
'one' -notin $coll
#contains:
$coll= @('one','on','two','three')
$coll -contains 'one'
#notcontains:
$coll= @('one','on','two','three')
$coll -notcontains 'one'
#-------------------------------------------
#Opérateurs logiques:
#And:
(1 -eq 1) -and (1 -eq 2)
#Or:
(1 -eq 1) -or (1 -eq 2)
```

```
#xor: (ou exclusif, il faut qu'il y ait seulement un côté à true
pour qu'il retourne true)
(1 -eq 1) -xor (2 -eq 2)
#Not:
-not (1 -eq 1)
```

6.2 Les variables dans PowerShell

Le script PowerShell ci-dessous est un exemple d'utilisation de variables dans PowerShell. Il utilise la commande `clear-host` pour nettoyer l'affichage de la console avant de déclarer et d'afficher différents types de variables.

La première déclaration de variable est `$int=2018` qui déclare une variable appelée `$int` de type entier avec la valeur `2018`. La ligne suivante `$int` affiche la valeur de la variable `$int` qui est `2018`.

```
clear-host
#demo1: variable de type int
$int=2018
$int
```

La deuxième déclaration de variable est `$array=@{}` qui déclare une variable de type tableau (ou dictionnaire) nommée `$array`. La ligne suivante `$array['name']= 'PowerShell Demo'` ajoute un élément au tableau avec la clé `name` et la valeur `PowerShell Demo`. La ligne suivante `$array` affiche le contenu du tableau.

```
#demo2: variable de type array (dictionnaire)
$array=@{}
$array['name']= 'PowerShell Demo'
$array
```

La troisième déclaration de variable est `$string= 'patates douces'` qui déclare une variable de type chaîne de caractères nommée `$string` avec la valeur `"patates douces"`. La ligne suivante `$string` affiche la valeur de la variable `$string` qui est `"patates douces"`.

```
#demo3: variable de type string
$string= 'patates douces'
$string
```

La quatrième déclaration de variable est `$true` et `$false` qui déclare deux variables de type booléen avec les valeurs respectives vrai et faux.

```
#demo4: variable de type boolean
$true
$false
```

La cinquième partie de code montre différentes opérations sur les variables.

Elle utilise la variable `$var` déclarée précédemment avec la valeur `'powershell'`, présente différentes façons d'afficher une chaîne qui inclut la valeur de cette variable.

```
#demo5: opérations sur les variables
$var='powershell'
'string $var'
```

Ces lignes de code donnent le même résultat `'string powershell'`. Il est important de noter que dans PowerShell, les variables sont déclarées avec le symbole $ devant leur nom.

```
#ces écritures donnent le même résultat
#$var='powershell'
"string $var"
"string $($var)"
"string' ${var}"
"string"+$var
```

6.3 Verbes et alias

Les verbes et les alias sont deux types de commandes dans PowerShell. Les verbes sont des mots clés qui décrivent l'action à effectuer, tels que **Get**, **Set**, **New**, etc. Ils sont utilisés pour formuler des commandes PowerShell standards telles que `Get-ChildItem` ou `Set-ExecutionPolicy`.

Les alias sont des noms courts pour des commandes plus longues. Par exemple, `ls` est un alias pour `Get-ChildItem`. Les alias peuvent faciliter la saisie de commandes fréquemment utilisées et accélérer le travail en ligne de commande. Les alias peuvent également être personnalisés pour répondre aux besoins individuels de l'utilisateur.

Les lignes de code suivantes montrent comment obtenir des informations sur les verbes, les alias, les paramètres et les éléments disponibles :

```
#pour connaître la liste des verbes qui existent :
get-verb
#pour connaître la liste des alias qui existent:
Get-Alias
#on peut écrire get-''tab'' pour afficher toutes les commandes
qu'il est possible d'y joindre
    #exemple:
 Get-AppPackageLastError
#on peut écrire get-item -''CTRL+espace'' pour afficher tous
les paramètres qu'il est possible d'y joindre
    #exemple:
 get-item -Debug
#si on veut récupérer tous les éléments :
Get-ChildItem
Get-ChildItem | Get-Member
#pour connaître ma version de PowerShell:
$PSVersionTable
#pour ouvrir une fenêtre d'aide:
get-help -Name get-help -ShowWindow
```

- `Get-verb` affiche la liste des verbes disponibles.
- `Get-Alias` affiche la liste des alias disponibles.
- `Get-item -''CTRL+espace''` permet de voir les paramètres disponibles pour la commande `get-item`.
- `Get-ChildItem | Get-Member` permet d'obtenir tous les éléments disponibles.
- `$PSVersionTable` affiche la version actuelle de PowerShell.
- `Get-help -Name get-help -ShowWindow` ouvre une fenêtre d'aide pour la commande `get-help`.

6.4 Utilisation de structures de contrôle de flux en PowerShell

En PowerShell, les structures de contrôle de flux permettent de contrôler le flux d'exécution d'un script en fonction de différentes conditions. Ci-dessous nous allons présenter les différentes structures de contrôle de flux disponibles dans PowerShell avec des exemples concrets pour illustrer leur utilisation, notamment les boucles `foreach`, les structures conditionnelles `if-else-elseif` et l'instruction `switch`.

```
clear-host

$arrayList=@('toto','tata')


foreach ($array in $arrayList){ #array ici veut dire ligne
    write-output $array
}

#structure conditionnelle if,else,elseif
clear-host
$contryCode ='FR'

if ($contryCode -eq 'FR')
{
    return 'allez les bleus'
}
elseif ($contryCode -eq 'DE')
{
    return 'allez les rouges'
}
else
{
    return 'viva l''Algérie'
}

#le switch (utilisé en présence de nombreux elseif):

clear-host

$contryCode ='DE'
switch ($contryCode){
```

```
    'FR' {return 'vive la France'}

    'DE'{return 'vive l''Allemagne'}

  Default {return 'vive l''Algérie'}
 }
```

Ce code utilise plusieurs structures de contrôle de flux pour effectuer différentes actions en fonction de certaines conditions.

- `Clear-Host` : efface l'affichage de la console.
- Boucle `foreach` : la variable `$arrayList` est définie comme un tableau avec les éléments `toto` et `tata`. La boucle `foreach` parcourt le tableau et affiche chaque élément à l'aide de la commande `Write-Output`.
- Structure conditionnelle `if-else-elseif` : la variable `$countryCode` est définie avec la valeur `FR`. L'instruction `if` vérifie si la valeur de `$contryCode` est égale à `FR`. Si c'est le cas, la fonction `return` renvoie le message `allez les bleus`. Sinon, l'instruction `elseif` vérifie si la valeur est égale à `DE`, et si c'est le cas, la fonction `return` renvoie le message `allez les rouges`. Si aucune des conditions n'est remplie, la dernière instruction `else` renvoie le message `vive l'Algérie`.
- Instruction `switch` : la variable `$countryCode` est définie avec la valeur `DE`. L'instruction `switch` effectue un contrôle multiple sur la valeur de `contryCode`. Si la valeur est `FR`, le message `vive la France` est renvoyé. Si la valeur est `DE`, le message `vive l'Allemagne` est renvoyé. Si aucune des valeurs ne correspond, le message `vive l'Algérie` est renvoyé.

Chapitre 8
Bonnes pratiques

1. Introduction

Dans ce chapitre, nous allons aborder les bonnes pratiques permettant d'appréhender au mieux le travail de développeur. En effet, il est préférable d'avoir des conventions communes pour le travail en équipe. Les bonnes pratiques que nous allons voir dans ce chapitre sont des conventions suivies par la plupart des développeurs Talend, dans la mesure où il s'agit de conventions officielles.

2. Structure générale des jobs

Voici les conventions officielles de Talend :

- Les lignes de type **flux de données** vont de gauche à droite (horizontal).
- Les lignes de type **itération** vont de gauche à droite (horizontal).
- Les liens de type **On subjob OK**, **Component OK** et **Reject** vont de haut en bas (vertical).
- Dans un `tMap`, les flux principaux sont toujours horizontaux et les flux de type **lookup** sont verticaux. Les **lookups** doivent se trouver en haut du `tMap`.
- Les flux de type **reject** sont toujours en bas du composant.

3. Optimisation des traitements sous Talend

- Utilisez une connexion pour l'input et une autre pour l'output. Ceci permet un gain de performance en évitant de créer et fermer des connexions MySQL inutilement.
- Utilisez des **extend insert** dans les outputs, voir des **bulk insert** en cas de grosse volumétrie.
- Préférez des **INSERT** en vous assurant qu'il n'y ait pas de doublons avec un `tMap` avant l'insertion, plutôt que des **UPDATE OR INSERT**.
- En règle générale, maximisez la charge sur le serveur MySQL plutôt que sur Talend. Attention : s'il y a trop de jointures, ceci peut au contraire ralentir le traitement. Cette règle est donc souvent vraie mais pas toujours.
- Réduisez au maximum le nombre de colonnes dans les flux. Ne remontez pas vingt colonnes si vous n'utilisez que deux d'entre elles par exemple.

Remarque

*N'utilisez jamais de **SELECT *** dans vos input de base de données (ex. : `tMySQLInput`) car si vous changez l'ordre des colonnes vous risquez, dans le meilleur des cas, d'obtenir une erreur d'exécution du job, et dans la majorité (et pire) des cas, d'avoir des données corrompues.*

- N'utilisez pas de `tUnPivot` sur de gros volumes. Préférez une solution alternative (ex. : `tMap`).
- Préférez l'option **enablestream** dans les inputs qui traitent de gros volumes de données afin de gagner du temps.
- Attention au multiple input (en cas d'itération sur un stream) : dans ce cas, créez une autre connexion de type input.

4. Bonnes pratiques générales

- **Utilisez les répertoires de projet pour organiser vos travaux** : les répertoires de projet vous permettent de regrouper vos travaux en fonction de leur fonctionnalité ou de leur utilisation.
- **Utilisez des noms de variables explicites** : des noms de variables explicites facilitent la compréhension de votre travail par d'autres développeurs ou utilisateurs.
- **Utilisez les commentaires pour documenter vos travaux** : utilisez des commentaires pour expliquer les étapes clés de votre travail et pour rendre votre code plus lisible.
- **Utilisez les connecteurs dédiés pour différents types de données**, tels que les bases de données relationnelles, les fichiers CSV, les fichiers Excel, etc.
- **Utilisez les paramètres pour configurer les travaux** de manière flexible et réutilisable.
- **Utilisez les contextes pour gérer les paramètres de production** et éviter les erreurs de configuration.
- **Utilisez les routines pour regrouper des fonctionnalités réutilisables** dans des blocs de code indépendants.
- **Utilisez les tâches de débogage pour tester vos travaux** et détecter les erreurs avant de les mettre en production.
- **Utilisez les modules pour regrouper des travaux similaires**, facilitant ainsi leur maintenance et leur réutilisation.
- **Utilisez les journaux pour suivre les performances et les erreurs de vos travaux**, facilitant la résolution rapide et efficace des problèmes.

5. Contrôle qualité

- Surveillez les flux importants pour permettre de détecter un problème éventuel.
- Utilisez le `tWarn` pour donner des informations sur l'état d'avancement du job.
- Évitez d'afficher les sorties dans la console pour les jobs erronés, car cela entraîne une pollution des journaux du lot d'exécution.

6. Normes de développement

6.1 Règles générales

Les développements Talend se font obligatoirement sous TOS (*Talend Open Studio*). Il appartient aux sites de migrer, s'ils le désirent, les développements de TOS vers TIS (*Talend Integration Suite Studio*).

La version de TOS utilisée par les sites contributeurs est la même pour tous. Elle est définie d'un commun accord.

Les composants utilisés dans les jobs sont obligatoirement natifs dans Talend, interdisant ainsi l'utilisation des composants `ecosystem`, cette disposition peut éventuellement être revue pour certains composants à condition que la communauté valide ce composant.

6.2 Règles liées au SQL

- **Évitez les injections SQL** : utilisez des paramètres de requête ou des requêtes préparées pour éviter les vulnérabilités liées aux injections SQL. Ne concaténez pas directement des valeurs utilisateur dans les requêtes SQL.
- **Utilisez des connecteurs spécifiques aux bases de données** : utilisez les connecteurs dédiés à chaque type de base de données (par exemple, `tMysqlInput` pour MySQL, `tOracleOutput` pour Oracle) pour assurer une intégration optimale et prendre en charge les fonctionnalités spécifiques à chaque SGBD.
- **Respectez les règles de syntaxe SQL** : assurez-vous de respecter les règles de syntaxe propres à chaque SGBD utilisé. Vérifiez les conventions de nommage des tables, colonnes et autres objets SQL, ainsi que les règles de typage des données.

6.3 Règles liées aux fichiers délimités

- **Spécifiez correctement le délimiteur** : assurez-vous de spécifier le bon caractère délimiteur utilisé dans le fichier (par exemple, une virgule, un point-virgule, une tabulation). Utilisez le composant approprié dans Talend, tel que `tFileInputDelimited`, et configurez-le avec le délimiteur correct.
- **Gérez les caractères spéciaux** : si vos données contiennent des caractères spéciaux tels que des guillemets, des retours à la ligne ou le délimiteur lui-même, assurez-vous de les gérer correctement. Utilisez des options de configuration telles que l'échappement des guillemets ou l'utilisation de délimiteurs qualifiés (encadrés de guillemets) si nécessaire.
- **Vérifiez la structure des données** : avant de traiter un fichier délimité, assurez-vous que la structure des données correspond à celle attendue. Vérifiez le nombre de colonnes, leur ordre et leur type. Utilisez les composants de validation, tels que `tSchemaComplianceCheck`, pour vous assurer que les données respectent les règles de structure définies.

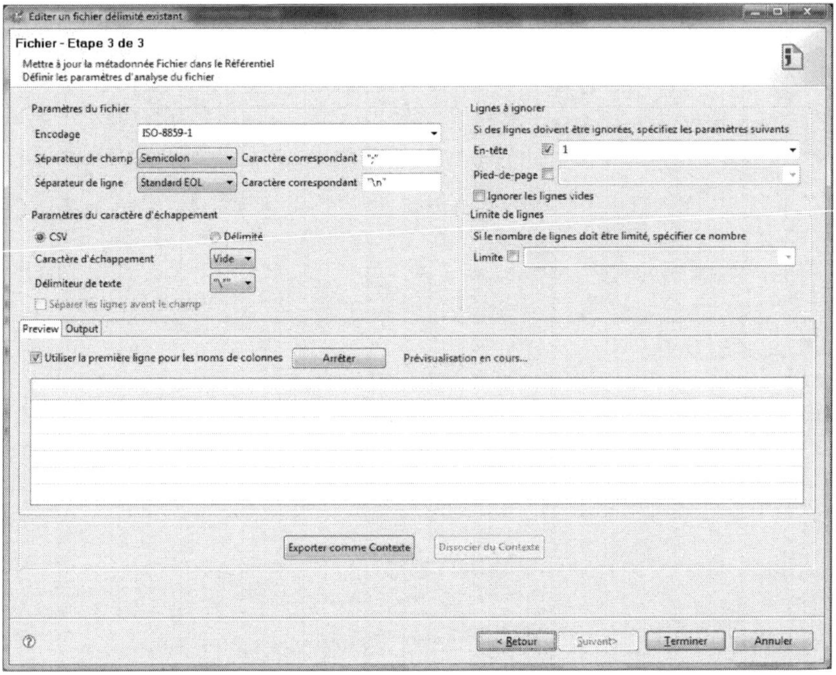

Édition d'un fichier délimité

6.4 Règles pour l'ordonnancement des répertoires Folder

Les jobs sont répertoriés par métier, et à l'intérieur du répertoire métier, par application source, par exemple :

Classification des jobs

Un répertoire DWH00_MASTER répertorie tous les jobs masters de domaines/métiers.

Rappel sur l'ordonnancement des jobs masters :

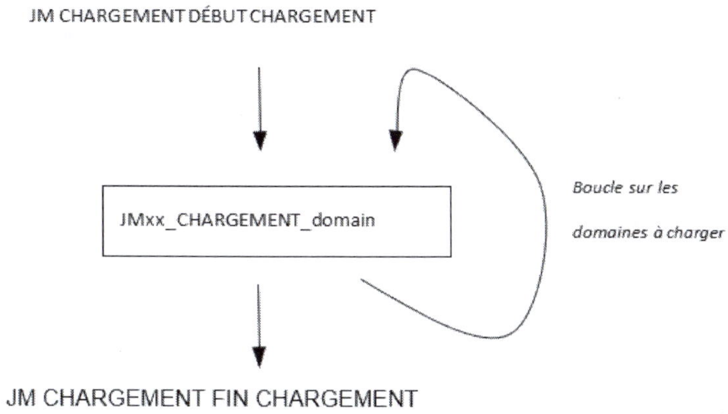

Ordonnancement des jobs masters

6.5 Règles pour le nommage des répertoires et des jobs

Règles pour le nommage des répertoires métier

- Préfixez les noms des répertoires métier par "DWH".
- Ajoutez un nombre pour identifier le répertoire.
- Utilisez un trait de soulignement "_" pour séparer le nombre du nom descriptif.
- Ensuite, ajoutez un nom descriptif qui reflète le domaine métier. Par exemple, vous pouvez nommer un répertoire "DWH06_Scolarite" pour le domaine de la scolarité.

Règles pour le nommage des répertoires d'application

- Utilisez également le préfixe "DWH" pour les répertoires d'application.
- Suivez le préfixe par un nombre pour l'identification.
- Ajoutez une lettre minuscule pour différencier les répertoires d'application.

- Utilisez un trait de soulignement "_" pour séparer le numéro et le nom descriptif.
- Ensuite, ajoutez un nom descriptif qui représente l'application spécifique. Par exemple, vous pouvez nommer un répertoire "DWH06b_APOGEE" pour l'application APOGEE.

Règles pour le nommage des jobs

- Utilisez deux lettres majuscules pour identifier le métier auquel le job est associé. Par exemple, "SCOL" pour la scolarité.
- Ajoutez un numéro de séquence pour indiquer l'ordre d'exécution des jobs.
- Utilisez un nom de job en majuscules qui décrit la fonction du job. Par exemple, vous pouvez nommer un job "RH01_STATUTAIRES" pour le traitement des données relatives aux statutaires des ressources humaines.

Règles pour le nommage des jobs masters de chargement de domaine

- Préfixez le nom du job master par "JM" pour indiquer qu'il s'agit d'un job master.
- Ajoutez un numéro de séquence pour déterminer l'ordre d'exécution des jobs masters.
- Utilisez "CHARGEMENT" pour spécifier que le job master est responsable du chargement d'un domaine.
- Ajoutez le nom de l'application source à la fin du nom. Par exemple, "JM01_CHARGEMENT_SIFAC" pour le chargement des données provenant de l'application SIFAC.

En respectant ces règles de nommage, vous pouvez organiser vos répertoires et vos jobs de manière cohérente, ce qui facilite la gestion et la compréhension de votre projet Talend.

6.6 Règles concernant les liens

- Préfixez les liens **row** en entrée de `tMap` par **depuis _** suivi du nom du composant source, le tout en minuscules.
- Préfixez les liens **out** en sortie de `tMap` par **vers _**suivi du nom du composant de sortie, le tout en minuscules.

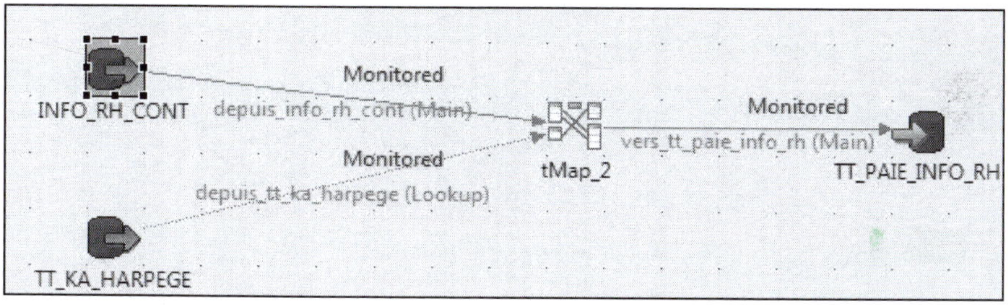

Règles concernant les liens

- Préfixez les liens de rejet de `tMap` par **rejet _** suivi du nom du composant de sortie, le tout en minuscules.

Tous les flux seront surveillés (propriétés Advanced Settings).

6.6.1 Règles pour le nommage des composants

Les règles pour le nommage des composants dans Talend sont les suivantes :

- Les noms des composants doivent être écrits en majuscules.
- Pour les composants de connexion à un système de gestion de base de données (SGBD), si l'accès à ce SGBD se fait sur une table unique, vous pouvez utiliser le nom de cette table comme nom de composant. Par exemple, si vous avez une table appelée "Client", vous pouvez nommer le composant de connexion correspondant "CLIENT".
- Pour les composants de type `tRunJob`, qui sont utilisés pour exécuter d'autres jobs, le label (nom affiché) de ces composants doit toujours être "PROCESS". Cela permet d'assurer que le nom du job cible soit correctement affiché.

En respectant ces règles de nommage pour les composants, vous pouvez rendre votre code plus clair et facilement identifiable, ce qui facilite la compréhension et la maintenance de vos jobs dans Talend.

6.6.2 Règles pour le nommage des contextes

Dans cette section, nous aborderons les règles essentielles pour le nommage des contextes dans Talend. Les contextes sont des éléments importants dans la configuration des jobs Talend, et leur nommage approprié facilite la compréhension et la gestion de ces variables de contexte. En suivant ces règles, vous pourrez organiser de manière cohérente vos contexts et leurs variables, simplifiant ainsi la maintenance et la réutilisation de vos jobs.

- Pour les contextes de connexions, il est recommandé de préfixer leur nom par "CNX_".
- Le nom du métier doit être en majuscules (par exemple : SCOL, RECH, PATRI, RH, PAIETG, PAIELOC, HC).
- Pour les variables du contexte, ajoutez aux deux zones précédentes le nom de la variable. La première lettre du nom de la variable doit être en majuscule, suivie de lettres en minuscules.
- Pour le contexte commun, préfixez son nom par "VCOM_".
- Pour les variables du contexte commun, ajoutez à la zone précédente le nom de la variable. La première lettre du nom de la variable doit être en majuscule, suivie de lettres en minuscules.
- Pour les contextes de domaines, préfixez leur nom par "VAR_".
- Le nom du métier doit être en majuscules (par exemple : SCOL, RECH, PATRI, RH, PAIETG, PAIELOC, HC)
- Pour les variables du contexte de domaine, ajoutez aux deux zones précédentes le nom de la variable. La première lettre du nom de la variable doit être en majuscule, suivie de lettres en minuscules.

En respectant ces règles de nommage pour les contextes et leurs variables, vous pouvez organiser vos variables de contexte de manière cohérente et identifier facilement leur utilisation dans vos jobs Talend.

6.6.3 Règles pour la gestion des rejets

Dans cette section, nous explorerons les règles fondamentales pour la gestion des rejets dans Talend. Les rejets font référence aux enregistrements ou aux données qui ne peuvent pas être traités avec succès lors de l'exécution d'un job. Une gestion adéquate des rejets est essentielle pour garantir l'intégrité et la qualité des données traitées. Au travers de ces règles, vous découvrirez des bonnes pratiques pour identifier, collecter et gérer efficacement les rejets, afin d'assurer une meilleure traçabilité et une prise de décision éclairée pour corriger les erreurs et améliorer vos processus d'intégration de données.

- Le job `JM_CHARGEMENT_DEBUT_CHARGEMENT` doit vider le répertoire qui contient les fichiers de rejets. Les fichiers de rejets sont généralement des fichiers dans lesquels sont stockées les données qui n'ont pas pu être traitées avec succès lors de l'exécution du job. L'objectif de cette action est d'assurer un nettoyage régulier du répertoire des rejets pour maintenir l'intégrité et la fiabilité du système. Cela permet de s'assurer que seules les données valides et correctement traitées sont conservées dans le répertoire. Dans le cas où la vidange du répertoire des rejets ne se fait pas automatiquement dans le job `JM_CHARGEMENT_DEBUT_CHARGEMENT`, il est recommandé de prévoir un autre job spécifiquement dédié à cette tâche. Ce job supplémentaire serait responsable de vider le répertoire des rejets de manière périodique ou selon un calendrier prédéfini. Ainsi, en garantissant un nettoyage régulier du répertoire des rejets, vous maintenez un environnement de traitement des données propre et vous facilitez la détection et la résolution des erreurs éventuelles lors des processus d'intégration de données..
- Un sous-répertoire par chargement est créé. Un chargement est identifié par le contexte principal utilisé et la date de lancement.
- Pour chaque rejet, un fichier doit être créé. Celui-ci doit préciser le nom du job, le composant et le type de rejet.
- Le job `JM_CHARGEMENT_FIN_CHARGEMENT` doit envoyer un message d'alerte lorsque le répertoire des rejets n'est pas vide.

Chapitre 9
Introduction à PL/SQL

1. Introduction

PL/SQL, qui signifie *Procedural Language/Structured Query Language*, est un langage de programmation qui permet de gérer les bases de données relationnelles Oracle. Il offre des fonctionnalités avancées pour la manipulation des données, telles que la création de procédures stockées, de fonctions, de déclencheurs et de packages.

Dans ce chapitre, nous allons explorer l'utilisation de PL/SQL avec Talend pour accéder aux données dans une base de données Oracle et les manipuler.

En suivant les étapes décrites dans ce chapitre, vous serez en mesure de développer des flux de données plus efficaces et performants en utilisant les puissantes fonctionnalités de PL/SQL avec Talend. Ce chapitre est destiné aux utilisateurs de Talend qui souhaitent améliorer leur expertise en utilisant PL/SQL pour gérer les données dans une base de données Oracle.

PL/SQL permet de gérer :

- Des traitements qui utilisent les instructions SQL dans un langage procédural.
- Les instructions de manipulation des données, de description des données, de contrôle des transactions.
- Les fonctions SQL qui peuvent être utilisées avec la même syntaxe.

– Les variables et des structures de contrôle (tests, boucles), ce qui augmente la capacité de traitement des données.
– Les curseurs et le traitement des erreurs, ce qui accroît les possibilités de traitement.
– Les instructions sont regroupées dans des blocs, ce qui permet de gérer l'exécution des instructions de manière efficace en n'effectuant qu'un seul accès à la base de données..
– Les blocs ou procédures PL/SQL sont compilés et exécutés par le moteur PL/SQL. Ce moteur est intégré au moteur de la base de données et dans un certain nombre d'outils (Forms, Report). En résumé, PL/SQL permet de construire des applications.

Chaque bloc PL/SQL peut être constitué de trois sections :

[`DECLARE` (Facultative)
... déclarations et initialisation]
`BEGIN`
... instructions exécutables
[`EXCEPTION` (Facultative)
... interception des erreurs]
`END;`
	Une section facultative de déclaration et initialisation de types, variables et constantes (`DECLARE`)
	Une section obligatoire contenant les instructions d'exécution (`BEGIN ... END`)
	Une section facultative de gestion des erreurs (`EXCEPTION`)

Un bloc PL/SQL minimum peut être représenté de la façon suivante :

`BEGIN`
`    Null ;`
`END ;`
	Le mot-clé `BEGIN` détermine le début de la section des instructions exécutables
	Une seule instruction figure dans ce bloc : `Null;` qui ne génère aucune action
	Le mot-clé `END;` indique la fin de la section des instructions exécutables

Remarque

Ce bloc PL/SQL ne fait donc absolument rien !

2. Définitions

Il existe plusieurs termes et concepts clés à comprendre avant de se lancer dans l'apprentissage de PL/SQL :

- **Base de données relationnelle** : PL/SQL est utilisé pour gérer les bases de données relationnelles, qui sont des bases de données utilisant des relations entre les tables pour organiser les données.
- **Structures de données** : PL/SQL utilise des structures de données telles que les tables, les vues, les index, les synonymes et les séquences pour organiser les données.
- **SQL** : PL/SQL est basé sur SQL (*Structured Query Language*), qui est utilisé pour accéder et manipuler les données dans les bases de données relationnelles.
- **Procédures stockées** : les procédures stockées sont des blocs de code PL/SQL qui peuvent être appelés pour effectuer des tâches spécifiques, comme la mise à jour des données ou la validation des données.
- **Fonctions** : les fonctions sont des blocs de code PL/SQL qui peuvent être appelés pour retourner une valeur.
- **Déclencheurs** : les déclencheurs sont des blocs de code PL/SQL qui sont déclenchés automatiquement lorsque certaines actions sont effectuées sur les données, comme l'insertion ou la mise à jour des données.
- **Packages** : les packages sont des regroupements logiques de procédures stockées, de fonctions et de variables qui peuvent être utilisés pour organiser les fonctionnalités réutilisables dans PL/SQL. Les packages peuvent également inclure des déclarations de types et des objets de données, comme des tables ou des séquences.
- **Curseurs** : les curseurs sont des pointeurs qui permettent de parcourir les lignes dans une requête SQL. Ils sont souvent utilisés pour accéder aux données dans une boucle.
- **Exceptions** : les exceptions sont des erreurs qui peuvent se produire lors de l'exécution d'un bloc de code PL/SQL. Les développeurs peuvent utiliser des instructions pour gérer les exceptions et prendre des mesures pour éviter qu'elles ne se produisent.

- **Transactions** : les transactions sont des opérations qui peuvent être effectuées sur les données, comme des mises à jour ou des suppressions. Les transactions permettent de gérer les modifications de données de manière cohérente et de garantir que les données restent en état correct après des opérations multiples sur les données.

3. Exemples pratiques d'utilisation

3.1 Déclaration de variables et de constantes

La section des déclarations (facultative) d'un bloc commence par le mot-clé DECLARE.

Il contient toutes les déclarations de variables qui seront utilisées localement par l'exécutable, ainsi que leurs éventuelles initialisations.

```
set serveroutput on;
declare
var_salarie salaries%ROWTYPE;

begin
select * INTO var_salarie FROM salaries WHERE numero_sal=1;
DBMS_OUTPUT.PUT_LINE('Nom : ' || var_salarie.nom_sal);
DBMS_OUTPUT.PUT_LINE('Prénom : ' || var_salarie.prenom_sal);
DBMS_OUTPUT.PUT_LINE('Salaire : ' || var_salarie.salaire);
end;
/
```

Dans ce premier exemple, une variable de type salaries%ROWTYPE a été déclarée, puis un salarié a été sélectionné par son numéro pour afficher ses nom, prénom et salaire.

Remarque

Dans PL/SQL, une variable de type `%ROWTYPE` est une variable utilisée pour stocker une ligne d'un tableau ou d'une vue. Cela signifie que la variable aura le même type de données et le même nom de colonne que la table ou la vue à laquelle elle est liée. Cela permet de stocker les données d'une ligne de la table ou de la vue dans une variable pour une manipulation ultérieure, comme une insertion ou une mise à jour de données.

```
set serveroutput on;
declare
date_systeme date;
var1 varchar(50):= 'portée des variables PLSQL';
begin
    begin
    date_systeme := sysdate;
    DBMS_OUTPUT.PUT_LINE('valeur de var1: ' || var1);
    DBMS_OUTPUT.PUT_LINE('valeur de date_system: ' || date_systeme);
    end;
end;
/
```

Cette fonction PL/SQL sert à déclarer et initialiser deux variables, une de type date et une de type chaîne de caractères, puis à utiliser ces variables pour afficher leur valeur en utilisant `DBMS_OUTPUT.PUT_LINE`.

Remarque

La commande `set serveroutput on;` permet d'afficher les résultats de `DBMS_OUTPUT.PUT_LINE`.

3.1.1 Exemples de déclarations

La section des déclarations (facultative) d'un bloc commence par le mot-clé `DECLARE`.

Il contient toutes les déclarations de variables qui seront utilisées localement par l'exécutable, ainsi que leurs éventuelles initialisations.

```
SET SERVEROUTPUT ON;
DECLARE
   LC$Chaine      VARCHAR2(15) := 'Hello World'; (LC : Length character)
   LN$Nbre    NUMBER(3) := 0 ;            (LN : Length Number)
   LD$Date    DATE := SYSDATE ;            (LD : Length Date)
   LC$Nom     VARCHAR2(10) := 'PL/SQL' ;
```

```
    LN$Pi  CONSTANT NUMBER := 3. 1415926535 ;

BEGIN
    DBMS_OUTPUT.PUT_LINE (LC$Chaine) ;
END ;
```

`LC$Chaine` : une variable déclarée de type `VARCHAR2(15)` et initialisée avec la valeur `Hello World`. Elle a été nommée `Chaine`.

`CONSTANT NUMBER` : une constante est une variable dont l'initialisation est obligatoire et dont la valeur ne pourra pas être modifiée en cours d'exécution. Elle est déclarée avec le mot-clé : `CONSTANT` qui doit précéder le type (ici `NUMBER`).

`DBMS_OUTPUT()` : fonction d'affichage de la variable déclarée dans l'écran, elle se situe toujours dans la partie qui exécute (seulement) des fonctions et des procédures (entre `BEGIN` et `END`).

`BEGIN ... END` : cette section ne peut pas contenir d'instructions exécutables. Toutefois, il est possible de définir dans cette section des procédures ou des fonctions contenant une section exécutable.

Remarque

Notez que vous devez activer la sortie DBMS avec la commande suivante avant de pouvoir utiliser `DBMS_OUTPUT.PUT_LINE` :

```
SET SERVEROUTPUT ON;
```

Remarque

Toute variable doit avoir été déclarée avant de pouvoir être utilisée dans la section exécutable.

PL/SQL n'est pas sensible à la casse. Pour lui, les expressions suivantes sont équivalentes :

```
NOM_VARIABLE NUMBER ;
Nom_Variable Number ;
nom_variable number ;
```

3.1.2 Autres exemples de déclarations

Le premier bloc de code active la sortie du serveur et l'affiche.

Ensuite, il déclare quatre variables : `id_user`, qui contient l'identifiant de l'utilisateur en utilisant la variable prédéfinie `UID`, `nom_user`, qui contient le nom de l'utilisateur en utilisant la variable prédéfinie `USER`, `date_system`, qui contient la date actuelle en utilisant la variable prédéfinie `SYSDATE`, et `ma_variable`, qui est définie comme une chaîne de caractères contenant `Hani ZITOUT`. Ensuite, il utilise la procédure `DBMS_OUTPUT.PUT_LINE` pour afficher la valeur de ces variables. Le bloc se termine par un `COMMIT`.

Le deuxième bloc de code déclare une variable `nom_user` avec une valeur par défaut `Hani ZITOUT` puis affiche cette valeur avec l'aide de `DBMS_OUTPUT.PUT_LINE`. Il ne fait pas de modification de cette variable car elle est déclarée comme constante.

Le troisième et dernier bloc de code déclare une variable `id_user` avec une valeur non nulle de `77` et affiche cette valeur avec l'aide de `DBMS_OUTPUT.PUT_LINE`.

```
SET SERVEROUTPUT ON;
SHOW Serveroutput;

--Bloc 1
declare
id_user integer := UID; --UID est une variable prédéfinie
                        --qui contient l'identifiant de l'utilisateur
nom_user varchar2(10) := USER; --Déclaration d'une variable
                                 de 10 caractères
                               --de type varchar2 qui contient le nom
                                 de l'utilisateur.
date_system date := SYSDATE;
ma_variable char(20) := 'Hani ZITOUT';
begin
DBMS_OUTPUT.PUT_LINE('UID_USER: ' || id_user);
DBMS_OUTPUT.PUT_LINE('USER_NAME: ' || nom_user);
DBMS_OUTPUT.PUT_LINE('SYSTEM_DATE: ' || date_system);
DBMS_OUTPUT.PUT_LINE('Ma variable: ' || ma_variable);

Commit;
end;
/
```

```
-- Bloc 2
DECLARE
nom_user CONSTANT varchar2(20) DEFAULT 'Hani ZITOUT';
begin
--nom_user := 'ZITOUT Hani';
DBMS_OUTPUT.PUT_LINE('USERNAME ' || nom_user);
end;
/

--Bloc 3
declare
id_user Integer NOT NULL :=77;
begin
DBMS_OUTPUT.PUT_LINE('le id_user est:' || id_user );
end;
/
```

Comprendre ce code peut être utile pour comprendre comment utiliser des variables prédéfinies dans un script PL/SQL, et comment déclarer et utiliser des variables personnalisées. Il montre également comment afficher des valeurs à l'aide de la procédure `DBMS_OUTPUT.PUT_LINE`, qui peut être utilisée pour afficher des informations de débogage ou des résultats de requêtes dans une application. Enfin, cela peut également aider à comprendre les concepts de constante et de variable non nulle en PL/SQL.

3.1.3 Déclaration de tableau

Ce code utilise un type de tableau personnalisé appelé `tab_client`, qui est un tableau variable (`VARRAY`) de trois éléments de type `varchar2(30)` qui ne peuvent pas être `NULL`.

Il déclare également une variable `clients` avec ce type de tableau. La ligne suivante affecte des valeurs à la variable `clients` en utilisant la fonction de tableau variable `tab_client`, en passant en paramètres les valeurs `Hii`, `how` et `R u?`. Cette instruction permet de créer une variable `clients` qui contient trois valeurs, `Hii`, `how` et `R u?`.

```
set serveroutput on;
declare
TYPE tab_client IS VARRAY(3) OF varchar2(30) Not null;
--ce tableau contient au max 3 valeurs
clients tab_client;
begin
```

```
clients:= tab_client('Hii','how','R u?');
end;
/
```

3.2 Fonction EXCEPTION

La section de gestion des erreurs (facultative) débute par le mot-clé EXCEPTION. Elle contient le code exécutable mis en place pour la gestion des erreurs.

Remarque

Lorsqu'une erreur intervient dans l'exécution, le programme est stoppé et le code erreur est transmis à cette section.

<pre>DECLARE
  LC$Chaine VARCHAR2(15) := 'Hello World';
BEGIN
   DBMS_OUTPUT.PUT_LINE(LC$Chaine);
EXCEPTION
   WHEN OTHERS then
         Null ;
END ;</pre>
	WHEN : intercepte les erreurs.
	OTHERS : définit toutes les erreurs non interceptées individuellement par les clauses WHEN précédentes.

Ce code est écrit en PL/SQL, qui est un langage de programmation utilisé pour gérer les données et les interactions avec une base de données Oracle.

3.3 La fonction COUNT

Ce code PL/SQL déclare une variable appelée nbr_salarie de type entier. Il utilise ensuite une instruction SELECT pour compter le nombre de lignes dans la table salaries et stocker le résultat dans la variable nbr_salarie.

La clause INTO permet de stocker le résultat de la requête dans la variable nbr_salarie.

Ensuite, l'instruction DBMS_OUTPUT.PUT_LINE est utilisée pour afficher le résultat sur la sortie standard (généralement la console). Elle prend en paramètre une chaîne de caractères qui contient le texte nombre de salaries: suivi de la valeur de la variable nbr_salarie concaténée à l'aide de l'opérateur ||.

Enfin, le caractère / indique la fin de la déclaration de bloc PL/SQL.

```
SET SERVEROUTPUT ON;
declare
nbr_salarie integer;
begin
select count(*) into nbr_salarie from salaries;
DBMS_OUTPUT.PUT_LINE('nombre de salaries: ' || nbr_salarie);
end;
/
```

3.4 Fonction DATE

Ce code crée une fonction nommée FUNCDATE qui renvoie un type de données date. La fonction n'a pas de paramètres d'entrée.

Dans le corps de la fonction, il utilise la fonction sysdate pour récupérer la date système actuelle, et retourne cette valeur en utilisant l'instruction RETURN.

Ensuite, le bloc begin-end utilise la fonction DBMS_OUTPUT.PUT_LINE pour afficher un message la date système est : suivi de la valeur renvoyée par la fonction funcdate, qui correspond à la date système actuelle. La fonction FUNCDATE est utilisée pour rappeler la valeur de retour de la fonction funcdate.

Enfin create or replace permet de créer la fonction si elle n'existe pas déjà dans la base de données, ou la remplacer si elle existe déjà.

```
SET SERVEROUTPUT ON;
Create or replace function funcdate return date
is
Begin
    RETURN sysdate;
End;
Begin
    DBMS_OUTPUT.PUT_LINE('la date systeme est : ' || FUNCDATE);
End;
```

Remarque

Notez que vous devez activer la sortie DBMS avec la commande suivante avant de pouvoir utiliser `DBMS_OUTPUT.PUT_LINE` :

```
SET SERVEROUTPUT ON;
```

3.5 La fonction BULK COLLECT

Ce code PL/SQL déclare un type de table `employe` basé sur le type de ligne (`ROWTYPE`) de la table `salaries`. Il utilise ensuite une variable de table nommée `tab_emp` de ce même type.

La clause `BULK COLLECT` permet de récupérer en une seule opération toutes les lignes de la table `salaries` et de les stocker dans la variable `tab_emp`. Cette clause est utilisée pour optimiser les performances lorsque l'on travaille avec de grandes quantités de données.

Ensuite, les instructions `DBMS_OUTPUT.PUT_LINE` sont utilisées pour afficher les informations de chaque employé sur la sortie standard (généralement la console). Elle prend en paramètres les valeurs des différents champs (`nom_sal`, `prenom_sal`, `fonction`, `salaire`) de l'employé numéro 1 et de l'employé numéro 2. Ces valeurs sont concaténées à l'aide de l'opérateur `||`.

Enfin, le caractère / indique la fin de la déclaration de bloc PL/SQL.

```
SET SERVEROUTPUT ON;
declare
type employe is table of salaries%ROWTYPE index by binary_integer;
tab_emp employe;
begin
select * bulk collect into tab_emp from salaries;
```

```
DBMS_OUTPUT.PUT_LINE(tab_emp(1).nom_sal || tab_emp(1).prenom_sal ||
tab_emp(1).fonction || tab_emp(1).salaire);
DBMS_OUTPUT.PUT_LINE(tab_emp(2).nom_sal || tab_emp(1).prenom_sal ||
tab_emp(1).fonction || tab_emp(1).salaire);
end;
/
```

Avec un type IS TABLE

Ce code est similaire au code précédent, mais il utilise des types de table différents. Au lieu de stocker toutes les informations d'une ligne dans une seule variable de table, il utilise deux variables de table distinctes, `t_nom` et `t_salaire`, pour stocker séparément les noms et les salaires des employés.

Il utilise également les types de colonne pour déclarer les variables de table. Par exemple, la variable `t_nom` est un tableau contenant les noms des salariés, et elle est déclarée en se basant sur le type de colonne `nom_sal` de la table salaries. De même, la variable `t_salaire` est un tableau contenant les salaires des salariés, et elle est déclarée en se basant sur le type de colonne salaire de la table `salaries`.

La clause `BULK COLLECT` permet de récupérer en une seule opération les noms et les salaires de tous les employés de la table `salaries` et les stocker dans les variables `t_nom` et `t_salaire` respectivement.

Enfin, les instructions `DBMS_OUTPUT.PUT_LINE` sont utilisées pour afficher les informations de chaque employé sur la sortie standard (généralement la console) en concaténant les valeurs des variables `t_nom` et `t_salaire` à l'aide de l'opérateur `||`.

En général, ce code est plus efficace en termes de mémoire car il ne stocke que les informations nécessaires, c'est-à-dire le nom et le salaire, plutôt que toutes les informations d'une ligne.

```
SET SERVEROUTPUT ON;
declare
type tab_nom is table of salaries.nom_sal%TYPE index by binary_integer;
type tab_salaire is table of salaries.salaire%TYPE index by binary_integer;
t_nom tab_nom;
t_salaire tab_salaire;
begin
select nom_sal ,salaire bulk collect into t_nom, t_salaire from salaries;
DBMS_OUTPUT.PUT_LINE(t_nom(1) ||' - '|| t_salaire(1));
```

```
DBMS_OUTPUT.PUT_LINE(t_nom(2) ||' - '|| t_salaire(2));
DBMS_OUTPUT.PUT_LINE(t_nom(3) ||' - '|| t_salaire(3));
DBMS_OUTPUT.PUT_LINE(t_nom(4) ||' - '|| t_salaire(4));
end;
/
```

Remarque

`Binary integer` est un type de données en PL/SQL qui représente un entier binaire. Il s'agit d'un type de données numérique qui peut stocker des valeurs entières positives ou négatives. Les valeurs stockées dans une variable de type `binary_integer` sont stockées en mémoire sous forme binaire.

Remarque

En PL/SQL, l'utilisation de `binary_integer` pour l'indexation des tableaux permet de spécifier que les éléments de tableau seront stockés en mémoire sous forme binaire, ce qui est plus efficace pour les opérations de traitement de données numériques.

Remarque

Il est à noter que PL/SQL utilise également d'autres types d'entiers tels que `INTEGER`, `NUMBER`, et `PLS_INTEGER`. La différence entre eux réside en la précision et la taille de la valeur qu'ils peuvent stocker.

3.6 La variable SQL%FOUND

Ce code PL/SQL effectue les actions suivantes :

- déclaration de deux variables :
  - `var_salarie` qui est un entier stockant le numéro d'un salarié et initialisé avec la valeur 2
  - `valeur_salaire` qui est un nombre stockant le salaire d'un salarié
- sélection de la valeur de salaire du salarié dont le numéro est stocké dans `var_salarie` à l'aide de la requête `SELECT INTO`. Le résultat est stocké dans `valeur_salaire`
- affichage du salaire avant augmentation à l'aide de la fonction `PUT_LINE` de `DBMS_OUTPUT`.

- mise à jour de la valeur de salaire pour le salarié dont le numéro est stocké dans `var_salarie` avec une augmentation de 20 % en utilisant la commande `UPDATE`
- vérification de l'exécution de la mise à jour à l'aide de la variable `SQL%FOUND`
- si la mise à jour a été effectuée, utilisation d'une nouvelle requête `SELECT INTO` pour récupérer la nouvelle valeur de salaire après l'augmentation
- affichage du salaire après augmentation à l'aide de la fonction `PUT_LINE` de `DBMS_OUTPUT`

```
SET SERVEROUTPUT ON;
declare
var_salarie salaries.numero_sal%TYPE :=2;
valeur_salaire salaries.salaire%TYPE;
begin
    select salaire into valeur_salaire from salaries
    where numero_sal = var_salarie;
DBMS_OUTPUT.PUT_LINE(' Le salaire avant augmentation est :
' || valeur_salaire);
    update salaries set salaire = salaire *1.2 where
numero_sal= var_salarie;
    if SQL%FOUND then
        select salaire into valeur_salaire from salaries where
numero_sal = var_salarie;
        DBMS_OUTPUT.PUT_LINE(' salaire après promotion :
' || valeur_salaire);
    end if;
end;
/
```

Remarque

La variable `SQL%FOUND` est une variable de statut automatique de PL/SQL, utilisée pour vérifier si la dernière instruction SQL exécutée a retourné des lignes affectées. Elle est mise à jour automatiquement après chaque instruction SQL exécutée. Elle est initialisée à `FALSE` avant chaque instruction SQL. Si l'instruction SQL a retourné au moins une ligne affectée, `SQL%FOUND` est mise à `TRUE`, sinon elle est mise à `FALSE`.

Dans le code précédent, SQL%FOUND est utilisée pour vérifier si la commande UPDATE a réussi à mettre à jour des lignes dans la table salaries. Si la mise à jour a réussi, c'est-à-dire si SQL%FOUND est égale à TRUE, la requête SELECT INTO est utilisée pour récupérer la nouvelle valeur de salaire après l'augmentation et l'afficher.

3.7 La variable SQL%NOTFOUND

Le code ci-après est un exemple d'utilisation de la variable SQL%NOTFOUND en PL/SQL. Il déclare une variable appelée var_salarie de type NUMERO_SAL%TYPE de la table salaries et l'initialise à 12.

La première instruction est une commande UPDATE qui multiplie le salaire actuel par 1.2 pour le salarié ayant le numéro spécifié dans la variable var_salarie.

La deuxième instruction est une instruction IF qui vérifie si la commande UPDATE a réussi à mettre à jour des lignes dans la table salaries. Elle utilise SQL%NOTFOUND pour vérifier si la dernière instruction SQL exécutée (UPDATE) n'a pas affecté de lignes. Si c'est le cas, c'est-à-dire si SQL%NOTFOUND est égale à TRUE, alors la commande DBMS_OUTPUT.PUT_LINE est utilisée pour afficher un message indiquant que le salarié numéro 12 n'existe pas.

Ce code vérifie si un employé existe dans la table salaries et si oui, augmente son salaire de 20 %. Si l'employé n'existe pas, il affiche un message d'erreur.

```
SET SERVEROUTPUT ON;
declare
var_salarie salaries.numero_sal%TYPE :=12;
begin
    update salaries set salaire = salaire *1.2 where
numero_sal= var_salarie;
    if SQL%NOTFOUND then
        DBMS_OUTPUT.PUT_LINE(' Le salarié numéro ' ||
var_salarie ||', n''existe pas. ');
    end if;
end;
/
```

3.8 La fonction SQL%ROWCOUNT

La fonction SQL%ROWCOUNT est une fonction SQL utilisée pour compter le nombre de lignes affectées par une instruction SQL. Dans la section suivante, nous explorerons en détail cette fonction et son utilisation dans les requêtes SQL.

- Le script PL/SQL ci-dessous déclare deux variables : var_fonction de type salaries.fonction%TYPE et var_salaire de type salaries.salaire%TYPE.
- Le script effectue ensuite une mise à jour de la table des salaires en divisant par 2 le salaire de tous les employés de la fonction Vendeur qui est stockée dans la variable var_fonction.
- Après cette mise à jour, le script utilise la fonction SQL%ROWCOUNT pour afficher le nombre de lignes affectées par la mise à jour.
- Enfin, une instruction ROLLBACK annule la transaction effectuée par la mise à jour. Cela signifie que les modifications apportées à la table des salaires ne seront pas enregistrées.

```
SET SERVEROUTPUT ON;
declare
var_fonction salaries.fonction%TYPE := 'Vendeur';
var_salaire salaries.salaire%TYPE;
Begin
    update salaries SET commission = salaire/2 where fonction =
var_fonction;
    DBMS_OUTPUT.PUT_LINE(' Nombre de salariés augmentés :
' || SQL%ROWCOUNT  );
end;
/
ROLLBACK;
```

3.9 La fonction WHILE

La fonction WHILE est une fonction de boucle utilisée dans les langages de programmation pour répéter une série d'instructions tant qu'une condition spécifiée est vraie. Dans la section suivante, nous examinerons comment utiliser la fonction WHILE et découvrirons différentes façons de l'appliquer dans vos programmes.

- La fonction while dans ce code permet de répéter une série d'instructions à l'intérieur de la boucle tant qu'une condition est vraie.
- Dans ce cas précis, la condition est que la variable cpt doit être inférieure au nombre de lignes récupérées par la requête. À chaque tour de boucle, la variable cpt est incrémentée de 1, ce qui permet de parcourir toutes les lignes récupérées de la table salaries une par une.
- Les informations de nom, prénom et fonction de chaque salarié sont affichées à l'aide de DBMS_OUTPUT.PUT_LINE pour chaque tour de boucle.
- La boucle while permet donc de parcourir toutes les lignes récupérées de la table salaries et d'afficher les informations de chaque salarié.

```
SET SERVEROUTPUT ON;
declare
type tab_salarie is table of salaries%rowtype index by binary_integer;
t_salaries tab_salarie;
cpt number(2) := 0;
begin
select * BULK COLLECT INTO t_salaries FROM salaries;
    While cpt < sql%rowcount
    Loop cpt := cpt+1;
    DBMS_OUTPUT.PUT_LINE(t_salaries(cpt).nom_sal ||','||
t_salaries(cpt).prenom_sal
                                                           ||','||
t_salaries(cpt).fonction);
    END LOOP;
end;
/
```

3.10 Les variables dérivées

Le code ci-après montre l'utilisation de variables dérivées de type NUMBER avec des bornes et sans bornes.

Le premier énoncé implique l'utilisation d'un sous-type nommé type_number, dérivé du type NUMBER, qui peut contenir un nombre indéfini de chiffres. La variable var1 est déclarée avec ce sous-type et lui est attribuée la valeur de 10000.

La deuxième déclaration est similaire, mais cette fois le sous-type type_number est défini avec une borne, qui spécifie que la variable var1 ne peut contenir plus de deux chiffres. Lorsque l'on essaie d'affecter la valeur 10000 à la variable var1, une erreur se produit car la valeur est supérieure à la borne.

```
set serveroutput on;
--Variable dérivée de type non bornée:
declare
SUBTYPE type_number IS NUMBER;--contient autant de chiffres qu'on veut
var1 type_number;
begin
var1:=10000;
DBMS_OUTPUT.PUT_LINE('valeur de var1: ' || var1);
end;
/

--Variable dérivée de type bornée:
declare
SUBTYPE type_number IS NUMBER (2,0);--doit au max contenir deux chiffres
var1 type_number;
begin
var1:=10000;
DBMS_OUTPUT.PUT_LINE('valeur de var1: ' || var1);
end;
/
```

3.11 Les méthodes de tableau associatif

En PL/SQL, les méthodes de tableau associatif, également connues sous le nom de tables indexées, sont des fonctionnalités qui facilitent la manipulation des tableaux associatifs.

Les méthodes de tableau associatif disponibles dans PL/SQL sont :

- `COUNT` : retourne le nombre d'éléments dans le tableau associatif
- `FIRST` : retourne la première clé (indice) du tableau associatif
- `LAST` : retourne la dernière clé (indice) du tableau associatif
- `EXISTS` : vérifie si une clé (indice) existe dans le tableau associatif
- `DELETE` : supprime une entrée du tableau associatif en utilisant sa clé (indice)
- `PRIOR` : retourne la clé (indice) précédente d'une entrée spécifique du tableau associatif
- `NEXT` : retourne la clé (indice) suivante d'une entrée spécifique du tableau associatif
- `EXTEND` : ajoute une entrée au tableau associatif
- `TRIM` : supprime les entrées vides en fin de tableau associatif
- `LIMIT` : définit la taille maximale du tableau associatif
- `SORT` : trie le tableau associatif
- `REVERSE` : inverse l'ordre des éléments dans le tableau associatif
- `COPY` : copie les éléments d'un tableau associatif à un autre
- `CLEAR` : efface tous les éléments d'un tableau associatif

3.11.1 La différence entre un tableau et un tableau associatif

Un tableau (ou table) dans PL/SQL est une structure de données qui peut stocker plusieurs valeurs de même type. Les éléments d'un tableau sont stockés dans un ordre précis et il est possible d'y accéder en utilisant un indice numérique.

Un tableau associatif, ou table d'indexation, est similaire à un tableau, mais les éléments sont stockés en utilisant une clé au lieu d'un indice numérique. Les clés peuvent être de n'importe quel type de données, comme un nombre ou une chaîne de caractères. Cela permet de stocker et d'accéder aux données de manière plus flexible et plus intuitive.

Il est possible de distinguer un tableau et un tableau associatif en utilisant leur déclaration et leur accès aux données.

– Déclaration d'un tableau :

```
type mon_tableau is table of number(3,0); var mon_tableau_var mon_tableau;
```

– Accès aux données d'un tableau :

```
mon_tableau_var(1):=100;
```

– Déclaration d'un tableau associatif :

```
type mon_tableau_assoc est table de varchar2(50) indexé par
binary_integer;
var mon_tableau_assoc_var mon_tableau_assoc;
```

– Accès aux données d'un tableau associatif :

```
mon_tableau_assoc_var('key1'):='value1';
```

3.11.2 Exemples d'utilisation

Dans le script suivant, un tableau associatif de type `tableau_indices`, qui est un tableau indexé par un type `binary_integer`, est créé. Le tableau est initialisé avec des valeurs numériques (`100`, `101`, `102`, `103` et `118`) en utilisant des indices (`0`, `1`, `2`, `3` et `4`).

Le nombre d'éléments dans le tableau est affiché à l'aide de la méthode `count`, qui affiche les valeurs de la première et de la dernière entrée à l'aide des propriétés `first` et `last`. Enfin, la méthode `delete` est utilisée pour supprimer l'entrée avec l'index 0, et le nombre d'éléments restants est affiché à nouveau.

```
set serveroutput on;
declare
type tableau_indices is table of number index by binary_integer;
tableau tableau_indices;
begin
tableau(0):= 100;
tableau(1):= 101;
tableau(2):= 102;
tableau(3):= 103;
tableau(4):= 118;
DBMS_OUTPUT.PUT_LINE('Nombre d''indices :' || tableau.count);

DBMS_OUTPUT.PUT_LINE('première :' || tableau.first);

DBMS_OUTPUT.PUT_LINE('dernière :' || tableau.last);

tableau.delete(0);
DBMS_OUTPUT.PUT_LINE('Nombre d''indices du nouveau tableau :' ||
tableau.count);

end;
/
```

Ce code peut être utilisé dans une application pour stocker des données dans un tableau, par exemple pour stocker les salaires d'un groupe de travailleurs, et pour les manipuler (afficher, supprimer, etc.). Il peut également être utilisé pour stocker des données temporaires dans une procédure ou une fonction PL/SQL pour les utiliser ultérieurement.

3.12 La fonction UPDATE

Le script suivant déclare une variable de type `ROWTYPE` appelée `var_commande`, qui contient tous les champs de la table `commandes`, et une variable `var_etat_actuel` qui contient l'état actuel d'une commande.

Il utilise ensuite une instruction `SELECT INTO` pour sélectionner toutes les informations de la commande portant le numéro 1001 et les stocker dans la variable `var_commande`. Il met à jour l'état de cette commande en `TRAITEE` et la date d'envoi à la date actuelle.

Il utilise ensuite une instruction `SELECT INTO` pour récupérer l'état actuel de la commande dans la base de données et l'afficher à l'aide de la fonction `DBMS_OUTPUT.PUT_LINE`. Il effectue ensuite une mise à jour de la commande en utilisant la clause `UPDATE` et la clause `WHERE` pour cibler la commande spécifique. Enfin, il récupère à nouveau l'état actuel de la commande à partir de la base de données et l'affiche à l'aide de `DBMS_OUTPUT.PUT_LINE`.

```
set serveroutput on;
declare
var_commande commandes%ROWTYPE;
var_etat_actuel commandes.etat_cde%type;
begin
select * into var_commande from commandes where numero_cde = 1001;
var_commande.etat_cde :='TRAITEE';
var_commande.date_envoi := SYSDATE ;
select etat_cde into var_etat_actuel from commandes
where commandes.numero_cde =var_commande.numero_cde;
DBMS_OUTPUT.PUT_LINE('l''état de la commande numéro ' ||
var_commande.numero_cde ||' est :'|| var_etat_actuel);
update commandes set row = var_commande where numero_cde =
var_commande.numero_cde;
select etat_cde into var_etat_actuel from commandes where
commandes.numero_cde = var_commande.numero_cde;
DBMS_OUTPUT.PUT_LINE('état actuel de la commande après modif  ' ||
var_commande.numero_cde ||' : '|| var_commande.etat_cde);
end;
/
```

Ce code peut être utilisé pour les besoins d'un système de gestion de commandes d'une entreprise. Il pourrait être utilisé pour mettre à jour l'état d'une commande lorsque celle-ci est traitée et envoyée au client. Il pourrait également être utilisé pour afficher l'état actuel d'une commande avant et après la mise à jour afin de s'assurer que la modification a été effectuée correctement.

UPDATE et RETURNING

Dans ce script, une variable nommée `var_comission` de type `salaries.comission%type`est déclarée pour stocker la valeur de la commission.

Ensuite, il utilise la commande `UPDATE` pour mettre à jour la colonne `comission` dans la table `salaries` en divisant la colonne `salaire` par deux pour tous les enregistrements où le `nom_sal` est `Bobka`. La clause `returning` permet de retourner la valeur mise à jour de la colonne `comission` dans la variable `var_comission`. Enfin, le script utilise `DBMS_OUTPUT` pour afficher la valeur de `var_comission` dans la console. La commande `rollback` annule les modifications apportées à la table.

```
set serveroutput on;
declare
var_comission salaries.comission%type;
begin
update salaries set comission = salaire/2 where nom_sal='Bobka'
returning comission into var_comission;
DBMS_OUTPUT.PUT_LINE('la commission est d''un montant de :
' || var_comission);
end;
/
rollback;
```

3.13 La fonction OPEN

La fonction `OPEN` sert à l'ouverture d'un curseur SQL. Elle est suivie du `Nom du curseur` qui, lui, permettra de le référencer dans les instructions suivantes. Le nom du curseur est suivi des `paramètres du curseur` qui, eux, représentent la liste des paramètres assignés au curseur.

Remarque

Le curseur doit avoir été préalablement défini dans la section déclarative sauf si vous utilisez `OPEN ... FOR`.

3.13.1 Exemple sans OPEN ... FOR

Dans cette section, nous examinerons un exemple de code PL/SQL qui ne fait pas usage de l'instruction OPEN...FOR.

```
Declare

   LC$Nom_emp  EMP.ENAME%Type ;

   Cursor C_EMP (LN$Numemp IN EMP.EMPNO%Type ) Is

                /Select
    ename
                /From
    EMP
                /Where
    Empno = LN$Numemp;

Begin

   Open  C_EMP (1024); /* Ouvrir le Curseur (dossier de l'employé
qui porte le numéro EMPNO égal à 1024)*/

   Fetch C_EMP Into LC$Nom_emp ;  /*Aller chercher dans le curseur
le Nom_emp de             l'employé qui a le C_EMP=1024*/

   Close C_EMP ; /* Fermer le Curseur (dossier de l'employé
qui porte le numéro EMPNO égal à 1024)*/

End ;
```

3.13.2 Exemple avec OPEN ... FOR

Dans cette section, nous examinerons un exemple de code PL/SQL qui ne fait pas usage de l'instruction OPEN...FOR.

```
Declare
   LC$Nom_emp  EMP.ENAME%Type ;

Begin
   Open C_EMP For 'SELECT ename FROM EMP WHERE empno = 1024' ;
   Fetch C_EMP Into LC$Nom_emp ;
   Close C_EMP ;
End ;
```

Remarque

La déclaration préalable du curseur dans la section déclarative n'est pas nécessaire.

3.14 Déclaration CURSOR_DECLARE

Le code débute par la déclaration d'un curseur appelé `cur_salaries` qui sélectionne toutes les données de la table `salaries`.

Ensuite, le bloc `begin` du code est exécuté.

- Une instruction permet d'ouvrir le curseur `cur_salaries` afin de lire les données dans la table `salaries` sélectionnée.
- Un test est effectué pour vérifier si le curseur `cur_salaries` est ouvert. S'il est ouvert, un message `curseur ouvert` est affiché à l'aide de la fonction `DBMS_OUTPUT.PUT_LINE` sinon, un message `curseur fermé` est affiché.

```
declare
cursor cur_salaries is select * from salaries;
begin
--open cur_salaries;
if cur_salaries%isopen then
DBMS_OUTPUT.PUT_LINE('curseur ouvert');
else
DBMS_OUTPUT.PUT_LINE('curseur fermé');
end if;
end;
/
```

Ce code déclare un curseur qui sélectionne toutes les données de la table `salaries`, ouvre le curseur pour permettre la lecture des données, vérifie si le curseur est ouvert et affiche un message approprié.

Remarque

Notez que vous devez activer la sortie DBMS avec la commande suivante avant de pouvoir utiliser `DBMS_OUTPUT.PUT_LINE` :

```
SET SERVEROUTPUT ON;
```

3.15 IF-THEN-ELSE

Ce code est un exemple de structure de contrôle de flux `IF-THEN-ELSE` en PL/SQL. Il vérifie si les ventes sont supérieures à un quota majoré de 200, et si c'est le cas, attribue un bonus en calculant (sales - quota)/4. Sinon, il attribue un bonus de 50.

```
IF sales > (quota + 200) THEN
  bonus := (sales - quota)/4;
ELSE
  bonus := 50;
END IF;
```

3.16 Utilisation de CURSOR et %FOUND

Un curseur est un objet de base de données utilisé pour récupérer les données d'une table dans un ordre spécifique.

Ce code sert à déclarer un curseur nommé `cur_client` lié à la table `clients`.

Dans cet exemple, nous utilisons un curseur, pour parcourir les résultats d'une requête. Nous commençons par définir un curseur avec une variable appelée `nom_client`, dont le type correspond au nom dans la table `clients`.

La requête SQL exécutée par ce curseur est une requête de sélection, ce qui signifie qu'elle récupère les noms de la table `clients` où le nom correspond à la valeur de la variable `nom_client`.

Ensuite, nous ouvrons le curseur et utilisons l'instruction `FETCH` pour récupérer le résultat de la requête et le stocker dans la variable `nom_client`.

Une fois cela fait, nous utilisons une instruction `IF` pour vérifier si le curseur a trouvé un résultat ou non. Si le curseur a trouvé un résultat, nous affichons le message `Cursor found` (Curseur trouvé).

Cependant, si le curseur n'a pas trouvé de résultat correspondant, nous affichons le message `Cursor not found` (Curseur non trouvé). Enfin, nous fermons le curseur pour libérer les ressources utilisées.

```
declare
cursor cur_client (nom_client clients.nom%type :='Orlando') is
select nom from clients
where  nom= nom_client;
nom_client clients.nom%type;
begin
 open cur_client;
 fetch cur_client INTO nom_client;
    if cur_client%found then
        DBMS_OUTPUT.PUT_LINE('Cursor found');
    else
        DBMS_OUTPUT.PUT_LINE('Cursor not found');
    end if;
 close cur_client;
end;
/
```

Le caractère / à la fin de la déclaration permet de lancer immédiatement le script.

Remarque

Notez que vous devez activer la sortie DBMS avec la commande suivante avant de pouvoir utiliser `DBMS_OUTPUT.PUT_LINE` :

```
SET SERVEROUTPUT ON;
```

3.17 Utilisation de CURSOR et %NOTFOUND

Ce code déclare un curseur nommé `cur_client` initialisé avec la valeur `Orlando` pour le champ `nom_client` de la table `clients`.

Dans cet exemple, nous utilisons un curseur pour effectuer une recherche spécifique dans une base de données. Tout d'abord, nous ouvrons le curseur et exécutons une requête pour sélectionner le nom correspondant à la valeur `Orlando`.

Ensuite, nous utilisons la fonction `FETCH` qui signifie chercher en anglais. Dans ce cas, le curseur recherche si une personne portant le nom `Orlando` existe dans la base de données.

Si le curseur trouve une correspondance, cela signifie qu'il a trouvé une personne nommée `Orlando`. Dans ce cas, le message `Cursor found` est affiché pour indiquer que la recherche a été fructueuse.

En revanche, si le curseur ne trouve aucune correspondance, cela signifie qu'il n'y a pas de personne avec le nom `Orlando` dans la base de données. Dans ce cas, le message `Cursor not found` est affiché pour indiquer que la recherche n'a pas abouti.

Enfin, une fois que nous avons terminé d'utiliser le curseur, nous le fermons pour libérer les ressources qu'il utilisait.

```
declare
cursor cur_client (nom_client clients.nom%type :='Orlando') is
select nom from clients
where  nom= nom_client;
nom_client clients.nom%type;

begin
open cur_client;

fetch cur_client INTO nom_client;
if cur_client%notfound then
DBMS_OUTPUT.PUT_LINE('Cursor not found');
else
DBMS_OUTPUT.PUT_LINE('Cursor found');
end if;
close cur_client;

end;
/
```

Ce code est utile pour vérifier si une entrée spécifique existe dans une table. Il peut aussi être utilisé pour vérifier si un client existe dans la table `clients`, par exemple.

3.18 Exception CURSOR

Ce code déclare un curseur nommé cur_categories qui sélectionne toutes les lignes de la table categories.

Dans cet exemple, nous travaillons avec un curseur et une variable. Tout d'abord, nous déclarons une variable appelée var_cat qui est du même type que le curseur cur_categories.

Ensuite, nous ouvrons le curseur et récupérons la première ligne de résultats que nous stockons dans la variable var_cat. Cela nous permet d'accéder aux données de la première ligne du résultat de la requête associée au curseur.

Ensuite, nous réouvrons le curseur. Cela peut être nécessaire si nous voulons réexécuter la même requête ou parcourir les résultats à nouveau.

Enfin, nous utilisons une déclaration d'exception pour gérer d'éventuelles erreurs lors de l'ouverture du curseur. Si le curseur est déjà ouvert, un message s'affiche pour indiquer que le curseur est déjà ouvert. Si le curseur n'est pas valide, un message s'affiche pour indiquer que le curseur n'est pas valide.

Dans les deux cas, que le curseur soit déjà ouvert ou invalide, nous fermons le curseur pour libérer les ressources utilisées et garantir une gestion appropriée des données.

```
declare
    cursor cur_categories is select * from categories;
    var_cat cur_categories%rowtype;
begin
    open cur_categories;
    fetch cur_categories INTO var_cat;
    open cur_categories;
    exception
        when cursor_already_open then
         DBMS_OUTPUT.PUT_LINE('le curseur est déjà ouvert');
         when INVALID_CURSOR then
          DBMS_OUTPUT.PUT_LINE('le curseur n''est pas valide');


    close cur_categories;

end;
/
```

Remarque

Notez que vous devez activer la sortie DBMS avec la commande suivante avant de pouvoir utiliser `DBMS_OUTPUT.PUT_LINE` :

```
SET SERVEROUTPUT ON;
```

3.19 Cursor Update

Ce code effectue une mise à jour sur une table appelée `salaires`. Tout d'abord, il déclare un curseur nommé `cur_salaries` qui sélectionne toutes les lignes de la table `salaires` afin de les mettre à jour.

Ensuite, une variable appelée `var_salaire` est déclarée, qui a le même type que les lignes du curseur `cur_salaries`. Cela permet de stocker les données d'une ligne de la table `salaires`.

Ensuite, le curseur est ouvert et une ligne de la table est récupérée dans la variable `var_salaire`. Cela signifie que nous obtenons les données d'une ligne spécifique de la table.

La mise à jour est ensuite effectuée sur la table `salaires`. Dans ce cas, nous mettons à jour la colonne **commission** en utilisant la valeur `salaire/2` pour les lignes où la fonction est `Vendeur`. Cela signifie que la commission sera la moitié du salaire pour les employés ayant la fonction de vendeur.

Enfin, une fois que nous avons terminé avec le curseur et la mise à jour, nous fermons le curseur pour libérer les ressources utilisées et nous effectuons un commit, qui permet de valider définitivement les modifications apportées à la table.

```
--update salaries set comission = null where fonction = 'Vendeur';
declare
cursor cur_salaries is select * from salaries for update;
var_salaire cur_salaries%rowtype;
begin
    open cur_salaries;
        fetch cur_salaries into var_salaire;
            update salaries set comission = salaire/2
            where fonction = 'Vendeur';
            commit;
```

```
    close cur_salaries;
end;
/
```

3.20 CURSOR avec %FETCH

CURSOR avec %FETCH méthode 1

Ce code déclare un curseur nommé `cur_client` qui prend en paramètres deux variables, `var_ville` et `var_pays`. Ces variables sont définies comme étant du même type que les colonnes ville et pays de la table `clients`.

Ce code utilise un curseur pour récupérer et afficher des informations spécifiques à partir d'une table appelée `clients`. Tout d'abord, un curseur nommé `cur_client` est déclaré, prenant en paramètres deux variables : `var_ville` et `var_pays`. Ces variables sont du même type que les colonnes **ville** et **pays** de la table `clients`.

La requête SQL exécutée par le curseur sélectionne tous les enregistrements de la table `clients` où la ville correspond à la variable `var_ville` et le pays correspond à la variable `var_pays`.

Une variable nommée `var_client` est également déclarée, ayant le type `ligne de curseur`. Cette variable servira à stocker chaque enregistrement récupéré par le curseur.

Dans le bloc `begin-end` du code, le curseur est ouvert avec les paramètres `var_ville` défini à Toulouse et `var_pays` défini à France. Une fois le curseur ouvert, une boucle est exécutée pour récupérer les enregistrements un par un.

Chaque enregistrement est stocké dans la variable `var_client`. Une fois que tous les enregistrements ont été récupérés, le curseur est fermé.

Enfin, le contenu de chaque enregistrement est affiché à l'aide de la commande `DBMS_OUTPUT.PUT_LINE`. Cette commande permet d'afficher le nom, le prénom, la ville et le pays de chaque enregistrement récupéré par le curseur.

Remarque

Cela signifie que la variable `var_client` aura le même type que le curseur `cur_client`.

```
declare
    cursor cur_client ( var_ville clients.ville%type, var_pays
clients.pays%type)
        is select * from clients where ville = var_ville
and pays= var_pays;
    var_client cur_client%ROWTYPE; --Déclaration de variable
de type ligne de curseur.
begin
        OPEN cur_client (var_ville => 'Toulouse', var_pays => 'France');
    IF cur_client%isopen then
    Loop
        FETCH cur_client INTO var_client;
    EXIT when cur_client%notfound;
        DBMS_OUTPUT.PUT_LINE(var_client.nom ||','|| var_client.prenom ||',
'|| var_client.ville ||','||
                            var_client.pays );
    End loop;
    End if;
        CLOSE cur_client;
end;
/
```

Remarque

Notez que vous devez activer la sortie DBMS avec la commande suivante avant de pouvoir utiliser `DBMS_OUTPUT.PUT_LINE` :

```
SET SERVEROUTPUT ON;
```

CURSOR avec %FETCH méthode 2

Le code présent utilise un curseur avec la méthode `%FETCH`. Tout d'abord, il déclare deux types de table appelés `sal_nom` et `sal_prenom` qui représentent des tableaux de salaires et de noms respectivement. Ensuite, un curseur nommé `cur_salaires` est déclaré. Ce curseur va sélectionner les valeurs des tableaux `tab_sal_nom` et `tab_sal_prenom`.

Ensuite, l'instruction OPEN est utilisée pour ouvrir le curseur et lire les données. Les instructions FETCH bulk collect sont utilisées pour récupérer toutes les lignes du curseur dans les tableaux tab_sal_nom et tab_sal_prenom.

Pour chaque itération de la boucle, une ligne est affichée sur la sortie standard du SGBD avec les valeurs correspondantes des deux tableaux, séparées par des pipes (||).

Une fois que toutes les données ont été récupérées, le curseur est fermé avec l'instruction CLOSE. Ensuite, quatre lignes sont affichées sur la sortie standard en utilisant le nombre 2 comme valeur pour la variable nb.

Le code déclare également deux variables, sal_nom et sal_prenom. La première est un tableau de salaires et la seconde est un tableau de noms.

Ensuite, le curseur cur_salaires est ouvert, ce qui permet de collecter les données de la base de données dans ces tableaux. L'instruction bulk collect dans la déclaration du curseur permet de rassembler toutes les lignes d'une requête SQL dans les variables tab_sal_nom et tab_sal_prenom.

Enfin, une boucle itère à travers chaque ligne du curseur cur_salaires et affiche à l'écran la paire de nom/salaire respective en utilisant la commande DBMS_OUTPUT.PUT_LINE().

```
declare
    type sal_nom is table of salaries.nom_sal%type;
    type sal_prenom is table of salaries.prenom_sal%type;
    tab_sal_nom sal_nom;
    tab_sal_prenom sal_prenom;
    cursor cur_salaires is select nom_sal, prenom_sal from salaries;
    nb_salaries number(2):= 4;
begin
    OPEN cur_salaires;
    FETCH cur_salaires bulk collect into tab_sal_nom,tab_sal_prenom;
        for i in 1 .. nb_salaries
        loop
            DBMS_OUTPUT.PUT_LINE(tab_sal_nom(i) || ' ' ||
tab_sal_prenom (i));
        end loop;
    CLOSE cur_salaires;

end;
/
```

Remarque

Notez que vous devez activer la sortie DBMS avec la commande suivante avant de pouvoir utiliser `DBMS_OUTPUT.PUT_LINE` *:*

```
SET SERVEROUTPUT ON;
```

3.21 CURSOR avec %ISOPEN

Le code suivant déclare un curseur nommé `cur_client` qui sélectionne toutes les colonnes de la table `clients`, où la colonne `ville` est égale à la variable `var_ville` et la colonne `pays` est égale à la variable `var_pays`.

Le curseur est ensuite ouvert avec les valeurs `PARIS` et `FRANCE` pour les variables `var_ville` et `var_pays` respectivement. Ensuite, il vérifie si le curseur est ouvert et affiche un message approprié. Une fois toutes les opérations terminées, le curseur est fermé et une autre vérification est effectuée pour déterminer si le curseur est effectivement fermé. Un message approprié est alors affiché en fonction du résultat de cette vérification.

```
declare
cursor cur_client (var_ville clients.ville%type, var_pays
clients.pays%type)
is SELECT * FROM clients where ville = var_ville and pays = var_pays;
begin
    Open cur_client ('PARIS', 'FRANCE');
if cur_client%isopen then
DBMS_OUTPUT.PUT_LINE('Le curseur est ouvert');
end if;
close cur_client;
if  not cur_client%isopen then
DBMS_OUTPUT.PUT_LINE('Le curseur est fermé');
end if;

end;
```

Remarque

Notez que vous devez activer la sortie DBMS avec la commande suivante avant de pouvoir utiliser `DBMS_OUTPUT.PUT_LINE` *:*

```
SET SERVEROUTPUT ON;
```

3.22 CURSOR avec %ROWCOUNT

Ce code récupère et affiche toutes les données de la table `clients` ainsi que les valeurs des variables `cur_clients%ROWCOUNT` et `cur_clients%rowcount`.

Le code déclare un curseur appelé `cur_clients` qui sélectionne toutes les données d'une table appelée `clients`.

Ensuite, une variable appelée `var_clients` est déclarée comme étant du même type de données que `cur_clients`.

Dans le bloc `BEGIN`, le curseur est ouvert et la valeur de la variable `cur_clients%ROWCOUNT` est affichée à l'aide de la fonction `DBMS_OUTPUT.PUT_LINE`.

Le code entre ensuite dans une boucle où il récupère la prochaine ligne de données du curseur dans la variable `var_clients`. Il sort de la boucle lorsque le curseur atteint la dernière ligne de données ou lorsque `cur_clients%NOTFOUND` renvoie `vrai`.

À chaque itération de la boucle, la fonction `DBMS_OUTPUT.PUT_LINE` est utilisée pour afficher la colonne `nom` de la ligne courante, ainsi que la valeur de la variable `cur_clients%rowcount`, qui représente le numéro de ligne courant.

Enfin, le curseur est fermé.

```
declare
cursor cur_clients is select * from clients;
var_clients cur_clients%rowtype;
begin
    open cur_clients;
         DBMS_OUTPUT.PUT_LINE('valeur de rowcount :
' || cur_clients%ROWCOUNT);
 loop
    fetch cur_clients into var_clients;
    exit when cur_clients%NOTFOUND;
         DBMS_OUTPUT.PUT_LINE(var_clients.nom || ' ' ||
                               ' valeur de %rowcount : '||
                                 cur_clients%rowcount);
 end loop;
```

```
    close cur_clients;

end;
/
```

Remarque

Notez que vous devez activer la sortie DBMS avec la commande suivante avant de pouvoir utiliser `DBMS_OUTPUT.PUT_LINE` :

```
SET SERVEROUTPUT ON;
```

3.23 Cursor FOR Loop

Le code ci-dessous utilise un curseur (*cursor*) pour sélectionner toutes les colonnes de la table `clients` où la colonne `pays` est égale à la valeur de la variable `var_pays`. La variable `var_pays` est définie comme étant du même type que la colonne `pays` de la table `clients`. La variable `var_client` est définie comme étant du même type que les lignes renvoyées par le curseur.

Dans le bloc `begin-end`, le code utilise une boucle `for` pour parcourir les lignes renvoyées par le curseur, en utilisant la variable `var_client` pour accéder aux données de chaque ligne. À l'intérieur de la boucle, la fonction `DBMS_OUTPUT.PUT_LINE` est utilisée pour afficher le nom, le prénom et le pays de chaque client sélectionné en concaténant les différentes colonnes.

La variable `var_pays` est passée à la requête du curseur en utilisant l'instruction `var_pays => 'France'` pour filtrer les clients dont le pays est France.

Enfin, le caractère / à la fin de la déclaration permet de lancer immédiatement le script.

```
SET SERVEROUTPUT ON;
declare
cursor cur_client (var_pays clients.pays%type) is select * from
clients where pays = var_pays;
var_client cur_client%rowtype;
begin
 for var_client in cur_client (var_pays => 'France')
 Loop
    DBMS_OUTPUT.PUT_LINE(var_client.nom ||' - '||
var_client.prenom ||' - '|| var_client.pays );
```

```
  end loop;
end;
/
```

Remarque

Notez que vous devez activer la sortie DBMS avec la commande suivante avant de pouvoir utiliser `DBMS_OUTPUT.PUT_LINE` :

```
SET SERVEROUTPUT ON;
```

4. Travaux pratiques

Exécutez le code ci-dessous sur Oracle SQL Developer afin de générer la base de données facsys, puis essayez de répondre aux questions suivantes, en générant le code PL/SQL approprié.

Remarque

Le nom de la base de données est facsys, son mot de passe est pwd.

Ce code est écrit en SQL, qui est un langage de programmation utilisé pour gérer des bases de données relationnelles. Le code crée et modifie plusieurs tables dans une base de données.

- La première ligne (`DROP USER facsys CASCADE;`) supprime un utilisateur nommé facsys et toutes les dépendances qui lui sont liées.
- La deuxième ligne (`CREATE USER facsys IDENTIFIED BY pwd;`) crée un nouvel utilisateur nommé facsys avec le mot de passe `pwd`.
- La troisième ligne (`GRANT CONNECT, RESOURCE, DBA to facsys;`) donne à l'utilisateur facsys les privilèges de `CONNECT`, `RESOURCE`, et `DBA`.
- La quatrième ligne (`CONNECT  facsys/pwd`) se connecte à la base de données en utilisant les informations d'identification de l'utilisateur facsys.
- Les lignes suivantes créent des tables dans la base de données, avec des champs spécifiques et des contraintes de clé primaire. Les lignes d'index créent des index pour améliorer les performances de certaines requêtes.

– Enfin, les lignes d'alter table ajoutent des contraintes de clé étrangère aux tables pour garantir l'intégrité des données en maintenant la correspondance entre les clés primaires et étrangères.

```
/*==============================================================*/
/* Nom de SGBD :  ORACLE Version 10g                            */
/* Date de création :  18/06/2023 23:38:05                      */
/*==============================================================*/

DROP USER facsys CASCADE;
CREATE USER facsys IDENTIFIED BY pwd;
GRANT CONNECT, RESOURCE, DBA to facsys;

CONNECT facsys/pwd

/*==============================================================*/
/* Table : ARTICLES                                             */
/*==============================================================*/
create table ARTICLES  (
   REFERENCE_ART        VARCHAR2(50)                    not null,
   CODE_CAT             INTEGER                         not null,
   DESIGNATION_ART      VARCHAR2(100),
   PRIX_HT              NUMBER(10,2),
   QUANTITE_STOCK       INTEGER,
   STOCK_MIN            INTEGER,
   STOCK_MAX            INTEGER,
   constraint PK_ARTICLES primary key (REFERENCE_ART)
);

/*==============================================================*/
/* Index : ASSOCIATION_5_FK                                     */
/*==============================================================*/
create index ASSOCIATION_5_FK on ARTICLES (
   CODE_CAT ASC
);

/*==============================================================*/
/* Table : CATEGORIES                                           */
/*==============================================================*/
create table CATEGORIES  (
   CODE_CAT             INTEGER                         not null,
   LIBELLE_CAT          VARCHAR2(100),
   constraint PK_CATEGORIES primary key (CODE_CAT)
);

/*==============================================================*/
/* Table : CLIENTS                                              */
/*==============================================================*/
create table CLIENTS  (
```

```
   NUMERO_CLI           INTEGER                         not null,
   NOM                  VARCHAR2(50),
   PRENOM               VARCHAR2(50),
   ADRESSE              VARCHAR2(100),
   CODE_POSTAL          NUMBER(5),
   VILLE                VARCHAR2(50),
   PAYS                 VARCHAR2(50),
   TELEPHONE            NUMBER(11),
   FAX                  NUMBER(11),
   constraint PK_CLIENTS primary key (NUMERO_CLI)
);

/*==============================================================*/
/* Table : COMMANDES                                            */
/*==============================================================*/
create table COMMANDES  (
   NUMERO_CDE           INTEGER                         not null,
   NUMERO_SAL           INTEGER                         not null,
   NUMERO_CLI           INTEGER                         not null,
   DATE_CDE             DATE,
   TAUX_REMISE          NUMBER(10,2),
   ETAT_CDE             CHAR(10),
   DATE_ENVOI           DATE,
   TAUX_TVA             NUMBER(10,2),
   constraint PK_COMMANDES primary key (NUMERO_CDE)
);

/*==============================================================*/
/* Index : POSSEDE_FK                                           */
/*==============================================================*/
create index POSSEDE_FK on COMMANDES (
   NUMERO_CLI ASC
);

/*==============================================================*/
/* Index : TRAITE_FK                                            */
/*==============================================================*/
create index TRAITE_FK on COMMANDES (
   NUMERO_SAL ASC
);

/*==============================================================*/
/* Table : LIGNES_COMMANDES                                     */
/*==============================================================*/
create table LIGNES_COMMANDES  (
   NUMERO_LIG           NUMBER(6)                       not null,
   NUMERO_CDE           INTEGER                         not null,
   REFERENCE_ART        VARCHAR2(50)                    not null,
   QUANTITE_CDE         INTEGER,
```

```
   constraint PK_LIGNES_COMMANDES primary key (NUMERO_LIG,NUMERO_CDE)
);

/*==============================================================*/
/* Index : APPARTIENT_FK                                        */
/*==============================================================*/
create index APPARTIENT_FK on LIGNES_COMMANDES (
   NUMERO_CDE ASC
);

/*==============================================================*/
/* Index : CONTIENT_FK                                          */
/*==============================================================*/
create index CONTIENT_FK on LIGNES_COMMANDES (
   REFERENCE_ART ASC
);

/*==============================================================*/
/* Table : SALARIES                                             */
/*==============================================================*/
create table SALARIES  (
   NUMERO_SAL           INTEGER                          not null,
   NOM_SAL              VARCHAR2(50),
   PRENOM_SAL           VARCHAR2(50),
   FONCTION             VARCHAR2(50),
   SALAIRE              NUMBER(10,2),
   COMISSION            NUMBER(10,2),
   constraint PK_SALARIES primary key (NUMERO_SAL)
);

alter table ARTICLES
   add constraint FK_ARTICLES_ASSOCIATI_CATEGORI foreign key (CODE_CAT)
      references CATEGORIES (CODE_CAT);

alter table COMMANDES
   add constraint FK_COMMANDE_POSSEDE_CLIENTS foreign key (NUMERO_CLI)
      references CLIENTS (NUMERO_CLI);

alter table COMMANDES
   add constraint FK_COMMANDE_TRAITE_SALARIES foreign key (NUMERO_SAL)
      references SALARIES (NUMERO_SAL);

alter table LIGNES_COMMANDES
   add constraint FK_LIGNES_C_APPARTIEN_COMMANDE foreign key (NUMERO_CDE)
      references COMMANDES (NUMERO_CDE);

alter table LIGNES_COMMANDES
   add constraint FK_LIGNES_C_CONTIENT_ARTICLES foreign key (REFERENCE_ART)
      references ARTICLES (REFERENCE_ART);
```

```
INSERT INTO CLIENTS VALUES(10,'Harabazan','Hamid','16 rue Lavoisier',
92200, 'Asnières','France',null,null);
INSERT INTO CLIENTS VALUES(17,'Camihort','Marie','1 chemin Lacanau',
33000, 'Bordeaux','France',null,null);
INSERT INTO CLIENTS VALUES(22,'Ossola','Christophe','17 Lieudit Segola',
47190, 'Aiguillon','France',null,null);
INSERT INTO CLIENTS VALUES(23,'Monnin','Gilles','27 avenue Lorraine',
09500, 'Mirepoix','France',0561605825,null);
INSERT INTO CLIENTS VALUES(57,'Dupond','David','57 rue Bayeux',
31000, 'Toulouse','France',0582021425,null);
INSERT INTO CLIENTS VALUES(28,'Rossato','Xavier','37 passage du canal',
47190, 'Aiguillon','France',null,null);
INSERT INTO CLIENTS VALUES(37,'Vasso','Marie','7 rue du Général De Gaulle',
31000, 'Toulouse','France',null,null);

INSERT INTO CATEGORIES VALUES (1,'Informatique');
INSERT INTO CATEGORIES VALUES (2,'Livres');
INSERT INTO CATEGORIES VALUES (3,'Accessoires');

INSERT INTO SALARIES VALUES(1,'Andrieu','Michel','Vendeur',2700.00,null);
INSERT INTO SALARIES VALUES(2,'Orlando','John','Vendeur',2400.00,null);
INSERT INTO SALARIES VALUES(3,'Gustave','Gabriel','Commercial',
3200.00,2000.00);
INSERT INTO SALARIES VALUES(4,'Bobka','Vincent','Directeur',4700.00,null);

INSERT INTO ARTICLES VALUES('INFYBVF12024',1,'Ecran IIYAMA 20 pouces',
220.00,10,5,20);
INSERT INTO ARTICLES VALUES('INFYBVF12027',1,'Ecran IIYAMA 24 pouces',
320.00,5,5,20);
INSERT INTO ARTICLES VALUES('INFQRS202525',1,'NoteBook R15',770.00,2,1,10);
INSERT INTO ARTICLES VALUES('INFKMNOP2525',1,'Imprimante multifonction
1736nw',129.00,6,5,10);
INSERT INTO ARTICLES VALUES('INFRSFG25369',1,'Desktop HP
1025',335.00,2,1,10);
INSERT INTO ARTICLES VALUES('LIV302547369',2,'Mission
Appolo',27.00,5,1,10);
INSERT INTO ARTICLES VALUES('LIV302547377',2,'Un long fleuve tranquille',
42.00,5,1,10);
INSERT INTO ARTICLES VALUES('ACC302547369',3,'Clé USB 128
Go',54.00,5,1,10);


INSERT INTO COMMANDES VALUES(1000,1,10,'10/02/2010',null,'TRAITEE',
'12/02/2010',20.00);
INSERT INTO COMMANDES VALUES(1001,1,10,'21/07/2010',null,'EN COURS',
null,20.00);
INSERT INTO COMMANDES VALUES(1002,1,17,'27/04/2010',20.00,'TRAITEE',
'28/04/2010',20.00);
```

```
INSERT INTO COMMANDES VALUES(1003,1,17,'25/05/2010',20.00,'TRAITEE',
'26/05/2010',20.00);
INSERT INTO COMMANDES VALUES(1004,2,22,'25/05/2010',10.00,'TRAITEE',
'26/05/2010',20.00);
INSERT INTO COMMANDES VALUES(1005,2,23,'12/06/2010',null,'TRAITEE',
'13/06/2010',20.00);
INSERT INTO COMMANDES VALUES(1006,1,37,'07/08/2011',10.00,'TRAITEE',
'09/08/2011',20.00);
INSERT INTO COMMANDES VALUES(1007,1,37,'25/11/2011',10.00,'TRAITEE',
'29/11/2011',20.00);
INSERT INTO COMMANDES VALUES(1008,2,23,'22/06/2011',20.00,'TRAITEE',
'25/06/2011',20.00);

INSERT INTO LIGNES_COMMANDES VALUES(1,1000,'INFYBVF12024',1);
INSERT INTO LIGNES_COMMANDES VALUES(2,1000,'INFKMNOP2525',1);
INSERT INTO LIGNES_COMMANDES VALUES(1,1001,'INFQRS202525',2);
INSERT INTO LIGNES_COMMANDES VALUES(1,1002,'LIV302547369',3);
INSERT INTO LIGNES_COMMANDES VALUES(1,1003,'ACC302547369',1);
INSERT INTO LIGNES_COMMANDES VALUES(2,1003,'INFYBVF12027',1);
INSERT INTO LIGNES_COMMANDES VALUES(3,1003,'INFKMNOP2525',1);
INSERT INTO LIGNES_COMMANDES VALUES(1,1004,'ACC302547369',1);
INSERT INTO LIGNES_COMMANDES VALUES(1,1005,'INFRSFG25369',2);
INSERT INTO LIGNES_COMMANDES VALUES(1,1006,'LIV302547369',1);
INSERT INTO LIGNES_COMMANDES VALUES(2,1006,'LIV302547377',1);
INSERT INTO LIGNES_COMMANDES VALUES(1,1007,'INFQRS202525',5);
INSERT INTO LIGNES_COMMANDES VALUES(2,1007,'INFYBVF12027',5);
INSERT INTO LIGNES_COMMANDES VALUES(1,1008,'INFYBVF12024',2);
INSERT INTO LIGNES_COMMANDES VALUES(2,1008,'INFYBVF12027',2);
INSERT INTO LIGNES_COMMANDES VALUES(3,1008,'INFKMNOP2525',2);
INSERT INTO LIGNES_COMMANDES VALUES(4,1008,'INFRSFG25369',1);
INSERT INTO LIGNES_COMMANDES VALUES(5,1008,'ACC302547369',2);
commit;
```

Il existe plusieurs relations entre les tables dans ce code :

- La table `ARTICLES` est liée à la table `CATEGORIES` via la relation de clé étrangère `FK_ARTICLES_ASSOCIATI_CATEGORI`, basée sur la colonne `CODE_CAT`. Cela signifie que chaque enregistrement dans la colonne `CODE_CAT` de la table `ARTICLES` doit correspondre à un enregistrement existant dans la colonne `CODE_CAT` de la table `CATEGORIES`.

- La table COMMANDES est liée aux tables CLIENTS et SALARIES via les relations de clé étrangère FK_COMMANDE_POSSEDE_CLIENTS et FK_COMMANDE_TRAITE_SALARIES respectivement, basées sur les colonnes NUMERO_CLI et NUMERO_SAL. Cela signifie que chaque enregistrement dans les colonnes NUMERO_CLI et NUMERO_SAL de la table COMMANDES doit correspondre à un enregistrement existant dans les colonnes NUMERO_CLI et NUMERO_SAL de la table CLIENTS et SALARIES respectivement.
- La table LIGNES_COMMANDES est liée aux tables COMMANDES et ARTICLES via les relations de clé étrangère FK_LIGNES_C_APPARTIEN_COMMANDE et FK_LIGNES_C_CONTIENT_ARTICLES respectivement, basées sur les colonnes NUMERO_CDE et REFERENCE_ART. Cela signifie que chaque enregistrement dans les colonnes NUMERO_CDE et REFERENCE_ART de la table LIGNES_COMMANDES doit correspondre à un enregistrement existant dans les colonnes NUMERO_CDE et REFERENCE_ART de la table COMMANDES et ARTICLES respectivement.

Remarque

Le code SQL de cette base de données sera attaché dans le CD qui accompagne le livre, vous pourrez copier-coller directement le code sur Oracle SQL Developer pour générer la base de données et y accéder avec les identifiants cités précédemment.

Question 1

Créez une fonction PL/SQL qui permet de calculer, pour chaque client, le nombre de commandes qu'il a passées.

Réponse 1a

Notez qu'il existe plusieurs manières d'écrire cette fonction, la meilleure réponse pour la première question est celle qui vous donnera un résultat correct à la fin.

Le code suivant crée une fonction nommée nbr_cmd_cl qui prend un paramètre d'entrée num_client de type number et renvoie un type de données number.

Dans le corps de la fonction, il déclare une variable `count_num_client` de type `clients.numero_cli%type`, qui est le type de la colonne `numero_cli` de la table `clients`.

Il utilise ensuite une instruction SQL `select ... into` pour sélectionner le nombre de commandes où la colonne `numero_cli` est égale à la valeur du paramètre d'entrée `num_client`, et stocker cette valeur dans la variable `count_num_client`. Il utilise la fonction `COUNT` pour compter le nombre de commandes.

Ensuite, le code utilise l'instruction `RETURN` pour retourner la valeur de la variable `count_num_client` en tant que résultat de la fonction.

Enfin, un bloc `begin-end` utilise la fonction `DBMS_OUTPUT.PUT_LINE` pour afficher un message `le nombre de commandes que le client numéro 10 a passées est de :` suivi de la valeur renvoyée par la fonction `nbr_cmd_cl` en passant la valeur `10` en paramètre.

Enfin, `create or replace` permet de créer la fonction si elle n'existe pas déjà dans la base de données, ou de la remplacer si elle existe déjà.

```
--Fonction calculant pour chaque client le nombre de commandes
qu'il a passées--
SET SERVEROUTPUT ON;
create or replace function nbr_cmd_cl(num_client number) return number
is
    count_num_client clients.numero_cli%type;
begin
    select count(numero_cli) into count_num_client from commandes where
numero_cli= num_client;
    return count_num_client;
end;

begin
    DBMS_OUTPUT.PUT_LINE('le nombre de commandes que le client
numéro 10 a passées est de : ' ||
                            nbr_cmd_cl(10));
end;
```

Réponse 1b

La fonction nbr_comcli renvoie une table de données qui contient le nom des clients et le nombre de commandes passées par chaque client. Elle utilise un type de données tableau pour stocker les données et un type de données record pour définir la structure de chaque enregistrement de la table.

Elle utilise ensuite une instruction SQL select ... bulk collect into pour sélectionner les noms des clients et le nombre de commandes correspondantes à partir des tables clients et commandes, en utilisant une jointure sur les numéros de clients.

La fonction utilise également l'instruction GROUP BY pour regrouper les commandes par nom de client, et la fonction COUNT pour compter le nombre de commandes par client.

Enfin, elle utilise l'instruction RETURN pour retourner la table t_comcli en tant que résultat de la fonction.

En dehors de la fonction, le code utilise une boucle for pour parcourir les enregistrements de la table t_comcli et affiche le nom des clients et le nombre de commandes passées en utilisant la fonction DBMS_OUTPUT.PUT_LINE.

Remarque

Cette fonction permet de récupérer pour chaque client le nombre de commandes passées par celui-ci, c'est une fonction plus complète que la précédente qui ne permet de récupérer le nombre de commandes que pour un seul client à la fois.

```
SET SERVEROUTPUT ON;
Declare
    type structure_comcli is record (nom_client clients.nom%type,
nombre_com number);
    type tableau_comcli is table of structure_comcli index by
binary_integer;
    t_comcli tableau_comcli;
    nbr_ligne number;
FUNCTION nbr_comcli return tableau_comcli
is
    t_comcli tableau_comcli;
BEGIN
    select a.nom, count(*) as nombre
            bulk collect into t_comcli
```

```
                          from clients a, commandes b where
                                          a.numero_cli = b.numero_cli
                                                      GROUP BY a.nom;
    return t_comcli;
END;

BEGIN
    t_comcli := nbr_comcli;
    nbr_ligne := t_comcli.count;
    for i in 1 .. nbr_ligne
        LOOP
            DBMS_OUTPUT.PUT_LINE(t_comcli(i).nom_client ||' '||
t_comcli(i)
.nombre_com);
        END LOOP;
END;
```

Question 2

Créez une fonction qui permet de calculer le salaire annuel d'un employé en prenant en compte le salaire mensuel et la commission éventuelle de cet employé. Retournez le résultat en utilisant le numéro de l'employé passé en paramètre.

Réponse 2

Le code ci-dessous crée une fonction nommée `sal_annuel` qui prend un paramètre d'entrée `argnumsal` de type `number` et renvoie un type de données `number`.

La fonction utilise une instruction SQL `select ... into` pour sélectionner le salaire annuel d'un employé en multipliant le salaire mensuel (colonne `salaire`) par 12, puis en ajoutant éventuellement la commission (colonne `comission`), si elle existe pour cet employé, en utilisant la fonction `NVL` pour gérer les valeurs nulles. La sélection se fait en utilisant la clé primaire de la table `salaries` pour filtrer les employés qui ont un numéro égal à celui passé en paramètre `argnumsal`.

Le code utilise ensuite l'instruction `RETURN` pour retourner la valeur de la variable `var_salaire` en tant que résultat de la fonction.

Enfin, un bloc begin-end utilise la fonction DBMS_OUTPUT.PUT_LINE pour afficher un message le total du salaire annuel est : suivi de la valeur renvoyée par la fonction sal_annuel en passant la valeur 3 en paramètre.

Enfin create or replace permet de créer la fonction si elle n'existe pas déjà dans la base de données, ou la remplacer si elle existe déjà.

```
SET SERVEROUTPUT ON;
create or replace function sal_annuel(argnumsal number) return number
is
    var_salaire salaries.salaire%type;
begin
    select (salaire*12) + NVL(Comission,0) into var_salaire from
salaries where numero_sal = argnumsal;
    return var_salaire;
end;
begin
    DBMS_OUTPUT.PUT_LINE('le total du salaire annuel est :
' || sal_annuel(3) );
end;
```

Question 3

Récupérez tous les employés de la table salaries et affichez leurs nom et prénom ainsi que le nombre d'employés récupérés.

Réponse 3

La première étape consiste à déclarer une variable contenant le nombre total d'employés dans la table. Utilisez ensuite une instruction SELECT INTO pour récupérer le nombre total d'employés dans la table salaries et stocker ce nombre dans la variable déclarée précédemment.

Utilisez une boucle FOR pour parcourir les enregistrements dans la table salaries et afficher les nom et prénom de chaque employé. Enfin, utilisez DBMS_OUTPUT.PUT_LINE pour afficher le nombre total d'employés récupérés.

```
SET SERVEROUTPUT ON;
DECLARE
 nombre_employes INTEGER; BEGIN SELECT COUNT(*) INTO   nombre_employes
  FROM salaries;

 FOR employe IN (SELECT nom_sal, prenom_sal FROM salaries)
 LOOP
 DBMS_OUTPUT.PUT_LINE(employe.nom_sal || ' ' || employe.prenom_sal);
 END LOOP;

 DBMS_OUTPUT.PUT_LINE('Nombre d''employés : ' || nombre_employes);
END;
```

Remarque

Notez que vous devez activer la sortie DBMS avec la commande suivante avant de pouvoir utiliser `DBMS_OUTPUT.PUT_LINE` :

```
SET SERVEROUTPUT ON;
```

Question 4

Implémentez une fonction permettant de retourner la somme des salaires de tous les employés dans la table `salaries`.

Réponse 4

Dans le code suivant, une fonction appelée `sum_sal` est créée en PL/SQL. Elle retourne la somme des salaires de tous les employés dans la table `salaries`. La fonction utilise une variable de type `salaries.salaire%type` pour stocker la somme des salaires, qui est ensuite retournée à l'appelant.

Un bloc déclaratif utilise la fonction pour afficher la somme des salaires à l'aide de la fonction `DBMS_OUTPUT.PUT_LINE`. Il déclare une variable `var_sum_sal` de type `number` et l'initialise avec la valeur de retour de la fonction `sum_sal`, pour ensuite afficher cette valeur avec le message `la valeur de la masse salariale :` suivi de la valeur de la variable `var_sum_sal`.

```
SET SERVEROUTPUT ON;
create or replace function sum_sal return number
is
    var_sal salaries.salaire%type;
begin
    select sum(salaire) into var_sal from salaries;
    return var_sal;
end;

declare
    var_sum_sal number;
begin
    var_sum_sal := sum_sal();
    DBMS_OUTPUT.PUT_LINE('la valeur de la masse salariale : ' ||
var_sum_sal );
end;
```

Question 5

Vérifiez la quantité en stock d'un article spécifique (référencé par `var_refart` égal à `'INFYBVF12024'`) dans la table `articles`. En fonction de la quantité en stock de l'article, différents messages sont affichés via la fonction `DBMS_OUTPUT.PUT_LINE` :

- Si la quantité en stock est inférieure ou égale à `2`, un message d'alerte de stock est affiché.
- Si la quantité en stock est supérieure ou égale à `10` et inférieure ou égale à `50`, un message de surstock est affiché.
- Si la quantité en stock est supérieure à `50`, un message de prévision de déstockage est affiché.
- Sinon, un message de stock normal est affiché.

Réponse 5

Ce code en PL/SQL déclare trois variables `var_stock`, `var_refart` et `var_libart`. `var_refart` est initialisée avec une valeur par défaut `INFYBVF12024`.

Il utilise ensuite une instruction `SELECT` pour récupérer les valeurs des colonnes `designation_art` et `quantite_stock` de la table `articles`, où la colonne `reference_art` est égale à la valeur de `var_refart`.

Une instruction `IF-ELSE` est utilisée pour vérifier la quantité de stock. Si la variable `var_stock` est inférieure ou égale à `2`, un message d'alerte est affiché, si `var_stock` est supérieur ou égal à `10` et inférieur ou égal à `50`, un message de surstock est affiché, si `var_stock` est supérieur à `50`, un message demandant de prévoir un déstockage est affiché. Sinon le message affiché indique un stock normal.

```
SET SERVEROUTPUT ON;
declare
var_stock articles.quantite_stock%type;
var_refart articles.reference_art%type := 'INFYBVF12024';
var_libart articles.designation_art%type;
begin
    select designation_art, quantite_stock into var_libart,
var_stock from articles
    where reference_art = 'INFYBVF12024';
IF var_stock<=2 THEN
  DBMS_OUTPUT.PUT_LINE('Alerte stock : ' || var_libart ||'-
quantité : '|| var_stock );
    ELSIF var_stock>=10 and var_stock<=50 THEN
        DBMS_OUTPUT.PUT_LINE('SurStock : ' || var_libart ||'-
quantité : '|| var_stock );
         ELSIF var_stock > 50 THEN
            DBMS_OUTPUT.PUT_LINE('Prévoir déstockage : ' ||
var_libart ||'- quantité : '|| var_stock );
ELSE  DBMS_OUTPUT.PUT_LINE('Stock normal : ' || var_libart ||'-
quantité : '|| var_stock );
END IF;
end;
/
```

Question 6

Ajoutez une ligne à la table salaries avec des valeurs spécifiques, puis affichez le nombre de lignes dans la table avant et après l'insertion.

Réponse 6

Ce code est écrit en PL/SQL et il effectue les actions suivantes :

- **Il déclare plusieurs variables** : var_numero, var_nom, var_prenom, var_fonction, var_salaire, var_commission et nbr_salarie. var_numero, var_nom, var_prenom, var_fonction, var_salaire, var_commission sont des variables contenant des valeurs utilisées pour insérer un nouvel enregistrement dans la table 'salaries'. nbr_salarie est une variable qui contient le nombre de lignes dans la table 'salaries' avant et après l'insertion d'un nouvel enregistrement.
- **Il utilise une instruction** SELECT pour sélectionner la valeur de count(*) dans la table 'salaries' et stocker la valeur dans la variable nbr_salarie. Il utilise ensuite une instruction DBMS_OUTPUT.PUT_LINE pour afficher le message le nombre de salariés avant insertion est : suivi de la valeur de nbr_salarie.
- **Il utilise une instruction** INSERT pour ajouter un nouvel enregistrement dans la table 'salaries' en utilisant les valeurs stockées dans les variables var_numero, var_nom, var_prenom, var_fonction, var_salaire, var_commission.
- **Il utilise une autre instruction** SELECT pour sélectionner la valeur de count(*) dans la table 'salaries' après l'insertion d'un nouvel enregistrement et stocker la valeur dans la variable nbr_salarie. Il utilise ensuite une instruction DBMS_OUTPUT.PUT_LINE pour afficher le message 'le nombre de salariés après insertion est : ' suivi de la valeur de nbr_salarie.

```
SET SERVEROUTPUT ON;
declare
var_numero salaries.numero_sal%TYPE :=5;
var_nom salaries.nom_sal%TYPE := 'ZITOUT';
var_prenom salaries.prenom_sal%TYPE := 'Hani';
var_nom salaries.fonction%TYPE := 'Developpeur';
var_nom salaries.salaire%TYPE := 7000;
var_nom salaries.comission%TYPE := null;
nbr_salarie number(5);
begin
select count(*) into nbr_salarie from salaries;
DBMS_OUTPUT.PUT_LINE('le nombre de salariés avant insertion est :
' || nbr_salarie );
INSERT into salaries values (6, 'Kobe', 'Bryant', 'Basketteur',
100000, null);
select count(*) into nbr_salarie from salaries;
DBMS_OUTPUT.PUT_LINE('le nombre de salariés après insertion est :
' ||  nbr_salarie);
end;
/
```

Question 7

Insérez une nouvelle ligne dans la table `salaries` et utilisez la clause `returning` pour récupérer ces informations et les afficher à l'aide de la commande `DBMS_OUTPUT.PUT_LINE`. L'insertion doit se faire uniquement pour les colonnes numéro, nom, prénom, fonction, salaire, commission.

Réponse 7

- Ce code déclare trois variables, `var_nom`, `var_prenom` et `var_fonction`, qui sont respectivement de types `nom_sal`, `prenom_sal` et fonction de la table `salaries`.
- Il effectue ensuite une insertion de données dans la table `salaries` avec les valeurs spécifiées (numéro `17`, nom `'Hani'`, prénom `'ZITOUT'`, fonction `'DEVELOPPEUR'`, salaire `7000` et commission `3500`).
- La clause `returning` permet de retourner les valeurs des colonnes `nom_sal`, `prenom_sal` et fonction de la nouvelle ligne insérée dans les variables `var_nom`, `var_prenom` et `var_fonction` respectivement.

– Enfin, il affiche ces valeurs dans la console avec la fonction DBMS_OUTPUT.PUT_LINE.

```
SET SERVEROUTPUT ON;
declare
var_nom salaries.nom_sal%TYPE;
var_prenom salaries.prenom_sal%TYPE;
var_fonction salaries.fonction%TYPE;
-- var_salarie salaries%ROWTYPE;
begin
Insert into salaries values (17, 'Hani', 'ZITOUT', 'DEVELOPPEUR',
7000, 3500)
returning nom_sal, prenom_sal, fonction into var_nom,var_prenom,
var_fonction;
DBMS_OUTPUT.PUT_LINE(' nom inséré : ' || var_nom);
DBMS_OUTPUT.PUT_LINE(' prénom inséré : ' || var_prenom);
DBMS_OUTPUT.PUT_LINE(' fonction insérée : ' || var_fonction);
end;
/
```

Question 8

Implémentez une fonction nommée fonction, qui permet de réaliser une boucle incrémentant un compteur de 1 à chaque itération, et d'afficher la valeur de ce compteur à chaque fois. La boucle s'arrête quand le compteur est supérieur ou égal à 10.

Réponse 8

La fonction déclarée ci-dessous est une procédure PL/SQL qui déclare une variable de compteur nommée var_cpt initialisée à 0, puis entre dans une boucle nommée Ma_BOUCLE_LOOP. La boucle incrémente la valeur de la variable de compteur de 1 à chaque itération, utilise la fonction DBMS_OUTPUT.PUT_LINE pour afficher la valeur du compteur à chaque itération, et vérifie si la valeur de la variable de compteur est supérieure ou égale à 10. Si la valeur de cette variable est supérieure ou égale à 10, la boucle quitte grâce à l'instruction EXIT Ma_BOUCLE_LOOP.

```
SET SERVEROUTPUT ON;
declare
var_cpt number(5):= 0;
begin
 <<Ma_BOUCLE_LOOP>> --Optionnel
 LOOP
    var_cpt:=var_cpt+1;
    DBMS_OUTPUT.PUT_LINE('Valeur du compteur : ' || var_cpt);
    EXIT Ma_BOUCLE_LOOP WHEN var_cpt >= 10;
 END LOOP;
end;
/
```

Question 9

Implémentez une fonction qui crée un tableau contenant les jours de la semaine, puis utilisez une boucle pour afficher chaque élément du tableau un à un, à chaque itération de la boucle.

Réponse 9

La fonction déclarée ci-dessous est une procédure PL/SQL qui déclare un type de tableau nommé `var_jours` avec une taille de sept éléments de type `NVARCHAR2(50)` pour stocker les noms des jours de la semaine. Elle crée ensuite une variable de tableau nommée `jours_semaine` initialisée avec les noms des jours de la semaine. La fonction crée également une variable de compteur nommée `var_cpt` initialisée à `0`, puis entre dans une boucle. La boucle incrémente la valeur de la variable de compteur de 1 à chaque itération, utilise la fonction `DBMS_OUTPUT.PUT_LINE` pour afficher l'élément correspondant dans le tableau `jours_semaine` à la position indiquée par la variable de compteur à chaque itération.

```
SET SERVEROUTPUT ON;
declare
type var_jours is varray(7) of NVARCHAR2(50);
jours_semaine var_jours;
var_cpt number(2) := 0;
begin
jours_semaine := var_jours('Lundi', 'Mardi', 'Mercredi', 'Jeudi',
'Vendredi', 'Samedi', 'Dimanche');
 loop
    var_cpt := var_cpt +1;
```

```
        DBMS_OUTPUT.PUT_LINE(jours_semaine(var_cpt));
    end loop;
  end;
  /
```

Question 10

Implémentez une fonction PL/SQL qui permet d'augmenter le salaire du salarié numéro 2 de 20 % et d'afficher son nouveau salaire.

Réponse 10a

Cette fonction PL/SQL crée ou remplace une procédure appelée `replaceaugsalarg` qui prend en entrée deux paramètres : `numsal` (un nombre entier qui représente le numéro de salarié) et **taux** (un nombre décimal qui représente le taux d'augmentation de salaire). La procédure déclare une variable `nouveau_sal` de type `salaires.salaire%type` qui va contenir le nouveau salaire.

La procédure utilise ensuite une instruction `update` pour mettre à jour le salaire du salarié correspondant à `numsal` en lui ajoutant "taux" pourcentage. Puis, la requête `select` permet de sélectionner le nouveau `salaire` dans la table salaries pour le salarié correspondant à **numsal** et de l'assigner à la variable `nouveau_sal`.

Enfin, la procédure utilise `DBMS_OUTPUT.PUT_LINE` pour afficher un message qui indique le nouveau salaire et le numéro de salarié concerné.

La dernière instruction `begin replaceaugsalarg(2,20); end;` permet d'appeler la procédure `replaceaugsalarg` avec les valeurs 2 pour `numsal` et `20` pour `taux`, ce qui va augmenter le salaire du salarié numéro 2 de 20 %.

```
SET SERVEROUTPUT ON;
create or replace procedure replaceaugsalarg (numsal number,
taux number)
is
    nouveau_sal salaries.salaire%type;
begin
    update salaries set salaire = salaire * (1+taux/100) where
numero_sal= numsal;
    select salaire into nouveau_sal from salaries where
numero_sal= numsal;
    DBMS_OUTPUT.PUT_LINE('le salaire : ' || nouveau_sal || '
est le nouveau salaire du salarié numéro '
     || numsal);
end;
/
         begin
             replaceaugsalarg(2,20);
        end;
/
```

Réponse 10b

Le réponse 10 peut aussi être celle représentée par le code ci-dessous :

```
SET SERVEROUTPUT ON;
create procedure augmentationsalaire
IS
Begin
    update salaries set salaire = salaire * 1.2 where numero_sal = 2;
        DBMS_OUTPUT.PUT_LINE('le salaire du salarié 2 a été augmenté');
END augmentationsalaire;
/
```

Ce code crée une procédure stockée en SQL appelée `augmentationsalaire`. La procédure utilise une instruction `UPDATE` pour augmenter de 20 % le salaire d'un employé dont l'ID est `2`. La colonne salaire de la table `salaries` sera mise à jour. Le code inclut également une instruction `DBMS_OUTPUT.PUT_LINE` qui affiche le message `le salaire du salarié 2 a été augmenté` une fois la mise à jour effectuée.

Question 11

Créez un enregistrement de type `client` qui contient des informations sur un client, telles que son nom et son adresse.

Réponse 11

- La première partie du code déclare un type d'enregistrement nommé `adresse` qui contient quatre champs : `adresse`, `ville`, `code_postal` et `pays`. Tous les champs sont de type `varchar2` sauf `code_postal` qui est de type `integer`.
- La seconde partie du code déclare un type d'enregistrement nommé `client` qui contient deux champs : `nom` et `adresse_client`. Le champ `nom` est de type `varchar2` et `adresse_client` est de type `adresse`, qui est le type d'enregistrement défini précédemment.
- La troisième partie du code déclare une variable nommée `mon_client` qui est de type `client`, c'est-à-dire qui contient les deux champs `nom` et `adresse_client`.
- La quatrième partie utilise des instructions `:=` pour assigner des valeurs à chaque champ de la variable `mon_client`, comme `mon_client.nom:= 'ZITOUT';` qui assigne la valeur `ZITOUT` au champ `nom` de `mon_client`. Il existe des instructions similaires pour assigner les valeurs aux autres champs.
- La cinquième partie du code utilise des instructions `DBMS_OUTPUT.PUT_LINE` pour afficher les informations contenues dans la variable `mon_client` sur la sortie standard. Une instruction permet d'afficher chaque champ séparément comme `DBMS_OUTPUT.PUT_LINE('Le nom du client est: ' || mon_client.nom );` et une instruction pour afficher tous les champs ensemble.

```
SET SERVEROUTPUT ON;
declare
type adresse is record (adresse varchar2(100),
                        ville varchar2(20),
                        code_postal integer(5),
                        pays varchar2 (30));
type client is record (nom varchar2(10),
                        adresse_client adresse);
mon_client client;
```

```
begin
mon_client.nom:='ZITOUT';
mon_client.adresse_client.adresse:='10 Avenue Général de Gaulle';
mon_client.adresse_client.code_postal:= '75002';
mon_client.adresse_client.ville:='Paris';
mon_client.adresse_client.pays:='France';
DBMS_OUTPUT.PUT_LINE('Le nom du client est: ' || mon_client.nom );
DBMS_OUTPUT.PUT_LINE('L''adresse du client est:
' || mon_client.adresse_client.adresse );
DBMS_OUTPUT.PUT_LINE('Le code postal du client est :
' || mon_client.adresse_client.code_postal );
DBMS_OUTPUT.PUT_LINE('La ville du client est:
' || mon_client.adresse_client.ville );
DBMS_OUTPUT.PUT_LINE('Le pays du client est:
' || mon_client.adresse_client.pays );
DBMS_OUTPUT.PUT_LINE('L''adresse complète du client:
' || mon_client.adresse_client.adresse
                                                 ||','||
mon_client.adresse_client.code_postal
                                                 ||',' ||
mon_client.adresse_client.ville
                                                 ||','||
mon_client.adresse_client.pays );
end;
/
```

Question 12

Définissez une structure de données (enregistrement) pour stocker des informations sur des employés puis affichez ces informations.

Réponse 12

- La première partie du code déclare un type d'enregistrement nommé `salarie` qui contient trois champs : `nom_sal`, `prenom_sal` et `fonction`. Tous les champs sont de type `varchar2`.
- La seconde partie du code déclare un type de tableau nommé `tableau_salarie` qui est un tableau d'enregistrements `salarie` et est indexé par un entier binaire.

- La troisième partie du code déclare une variable nommée `tab_salarie` qui est de type `tableau_salarie`.
- La quatrième partie utilise des instructions `:=` pour assigner des valeurs à chaque champ de la variable `tab_salarie`, comme `tab_salarie(0).nom_sal:= 'Hani';` qui assigne la valeur `Hani` au champ `nom_sal` de la première entrée du tableau `tab_salarie`. Des instructions similaires existent pour assigner les valeurs aux autres champs pour les entrées `0` et `8`.
- La cinquième partie du code utilise des instructions `DBMS_OUTPUT.PUT_LINE` pour afficher les informations contenues dans la variable `tab_salarie` sur la sortie standard.

```
set serveroutput on;
declare
type salarie is record (nom_sal varchar2(50), prenom_sal varchar2(50),
fonction varchar2(50));
type tableau_salarie is table of salarie not null index by BINARY_INTEGER;
tab_salarie tableau_salarie;

begin
tab_salarie(0).nom_sal:= 'Hani';
tab_salarie(0).prenom_sal:= 'ZITOUT';
tab_salarie(0).fonction:= 'chef';
tab_salarie(8).nom_sal:= 'Kobe';
tab_salarie(8).prenom_sal:= 'Bryant';
tab_salarie(8).fonction:= 'sous-chef';

DBMS_OUTPUT.PUT_LINE(tab_salarie(0).nom_sal ||','|| tab_salarie(0)
.prenom_sal ||','|| tab_salarie(0).fonction );
DBMS_OUTPUT.PUT_LINE(tab_salarie(8).nom_sal ||','|| tab_salarie(8)
.prenom_sal ||','|| tab_salarie(8).fonction );


end;
/
```

Chapitre 10
Composants Talend et leurs utilisations

1. Introduction

Dans ce chapitre entièrement dédié aux composants disponibles dans Talend, nous allons mettre en contexte l'utilisation de tous ou la plupart des composants Talend selon leur catégorie d'utilisation. Vous n'avez plus besoin de chercher ailleurs, vous avez tous les composants en main.

2. Les composants Talend

Les composants, dans cette section, sont répartis selon leur catégorie d'utilisation. Ils sont répartis en 19 catégories : Big Data, Business, Business Intelligence, Custom code, Data quality, DotNet, ELT, ESB, Fichiers, Internet, Logs_Errors, Messagerie, Divers, Orchestration, Traitement, Système, Technique, Non structurées et XML.

2.1 Big Data

`tBigQueryBulkExec` : transfère les données à Google BigQuery.

`tBigQueryInput` : effectue les requêtes prises en charge par Google BigQuery.

`tBigQueryOutput` : transfère les données fournies par le composant précédent à Google BigQuery.

`tBigQueryOutputBulk` : crée un fichier .txt ou .csv pour les données de grande taille afin que vous puissiez le traiter en fonction de vos besoins avant de le transférer vers Google BigQuery.

`tBigQuerySQLRow` : se connecte à Google BigQuery et effectue des requêtes pour sélectionner des données à partir de tables ligne par ligne ou pour créer ou supprimer des tables dans Google BigQuery.

`tGSBucketCreate` : crée un compartiment que vous pouvez utiliser pour organiser les données et contrôler l'accès aux données dans Google Cloud Storage.

`tGSBucketDelete` : supprime un compartiment vide dans Google Cloud Storage afin de libérer les ressources occupées.

`tGSBucketExist` : vérifie l'existence d'un compartiment dans Google Cloud Storage afin d'effectuer d'autres opérations.

`tGSBucketList` : récupère une liste de compartiments de tous les projets ou d'un projet spécifique dans Google Cloud Storage.

`tGSClose` : ferme une connexion active à Google Cloud Storage afin de libérer les ressources occupées.

`tGSConnection` : fournit les informations d'authentification pour effectuer des demandes au système Google Cloud Storage et permet la réutilisation de la connexion créée.

`tGSCopy` : copie ou déplace des objets dans un compartiment ou entre des compartiments dans Google Cloud Storage.

`tGSDelete` : supprime les objets qui correspondent aux critères spécifiés dans Google Cloud Storage afin de libérer les ressources occupées.

`tGSGet` : récupère les objets qui correspondent aux critères spécifiés à partir de Google Cloud Storage et les envoie dans un répertoire local.

`tGSList` : récupère une liste d'objets de Google Cloud Storage un par un.

`tGSPut` : télécharge les fichiers d'un répertoire local vers Google Cloud Storage afin que vous puissiez les gérer avec Google Cloud Storage.

`tHiveClose` : ferme la connexion à une base de données Hive.

`tHiveConnection` : établit une connexion Hive à réutiliser par d'autres composants Hive dans votre tâche.

`tHiveRow` : agit sur la structure réelle de la base de données ou sur les données sans gérer les données elles-mêmes, en fonction de la nature de la requête et de la base de données.

2.2 Business

`tBonitaDeploy` : déploie un processus Bonita spécifique sur un Bonita Runtime.

`tBonitaInstantiateProcessus` : démarre une instance pour un processus spécifique déployé dans un moteur Bonita Runtime.

`tJIRAInput` : récupère les informations de problème en fonction d'une requête JQL ou récupère les informations de projet en fonction d'un ID de projet spécifié à partir de JIRA.

`tJIRAOutput` : insère, met à jour ou supprime les informations de problème ou de projet dans JIRA.

`tLDAPAttributesInput` : analyse chaque objet trouvé via la requête LDAP et répertorie une collection d'attributs associés à l'objet.

`tLDAPClose` : déconnecte une connexion au serveur d'annuaire LDAP afin de libérer les ressources occupées.

`tLDAPConnection` : crée une connexion à un serveur d'annuaire LDAP.

`tLDAPInput` : permet de lire des données à partir d'un serveur LDAP. Il transmet la liste des champs obtenus au composant suivant en utilisant une connexion Row principale.

`tLDAPOutput` : permet d'écrire des données dans un serveur LDAP. Il transmet la liste des champs obtenus au composant suivant en utilisant une connexion Row principale.

tLDAPRenameEntry : renomme une ou plusieurs entrées dans un annuaire LDAP spécifique.

tMarketoBulkExec : importe des prospects ou des objets personnalisés dans Marketo à partir d'un fichier local en mode API REST.

tMarketoCampaign : récupère les enregistrements de campagne, l'activité et les données liées aux modifications de campagne de Marketo.

tMarketoConnection : ouvre une connexion à Marketo qui peut ensuite être réutilisée par d'autres composants Marketo.

tMarketoInput : récupère les enregistrements de prospects, l'historique des activités, les modifications de prospects et les données relatives aux objets personnalisés à partir de Marketo.

tMarketoListOperation : ajoute/supprime un ou plusieurs prospects vers/depuis une liste dans Marketo. En outre, il permet de vérifier l'existence d'un ou plusieurs prospects dans une liste dans Marketo.

tMarketoOutput : écrit des enregistrements de prospects ou des enregistrements d'objets personnalisés à partir du flux de données entrant dans Marketo.

tMicrosoftCrmInput : extrait les données d'une base de données Microsoft CRM en fonction de conditions définies sur des colonnes spécifiques.

tMicrosoftCrmOutput : écrit des données dans une base de données Microsoft CRM.

`tNetsuiteConnection` : crée une connexion au serveur SOAP NetSuite afin que les autres composants NetSuite de la tâche puissent réutiliser la connexion.

`tNetsuiteInput` : appelle le service SOAP NetSuite et récupère les données en fonction des conditions que vous spécifiez.

`tNetsuiteOutput` : appelle le service SOAP NetSuite et insère, met à jour ou supprime des données sur le serveur SOAP NetSuite.

`tSalesforceBulkExec` : charge en bloc les données d'un fichier donné dans un objet Salesforce.

`tSalesforceConnection` : ouvre une connexion à Salesforce.

`tSalesforceEinsteinOutputBulkExec` : permet un gain de performance lors des opérations de données vers Salesforce Analytics Cloud.

`tSalesforceGetDeleted` : collecte les données supprimées pendant une période spécifique d'un objet Salesforce.

`tSalesforceGetServerTimestamp` : récupère la date actuelle du serveur Salesforce présentée dans un format d'horodatage.

`tSalesforceGetUpdated` : collecte les données mises à jour au cours d'une période spécifique à partir d'un objet Salesforce.

`tSalesforceInput` : récupère les données d'un objet Salesforce en fonction d'une requête.

tSalesforceOutput : effectue des opérations d'insertion, de mise à jour, d'upsert (mise à jour ou insertion) ou de suppression de données dans un objet Salesforce.

tSalesforceOutputBulk : génère le fichier à traiter par le composant tSalesforceBulkExec pour le traitement en bloc.

tSalesforceOutputBulkExec : charge en bloc les données d'un fichier donné dans un objet Salesforce.

tServiceNowConnection : ouvre une connexion à une instance ServiceNow qui peut ensuite être réutilisée par d'autres composants ServiceNow.

tServiceNowInput : accède à ServiceNow et récupère les données de celui-ci.

tServiceNowOutput : effectue l'action définie sur les données dans ServiceNow.

2.3 Business Intelligence

tSplunkEventCollector : envoie les données d'événement à Splunk via Splunk HTTP Event Collector.

tBarChart : génère un graphique à barres à partir des données d'entrée pour faciliter l'analyse technique.

tDB2SCD : répond aux besoins de dimensions qui évoluent lentement. Il permet de lire régulièrement une source de données et d'enregistrer les modifications dans une table SCD (*Slowly Changing Dimension*) dédiée.

`tDB2SCDELT` : supprime les enregistrements obsolètes d'une table de dimension qui évolue lentement (SCD) dans une base de données DB2.

`tGreenplumSCD` : gère les dimensions qui évoluent lentement (SCD) dans une base de données Greenplum.

`tInformixSCD` : suit et affiche les modifications apportées aux tables dédiées Informix SCD.

`tJasperOutput` : crée un rapport dans des formats enrichis à l'aide de l'iReport de Jaspersoft.

`tJasperOutputExec` : crée un rapport dans des formats enrichis à l'aide de l'iReport de Jaspersoft et offre un gain de performance car il fonctionne comme une combinaison d'un composant d'entrée et d'un composant `tJasperOutput`.

`tJDBCSCDELT` : suit les modifications de données dans une table de base de données sources à l'aide de la méthode SCD (*Slowly Changing Dimensions*) de type 1 et/ou de la méthode de type 2 et écrit les données actuelles et historiques dans une table de dimensions SCD spécifiée.

`tLineChart` : lit les données d'un flux d'entrée et les transforme en graphique linéaire dans un fichier image PNG pour faciliter l'analyse technique.

`tMSSqlSCD` : suit et reflète les modifications dans une table SCD dédiée dans une base de données Microsoft SQL Server ou Azure SQL.

`tMysqlSCD` : reflète et suit les modifications dans une table SCD MySQL dédiée.

`tMysqlSCDELT` : reflète et suit les modifications dans une table SCD MySQL dédiée via des requêtes SQL.

`tNetezzaSCD` : reflète et suit les changements dans une table Netezza SCD dédiée.

`tOracleSCD` : reflète et suit les modifications dans une table Oracle SCD dédiée.

`tOracleSCDELT` : reflète et suit les modifications dans une table Oracle SCD dédiée via des requêtes SQL.

`tPostgresPlusSCD` : est spécifiquement conçu pour gérer les dimensions qui évoluent lentement (SCD) dans une base de données PostgreSQL Plus.

`tPostgresPlusSCDELT` : répond aux besoins de dimension qui changent lentement via des requêtes SQL (mode de traitement côté serveur) et consigne les modifications dans une table SCD PostgresPlus dédiée.

`tPostgresqlSCD` : gère les dimensions qui évoluent lentement (SCD) dans une base de données PostgreSQL.

`tPostgresqlSCDELT` : n'est pas un composant standard connu dans l'écosystème de Talend ou de PostgreSQL.

`tSybaseSCD` : implémente une logique de dimensionnement lent (*Slowly Changing Dimension* - SCD) dans un flux de données lorsqu'on travaille avec une base de données Sybase.

`tSybaseSCDELT` : répond aux besoins de dimension qui changent lentement par le biais de requêtes SQL (mode de traitement côté serveur) et consigne les modifications dans une table Sybase SCD dédiée.

`tTeradataSCD` : met en œuvre une logique de dimensionnement lent (*Slowly Changing Dimension* - SCD) dans un flux de données lorsqu'on travaille avec une base de données Teradata.

`tTeradataSCDELT` : répond aux besoins de dimension qui changent lentement via des requêtes SQL (mode de traitement côté serveur) et consigne les modifications dans une table Teradata SCD dédiée.

`tVerticaSCD` : suit et reflète les modifications de données dans une table Vertica SCD dédiée.

Cloud

`tAmazonAuroraClose` : ferme une connexion active à une instance de base de données Amazon Aurora pour libérer les ressources occupées.

`tAmazonAuroraCommit` : valide en une seule fois une transaction globale au lieu de le faire sur chaque ligne ou chaque lot, et fournit un gain de performance, à l'aide d'une connexion unique.

`tAmazonAuroraConnection` : ouvre une connexion à une instance de base de données Amazon Aurora qui peut ensuite être réutilisée par d'autres composants Amazon Aurora.

`tAmazonAuroraInput` : lit une base de données Amazon Aurora et extrait les champs en fonction d'une requête.

`tAmazonAuroraOutput` : écrit, met à jour, modifie ou supprime des entrées dans une base de données Amazon Aurora.

`tAmazonAuroraRollback` : annule toutes les modifications apportées à la base de données Amazon Aurora pour empêcher la validation partielle des transactions en cas d'erreur.

`tAmazonAuroraRow` : exécute des instructions de requête sur une table de base de données Amazon Aurora spécifiée.

`tAmazonEMRListInstances` : répertorie les détails sur les groupes d'instances d'un cluster sur Amazon EMR (*Elastic MapReduce*).

`tAmazonEMRManage` : lance ou termine un cluster sur Amazon EMR (*Elastic MapReduce*).

`tAmazonEMRResize` : ajoute ou redimensionne un groupe d'instances de tâches dans un cluster sur Amazon EMR (*Elastic MapReduce*).

`tAmazonMysqlClose` : ferme la transaction validée dans la base de données connectée.

`tAmazonMysqlCommit` : effectue une opération de validation et de confirmation (commit) des transactions dans une base de données MySQL hébergée sur la plateforme Amazon Web Services (AWS).

`tAmazonMysqlConnection` : établit une connexion à une base de données MySQL hébergée sur la plateforme Amazon Web Services (AWS). Ce composant permet d'accéder et de manipuler les données dans la base de données MySQL en utilisant les informations de connexion spécifiées.

`tAmazonMysqlInput` : lit une base de données et extrait les champs en fonction d'une requête.

`tAmazonMysqlOutput` : écrit, met à jour, modifie ou supprime des entrées dans une base de données.

`tAmazonMysqlRollback` : annule la validation de transaction dans la base de données connectée et évite de valider une partie d'une transaction involontairement.

`tAmazonMysqlRow` : exécute la requête SQL indiquée sur la base de données spécifiée.

`tAmazonOracleClose` : ferme la transaction validée dans la base de données connectée.

`tAmazonOracleCommit` : effectue une opération de validation et de confirmation (commit) des transactions dans une base de données Oracle hébergée sur la plateforme Amazon Web Services (AWS). Il permet de finaliser et d'appliquer les modifications effectuées dans la base de données Oracle.

`tAmazonOracleConnection` : établit une connexion à une base de données Oracle hébergée sur la plateforme Amazon Web Services (AWS). Il permet d'accéder et de manipuler les données dans la base de données Oracle en utilisant les informations de connexion spécifiées.

tAmazonOracleInput : récupère des données à partir d'une base de données Oracle hébergée sur la plateforme Amazon Web Services (AWS). Il permet de spécifier les requêtes SQL pour extraire les données souhaitées de la base de données Oracle et de les utiliser dans le flux de travail ultérieur pour effectuer des transformations ou d'autres opérations sur ces données.

tAmazonOracleOutput : insère ou met à jour des données dans une base de données Oracle hébergée sur la plateforme Amazon Web Services (AWS) à partir d'un flux de données.

tAmazonOracleRollback : annule les modifications effectuées dans une base de données Oracle hébergée sur la plateforme Amazon Web Services (AWS) en cas d'erreur ou d'interruption, permettant de restaurer l'état précédent de la base de données.

tAmazonOracleRow : exécute la requête SQL indiquée sur la base de données spécifiée.

tAmazonRedshiftManage : gère les clusters et les instantanés Amazon Redshift.

tAzureStorageConnection : utilise l'authentification et les informations de protocole pour créer une connexion au système de stockage Microsoft Azure qui peut ensuite être réutilisée par d'autres composants Azure Storage.

tAzureStorageContainerCreate : crée un conteneur de stockage utilisé pour contenir des objets BLOB Azure (*Binary Large Object*) pour un compte de stockage Azure donné.

tAzureStorageContainerDelete : automatise la suppression d'un conteneur d'objets blob donné de l'espace d'un compte de stockage spécifique.

 `tAzureStorageContainerExist` : automatise la vérification de l'existence ou non d'un conteneur d'objets blob donné dans un compte de stockage.

 `tAzureStorageContainerList` : répertorie tous les conteneurs d'un compte de stockage Azure donné.

 `tAzureStorageDelete` : supprime les objets blob d'un conteneur donné pour un compte de stockage Azure en fonction des filtres d'objets blob spécifiés.

 `tAzureStorageGet` : récupère des objets blob à partir d'un conteneur donné pour un compte de stockage Azure en fonction des filtres spécifiés appliqués à la hiérarchie virtuelle des objets blob, puis écrit les objets blob sélectionnés dans un dossier local.

 `tAzureStorageList` : répertorie les objets blob dans un conteneur donné en fonction des filtres d'objets blob spécifiés.

 `tAzureStoragePut` : télécharge des fichiers locaux dans un conteneur donné pour un compte de stockage Azure.

 `tAzureStorageQueueCreate` : crée une file d'attente sous un compte de stockage Azure donné.

 `tAzureStorageQueueDelete` : supprime définitivement une file d'attente spécifiée sous un compte de stockage Azure donné.

 `tAzureStorageQueueInput` : récupère un ou plusieurs messages à partir de l'avant d'une file d'attente Azure.

 `tAzureStorageQueueInputLoop` : exécute une boucle sans fin pour récupérer des messages à partir de l'avant d'une file d'attente Azure.

 `tAzureStorageQueueList` : renvoie toutes les files d'attente associées au compte de stockage Azure donné.

 `tAzureStorageQueueOutput` : ajoute des messages à l'arrière d'une file d'attente Azure.

 `tAzureStorageQueuePurge` : purge les messages dans une file d'attente Azure.

 `tAzureSynapseBulkExec` : charge les données dans une table Azure SQL Data Warehouse à partir d'Azure Blob Storage ou d'Azure Data Lake Storage.

 `tAzureSynapseClose` : ferme une connexion active à une base de données Azure SQL Data Warehouse.

 `tAzureSynapseCommit` : valide en une seule fois une transaction globale au lieu de le faire sur chaque ligne ou chaque lot et offre ainsi un gain de performance.

 `tAzureSynapseConnection` : ouvre une connexion à une base de données Azure SQL Data Warehouse.

 `tAzureSynapseInput` : lit les données et extrait les champs en fonction d'une requête à partir d'une base de données Azure SQL Data Warehouse.

`tAzureSynapseOutput` (ce composant a été nouvellement introduit dans la version 8 de Talend Open Studio) : écrit, met à jour, apporte des modifications ou supprime des entrées dans une base de données Azure SQL Data Warehouse.

`tAzureSynapseRollback` (ce composant a été nouvellement introduit dans la version 8 de Talend Open Studio) : annule la validation de transaction dans la base de données Azure SQL Data Warehouse connectée pour empêcher la validation partielle des transactions en cas d'erreur.

`tAzureSynapseRow` (ce composant a été nouvellement introduit dans la version 8 de Talend Open Studio) : exécute une requête SQL indiquée sur une base de données Azure SQL Data Warehouse.

`tBoxConnection` : crée une connexion Box que les autres composants Box peuvent réutiliser.

`tBoxCopy` : copie ou déplace un dossier ou un fichier donné à partir de Box.

`tBoxDelete` : supprime un dossier ou un fichier donné de Box.

`tBoxGet` : télécharge un fichier sélectionné à partir d'un compte Box.

`tBoxList` : répertorie les fichiers stockés dans un répertoire spécifié dans Box.

`tBoxPut` : télécharge des fichiers vers un compte Box.

`tCloudStart` : démarre les instances sur Amazon EC2 (*Elastic Compute Cloud*).

`tCloudStop` : modifie l'état d'une instance lancée sur Amazon EC2.

`tDropboxConnection` : crée une connexion Dropbox à un compte donné que les autres composants Dropbox peuvent réutiliser.

`tDropboxDelete` : supprime un dossier ou un fichier donné de Dropbox.

`tDropboxGet` : télécharge un fichier sélectionné à partir d'un compte Dropbox vers un répertoire local spécifié.

`tDropboxList` : répertorie les fichiers stockés dans un répertoire spécifié sur Dropbox.

`tDropboxPut` : télécharge des données vers Dropbox à partir d'un fichier local ou d'un flux de données en particulier.

`tGoogleDriveConnection` : ouvre une connexion Google Drive qui peut être réutilisée par d'autres composants Google Drive.

`tGoogleDriveCopy` : crée une copie d'un fichier/dossier dans Google Drive.

`tGoogleDriveCreate` : crée un dossier dans Google Drive.

`tGoogleDriveDelete` : supprime un fichier ou un dossier dans Google Drive.

`tGoogleDriveGet` : obtient le contenu d'un fichier et le télécharge dans un répertoire local.

`tGoogleDriveList` : répertorie tous les fichiers et/ou dossiers dans un dossier Google Drive spécifié, dans le domaine, y compris Shared Drive et My Drive, ainsi que tous les lecteurs partagés.

`tGoogleDrivePut` : télécharge les données d'un flux de données ou d'un fichier local vers Google Drive.

`tGSBucketCreate` : crée un compartiment que vous pouvez utiliser pour organiser les données et contrôler l'accès aux données dans Google Cloud Storage.

`tGSBucketDelete` : supprime un compartiment vide dans Google Cloud Storage afin de libérer les ressources occupées.

`tGSBucketExist` : vérifie l'existence d'un compartiment dans Google Cloud Storage afin d'effectuer d'autres opérations.

`tGSBucketList` : récupère une liste de compartiments de tous les projets ou d'un projet spécifique dans Google Cloud Storage.

`tGSClose` : ferme une connexion active à Google Cloud Storage afin de libérer les ressources occupées.

`tGSConnection` : fournit les informations d'authentification pour effectuer des demandes au système Google Cloud Storage et permet la réutilisation de la connexion créée.

`tGSCopy` : copie ou déplace des objets dans un compartiment ou entre des compartiments dans Google Cloud Storage.

`tGSDelete` : supprime les objets qui correspondent aux critères spécifiés dans Google Cloud Storage afin de libérer les ressources occupées.

`tGSGet` : récupère les objets qui correspondent aux critères spécifiés à partir de Google Cloud Storage et les envoie dans un répertoire local.

`tGSList` : récupère une liste d'objets de Google Cloud Storage un par un.

`tGSPut` : télécharge les fichiers d'un répertoire local vers Google Cloud Storage afin que vous puissiez les gérer avec Google Cloud Storage.

`tMarketoBulkExec` : importe des prospects ou des objets personnalisés dans Marketo à partir d'un fichier local en mode API REST.

`tMarketoCampaign` : récupère les enregistrements de campagne, l'activité et les données liées aux modifications de campagne de Marketo.

`tMarketoConnection` : ouvre une connexion à Marketo qui peut ensuite être réutilisée par d'autres composants Marketo.

`tMarketoInput` : récupère les enregistrements de prospects, l'historique des activités, les modifications de prospects et les données relatives aux objets personnalisés à partir de Marketo.

`tMarketoListOperation` : ajoute/supprime un ou plusieurs prospects vers/depuis une liste dans Marketo. En outre, il permet de vérifier l'existence d'un ou plusieurs prospects dans une liste dans Marketo.

`tMarketoOutput` : écrit des enregistrements de prospects ou des enregistrements d'objets personnalisés à partir du flux de données entrant dans Marketo.

`tNetsuiteConnection` : crée une connexion au serveur SOAP NetSuite afin que les autres composants NetSuite de la tâche puissent réutiliser la connexion.

`tNetsuiteInput` : appelle le service SOAP NetSuite et récupère les données en fonction des conditions que vous spécifiez.

`tNetsuiteOutput` : appelle le service SOAP NetSuite et insère, met à jour ou supprime des données sur le serveur SOAP NetSuite.

`tRedshiftBulkExec` : charge les données dans Amazon Redshift à partir d'Amazon S3, d'un cluster Amazon EMR, d'Amazon DynamoDB ou d'hôtes distants.

`tRedshiftClose` : ferme la transaction validée dans la base de données connectée.

`tRedshiftCommit` : offre un gain de performance.

`tRedshiftConnection` : établit une connexion à une base de données Redshift hébergée sur la plateforme Amazon Web Services (AWS) afin d'accéder et de manipuler les données dans la base de données Redshift.

`tRedshiftInput` : lit les données d'une base de données et extrait les champs en fonction d'une requête afin que vous puissiez appliquer des modifications aux données extraites.

`tRedshiftOutputBulk` : prépare un fichier délimité/CSV qui peut être utilisé par tRedshiftBulkExec pour alimenter Amazon Redshift.

`tRedshiftOutputBulkExec` : exécute l'action Insérer sur les données fournies.

`tRedshiftRollback` : annule la validation de transaction dans la base de données Redshift pour éviter de valider une partie d'une transaction involontairement.

`tRedshiftRow` : agit sur la structure réelle de la base de données ou sur les données (mais sans traiter les données), en fonction de la nature de la requête et de la base de données.

`tRedshiftUnload` : décharge les données sur Amazon Redshift dans des fichiers sur Amazon S3.

`tS3BucketCreate` : crée un compartiment sur Amazon S3.

`tS3BucketDelete` : supprime un compartiment vide d'Amazon S3.

`tS3BucketExist` : vérifie si le compartiment spécifié existe sur Amazon S3.

`tS3BucketList` : répertorie tous les compartiments sur Amazon S3.

`tS3Close` : arrête une connexion à Amazon S3, libérant ainsi les ressources réseau.

`tS3Connection` : établit une connexion à Amazon S3 pour stocker et récupérer des données.

`tS3Copy` : copie un objet Amazon S3 d'un compartiment source vers un compartiment de destination.

`tS3Delete` : supprime un fichier d'Amazon S3.

`tS3Get` : récupère un fichier à partir d'Amazon S3.

`tS3List` : répertorie les fichiers sur Amazon S3 en fonction des paramètres de préfixe de compartiment/fichier.

`tS3Put` : charge des données sur Amazon S3 à partir d'un fichier local ou de la mémoire cache via le mode de streaming.

`tSalesforceBulkExec` : charge en bloc les données d'un fichier donné dans un objet Salesforce.

`tSalesforceConnection` : ouvre une connexion à Salesforce.

`tSalesforceEinsteinBulkExec` : exécute des opérations d'écriture en masse vers Salesforce Einstein, permettant l'insertion ou la mise à jour de données en grands volumes dans Salesforce Einstein.

`tSalesforceEinsteinOutputBulkExec` : gains de performance lors des opérations de données vers Salesforce Analytics Cloud.

`tSalesforceGetDeleted` : collecte les données supprimées pendant une période spécifique d'un objet Salesforce.

`tSalesforceGetServerTimestamp` : récupère la date actuelle du serveur Salesforce présentée dans un format d'horodatage.

`tSalesforceGetUpdated` : collecte les données mises à jour au cours d'une période spécifique à partir d'un objet Salesforce.

`tSalesforceInput` : récupère les données d'un objet Salesforce en fonction d'une requête.

`tSalesforceOutput` : insère, met à jour, met à jour et insère ou supprime des données dans un objet Salesforce.

`tSalesforceOutputBulk` : génère le fichier à traiter par le composant `tSalesforceBulkExec` pour le traitement en bloc.

`tSalesforceOutputBulkExec` : charge en bloc les données d'un fichier donné dans un objet Salesforce.

`tServiceNowConnection` : ouvre une connexion à une instance ServiceNow qui peut ensuite être réutilisée par d'autres composants ServiceNow.

`tServiceNowInput` : accède à ServiceNow et récupère les données de celui-ci.

`tServiceNowOutput` : effectue l'action définie sur les données dans ServiceNow.

`tSnowflakeBulkExec` : charge les données des fichiers d'un dossier dans une table Snowflake. Le dossier peut se trouver dans une étape Snowflake interne, un compartiment Amazon Simple Storage Service (Amazon S3) ou un conteneur Azure.

`tSnowflakeClose` : ferme une connexion Snowflake active pour libérer les ressources occupées.

`tSnowflakeCommit` (ce composant a été nouvellement introduit dans la version 8 de Talend Open Studio) : offre un gain de performance.

`tSnowflakeConnection` : ouvre une connexion à Snowflake qui peut ensuite être réutilisée par d'autres composants Snowflake.

`tSnowflakeOutput` : utilise les données entrantes du composant précédent pour insérer, mettre à jour, réactiver ou supprimer des données dans une table Snowflake.

`tSnowflakeOutputBulk` : écrit les données entrantes dans les fichiers générés dans un dossier. Le dossier peut se trouver dans une étape Snowflake interne, un compartiment Amazon Simple Storage Service (Amazon S3) ou un conteneur Azure.

`tSnowflakeOutputBulkExec` : écrit les données entrantes dans les fichiers générés dans un dossier, puis charge les données dans une table de base de données Snowflake. Le dossier peut se trouver dans une étape Snowflake interne, un compartiment Amazon Simple Storage Service (Amazon S3) ou un conteneur Azure.

`tSnowflakeRollback` (ce composant a été nouvellement introduit dans la version 8 de Talend Open Studio) : annule la validation de transaction dans la base de données Snowflake pour éviter de valider involontairement une partie d'une transaction.

`tSnowflakeRow` : exécute la commande SQL indiquée sur une base de données Snowflake spécifiée.

`tSQSConnection` : ouvre une connexion à Amazon Simple Queue Service qui peut ensuite être réutilisée par d'autres composants SQS.

tSQSInput : récupère un ou plusieurs messages, avec une limite maximale de dix messages, à partir d'une file d'attente Amazon SQS (*Simple Queue Service*).

tSQSMessageChangeVisibility : modifie le délai de visibilité d'un message spécifié dans une file d'attente Amazon SQS.

tSQSMessageDelete : supprime un message spécifié d'une file d'attente Amazon SQS.

tSQSOutput : remet un ou plusieurs messages à une file d'attente Amazon SQS.

tSQSQueueAttributes : obtient les attributs d'une file d'attente Amazon SQS spécifiée.

tSQSQueueCreate : crée une file d'attente Amazon SQS.

tSQSQueueDelete : supprime une file d'attente Amazon SQS.

tSQSQueueList : itère et répertorie l'URL des files d'attente Amazon SQS (*Simple Queue Service*) dans une région spécifiée.

tSQSQueuePurge : purge les messages dans une file d'attente Amazon SQS.

2.4 Custom_Code

`tGroovy` : exécute du code Groovy, un langage de script puissant, dans un flux de travail, permettant ainsi d'effectuer des opérations complexes et personnalisées.

`tGroovyFile` : exécute du code Groovy à partir d'un fichier externe dans un flux de travail, offrant ainsi la flexibilité de stocker et d'exécuter des scripts Groovy à partir de sources externes.

`tJava` : étend les fonctionnalités d'une tâche à l'aide de commandes Java personnalisées.

`tJavaFlex` : fournit un éditeur de code Java qui permet d'entrer du code personnalisé afin de l'intégrer dans le programme.

`tJavaRow` : fournit un éditeur de code qui permet d'entrer le code Java à appliquer à chaque ligne du flux.

`tLibraryLoad` : charge les bibliothèques Java utilisables dans une tâche.

`tSetGlobalVar` : facilite le processus de définition des variables globales.

`tAccessBulkExec` : offre des gains de performance lors de l'exécution d'opérations d'insertion dans une base de données Access.

`tAccessClose` : ferme une connexion active à la base de données Access afin de libérer les ressources occupées.

tAccessCommit : valide en une seule fois une transaction globale au lieu de le faire sur chaque ligne ou chaque lot, et fournit un gain de performance, à l'aide d'une connexion unique.

tAccessConnection : établit une connexion à une base de données Access, permettant ainsi d'accéder et de manipuler les données contenues dans la base de données Access.

tAccessInput : lit une base de données et extrait les champs en fonction d'une requête.

tAccessOutput : écrit, met à jour, modifie ou supprime des entrées dans une base de données.

tAccessOutputBulk : prépare le fichier qui contient les données utilisées pour alimenter la base de données Access.

tAccessOutputBulkExec : exécute une action Insérer sur les données fournies, dans une base de données Access.

tAccessRollback : annule la validation de transaction dans la base de données connectée et évite de valider une partie d'une transaction involontairement.

tAccessRow : exécute la requête SQL indiquée sur la base de données spécifiée.

tAmazonAuroraClose : ferme une connexion active à une instance de base de données Amazon Aurora pour libérer les ressources occupées.

`tAmazonAuroraCommit` : valide en une seule fois une transaction globale au lieu de le faire sur chaque ligne ou chaque lot, et fournit un gain de performance, à l'aide d'une connexion unique.

`tAmazonAuroraConnection` : ouvre une connexion à une instance de base de données Amazon Aurora qui peut ensuite être réutilisée par d'autres composants Amazon Aurora.

`tAmazonAuroraInput` : lit une base de données Amazon Aurora et extrait les champs en fonction d'une requête.

`tAmazonAuroraOutput` : écrit, met à jour, modifie ou supprime des entrées dans une base de données Amazon Aurora.

`tAmazonAuroraRollback` : annule toutes les modifications apportées à la base de données Amazon Aurora pour empêcher la validation partielle des transactions en cas d'erreur.

`tAmazonAuroraRow` (ce composant a été nouvellement introduit dans la version 8 de Talend Open Studio) : exécute des instructions de requête sur une table de base de données Amazon Aurora spécifiée.

`tAmazonMysqlClose` : ferme la transaction validée dans la base de données connectée.

`tAmazonMysqlCommit` : valide en une seule fois une transaction globale au lieu de le faire sur chaque ligne ou chaque lot, et fournit un gain de performance, à l'aide d'une connexion unique.

tAmazonMysqlConnection : établit une connexion à une base de données MySQL hébergée sur la plateforme Amazon Web Services (AWS), permettant l'accès et la manipulation des données dans la base de données MySQL.

tAmazonMysqlInput : lit une base de données et extrait les champs en fonction d'une requête.

tAmazonMysqlOutput : écrit, met à jour, modifie ou supprime des entrées dans une base de données.

tAmazonMysqlRollback : annule la validation de transaction dans la base de données connectée et évite de valider une partie d'une transaction involontairement.

tAmazonMysqlRow : exécute la requête SQL indiquée sur la base de données spécifiée.

tAmazonOracleClose : ferme la transaction validée dans la base de données connectée.

tAmazonOracleCommit : valide en une seule fois une transaction globale au lieu de le faire sur chaque ligne ou chaque lot, et fournit un gain de performance, à l'aide d'une connexion unique.

tAmazonOracleConnection : établit une connexion à une base de données Oracle hébergée sur la plateforme Amazon Web Services (AWS), facilitant ainsi l'accès et la manipulation des données dans la base de données Oracle.

tAmazonOracleInput : lit une base de données et extrait les champs en fonction d'une requête.

tAmazonOracleOutput : écrit, met à jour, modifie ou supprime des entrées dans une base de données.

tAmazonOracleRollback : annule la validation de transaction dans la base de données connectée et évite de valider une partie d'une transaction involontairement.

tAmazonOracleRow : exécute la requête SQL indiquée sur la base de données spécifiée.

tAmazonRedshiftManage : gère les clusters et les instantanés Amazon Redshift.

tAS400Close : ferme la transaction validée dans la base de données connectée.

tAS400Commit : valide en une seule fois une transaction globale au lieu de le faire sur chaque ligne ou chaque lot, et fournit un gain de performance, à l'aide d'une connexion unique.

tAS400Connection : établit une connexion à un système AS/400 (aussi connu sous le nom d'IBM i) afin d'accéder et de manipuler les données dans cet environnement.

tAS400Input : lit une base de données et extrait les champs en fonction d'une requête.

tAS400LastInsertId : obtient la valeur de clé primaire de l'enregistrement qui a été inséré pour la dernière fois dans une table AS/400.

tAS400Output : écrit, met à jour, modifie ou supprime des entrées dans une base de données.

tAS400Rollback : annule la validation de transaction dans la base de données connectée et évite de valider une partie d'une transaction involontairement.

tAS400Row : exécute la requête SQL indiquée sur la base de données spécifiée.

tAzureSynapseBulkExec (ce composant a été nouvellement introduit dans la version 8 de Talend Open Studio) : charge les données dans une table Azure SQL Data Warehouse à partir d'Azure Blob Storage ou d'Azure Data Lake Storage.

tAzureSynapseClose (ce composant a été nouvellement introduit dans la version 8 de Talend Open Studio) : ferme une connexion active à une base de données Azure SQL Data Warehouse.

tAzureSynapseCommit (ce composant a été nouvellement introduit dans la version 8 de Talend Open Studio) : valide en une seule fois une transaction globale au lieu de le faire sur chaque ligne ou chaque lot et offre ainsi un gain de performance.

tAzureSynapseConnection (ce composant a été nouvellement introduit dans la version 8 de Talend Open Studio) : ouvre une connexion à une base de données Azure SQL Data Warehouse.

tAzureSynapseInput (ce composant a été nouvellement introduit dans la version 8 de Talend Open Studio) : lit les données et extrait les champs en fonction d'une requête à partir d'une base de données Azure SQL Data Warehouse.

`tAzureSynapseOutput` (ce composant a été nouvellement introduit dans la version 8 de Talend Open Studio) : écrit, met à jour, apporte des modifications ou supprime des entrées dans une base de données Azure SQL Data Warehouse.

`tAzureSynapseRollback` (ce composant a été nouvellement introduit dans la version 8 de Talend Open Studio) : annule la validation de transaction dans la base de données Azure SQL Data Warehouse connectée pour empêcher la validation partielle des transactions en cas d'erreur.

`tAzureSynapseRow` (ce composant a été nouvellement introduit dans la version 8 de Talend Open Studio) : exécute une requête SQL indiquée sur une base de données Azure SQL Data Warehouse.

`tCreateTable` : crée une table pour un type spécifique de base de données.

`tDB2BulkExec` : exécute l'action Insérer sur les données fournies et gagne en performance pendant les opérations d'insertion dans une base de données DB2.

`tDB2Close` : ferme une transaction validée dans la base de données connectée.

`tDB2Commit` : valide en une seule fois une transaction globale au lieu de le faire sur chaque ligne ou chaque lot et offre ainsi un gain de performance.

`tDB2Connection` : établit une connexion à une base de données DB2, permettant ainsi l'accès et la manipulation des données dans la base de données DB2.

`tDB2Input` : exécute une requête de base de données avec un ordre strictement défini qui doit correspondre à la définition du schéma. Ensuite, `tDB2Input` transmet la liste des champs au composant suivant via une ligne de type row (lien principal).

`tDB2Output` : exécute l'action définie sur la table et/ou sur les données contenues dans la table, en fonction du flux entrant du composant précédent dans la tâche.

`tDB2Rollback` : évite de valider une partie d'une transaction involontairement.

`tDB2Row` : agit sur la structure réelle de la base de données ou sur les données (mais sans traiter les données) en fonction de la nature de la requête et de la base de données. L'outil SQLBuilder vous aide à écrire facilement vos instructions SQL.

`tDB2SCD` : répond aux besoins de Dimension qui changent lentement, en lisant régulièrement une source de données et en enregistrant les modifications dans une table SCD dédiée.

`tDB2SCDELT` : répond aux besoins de dimension qui changent lentement via des requêtes SQL (mode de traitement côté serveur) et consigne les modifications dans une table DB2 SCD dédiée.

`tDB2SP` : offre un moyen pratique d'appeler les procédures stockées de la base de données.

`tDBBulkExec` : offre des gains de performance lors de l'exécution des opérations d'insertion sur une base de données.

tDBClose : ferme la transaction validée dans une base de données connectée.

tDBColumnList : itère sur toutes les colonnes d'une table de base de données en particulier et répertorie les noms de colonnes.

tDBCommit : valide les données traitées via la tâche dans la base de données connectée.

tDBConnection : ouvre une connexion à une base de données à réutiliser dans le ou les sous-travaux suivants.

tDBInput : extrait les données d'une base de données.

tDBLastInsertId : obtient la valeur de clé primaire de l'enregistrement qui a été inséré pour la dernière fois dans une table de base de données par un utilisateur.

tDBOutput : écrit, met à jour, modifie ou supprime des entrées dans une base de données.

tDBOutputBulk : écrit un fichier comportant des colonnes en fonction du délimiteur défini et des normes du type de base de données sélectionné.

tDBOutputBulkExec : exécute l'action Insérer dans une base de données.

tDBRollback : annule la validation de transaction dans une base de données connectée pour éviter de valider involontairement une partie d'une transaction.

tDBRow : exécute la requête SQL indiquée sur une base de données.

tDBSCD : reflète et suit les modifications dans une table SCD de base de données dédiée.

tDBSCDELT : reflète et suit les modifications dans une table SCD dédiée via des requêtes SQL.

tDBSP : appelle une procédure stockée de base de données.

tDBSQLRow : agit sur la structure réelle de la base de données ou sur les données (mais sans traiter les données) en fonction de la nature de la requête et de la base de données. L'outil SQLBuilder vous aide à écrire facilement vos instructions SQL.

tDBTableList : répertorie les noms des tables de base de données spécifiées à l'aide d'une instruction SELECT basée sur une clause WHERE.

tExasolBulkExec (ce composant a été nouvellement introduit dans la version 8 de Talend Open Studio) : importe rapidement des données dans une table de base de données EXASolution à l'aide de la commande IMPORT fournie par la base de données EXASolution.

tExasolClose (ce composant a été nouvellement introduit dans la version 8 de Talend Open Studio) : ferme une connexion active à une instance de base de données EXASolution pour libérer les ressources occupées.

tExasolCommit (ce composant a été nouvellement introduit dans la version 8 de Talend Open Studio) : valide les données traitées via la tâche dans la base de données EXASolution connectée.

`tExasolConnection` (ce composant a été nouvellement introduit dans la version 8 de Talend Open Studio) : ouvre une connexion à une instance de base de données EXASolution qui peut ensuite être réutilisée par d'autres composants EXASolution.

`tExasolInput` (ce composant a été nouvellement introduit dans la version 8 de Talend Open Studio) : récupère les données d'une base de données EXASolution sur la base d'une requête avec un ordre strictement défini qui correspond à la définition du schéma et transmet les données au composant suivant.

`tExasolOutput` (ce composant a été nouvellement introduit dans la version 8 de Talend Open Studio) : écrit, met à jour, modifie ou supprime des données dans une base de données EXASolution en exécutant l'action définie sur la table et/ou sur les données de la table, en fonction du flux entrant du composant précédent.

`tExasolRollback` (ce composant a été nouvellement introduit dans la version 8 de Talend Open Studio) : annule la validation de transaction dans la base de données EXASolution connectée.

`tExasolRow` (ce composant a été nouvellement introduit dans la version 8 de Talend Open Studio) : exécute des requêtes SQL sur une base de données EXASolution.

`tFirebirdClose` : ferme une transaction avec une base de données Firebird.

`tFirebirdCommit` : valide une transaction globale au lieu de le faire sur chaque ligne ou chaque lot, offrant ainsi un gain de performance.

tFirebirdConnection : établit une connexion à une base de données Firebird dans le langage de programmation Talend.

tFirebirdInput : exécute une requête de base de données sur une base de données Firebird avec un ordre strictement défini qui doit correspondre à la définition du schéma, puis transmet la liste des champs au composant suivant via un lien de ligne principale.

tFirebirdOutput : exécute l'action définie sur la table d'une base de données Firebird et/ou sur les données contenues dans la table, en fonction du flux entrant du composant précédent dans la tâche.

tFirebirdRollback : annule la transaction validée dans la base de données Firebird connectée.

tFirebirdRow : exécute la requête SQL indiquée sur la base de données Firebird spécifiée.

tGreenplumBulkExec : améliore les performances lors du chargement de données dans une base de données Greenplum.

tGreenplumClose : ferme une connexion à la base de données Greenplum.

tGreenplumCommit : valide la transaction globale en une seule fois au lieu de répéter l'opération pour chaque ligne ou chaque lot et offre ainsi un gain de performance.

tGreenplumConnection : établit une connexion à une base de données Greenplum dans le langage de programmation Talend.

`tGreenplumGPLoad` : charge en bloc des données dans une table Greenplum à partir d'un fichier de données existant, d'un flux d'entrée ou directement à partir d'un flux de données en mode streaming via un canal nommé.

`tGreenplumInput` : lit une base de données et extrait les champs en fonction d'une requête.

`tGreenplumOutput` : exécute l'action définie sur la table et/ou sur les données d'une table, en fonction du flux d'entrée du composant précédent.

`tGreenplumOutputBulk` : formate le fichier afin qu'il puisse être utilisé comme paramètre dans une requête INSERT, permettant ainsi d'importer les données dans la base de données Greenplum.

`tGreenplumOutputBulkExec` : offre des gains de performance lors des opérations d'insertion dans une base de données Greenplum.

`tGreenplumRollback` : évite de valider une partie d'une transaction involontairement.

`tGreenplumRow` : agit sur la structure réelle de la base de données ou sur les données (mais sans traiter les données), en fonction de la nature de la requête et de la base de données.

`tGreenplumSCD` : répond aux besoins de dimension qui changent lentement, en lisant régulièrement une source de données et en enregistrant les modifications dans une table SCD dédiée.

`tHiveClose` : ferme la connexion à une base de données Hive.

tHiveConnection : établit une connexion Hive à réutiliser par d'autres composants Hive dans votre tâche.

tHiveRow : agit sur la structure réelle de la base de données ou sur les données sans gérer les données elles-mêmes, en fonction de la nature de la requête et de la base de données.

tHSQLDbInput : exécute une requête de base de données avec un ordre strictement défini qui doit correspondre à la définition du schéma, puis transmet la liste des champs au composant suivant via un lien de ligne principale.

tHSQLDbOutput : exécute l'action définie sur la table et/ou sur les données contenues dans la table, en fonction du flux entrant du composant précédent dans la tâche.

tHSQLDbRow : agit sur la structure réelle de la base de données ou sur les données (mais sans traiter les données), en fonction de la nature de la requête et de la base de données.

tInformixBulkExec : exécute des opérations d'insertion dans les bases de données Informix.

tInformixClose : ferme la connexion aux bases de données Informix.

tInformixCommit : effectue une validation globale une seule fois au lieu de valider chaque ligne ou lot de lignes séparément.

tInformixConnection : établit une connexion à une base de données Informix, facilitant ainsi l'accès et la manipulation des données dans cette base de données.

`tInformixInput` : lit une base de données et extrait les champs en fonction d'une requête.

`tInformixOutput` : exécute l'action définie sur la table et/ou sur les données contenues dans la table, en fonction du flux entrant du composant précédent dans la tâche.

`tInformixOutputBulk` : formate le fichier de manière à ce qu'il puisse être utilisé comme paramètre dans une requête INSERT, permettant ainsi d'importer les données dans les bases de données Informix.

`tInformixOutputBulkExec` : effectue des opérations d'insertion dans les bases de données Informix en utilisant les données fournies.

`tInformixRollback` : empêche les validations de transactions involontaires en annulant des transactions dans des bases de données connectées.

`tInformixRow` : agit sur la structure réelle de la base de données ou sur les données (mais sans manipuler les données) grâce au SQLBuilder qui vous aide à écrire facilement vos instructions SQL.

`tInformixSCD` : suit et affiche les modifications apportées aux tables dédiées Informix SCD.

`tInformixSP` : centralise et appelle des requêtes multiples et complexes dans une base de données.

`tJavaDBInput` : lit une base de données et extrait les champs en fonction d'une requête.

tJavaDBOutput : exécute l'action définie sur la table et/ou sur les données contenues dans la table, en fonction du flux entrant du composant précédent dans la tâche.

tJavaDBRow : agit sur la structure réelle de la base de données ou sur les données (mais sans manipuler les données) à l'aide de l'outil SQLBuilder pour écrire facilement vos instructions SQL.

tJDBCClose : ferme une connexion JDBC active pour libérer les ressources occupées.

tJDBCColumnList : répertorie tous les noms de colonnes d'une table JDBC donnée.

tJDBCCommit : valide en une seule fois une transaction globale au lieu de le faire sur chaque ligne ou chaque lot, offrant ainsi un gain de performance.

tJDBCConnection : établit une connexion à une base de données via le pilote JDBC, permettant ainsi l'accès et la manipulation des données dans la base de données correspondante.

tJDBCInput : lit n'importe quelle base de données à l'aide d'une connexion API JDBC et extrait les champs en fonction d'une requête.

tJDBCOutput : exécute l'action définie sur les données contenues dans la table, en fonction du flux entrant du composant précédent dans la tâche.

tJDBCRollback : évite de valider accidentellement une partie d'une transaction en annulant la transaction validée dans la base de données connectée.

`tJDBCRow` : agit sur la structure réelle de la base de données ou sur les données (mais sans gérer les données) à l'aide de l'outil SQLBuilder pour écrire facilement vos instructions SQL.

`tJDBCSCDELT` : suit les modifications de données dans une table de base de données sources à l'aide de la méthode SCD (*Slowly Changing Dimensions*) de type 1 et/ou de la méthode de type 2 et écrit les données actuelles et historiques dans une table de dimension SCD spécifiée.

`tJDBCSP` : centralise les requêtes multiples ou complexes dans une base de données afin de les appeler facilement.

`tJDBCTableList` : répertorie les noms d'un ensemble donné de tables JDBC à l'aide d'une instruction `SELECT` basée sur une clause `WHERE`.

`tMaxDBInput` : lit une base de données et extrait les champs en fonction d'une requête.

`tMaxDBOutput` : écrit, met à jour, modifie ou supprime des entrées dans une base de données.

`tMaxDBRow` : agit sur la structure réelle de la base de données ou sur les données (mais sans traiter les données), en fonction de la nature de la requête et de la base de données.

`tMSSqlBulkExec` : offre des gains de performance lors de l'exécution des opérations d'insertion dans une base de données Microsoft SQL Server.

`tMSSqlClose` : ferme une transaction dans les bases de données MSSql.

`tMSSqlColumnList` : répertorie tous les noms de colonnes d'une table MSSql donnée.

`tMSSqlCommit` : valide en une seule fois, en utilisant une connexion unique, une transaction globale au lieu de le faire sur chaque ligne ou chaque lot, offrant ainsi un gain de performance.

`tMSSqlConnection` : établit une connexion à une base de données Microsoft SQL Server, permettant ainsi l'accès et la manipulation des données dans cette base de données.

`tMSSqlInput` : exécute une requête de base de données avec un ordre strictement défini qui doit correspondre à la définition du schéma.

`tMSSqlLastInsertId` : récupère les dernières clés primaires ajoutées par un utilisateur à une table MSSql.

`tMSSqlOutput` : exécute l'action définie sur la table et/ou sur les données contenues dans la table, en fonction du flux entrant du composant précédent dans la tâche.

`tMSSqlOutputBulk` : formate le fichier de manière à ce qu'il puisse être utilisé comme paramètre dans une requête INSERT, permettant ainsi d'importer les données dans la base de données MSSql..

`tMSSqlOutputBulkExec` : offre un gain de performance lors des opérations d'insertion dans une base de données Microsoft SQL Server.

`tMSSqlRollback` : annule la validation de transaction dans la base de données MSSql et évite ainsi de valider involontairement une partie d'une transaction.

`tMSSqlRow` : agit sur la structure réelle de la base de données ou sur les données (mais sans traiter les données).

`tMSSqlSCD` : suit et reflète les modifications dans une table SCD dédiée dans une base de données Microsoft SQL Server ou Azure SQL.

`tMSSqlSP` : offre un moyen pratique de centraliser des requêtes multiples ou complexes dans une base de données et de les nommer facilement.

`tMSSqlTableList` : répertorie les noms d'un ensemble donné de tables MSSql à l'aide d'une instruction `SELECT` basée sur une clause `WHERE`.

`tMysqlBulkExec` : offre un gain de performance lors de l'exécution des opérations d'insertion sur une base de données MySQL ou Aurora.

`tMysqlClose` : ferme la transaction validée dans une base de données MySQL.

`tMysqlColumnList` : itère sur toutes les colonnes d'une table MySQL donnée et répertorie les noms de colonnes.

`tMysqlCommit` : valide en une seule fois, en utilisant une connexion unique, une transaction globale au lieu de le faire sur chaque ligne ou chaque lot, offrant ainsi un gain de performance.

`tMysqlConnection` : ouvre une connexion à la base de données MySQL spécifiée pour la réutiliser dans le ou les sous-travaux suivants.

`tMysqlInput` : exécute une requête de base de données avec un ordre strictement défini qui doit correspondre à la définition du schéma.

`tMysqlLastInsertId` : obtient la valeur de clé primaire de l'enregistrement qui a été inséré pour la dernière fois dans une table Mysql par un utilisateur.

`tMysqlOutput` : écrit, met à jour, modifie ou supprime des entrées dans une base de données.

`tMysqlOutputBulk` : écrit un fichier avec des colonnes basées sur le délimiteur défini et les normes MySQL et Aurora.

`tMysqlOutputBulkExec` : exécute l'action en entrée dans la base de données spécifiée MySQL ou Aurora.

`tMysqlRollback` : annule la validation de transaction dans la base de données MySQL connectée pour éviter de valider involontairement une partie d'une transaction.

`tMysqlRow` : exécute la requête SQL indiquée sur la base de données MySQL spécifiée.

`tMysqlSCD` : reflète et suit les modifications dans une table SCD MySQL dédiée.

`tMysqlSCDELT` : reflète et suit les modifications dans une table SCD MySQL dédiée via des requêtes SQL.

`tMysqlSP` : appelle une procédure stockée de base de données MySQL.

`tMysqlTableList` : répertorie les noms d'un ensemble donné de tables MySQL à l'aide d'une instruction `SELECT` basée sur une clause `WHERE`.

`tNetezzaBulkExec` : offre un gain de performance lors de l'exécution des opérations d'insertion dans une base de données Netezza.

`tNetezzaClose` : ferme la transaction validée dans la base de données Netezza connectée.

`tNetezzaCommit` : valide les données traitées via le job dans la base de données Netezza connectée.

`tNetezzaConnection` : ouvre une connexion à une base de données Netezza à réutiliser dans le ou les sous-travaux suivants.

`tNetezzaInput` : lit une base de données et extrait les champs d'une base de données Netezza en fonction d'une requête.

`tNetezzaNzLoad` : insère des données dans une table de base de données Netezza à l'aide de l'utilitaire nzload de Netezza.

`tNetezzaOutput` : écrit, met à jour, modifie ou supprime des entrées dans une base de données Netezza.

`tNetezzaRollback` : annule la transaction validée dans la base de données Netezza connectée pour éviter de valider une partie d'une transaction involontairement.

`tNetezzaRow` : exécute la requête SQL indiquée sur la base de données Netezza spécifiée.

`tNetezzaSCD` : reflète et suit les changements dans une table Netezza SCD dédiée.

`tOracleBulkExec` : offre un gain de performance lors des opérations effectuées sur les données d'une base de données Oracle.

`tOracleClose` : ferme la transaction validée dans la base de données Oracle connectée.

`tOracleCommit` : valide les données traitées via la tâche dans la base de données Oracle connectée.

`tOracleConnection` : ouvre une connexion à la base de données Oracle spécifiée pour la réutiliser dans le ou les sous-travaux suivants.

`tOracleInput` : lit une base de données Oracle et extrait les champs en fonction d'une requête.

`tOracleOutput` : écrit, met à jour, modifie ou supprime des entrées dans une base de données Oracle.

`tOracleOutputBulk` : écrit un fichier avec des colonnes basées sur le délimiteur défini et les normes Oracle.

`tOracleOutputBulkExec` : exécute l'action Insérer dans la base de données Oracle spécifiée.

`tOracleRollback` : annule la validation de transaction dans la base de données Oracle connectée pour éviter de valider involontairement une partie d'une transaction.

`tOracleRow` : exécute la requête SQL indiquée sur la base de données Oracle spécifiée.

`tOracleSCD` : reflète et suit les modifications dans une table Oracle SCD dédiée.

`tOracleSCDELT` : reflète et suit les modifications dans une table Oracle SCD dédiée via des requêtes SQL.

`tOracleSP` : appelle une procédure stockée de base de données Oracle.

`tOracleTableList` : répertorie les noms des tables Oracle spécifiées à l'aide d'une instruction `SELECT` basée sur une clause `WHERE`.

`tParseRecordSet` : analyse un jeu d'enregistrements plutôt que des enregistrements individuels à partir d'une table.

`tPostgresPlusBulkExec` : améliore les performances lors des opérations d'insertion dans une base de données DB2.

`tPostgresPlusClose` : ferme la transaction validée dans la base de données PostgresPlus connectée.

`tPostgresPlusCommit` : valide en une seule fois une transaction globale, en utilisant une connexion unique, au lieu de le faire sur chaque ligne ou chaque lot et améliore ainsi les performances.

`tPostgresPlusConnection` : établit une connexion à une base de données PostgreSQL Plus, permettant ainsi l'accès et la manipulation des données dans cette base de données spécifique.

`tPostgresPlusOutputBulk` : formate le fichier de manière à ce qu'il puisse être utilisé comme paramètre dans une requête `INSERT`, facilitant ainsi l'importation des données dans la base de données PostgresPlus.

tPostgresPlusOutputBulkExec : améliore les performances lors des opérations d'insertion dans une base de données PostgresPlus.

tPostgresPlusRollback : évite de valider une partie d'une transaction involontairement.

tPostgresPlusRow : agit sur la structure réelle de la base de données ou sur les données (mais sans traiter les données), en fonction de la nature de la requête et de la base de données. L'outil SQLBuilder vous aide à écrire facilement vos instructions SQL.

tPostgresPlusSCD : répond aux besoins de Dimension qui changent lentement, en lisant régulièrement une source de données et en enregistrant les modifications dans une table SCD dédiée.

tPostgresPlusSCDELT : répond aux besoins de dimension qui changent lentement via des requêtes SQL (mode de traitement côté serveur) et consigne les modifications dans une table SCD PostgresPlus dédiée.

tPostgresqlBulkExec : améliore les performances lors de l'exécution des opérations d'insertion dans une base de données PostgreSQL.

tPostgresqlClose : ferme la transaction validée dans la base de données Postgresql connectée.

tPostgresqlCommit : valide en une seule fois une transaction globale, en utilisant une connexion unique, au lieu de le faire sur chaque ligne ou chaque lot, améliorant ainsi les performances.

tPostgresqlConnection : établit une connexion à une base de données PostgreSQL, permettant ainsi l'accès et la manipulation des données dans cette base de données spécifique.

`tPostgresqlInput` : exécute une requête de base de données avec un ordre strictement défini qui doit correspondre à la définition du schéma. Il transmet ensuite la liste des champs au composant suivant via un lien de ligne principale.

`tPostgresqlOutput` : exécute l'action définie sur la table et/ou sur les données contenues dans la table, en fonction du flux entrant du composant précédent dans la tâche.

`tPostgresqlOutputBulk` : formate le fichier de manière à ce qu'il puisse être utilisé comme paramètre dans une requête `INSERT`, facilitant ainsi l'importation des données dans la base de données PostgreSQL.

`tPostgresqlOutputBulkExec` : améliore les performances lors des opérations d'insertion dans une base de données PostgreSQL.

`tPostgresqlRollback` : évite de valider une partie d'une transaction involontairement.

`tPostgresqlRow` : agit sur la structure réelle de la base de données ou sur les données (mais sans traiter les données), en fonction de la nature de la requête et de la base de données. L'outil SQLBuilder vous aide à écrire facilement vos instructions SQL.

`tPostgresqlSCD` : répond aux besoins de Dimension qui changent lentement, en lisant régulièrement une source de données et en enregistrant les modifications dans une table SCD dédiée.

`tPostgresqlSCDELT` : répond aux besoins de dimension qui changent lentement via des requêtes SQL (mode de traitement côté serveur) et consigne les modifications dans une table DB2 SCD dédiée.

`tRedshiftBulkExec` : charge les données dans Amazon Redshift à partir d'Amazon S3, d'un cluster Amazon EMR, d'Amazon DynamoDB ou d'hôtes distants.

`tRedshiftClose` : ferme la transaction validée dans la base de données connectée.

`tRedshiftCommit` : offre un gain de performance.

`tRedshiftConnection` : établit une connexion à une base de données Redshift, permettant ainsi l'accès et la manipulation des données dans cette base de données spécifique.

`tRedshiftInput` : lit les données d'une base de données et extrait les champs en fonction d'une requête afin que vous puissiez appliquer des modifications aux données extraites.

`tRedshiftOutput` : écrit, met à jour, modifie ou supprime les données d'une base de données.

`tRedshiftOutputBulk` : prépare un fichier délimité/CSV qui peut être utilisé par `tRedshiftBulkExec` pour alimenter Amazon Redshift.

`tRedshiftOutputBulkExec` : exécute l'action Insérer sur les données fournies.

`tRedshiftRollback` : annule la validation de transaction dans la base de données Redshift pour éviter de valider une partie d'une transaction involontairement.

tRedshiftRow : agit sur la structure réelle de la base de données ou sur les données (mais sans traiter les données), en fonction de la nature de la requête et de la base de données.

tRedshiftUnload : extrait les données depuis Amazon Redshift et les déposer dans des fichiers sur Amazon S3.

tSnowflakeInput : lit les données d'une table Snowflake dans le flux de données de votre tâche en fonction d'une requête SQL.

tSQLiteClose : ferme une transaction validée dans la base de données connectée.

tSQLiteCommit : valide en une seule fois, en utilisant une connexion unique, une transaction globale au lieu de le faire sur chaque ligne ou chaque lot, offrant ainsi un gain de performance.

tSQLiteConnection : ouvre une connexion à la base de données pour une transaction en cours.

tSQLiteInput : exécute une requête de base de données avec une commande définie qui doit correspondre à la définition du schéma. Il transmet les lignes au composant suivant via un lien de ligne principale.

tSQLiteOutput : exécute l'action définie sur la table et/ou sur les données contenues dans la table, en fonction du flux entrant du composant précédent dans la tâche.

tSQLiteRollback : annule la transaction validée dans la base de données SQLite.

`tSQLiteRow` : exécute la requête définie sur la base de données spécifiée et utilise les paramètres liés à la colonne.

`tSybaseBulkExec` : permet un gain de performance lors des opérations d'insertion dans une base de données Sybase.

`tSybaseClose` : ferme une transaction validée dans la base de données connectée.

`tSybaseCommit` : valide en une seule fois, en utilisant une connexion unique, une transaction globale au lieu de le faire sur chaque ligne ou chaque lot, offrant ainsi un gain de performance.

`tSybaseConnection` : ouvre une connexion à la base de données pour une transaction en cours.

`tSybaseInput` : exécute une requête de base de données avec un ordre strictement défini qui doit correspondre à la définition du schéma.

`tSybaseIQBulkExec` : charge des données dans une table de base de données Sybase à partir d'un fichier plat ou d'une autre table de base de données.

`tSybaseIQOutputBulkExec` : permet un gain de performance lors des opérations d'insertion dans une base de données Sybase IQ.

`tSybaseOutput` : exécute l'action définie sur la table et/ou sur les données contenues dans la table, en fonction du flux entrant du composant précédent dans la tâche.

`tSybaseOutputBulk` : prépare le fichier dont les données seront utilisées comme paramètres dans la requête `INSERT` pour alimenter la base de données Sybase.

`tSybaseOutputBulkExec` : permet un gain de performance lors des opérations d'insertion dans une base de données Sybase.

`tSybaseRollback` : annule la transaction validée dans la base de données Sybase.

`tSybaseRow` : agit sur la structure réelle de la base de données ou sur les données (mais sans traiter les données).

`tSybaseSCD` : répond aux besoins de dimension qui changent lentement, en lisant régulièrement une source de données et en enregistrant les modifications dans une table SCD dédiée.

`tSybaseSCDELT` : répond aux besoins de dimension qui changent lentement par le biais de requêtes SQL (mode de traitement côté serveur) et consigne les modifications dans une table Sybase SCD dédiée.

`tSybaseSP` : appelle une procédure stockée de base de données Sybase.

`tTeradataClose` : ferme la transaction validée dans la base de données connectée.

`tTeradataCommit` : valide en une seule fois, en utilisant une connexion unique, une transaction globale au lieu de le faire sur chaque ligne ou chaque lot, offrant ainsi un gain de performance.

`tTeradataConnection` : établit une connexion à une base de données Teradata, permettant ainsi l'accès et la manipulation des données dans cette base de données spécifique.

`tTeradataFastExport` : exporte les lots de données d'une table Teradata vers un système client ou vers une base de données plus petite.

`tTeradataFastLoad` : charge rapidement de grandes quantités de données dans une base de données Teradata en utilisant le mécanisme de chargement rapide (FastLoad) spécifique à Teradata.

`tTeradataFastLoadUtility` : exécute une requête de base de données selon un ordre strict qui doit être le même que celui du schéma.

`tTeradataInput` : extrait les données à partir d'une base de données Teradata dans un flux de données, permettant ainsi leur utilisation et leur traitement ultérieurs dans un flux de travail.

`tTeradataMultiLoad` : charge et met à jour des données en vrac dans une base de données Teradata en utilisant le mécanisme de chargement multi-étape (MultiLoad) spécifique à Teradata.

`tTeradataOutput` : exécute l'action définie sur la table et/ou sur les données contenues dans la table, en fonction du flux entrant du composant précédent dans la tâche.

`tTeradataRollback` : annule la validation de transaction dans la base de données Teradata.

`tTeradataRow` : agit sur la structure réelle de la base de données ou sur les données (mais sans traiter les données).

`tTeradataSCD` : répond aux besoins de Dimension qui changent lentement, en lisant régulièrement une source de données et en enregistrant les modifications dans une table SCD dédiée.

`tTeradataSCDELT` : répond aux besoins de dimension qui changent lentement via des requêtes SQL (mode de traitement côté serveur) et consigne les modifications dans une table Teradata SCD dédiée.

`tTeradataTPTExec` : offre des performances élevées pour l'insertion de données d'un fichier existant dans une table d'une base de données Teradata.

`tTeradataTPTUtility` : écrit les données entrantes dans un fichier, puis charge les données du fichier dans une base de données Teradata.

`tTeradataTPump` : insère, met à jour ou supprime des données dans la base de données Teradata à l'aide de l'utilitaire de chargement TPump qui permet d'obtenir des données en temps quasi réel dans l'entrepôt de données.

`tVerticaBulkExec` : charge des données dans une table de base de données Vertica à partir d'un fichier local, à l'aide de l'instruction `SQL Vertica COPY`.

`tVerticaClose` : ferme une connexion active à une base de données Vertica.

`tVerticaCommit` : valide en une seule fois une transaction globale à l'aide d'une connexion unique au lieu de le faire sur chaque ligne ou chaque lot, offrant ainsi un gain de performance.

`tVerticaConnection` : établit une connexion à une base de données Vertica, permettant ainsi l'accès et la manipulation des données dans cette base de données spécifique.

`tVerticaInput` : récupère les données d'une table de base de données Vertica en fonction d'une requête SQL.

`tVerticaOutput` : insère, met à jour, supprime ou copie les données d'un flux entrant dans une table de base de données Vertica.

`tVerticaOutputBulk` : prépare un fichier à utiliser par le composant `tVerticaBulkExec` pour alimenter une base de données Vertica.

`tVerticaOutputBulkExec` : reçoit les données d'un composant précédent, les écrit dans un fichier local et charge les données dans une base de données Vertica à partir du fichier, à l'aide de l'instruction `VERTICA COPY SQL`.

`tVerticaRollback` : annule la validation de transaction dans la base de données Vertica.

`tVerticaRow` : exécute une instruction `SQL Vertica` sur une table de base de données.

`tVerticaSCD` : suit et reflète les modifications de données dans une table Vertica SCD dédiée.

2.5 Data Quality

 `tAddCRCRow` : fournit un ID unique qui permet d'améliorer la qualité des données traitées. CRC signifie *Cyclical Redundancy Checking* (vérification de la redondance cyclique).

 `tChangeFileEncoding` : transforme le codage de caractères d'un fichier donné et génère un nouveau fichier avec le codage de caractères transformé.

 `tIntervalMatch` : renvoie une valeur basée sur une relation join.

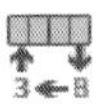 `tReplaceList` : nettoie tous les fichiers avant de poursuivre le traitement.

 `tSchemaComplianceCheck` : garantit la qualité de toutes les données sources par rapport à une source de données de référence.

2.6 DotNET

 `tDotNETInstantiate` : appelle le constructeur d'un objet .NET destiné à être réutilisé ultérieurement.

 `tDotNETRow` : facilite la transformation des données en utilisant des classes .NET personnalisées ou intégrées.

2.7 ELT

tAccessConnection : établit une connexion à une base de données Access, permettant ainsi l'accès et la manipulation des données dans cette base de données spécifique.

tAS400Connection : établit une connexion à un système AS/400 (aussi connu sous le nom d'IBM i) afin d'accéder et de manipuler les données dans cet environnement.

tCombinedSQLAggregate : fournit un ensemble de matrices basées sur des valeurs ou des calculs.

tCombinedSQLFilter : filtre les données en réorganisant, supprimant ou ajoutant des colonnes en fonction de la table source, tout en appliquant des conditions de filtre pour restreindre la source de données.

tCombinedSQLInput : extrait les champs d'une table de base de données en fonction de sa définition de schéma.

tCombinedSQLOutput : insère les enregistrements du flux entrant dans une table de base de données existante.

tDB2Connection : effectue une connexion à une base de données DB2.

tELTGreenplumInput : extrait les données à partir d'une source de données vers une base de données Greenplum en utilisant la méthode ETL (*Extract, Load, Transform*), permettant ainsi leur intégration dans le système Greenplum pour des opérations ultérieures..

`tELTGreenplumMap` : utilise les tables fournies en tant qu'entrée pour alimenter les paramètres dans une instruction de requête construite, qui peut inclure des jointures internes ou externes à mettre en œuvre entre les tables ou entre une table et ses alias.

`tELTGreenplumOutput` : exécute l'instruction SQL `Insert, Update and Delete` dans la base de données Greenplum.

`tELTInput` : ajoute autant de tables Input que nécessaire pour l'instruction SQL à exécuter.

`tELTMap` : utilise les tables fournies comme entrée pour alimenter le paramètre dans l'instruction SQL générée. L'instruction peut inclure des jointures internes ou externes à implémenter entre des tables ou entre une table et ses alias.

`tELTMSSqlInput` : extrait les données à partir d'une source de données vers une base de données Microsoft SQL Server en utilisant le processus ETL (*Extract, Load, Transform*) pour leur intégrationultérieure.

`tELTMSSqlMap` : génère des requêtes SQL en utilisant des tables fournies comme entrée, permettant de réaliser des jointures internes ou externes entre ces tables ou avec leurs alias dans le contexte de Microsoft SQL Server.

`tELTMSSqlOutput` : exécute l'instruction SQL `Insert, Update and Delete` dans la base de données MSSql.

`tELTMysqlInput` : extrait les données à partir d'une source de données vers une base de données MySQL en utilisant la méthode ETL (*Extract, Load, Transform*), permettant ainsi leur intégration dans le système MySQL pour des opérations ultérieures.

`tELTMysqlMap` : génère des requêtes SQL en utilisant des tables fournies comme entrée, permettant de réaliser des jointures internes ou externes entre ces tables ou avec leurs alias dans le contexte de MySQL.

`tELTMysqlOutput` : charge les données transformées dans une base de données MySQL dans le cadre du processus ETL (*Extract, Load, Transform*), permettant ainsi de stocker les données traitées dans la base de données MySQL.

`tELTNetezzaInput` : extrait les données à partir d'une source de données vers une base de données Netezza en utilisant la méthode ETL (*Extract, Load, Transform*), permettant ainsi leur intégration dans le système Netezza pour des opérations ultérieures.

`tELTNetezzaMap` : génère des requêtes SQL en utilisant des tables fournies comme entrée, permettant de réaliser des jointures internes ou externes entre ces tables ou avec leurs alias dans le contexte de la base de données Netezza.

`tELTNetezzaOutput` : effectue l'action (insérer, mettre à jour ou supprimer) sur les données de la table Netezza spécifiée via l'instruction SQL générée par le composant `tELTNetezzaMap`.

`tELTOracleInput` : fournit le schéma de table Oracle qui sera utilisé par le composant `tELTOracleMap` pour générer l'instruction SQL `SELECT`.

`tELTOracleMap` : génère l'instruction SQL `SELECT` à l'aide du ou des schémas de table fournis par un ou plusieurs composants `tELTOracleInput`.

`tELTOracleOutput` : effectue l'action (insérer, mettre à jour, supprimer ou fusionner) sur les données de la table Oracle spécifiée via l'instruction SQL générée par le composant `tELTOracleMap`.

tELTOutput : effectue l'action sur la table spécifiée et insère les données selon le schéma de sortie défini dans le mappeur ELT.

tELTPostgresqlInput : fournit le schéma de table PostgreSQL qui sera utilisé par le composant tELTPostgresqlMap pour générer l'instruction SQL SELECT.

tELTPostgresqlMap : génère l'instruction SQL SELECT à l'aide du ou des schémas de table fournis par un ou plusieurs composants tELTPostgresqlInput.

tELTPostgresqlOutput : effectue l'action (insérer, mettre à jour ou supprimer) sur les données de la table Postgresql spécifiée via l'instruction SQL générée par le composant tELTPostgresqlMap.

tELTSybaseInput : fournit le schéma de table Sybase qui sera utilisé par le composant tELTSybaseMap pour générer l'instruction SQL SELECT.

tELTSybaseMap : génère l'instruction SQL SELECT à l'aide du ou des schémas de table fournis par un ou plusieurs composants tELTSybaseInput.

tELTSybaseOutput : effectue l'action (insérer, mettre à jour ou supprimer) sur les données de la table Sybase spécifiée via l'instruction SQL générée par le composant tELTSybaseMap.

tELTTeradataInput : fournit le schéma de table Teradata qui sera utilisé par le composant tELTTeradataMap pour générer l'instruction SQL SELECT.

tELTTeradataMap : génère l'instruction SQL SELECT à l'aide du ou des schémas de table fournis par un ou plusieurs composants tELTTeradataInput.

tELTTeradataOutput : effectue l'action (insérer, mettre à jour ou supprimer) sur les données de la table Teradata spécifiée via l'instruction SQL générée par le composant tELTTeradataMap.

tELTVerticaInput : fournit le schéma de table Vertica qui sera utilisé par le composant tELTVerticaMap pour générer l'instruction SQL SELECT.

tELTVerticaMap : génère l'instruction SQL SELECT à l'aide du ou des schémas de table fournis par un ou plusieurs composants tELTVerticaInput.

tELTVerticaOutput : effectue l'action (insertion, mise à jour ou suppression) sur les données de la table Vertica spécifiée via l'instruction SQL générée par le composant tELTVerticaMap.

tExasolConnection (ce composant a été nouvellement introduit dans la version 8 de Talend Open Studio) : ouvre une connexion à une instance de base de données EXASolution qui peut ensuite être réutilisée par d'autres composants EXASolution.

tFirebirdConnection : établit une connexion à une base de données Firebird, permettant ainsi l'accès et la manipulation des données dans cette base de données spécifique.

tGreenplumConnection : établit une connexion à une base de données Greenplum, permettant ainsi l'accès et la manipulation des données dans cette base de données spécifique.

`tJDBCConnection` : établit une connexion JDBC (*Java Database Connectivity*) à une base de données, permettant ainsi d'accéder et de manipuler les données.

`tMSSqlConnection` : établit une connexion à une base de données Microsoft SQL Server, permettant ainsi l'accès et la manipulation des données dans cette base de données spécifique.

`tMysqlConnection` : ouvre une connexion à la base de données MySQL spécifiée pour la réutiliser dans le ou les sous-travaux suivants.

`tNetezzaConnection` : ouvre une connexion à une base de données Netezza à réutiliser dans le ou les sous-travaux suivants.

`tOracleConnection` : ouvre une connexion à la base de données Oracle spécifiée pour la réutiliser dans le ou les sous-travaux suivants.

`tPostgresPlusConnection` : établit une connexion à une base de données Postgres Plus, permettant ainsi l'accès et la manipulation des données dans cette base de données spécifique.

`tPostgresqlConnection` : établit une connexion à une base de données PostgreSQL, permettant ainsi l'accès et la manipulation des données dans cette base de données spécifique.

`tSQLiteConnection` : ouvre une connexion à la base de données pour une transaction en cours.

`tSQLTemplate` : exécute les actions de base de données courantes ou les modèles d'instructions SQL personnalisés, par exemple pour supprimer ou créer une table.

`tSQLTemplateAggregate` : fournit un ensemble de matrices basées sur des valeurs ou des calculs.

`tSQLTemplateCommit` : valide une action globale en une seule fois à l'aide d'une seule connexion, au lieu de le faire pour chaque ligne ou chaque lot de lignes séparément. Cela permet un gain de performance.

`tSQLTemplateFilterColumns` : homogénéise les schémas en réorganisant, supprimant ou ajoutant de nouvelles colonnes.

`tSQLTemplateFilterRows` : définit des filtres de ligne pour une source de données en particulier, en fonction d'une clause `WHERE`.

`tSQLTemplateMerge` : fusionne les données dans une table de base de données directement sur le SGBD en créant et en exécutant une instruction `MERGE`.

`tSQLTemplateRollback` : annule la transaction validée dans la base de données SQLTemplate.

`tSybaseConnection` : ouvre une connexion à la base de données pour une transaction en cours.

2.8 ESB (Enterprise Service Bus)

tESBConsumer : appelle la méthode définie à partir du service web appelé et renvoie la classe telle que définie, en fonction des paramètres donnés.

tRESTClient : interagit avec les fournisseurs de services web RESTful en envoyant des requêtes HTTP et HTTPS à l'aide de CXF (JAX-RS) pour obtenir les réponses correspondantes.

2.9 Fichiers

tAdvancedFileOutputXML : écrit un fichier XML avec des valeurs de données séparées selon une arborescence XML.

tApacheLogInput : lit le fichier journal d'accès d'un serveur HTTP Apache.

tChangeFileEncoding : transforme le codage de caractères d'un fichier donné et génère un nouveau fichier avec le codage de caractères transformé.

tCreateTemporaryFile : crée un fichier temporaire dans un répertoire spécifié. Ce composant vous permet de conserver le fichier temporaire ou de le supprimer après l'exécution du travail.

tFileArchive : crée un fichier d'archive zip, gzip ou tar.gz à partir d'un ou plusieurs fichiers ou dossiers.

tFileCompare : compare deux fichiers et fournit des données de comparaison basées sur un schéma en lecture seule.

`tFileCopy` : copie un fichier ou un dossier source dans un répertoire cible.

`tFileDelete` : supprime les fichiers d'un répertoire donné.

`tFileExist` : vérifie si un fichier existe ou non.

`tFileInputARFF` : lit un fichier ARFF ligne par ligne pour diviser celles-ci en champs, puis envoie les champs définis dans le schéma au composant suivant.

`tFileInputDelimited` : lit un fichier délimité ligne par ligne pour diviser celles-ci en champs, puis envoie les champs définis dans le schéma au composant suivant.

`tFileInputExcel` : lit un fichier Excel ligne par ligne pour diviser celles-ci en champs à l'aide d'expressions régulières, puis envoie les champs tels que définis dans le schéma au composant suivant.

`tFileInputFullRow` : lit un fichier ligne par ligne et envoie des lignes complètes de données telles que définies dans le schéma au composant suivant via un lien `Ligne`.

`tFileInputJSON` : extrait les données JSON d'un fichier et transfère les données vers un fichier, une table de base de données, etc.

`tFileInputLDIF` : lit un fichier LDIF ligne par ligne pour diviser celles-ci en champs et envoie les champs tels que définis dans le schéma au composant suivant à l'aide d'une connexion Row.

`tFileInputMail` : lit les données clés standards d'un fichier de messagerie MIME ou MSG donné.

`tFileInputMSDelimited` : lit les structures de données (schémas) d'un fichier délimité multistructuré et envoie les champs tels que définis dans les différents schémas aux composants suivants à l'aide de connexions Row.

`tFileInputMSPositional` : lit les structures de données (schémas) d'un fichier positionnel multistructuré et envoie les champs tels que définis dans les différents schémas aux composants suivants à l'aide de connexions Row.

`tFileInputMSXML` : lit les structures de données (schémas) d'un fichier XML multistructuré et envoie les champs tels que définis dans les différents schémas aux composants suivants à l'aide de connexions Row.

`tFileInputPositional` : lit un fichier positionnel ligne par ligne pour diviser celles-ci en champs en fonction d'un modèle donné, puis envoie les champs définis dans le schéma au composant suivant.

`tFileInputProperties` : lit un fichier texte ligne par ligne et sépare les champs en utilisant une clé de modèle et sa valeur correspondante comme critères de délimitation.

`tFileInputRaw` : lit toutes les données d'un fichier brut et les envoie à une seule colonne de sortie pour traitement ultérieur par un autre composant.

`tFileInputRegex` : lit un fichier ligne par ligne pour diviser celles-ci en champs à l'aide d'expressions régulières et envoie les champs tels que définis dans le schéma au composant suivant.

`tFileInputXML` : lit un fichier structuré XML ligne par ligne pour diviser celles-ci en champs et envoie les champs tels que définis dans le schéma au composant suivant.

`tFileList` : itère un ensemble de fichiers ou de dossiers dans un répertoire donné en fonction d'un modèle de masque de fichiers.

`tFileOutputARFF` : écrit un fichier ARFF qui contient des données organisées selon le schéma défini.

`tFileOutputDelimited`: extrait les données d'entrée dans un fichier délimité selon le schéma défini.

`tFileOutputExcel` : écrit un fichier MS Excel avec des valeurs de données séparées selon un schéma défini.

`tFileOutputJSON` : reçoit les données et les réécrit dans un bloc de données structurées JSON dans un fichier de sortie.

`tFileOutputLDIF` : écrit ou modifie un fichier LDIF avec des données séparées dans des entrées respectives en fonction du schéma défini, ou bien supprime le contenu d'un fichier LDIF.

`tFileOutputMSDelimited` : crée un fichier délimité multistructuré complexe, à l'aide de structures de données (schémas) provenant de plusieurs flux row entrants.

`tFileOutputMSPositional` : crée un fichier multistructuré complexe, à l'aide de structures de données (schémas) provenant de plusieurs flux de lignes entrants.

`tFileOutputMSXML` : crée un fichier XML multistructuré complexe, à l'aide de structures de données (schémas) provenant de plusieurs flux de lignes entrants.

`tFileOutputPositional` : écrit un fichier ligne par ligne en fonction de la longueur et du format des champs ou des colonnes d'une ligne.

`tFileOutputProperties` : écrit un fichier de configuration, tel qu'un fichier .ini ou .properties, qui contient des données textuelles organisées selon un modèle où chaque clé est associée à une valeur spécifique. Ces clés et valeurs permettent de structurer et d'organiser les informations de manière appropriée dans le fichier de configuration.

`tFileOutputRaw` : fournit des données provenant d'un autre composant, sous la forme d'une seule colonne de données de sortie.

`tFileOutputXML` : écrit un fichier XML avec des valeurs de données séparées selon un schéma défini.

`tFileProperties` : crée un flux de ligne unique qui affiche les propriétés principales du fichier traité.

`tFileRowCount` : ouvre un fichier et le lit ligne par ligne afin de déterminer le nombre de lignes à l'intérieur.

`tFileTouch` : crée un fichier vide ou, si le fichier spécifié existe déjà, met à jour sa date de modification et de dernier accès tout en conservant le contenu inchangé.

`tFileUnarchive` : décompresse un fichier d'archive pour un traitement ultérieur, dans l'un des formats suivants : *.tar.gz, *.tgz, *.tar, *.gz et *.zip.

`tGPGDecrypt` : appelle la commande `gpg -d` pour déchiffrer un fichier crypté GnuPG et enregistre le fichier déchiffré dans le répertoire spécifié.

`tNamedPipeClose` : ferme un canal nommé à la fin d'un processus.

`tNamedPipeOpen` : ouvre un canal nommé pour y écrire des données.

`tNamedPipeOutput` : écrit des données dans un canal nommé ouvert existant.

`tPivotToColumnsDelimited` : affine la sélection des données à sortir.

2.10 Internet

`tFileFetch` : récupère un fichier via le protocole donné (HTTP, HTTPS, FTP ou SMB).

`tFTPClose` : ferme une connexion FTP active pour libérer les ressources occupées.

`tFTPConnection` : ouvre une connexion FTP pour transférer des fichiers en une seule transaction.

`tFTPDelete` : supprime les fichiers ou dossiers d'un répertoire spécifié sur un serveur FTP.

`tFTPFileExist` : vérifie si un fichier ou un répertoire existe sur un serveur FTP.

`tFTPFileList` : répertorie tous les fichiers et dossiers directement sous un répertoire spécifié en fonction d'un modèle de masque de fichiers.

`tFTPFileProperties` : récupère les propriétés d'un fichier spécifié sur un serveur FTP.

`tFTPGet` : télécharge les fichiers dans un répertoire local à partir d'un répertoire FTP.

`tFTPPut` : télécharge les fichiers d'un répertoire local vers un répertoire FTP.

`tFTPRename` : renomme les fichiers dans un répertoire FTP.

`tFTPTruncate` : tronque les fichiers dans un répertoire FTP.

`tHttpRequest` : envoie une requête HTTP au serveur et génère les informations de réponse localement.

`tMicrosoftMQInput` : récupère le premier message dans une file d'attente de messages Microsoft donnée (uniquement la prise en charge de String).

`tMicrosoftMQOutput` : écrit les données d'une colonne spécifiée provenant de l'entrée actuelle dans la file d'attente de messages Microsoft. Ce composant prend en charge uniquement les données de type `String`.

`tMomCommit` : valide les données sur le serveur MQ.

`tMomConnection` : ouvre une connexion au serveur MQ pour la communication.

`tMomInput` : extrait un message d'une file d'attente sur un système MOM (*Message-Oriented Middleware*) et le transmet au composant suivant.

`tMomMessageIdList` : extrait une liste d'ID de messages à partir d'une file d'attente sur un système Middleware orienté message et la transmet au composant suivant.

`tMomOutput` : ajoute un message à une file d'attente système Middleware orienté message afin qu'il soit récupéré de manière asynchrone.

`tMomRollback` : annule la transaction validée dans le serveur MQ.

`tPOP` : extrait un ou plusieurs messages électroniques d'un serveur à l'aide du protocole POP3 ou IMAP.

`tRest` : sert de client de service web REST.

`tRSSInput` : lit les flux RSS à l'aide d'URL.

`tRSSOutput` : crée et écrit des fichiers XML contenant des flux RSS ou Atom.

`tSCPClose` : ferme une connexion à un protocole SCP.

`tSCPConnection` : ouvre une connexion SCP pour transférer des fichiers en une seule transaction.

`tSCPDelete` : supprime un fichier du serveur SCP défini.

`tSCPFileExists` : vérifie l'existence d'un fichier sur le serveur SCP défini.

`tSCPFileList` : répertorie les fichiers du serveur SCP défini.

tSCPGet : copie les fichiers à partir du serveur SCP défini.

tSCPPut : copie les fichiers sur le serveur SCP défini.

tSCPRename : renomme le(s) fichier(s) sur le serveur SCP défini.

tSCPTruncate : supprime les données du ou des fichiers sur le serveur SCP défini via une connexion SCP.

tSendMail : informe les destinataires d'un état particulier d'une tâche ou d'éventuelles erreurs.

tSetKerberosConfiguration : définit les informations pertinentes pour l'authentification Kerberos.

tSetKeystore : définit le type de données d'authentification entre PKCS 12 et JKS.

tSetProxy : définit les informations pertinentes pour la configuration du proxy.

tSOAP : appelle une méthode via un service web afin de récupérer les valeurs des paramètres définis dans l'éditeur de composants.

tSocketInput : ouvre le port socket et écoute les données entrantes.

tSocketOutput : envoie les données du flux entrant vers un port socket d'écoute.

 tSVNLogInput : récupère les informations d'une révision ou d'une plage de révisions spécifiée à partir d'un référentiel SVN.

 tWebService : appelle une méthode via un service web afin de récupérer les valeurs des paramètres définis dans l'éditeur de composants.

 tWebServiceInput : appelle une méthode via un service web.

 tXMLRPCInput : réalise l'appel d'une méthode via un service web en ayant des objectifs particuliers définis.

2.11 Logs_Errors

 tAssert : génère l'évaluation booléenne sur le problème de l'état d'exécution du travail et fournit les messages d'état du travail à tAssertCatcher.

 tAssertCatcher : génère un flux de données consolidant les informations d'état d'une exécution de tâche et transfère les données dans des fichiers de sortie définis.

 tChronometerStart : fonctionne comme un appareil chronomètre qui commence à calculer le temps de traitement d'une ou plusieurs sous-tâches dans la tâche principale, ou qui commence à calculer le temps de traitement d'une partie de votre sous-tâche.

 tChronometerStop : fonctionne comme un dispositif chronomètre qui arrête de calculer le temps de traitement d'une ou plusieurs sous-tâches dans la tâche principale, ou qui arrête de calculer le temps de traitement d'une partie de votre sous-tâche. tChronometerStop affiche le temps d'exécution total.

`tDie` : déclenche le composant `tLogCatcher` pour un journal exhaustif avant d'arrêter le job.

`tFlowMeter` : compte le nombre de lignes traitées dans le flux défini, de sorte que ce nombre peut être capturé par le composant `tFlowMeterCatcher` à des fins de journalisation.

`tFlowMeterCatcher` : fonctionne comme une fonction de journal déclenchée par l'utilisation d'un composant `tFlowMeter` dans la tâche.

`tLogCatcher` : fonctionne comme une fonction de journal déclenchée par l'un des trois : exception Java, `tDie` (composant d'arrêt) ou `tWarn` (composant d'avertissement), pour collecter et transférer des données de journal.

`tStatCatcher` : rassemble les métadonnées de traitement de la tâche au niveau de la tâche et au niveau du composant et transfère les données du journal au composant suivant pour affichage ou stockage.

`tWarn` : déclenche un avertissement souvent détecté par le composant `tLogCatcher` pour un journal exhaustif.

2.12 Messagerie

`tJMSInput` (composant de lecture des messages JMS (*Java Message Service*)) : crée une interface entre une application Java et un système middleware orienté message.

`tJMSOutput` (composant d'écriture des messages JMS (*Java Message Service*)) : crée une interface entre une application Java et un système middleware orienté message.

2.13 Divers

`tAddLocationFromIP` : remplace les adresses IP par des emplacements géographiques.

`tBufferInput` : récupère les données mises en mémoire tampon via un composant `tBufferOutput`, par exemple, pour les traiter dans un autre sous-travail.

`tBufferOutput` : collecte des données dans un tampon afin d'y accéder ultérieurement via le webservice par exemple.

`tContextDump` : copie la configuration contextuelle de la tâche en cours dans un fichier plat, une table de base de données, etc., qui peut ensuite être utilisé par `tContextLoad`.

`tContextLoad` : charge un contexte à partir d'un flux.

`tFixedFlowInput` : génère un flux fixe à partir de variables internes.

`tLogRow` : affiche les données ou les résultats dans la console pour surveiller les données traitées.

`tMemorizeRows` : mémorise une séquence de lignes et permet aux composants suivants d'effectuer des opérations personnalisées sur ces lignes mémorisées.

`tMsgBox` : ouvre une boîte de dialogue avec un bouton **OK** nécessitant une action de la part de l'utilisateur.

`tRowGenerator` : crée un flux d'entrée dans une tâche à des fins de test, en particulier pour les jeux de tests de limites.

`tServerAlive` : valide l'état de la connexion à un hôte spécifié.

2.14 Orchestration

`tFileList` : itère un ensemble de fichiers ou de dossiers dans un répertoire donné en fonction d'un modèle de masque de fichiers.

`tFlowToIterate` : lit les données ligne par ligne à partir du flux d'entrée et stocke les entrées de données dans des variables globales itératives.

`tForeach` : crée une boucle sur une liste pour un lien d'itération.

`tInfiniteLoop` : crée une boucle infinie dans le flux de données, ce qui permet de répéter continuellement les opérations spécifiées jusqu'à ce qu'une condition de sortie soit satisfaite.

`tIterateToFlow` : transforme les données non traitables en un flux traitable.

`tLoop` : crée une boucle dans le flux de données, ce qui permet de répéter les opérations spécifiées un certain nombre de fois ou jusqu'à ce qu'une condition de sortie soit atteinte.

`tPostjob` : déclenche une tâche requise après l'exécution d'une tâche.

`tPrejob` : déclenche une tâche requise pour l'exécution d'une tâche.

 `tRunJob` : gère les systèmes de tâches complexes qui doivent exécuter une tâche après l'autre.

 `tSleep` : identifie les goulots d'étranglement possibles à l'aide d'un intervalle de temps dans la tâche à des fins de test ou de suivi.

 `tWaitForFile` : itère sur un répertoire et déclenche le composant suivant lorsque la condition définie est remplie.

 `tWaitForSocket` : déclenche une tâche en fonction d'une condition définie.

 `tWaitForSqlData` : itère sur une connexion donnée pour l'insertion ou la suppression de lignes et déclenche un sous-travail lorsqu'une condition liée à la présence de données SQL est remplie.

2.15 Traitement (processing)

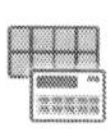 `tAggregateRow` : reçoit un flux et l'agrège en fonction d'une ou plusieurs colonnes.

 `tAggregateSortedRow` : agrège les données d'entrée triées pour la colonne de sortie en fonction d'un ensemble d'opérations. Chaque colonne de sortie est configurée avec de nombreuses lignes selon les besoins, les opérations à effectuer et la colonne d'entrée à partir de laquelle les données seront prises pour une meilleure agrégation des données.

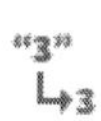 `tConvertType` : convertit automatiquement un type Java en un autre et évite ainsi de compiler des erreurs.

tDenormalize : dénormalise le flux d'entrée en fonction d'une colonne.

tDenormalizeSortedRow : synthétise le flux d'entrée trié pour économiser de la mémoire.

tExternalSortRow : trie les données d'entrée en fonction d'une ou plusieurs colonnes, par type et ordre de tri, à l'aide d'une application de tri externe.

tExtractDelimitedFields : génère plusieurs colonnes à partir d'une colonne de chaîne délimitée.

tExtractJSONFields : extrait les données souhaitées des champs JSON en fonction de la requête JSONPath ou XPath.

tExtractPositionalFields : extrait les données et génère plusieurs colonnes à partir d'une chaîne mise en forme à l'aide de champs positionnels.

tExtractXMLField : lit les données structurées XML à partir d'un champ XML et envoie les données telles que définies dans le schéma au composant suivant.

tFilterColumns : homogénéise les schémas en ordonnant les colonnes, en supprimant les colonnes indésirables ou en ajoutant de nouvelles colonnes.

tFilterRow : filtre les lignes d'entrée en définissant une ou plusieurs conditions sur les colonnes sélectionnées.

`tJoin` : effectue des jointures internes ou externes entre le flux de données principal et le flux de recherche.

`tMap` : transforme et achemine les données d'une ou de plusieurs sources vers une ou plusieurs destinations.

`tNormalize` : normalise le flux d'entrée selon la norme SQL pour améliorer la qualité des données et facilite ainsi la mise à jour des données.

`tReplace` : nettoie tous les fichiers avant de poursuivre le traitement.

`tReplicate` : duplique le schéma entrant en deux flux de sortie identiques.

`tSampleRow` : sélectionne les lignes en fonction d'une liste de lignes simples et/ou d'une liste de groupes de lignes.

`tSortRow` : aide à créer des métriques et une table de classification.

`tSplitRow` : divise une ligne d'entrée en plusieurs lignes de sortie.

`tUniqRow` : garantit la qualité des données du flux d'entrée ou de sortie dans une tâche.

`tUnite` : centralise les données provenant de sources diverses et hétérogènes.

`tWriteJSONField` : transforme les données entrantes en champs JSON et les transfère dans un fichier, une table de base de données, etc.

`tWriteXMLField` : lit un fichier XML d'entrée et extrait la structure pour l'insérer dans les champs définis du fichier XML de sortie.

`tXMLMap` : transforme et achemine les données d'une ou de plusieurs sources vers une ou plusieurs destinations.

2.16 Système

`tRunJob` : gère les systèmes de tâches complexes qui doivent exécuter une tâche après l'autre.

`tSetEnv` : ajoute temporairement des variables à l'environnement système pendant l'exécution d'une tâche.

`tSSH` : établit une communication avec un serveur distant et renvoie des informations sensibles en toute sécurité.

`tSystem` : appelle d'autres commandes de traitement système, déjà opérationnelles dans une tâche plus volumineuse.

2.17 Technique

`tHashInput` : lit à partir des données de la mémoire cache chargées par `tHashOutput` pour offrir un flux de données à grande vitesse, facilitant les transactions impliquant une grande quantité de données.

`tHashOutput` : charge les données dans la mémoire cache pour offrir un accès haut débit, facilitant ainsi les transactions impliquant une grande quantité de données.

2.18 Non structurées

`tEDIFACTtoXML` : transforme un fichier de message EDIFACT au format XML pour une meilleure lisibilité pour les utilisateurs et une compatibilité avec les outils de traitement.

2.19 XML

`tAdvancedFileOutputXML` : écrit un fichier XML avec des valeurs de données séparées selon une arborescence XML.

`tDTDValidator` : aide à contrôler la qualité des données et de la structure du fichier à traiter.

`tEDIFACTtoXML` : transforme un fichier de message EDIFACT au format XML pour une meilleure lisibilité pour les utilisateurs et une compatibilité avec les outils de traitement.

`tWriteXMLField` : lit un fichier XML d'entrée et extrait la structure pour l'insérer dans les champs définis du fichier XML de sortie.

`tXMLMap` : transforme et achemine les données d'une ou de plusieurs sources vers une ou plusieurs destinations.

`tXSDValidator` : aide à contrôler la qualité des données et de la structure du fichier ou du flux à traiter.

`tXSLT` : aide à transformer la structure de données en une autre structure.

!

A

B

C

D

E

F

G

H

I

J

L

T

U

V

W

X